THE
EMPEROR'S
BANQUET

皇帝的饭局

严格

——

著

浙江文艺出版社
Zhejiang Literature & Art Publishing House

图书在版编目(CIP)数据

皇帝的饭局 / 严格著 . -- 杭州 : 浙江文艺出版社,
2024.10
ISBN 978-7-5339-7588-3

Ⅰ.①皇… Ⅱ.①严… Ⅲ.①中国历史－南宋－通俗
读物 Ⅳ.①K245.09

中国国家版本馆CIP数据核字(2024)第082720号

责任编辑 王莎惠		**责任校对** 牟杨茜	
责任印制 吴春娟		**数字编辑** 姜梦冉 诸婧琦	
封面设计 安 宁		**营销编辑** 张 苇	

皇帝的饭局

严 格 著

出版 浙江文艺出版社
地址 杭州市环城北路177号
邮编 310003
电话 0571-85176953(总编办)
　　　 0571-85152727(市场部)
制版 浙江新华图文制作有限公司
印刷 浙江新华印刷技术有限公司
开本 710毫米×1000毫米　1/16
字数 332千字
印张 15.5
版次 2024年10月第1版
印次 2024年10月第1次印刷
书号 ISBN 978-7-5339-7588-3
定价 79.90元

前　言

　　绍兴二十一年(1151),四十五岁的宋高宗赵构有相当的焦虑感。根据史料记载,这一年正月丁酉,白虹贯日。

　　白虹贯日是指白色的长虹穿过了太阳。日代表君主,虹意味着臣子,这种奇异的天象,往往被理解为人间皇帝遇害的征兆。战国时期燕国荆轲刺杀秦王,韩国聂政刺杀相国韩傀的时候,都出现了白虹贯日的异象。

　　这种异象以及由此产生的脑补,让皇帝不可能不思考,威胁来自何方。

　　自宋朝开国始,武将往往被皇帝认为是最大的威胁。北宋的杯酒释兵权,南宋的谋害岳飞,都有着共同的逻辑。

　　绍兴二十一年(1151)八月初四,武将韩世忠病故于临安,享年六十三岁。韩世忠之死,皇帝感情很复杂。

　　作为靖康之变后宋徽宗六十五个子女中唯一的漏网之鱼,从落难王子到开国君主,宋高宗赵构经历了太多太多。逃亡,兵变,退位,刺杀,求和,丧子……他甚至成为中国历史上唯一一位有海上逃难经历的皇帝,这种经历让他有着强烈的不安全感,他最关心的就是安全问题。用历史学家刘子健的话说,"在他(赵构)的算计中,第一是安全,第二是加强安全"。

而韩世忠、岳飞、张俊等大将,无疑在南渡之初,成为他的安全屏障,他们的胜利,终于把凶悍的金人打到了谈判桌上。也让风雨飘摇的大内,放得下一张皇帝可以平静写字的书桌。

然而,大将的崛起,又让皇帝产生了新的不安。重文抑武的祖训,苗刘兵变的前车,在不断提醒皇帝,最危险的敌人,可能不是金人。

于是有了绍兴十一年(1141)南宋版的"杯酒释兵权",有了岳飞之死。十年后韩世忠之死,除了感伤,皇帝内心深处,也不免会有一定的释然,起码白虹贯日的异象,少了一种可能性。

韩世忠病重的时候,皇帝曾派太医上门,他的老部下也纷纷前去探视,韩世忠说了一句话,被记录在《宋史》中。

韩世忠说:"吾以布衣百战,致位王公,赖天之灵,保首领没于家,诸君尚哀其死邪?"

你们还有啥好为我悲哀的。

的确如此,韩世忠即使没有死在战场上,也有可能死在绍兴十一年(1141)那次针对大将的谋杀中。本来岳飞的位置,是属于韩世忠的。

韩世忠之死,让皇帝又想起了另外一个大将。

《宋史·高宗纪》记载:"(绍兴二十一年)冬十月甲戌,幸张俊第。"

清河郡王张俊,是南宋中兴四大将之首,但晚节不保,今天和秦桧一起,跪在杭州岳王庙。

韩世忠去世后,十月初八,皇帝驾临张俊家,而且带了宰相秦桧父子、普安郡王等两千余人,张俊设宴款待并奉上厚礼。

这很不寻常，要知道，高宗朝皇帝只去两个大臣家吃过饭，除了张俊，就是秦桧。

我认为，这两件事一定有关系。

韩世忠去世后，井冈山上老人不多了，中兴四大将唯一在世的，就是张俊了。皇帝参加一场浩浩荡荡极尽奢华的饭局，一定有他想表达的内容。或者说，他也希望通过年底这一饭局，了结关于白虹贯日持续的、恐怖的联想。

南宋学者周密的《武林旧事》中《高宗幸张府节次略》，保留了一份三千三百余字的完整档案，记录了这一次皇帝的饭局。

这一份档案之详细，令人叹为观止。

一百零四道开胃菜，正式酒筵上一共六十八道菜肴，皇帝这顿饭一共吃了一百七十二道菜肴。

从菜单里，我第一次知道，来自河南的皇帝喜欢吃海鲜，席间光螃蟹就有好几种。

我甚至知道秦桧那天吃了什么，有烧羊一口、滴粥、烧饼、食十味、大碗百味羹、糕儿盘劝等，以及酒三十瓶。

随行的除了秦桧父子，还有参知政事余若水、签书枢密巫伋、少师恭国公殿帅杨存中、太尉两府吴益等高官，以及普安郡王、恩平郡王等皇室成员。

历史是胜利者的清单。我觉得这份档案中最难得的，不是这些王侯将相的名字，而是对那些原本寂寂无名者的记录。

没有这一份档案，我们永远不会知道皇帝的御厨名字是潘邦和冯藻；

没有这一份档案，我们永远不会知道皇帝的贴身大内侍卫的名字是潘端卿、石清、冀彦明、李彦实；

没有这一份档案，我们永远不会知道皇帝的马夫的名字是班彦通、张淳、裴良从；

没有这一份档案，我们永远不会知道皇帝的仓库保管员的名字是石瑜、刘份、吴铸、赵节、刘懃；

没有这一份档案，我们永远不会知道张俊王府的管家：和州防御使干办府事兼提点兼排办一行事务张贵。

也许就是张贵，操办了这一次皇帝的饭局；也可能就是他，整理出了这份史无前例的档案。这份档案让我们看到了一个有皇帝，有将相，也有那么多普通人的鲜活南宋。

2023年年初，我在杭州博物馆看了一个展览——《行在山水间——南宋视野下的杭州：临安城》，里面有一石狮子，它看见了我，我也看见了它。

这头狮子，出土于杭州吴山古玩城考古工地，八百多年前，这里就是张俊的清河郡王府邸，皇帝的饭局，就在这里举行。

当年，石狮子在王府门口，肯定看见过来赴宴的皇帝赵构、宰相秦桧，当然还有主人张俊。

以及那么多出现在《武林旧事》中的普通人。

我突然发现，我和皇帝、和秦桧、和张俊，以及那许多普普通通的南宋人之间，就隔着这头石狮子，那么近，几乎触手可及。

八百多年后，我想和皇帝一起，从凤凰山皇城出发，沿着御街，过三省六部、太庙、朝天门，去清河坊张俊清河郡王府，参加皇帝的饭局。

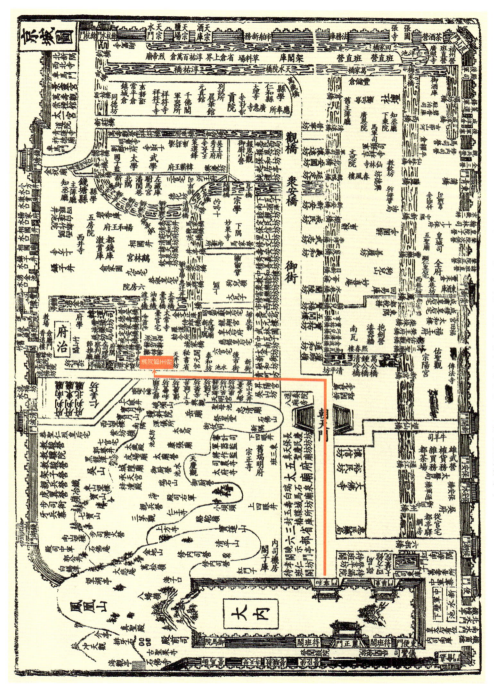

皇帝的饭局局路线图　南宋《咸淳临安志》内《京城图》　姜青青供图

西湖

杭四中

吴山古玩城

清河郡王府
旧址

吴山品悦

延安路

劳动路

皇帝的饭局杭州实景路线图　吴海平摄

目 录

一、清河郡王

南宋张俊清河郡王府位于今杭州吴山古玩城、杭四中一带，根据南宋《咸淳临安志》内《京城图》及考古发掘推断。

（一）

《宋史·高宗纪》记载："（绍兴二十一年）冬十月甲戌，幸张俊第。"

图1　南宋刘松年《中兴四将图卷》，国家博物馆藏
左二岳飞、左四张俊、左五韩世忠、右二刘光世

皇帝去大臣家吃饭，不是一件说走就走的事儿，更不会只吃一顿家常便饭。这顿饭说明几个问题。

首先是政治上的。

皇帝可不是随便去大臣家的，当了三十六年皇帝，他就去了秦桧家和张俊家，可见张俊在皇帝心里的位置。

这顿饭，首先体现了皇帝对于张俊的信任。去吃这顿饭，目的也很明确，是进一步宣示这种信任，让张俊这样的重臣、老臣进一步摆正自己的位置，进一步感恩戴德、效忠皇帝。

皇帝对于文武百官，最信任的，除了秦桧，就是张俊。不过，最后这哥俩也一起跪在岳王庙，为世人唾弃。

《宋史·张俊传》称："南渡后，（张）俊握兵最早，屡立战功，与韩世忠、刘锜、岳飞并为名将，世称张、韩、刘、岳。"《宋史·曲端传》又称："南渡诸将以张、韩、刘、岳并称，而俊为之冠。"

平心而论，张俊的战功不可能超过韩世忠与岳飞，之所以将他排在最前面，应该更多的是因为政治正确，因为他对于皇帝的忠诚。

我看张俊的履历，他从一个普通弓箭手起步，征南蛮，攻西夏，抗金兵，累立战功，力压群雄并得以善终，世事洞明，人情练达，在那个乱世，他几乎踩准了每一步。

张俊是甘肃省天水人。他出身于北宋西军。西军为西北禁军，因驻扎于民风彪悍的陕西，又长期对西夏战争，因而长期保持着强悍的战斗力。北宋西军是北宋名将和强军的摇篮。

西军长期与西夏作战，战斗力越来越强，并且到了北宋后期，西军摸索出了一套行之有效的作战方法，就是利用山地地形，修建堡垒，实行堡寨战法，逐步压制敌人。西夏本就贫穷，并无实力长期消耗，经过北宋的步步为营的逼迫，西夏渐渐衰落。实际上，如果不是金人意外崛起，宋灭西夏，是必然之事。

靖康之变，宋朝廷急调最能打的西军，前来保卫开封。但是，西军是山地部队，擅长在西北战场利用堡寨作战，而在华北战场的平原上，面对金人骑兵，西军却不是对手，并没有能够挽救北宋败亡的命运。

但是，西军的骨血，最后成为南宋的鸡血，南宋最后能够站稳脚跟，西军功不可没。

南宋建立后，与金人在东西两大战场鏖战。南宋中兴四大将中，张俊、韩世忠、刘光世均出身于西军，他们在东线扛住了金兵的铁骑；在西线，西军余部在统帅吴玠、吴璘兄弟的率领下，发挥西军的传统优势，利用秦岭险峻山势，在大散关、饶风关、仙人关等地，屡挫金军，彻底粉碎了金军的西线攻势。

可以说，没有西军，就没有皇帝的天下，所以皇帝对于西军将领，犹如蒋介石对于黄埔系，偏爱有加。

张俊最早是乡兵弓箭手。政和六年(1116)，张俊随军进攻西夏的仁多泉(今青海门源东南)，因有军功被授承信郎，成为入品的最低一级武官。

靖康元年(1126)，金兵围攻山西榆次，宋军主帅种师中战死，张俊率所部数百人突出重围，且战且退，来到乌河川反杀追兵五百余人，从此一战成名。同年十二月，当时康王赵构以兵马大元帅进至河北大名时，张俊随信德(今河北邢台)知府梁扬祖率三千兵马投奔。《宋史·张俊传》记载，"高宗见俊英伟，擢元帅府后军统制"。

这是张俊第一次进入赵构的视线，也让张俊具备了井冈山上老人的资历，这对他的未来而言，尤为关键。

《宋史·张俊传》还记载了这段时间的另两件事，也让赵构对张俊青眼有加：

> 中书舍人张澄，自汴京赍蜡诏，命高宗以兵付副帅还京，高宗问大计，俊曰："此金人诈谋尔。今大王居外，此天授，岂可徒往？"因请进兵，高宗许之，遂如济州。
>
> 开启乾龙节，迫夜，有告高宗，欲俟元帅谒香劫以叛。群议集诸军屯备，俊曰："元帅不出，奸谋自破。"遂徙州治。贼术穷，黎明，引军北遁，俊勒兵追杀之。

接下来，还有一件关键大事：张俊率先拥戴赵构登上大位。

　　既而汴京破，二帝北迁，人心皇皇，俊恳辞劝进，高宗涕泣不许。俊曰："大王皇帝亲弟，人心所归，当天下汹汹，不早正大位，无以称人望。"

　　皇帝即位后，张俊一跃为御营前军统制，相当于中央警卫局局长，成为皇帝的亲信。

　　同年秋，张俊又分析天下大势和敌我力量，提出了南渡方略："今敌势方张，宜且南渡，据江为险，练兵政，安人心，俟国势定，大举未晚。"

　　不久金兵大规模南下，皇帝南渡长江，偏安格局形成。

　　国际知名宋史学者、美国纽约州立大学贾志扬教授认为，尽管很多人讽刺宋高宗逃跑，但是南宋的建立实际上是得益于他的逃跑。如果赵构当时没有逃出来，那么中国会出现一个更糟糕的状况：女真人不是在17世纪而是在12世纪就接管中国了。如果这样，宋朝可能在当时就灭亡了，整个中国的文化就不一样了。确实，康王赵构是当时徽宗的皇子当中唯一一个逃到南方的，如果没有他，那中国南方的抵抗运动就没有中心了，因为没有一个合法的皇位继承人。

　　所以张俊的建议，虽然政治上不够伟大光荣，但无疑是正确的。

　　在危难之际，拥戴之功，南渡护驾，奠定了张俊在皇帝心中的地位。所以说，人的一生，也就是关键的那几步。

　　建炎三年(1129)三月，扈从统制苗傅、刘正彦举兵叛乱，逼迫皇帝退位,又是被韩世忠、张俊等率军平定、解救并复位。

又是救驾之功,皇帝心中又记上一笔:"拜(张俊)镇西军节度使、御前右军都统制,寻为浙东制置使。"

建炎三年(1129)年底,金军再次大举南下,在明州(今浙江宁波)之战中,张俊率部绝地反击,毙敌数千人。金人为之气馁,加之孤军深入,于是撤军北返,又被韩世忠围于黄天荡(今江苏南京东北),差点全军覆没。

南宋则将明州之战,列为"中兴十三处战功"之首,因为"自金兵入中原,将帅皆望风奔溃,未尝有敢抗之者","敌自入中国以来,未有一人敢婴其锋,至此而军势稍张矣"。

在此役中,皇帝从海上逃亡温州,他也成为中国历代唯一一位有海上逃亡经历的皇帝。

危急中,张俊表现尤为不俗。"帝御楼船如温州,留俊于明州以拒敌。帝赐亲札曰:'朕非卿,则倡义谁先;卿舍朕,则前功俱废。宜勠力共扞敌兵,一战成功,当封王爵。'"

不是因为你,谁会首先倡议我早登大位,你舍弃我,则前功尽弃,今天你要全力杀敌,一战成功,封你为王。

应该说,在生死存亡之际,二十三岁的皇帝脑子很清醒,强大的逻辑思维能力,到位的语言表达能力,动之以情,晓之以理,诱之以利,该说的都说了,废话一句没有,敞亮至极。皇帝虽年轻,但政治手腕绝不年轻。

我甚至可以想象,当时皇帝生死攸关时的声情并茂,张俊感激涕零后必拼死一搏。

"中兴十三处战功"之明州之战后,藕塘之战、柘皋之战,张俊都有不俗的表现。应该说,张俊不论是忠诚还是战功,都足以让皇帝高看一眼,"卿议论持重,深达敌情;兼闻挽强之士数万,报国如此,朕复何虑","群臣谓朕待卿独厚,其仰体眷怀,益思勉励"。

(二)

应该说,张俊也是最懂皇帝的武将。

绍兴十一年(1141),发生了南宋历史上最重要的三件大事:罢收兵权、宋金和议、岳飞被害。

在这三件大事上,张俊的站位和选择,让他得以善终。

绍兴十一年(1141)四月,皇帝以赏柘皋之功为名,升张俊与韩世忠为枢密使、岳飞为枢密副使。同时撤销了三大将主持的宣抚司,并将他们的副校,各统所部制成一军,改称统制御前军马,隶属枢密院。诸道总领军马钱粮官节制诸军,参与军政。

从此再无岳家军、张家军、韩家军,只有赵家军。

对于收兵权,皇帝蓄谋已久。

重文轻武的祖制,苗刘兵变的惨痛,拥兵自重的大将,都让皇帝芒刺在背。只有将兵权掌握在自己手里,这才是安全的。所以对于皇帝而言,收兵权,不是要不要的问题,而是怎么收的问题,什么时候收的问题。

绍兴十一年(1141)春天,南宋大军在柘皋取得大胜,然而却在濠州(治今安徽凤阳东北)遭遇惨败,宋金打成僵局。和议和收兵权,这两件让皇帝念兹在兹的大事,出现了机会。

岳飞、韩世忠等主战派将领亦无大错,想要剥夺他们的兵权实属不易。于是皇帝决定从张俊身上入手。

岳珂《鄂王行实编年》中记载:"桧知张俊贪,可以利动,乃许以罢诸将兵,专以付俊,俾赞其议。俊果利其言,背同列而自归于桧,桧深感之。至是,得俊语,复投其所甚欲。"

领会了皇帝意图的张俊,贪图收兵后自己可以一举兼并韩家军、岳家军,于是主动将自己手中的兵权上交,这让皇帝很满意,也是张俊投靠秦桧的开始。

在宋代徐梦莘《三朝北盟会编》中,记载了三大将被收兵权后的表现:"世忠既拜,乃制一字巾,入都堂则裹之,出则以亲兵自卫,桧颇不喜。飞披襟作雍容之状,桧亦忌之。惟俊任其自然,故桧不致深疑。"

韩世忠和岳飞被解除兵权后,穿着打扮颇为夸张,自然是心中不满,"惟(张)俊任其自然"。

宋人周煇所撰的《清波杂志》记载了张俊被削掉兵权回到家中后的一件事:有一天秦桧召他相见,说建康、镇江军都缺少主将,请张俊推荐人选。张俊唯唯而退,过了十来天,秦桧催促时,张俊推托说离开部队时间长了,与老部下又不来往,也不知道谁更适合这两个职位。秦桧说:"如果叫郡王推荐翰林学士,固然有难度;推荐将帅,是你的职分所在啊。"张俊被逼无奈,就推荐了刘宝、王权二人。而这两个人都是原来韩世忠麾下的将领。

这时候,杀机也开始布局。

其实,皇帝和秦桧最早想搞的,不是岳飞,而是韩世忠。在当时，抗金言论最激烈的也并不是岳飞，而是韩世忠。《宋史·韩世忠传》载："(韩)抗疏言桧误国。桧讽言者论之，帝格其奏不下。""又抵排和议，触桧尤多，或劝止之，世忠曰：'今畏祸苟同，他日瞑目，岂可受铁杖于太祖殿下？'"所以刀锋首先就对准了韩世忠。

深谙用人之道的皇帝和秦桧采用分化瓦解之术，派遣刚升任枢密使的张俊与枢密副使岳飞一道前往检阅同为枢密使的韩世忠所部。

张俊早已领悟皇帝的心思："激其军，使为变，因得以罪世忠耳！"他暗中挑唆岳飞与其一同分解韩世忠的军队："上留世忠，而使吾曹分其军，朝廷意可知也。"

没想到岳飞坚决反对："不然！国家所赖以图恢复者，唯自家三四辈，万一主上复令韩太保典军，吾侪将何颜以见之？"

张俊气极，按理，他与韩世忠是儿女亲家，此刻却不得不为身家性命考虑，非致对方于死敌不可。

张俊这时候还收买了韩世忠手下一个叫胡纺的，让他上书说韩世忠的心腹武将耿著要谋反，"著倡言以撼军心，图叛逆，且谋还世忠掌兵柄，将遂以左证上逮世忠"。

可以说，谋害岳飞的方法，张俊先预演了一次。

岳飞觉察来者不善，"叹曰：'飞与世忠同王事，而使之不辜被罪，吾为负世忠。'乃驰书告以桧意"。

而且韩世忠为了保命，连夜入宫面君，声泪俱下，还主动交了辞呈，"以所积军储钱百万贯，米九十万石，酒库十五归于国"，几乎把整个家底都献给了皇帝。

张俊在秦桧的授意下，拉上岳飞，继续"阅兵"。

抵达韩世忠驻扎的楚州（今江苏淮安）后，张俊不甘心，指指点点几处破败的城墙："当修城以为守备计。"岳飞马上反驳曰："吾曹所当戮力，以图克复，岂可为退保计耶？"张俊勃然大怒，迁怒于二候兵，以微罪斩之。

至此，二人已势如水火。

其实张俊与岳飞之间的关系，早年很亲密。

明州之战前，岳飞就已归属到张俊麾下。对于岳飞这样既有头脑又有执行力的下属，张俊一再拉拢他。特别在报功的时候，屡次将岳飞的名字写在自己前面，甚至当着僚属称赞岳飞："吾与汝曹俱不及也！"

随着岳飞战功累累，获得了皇帝的信任，老上级张俊开始不爽。《宋史·岳飞传》说："初，飞在诸将中年最少，以列校拔起，累立显功，世忠、俊不能平，飞屈己下之，幕中轻锐教飞勿苦降意。金人攻淮西，俊分地也，俊始不敢行，师卒无功。飞闻命即行，遂解庐州围，帝授飞两镇节，俊益耻。"

岳飞也并非不通人情，一再致函表达对老上级的挂念，同时强调自己并无炫耀之意。张俊不为所动，前后收到三十多封信，就是不回信。不久，岳飞独立平定洞庭湖杨幺之乱，获得战利品无数。其中有一批体积庞大的"车船"，他特意选出两艘保存最完整的分赠韩世忠与张俊。韩世忠与岳飞并无芥蒂，致谢连连。张俊就不一样了："啥意思，显摆呢？"

张俊回朝后，新仇旧恨，开始拉清单了。

　　《鄂王行实编年》记载："（张俊）及归，倡言于朝，谓先臣议弃山阳，专欲保江。且密以先臣报世忠事告桧。桧闻之益怒，使谏臣罗汝楫弹其事。"

　　皇帝、秦桧、张俊，当朝最有权力的三个人，开始把矛头对准了岳飞。秦桧指使党羽万俟禼、罗汝楫等弹劾岳飞，其中有两条"罪状"，张俊都提供了详细的证词，即：淮西之战不肯发兵、言"楚州不可守"。但这还扳不倒岳飞。

　　《宋史·张宪传》记载：

　　　　未几，桧与张俊谋杀飞，密诱飞部曲，以能告飞事者，宪以优赏，卒无人应。闻飞尝欲斩王贵，又杖之，诱贵告飞。贵不肯，曰："为大将宁免以赏罚用人，苟以为怨，将不胜其怨。"桧、俊不能屈，俊劫贵以私事，贵惧而从。时又有王俊者，善告讦，号"雕儿"，以奸贪屡为宪所裁。桧使人谕之，俊辄从。

　　　　桧、俊谋以宪、贵、俊皆飞将，使其徒自相攻发，因及飞父子，庶主上不疑。俊自为状付王俊，妄言宪谋还飞兵，令告王贵，使贵执宪。宪未至，俊预为狱以待之。属吏王应求白张俊，以为密院无推勘法。俊不听，亲行鞫炼，使宪自诬，谓得云书，命宪营还兵计。宪被掠无全肤，竟不伏。俊手自具狱成，告桧械宪至行在，下大理寺。

　　岳飞案发，始于张俊。

　　张俊收买了岳飞的属下王贵和王俊，先编好状纸，让王俊在岳飞爱将张宪外出时诬告其谋反,得到王俊的《告首状》后,在镇江的枢密院行府对张宪进行了推勘,并通过刑讯的手段逼取到了张宪"为收岳飞处文字后谋反"的"供到文状",还获取了王贵、傅选等人提供的相关证词。张俊的推勘,核心就是搜集岳飞策划谋反的证据。正是凭借这些证据,张俊上报秦桧,秦桧上奏皇帝,结果导致岳飞案成为诏狱。

岳飞终以谋反罪下狱,最后被害。

如果说,岳飞被害,皇帝是主使,秦桧是主谋,那张俊就是主凶。

《宋史·张俊传》说:"岳飞冤狱,韩世忠救之,俊独助桧成其事,心术之殊也,远哉!"

在帮助皇帝压死岳飞的几根稻草中,张俊无疑是分量最重的之一,也使其成为跪在岳王庙的四丑之一。

"青山有幸埋忠骨,白铁无辜铸佞臣",岳王庙这一联,写得真好。

岳飞死了,韩世忠赋闲,张俊一人主持枢密院工作,等同最高军事统帅,他似乎真的相信秦桧事先的承诺。

皇帝自然不踏实。秦桧是明白人,让御史直接"放大招"——弹劾。张俊被弹劾的罪名是"据清河坊以应谶兆,占承天寺以为宅基,大男杨存中(沂中)握兵于行在,小男田师中拥兵于上流。他日变生,祸不可测"。

杨存中是现任殿前都指挥使,田师中驻扎在长江中游的鄂州,他们手握重兵,又都是张俊旧部。

弹劾字字扎心。

绍兴十二(1142)年十一月,张俊罢枢密使,进封清河郡王。

至此,皇帝布局得以完成。他很得意:"今兵权归朝廷,朕要易将帅,承命奉行,与差文臣无异。"

在皇帝下的这盘大棋中,张俊是一枚得力的棋子。

因此,九年后,绍兴二十一年(1151)皇帝到张俊家吃饭,政治上有高度合理性。这顿饭,是皇帝对张俊一生的肯定,也是两宋版"杯酒释兵权"的最后一杯酒。

这一年,韩世忠也去世了。中兴四大将,也就剩下张俊一人。

(三)

其次,张俊请这顿饭,也是一个经济问题。

并非皇帝信任的大臣,就具备请皇帝吃饭的实力,比如宋神宗高度信任王安石,但王安石是个素人,他虽然为相近十年,但却是身无余财,两袖清风,所以他未必有请皇帝吃饭的财力。

因为请皇帝吃饭这件事,是一个复杂的系统工程。其一,要上档次和足够大的场面。

要知道,请皇帝吃饭不是请他一个人,根据史料,这一次到张俊家吃大餐的,上上下下有两千余人,总不能和皇帝拼桌,清河郡王府要有足够的场面才行。

从南宋初年到宋亡之后,历时长达一百五十多年,张俊家清河郡王府是临安城当之无愧的豪门。

清河郡王张俊的王府赐第,在临安城吴山东麓的坊巷里,大致在如今的吴山古玩城一带。张俊死后,追封循王,府邸又称"张循王府"。

后来,王府所在的街巷就被称为清河坊,今天杭州有名的步行街河坊街,也因此得名。

根据临安城考古报告,2001年1月至2002年4月,杭州市文物考古研究所对吴山古玩城工地进行抢救性考古发掘,发现南宋时期三处天井、两处房址、两条夹道、下水道及暗沟和一处蓄水池等遗迹。现场出土了图案精美的瓦当、鸱吻等建筑构件,大型石狮、刻有瑞兽的石质基座,以及兵士操练所用的石球等遗物。对照南宋《咸淳临安志》中的《京城图》,判断此地大致为"清河郡王府"。

根据南宋名臣周必大的记载,张俊获得临安赐第起造的时间是在绍兴十二年(1142)六月初六。同年十一月他受封郡王,第二年,皇帝又"敕修甲第",且"遣中使就第赐宴,侑以教坊乐部"。

为了兴造这座王府,张俊动用部队军士,从南山运来土石,筑起王府高墙,坚固无比,堪称京城"第一宅"。后人作诗道:"崒嵂环墙连数堵,宋亡犹是循王府。南渡功臣王第一,赐第钱塘贮歌舞。筑墙远取南山土,军士肩赪汗流股。桢干停匀杵筑坚,小却犹支三百年。"

张俊死后被封循王,清河郡王府升格为循王府。嘉泰二年(1202)六月初六,循王府意外发生大火,几乎焚烧殆尽。巧合的是,从王府的赐第盖造开始,到被烧为灰烬,正好一甲子六十年,而且建毁都是在六月初六这一天,冥冥之中似有安排。连当朝宰相周必大都不免惊为咄咄"异事"。随后,张家对王府进行了重建工作,直到宋元之际,张俊的许多后裔仍居住在清河坊府邸,所谓"崒嵂环墙连数堵,宋亡犹是循王府"。入元文士戴表元回忆道:"余儿童游杭,见清河之张方盛,往来轩从,驺盖填拥。岁时会合鸣钟鼍,笙丝磬筑相燕乐。飞楼叠榭,东西跨构,累累然无闲壤。"可以想见当年之豪阔。后来元朝将王府征作江浙行省的官署,京城"第一宅"也换了主人。

据元初文人郑元祐记载,他小时候跟着大人来杭州走访一些名门世家,有好几次出入循王府。长大后再来杭州,前朝那些有名的大家府第,基本上都不复存在了,但这循王府是个"例外",它成了江浙行省的官署。为什么循王府能在改朝换代时"独善其身"?郑元祐注意到一个细节,就是它的四周围墙,建造得特别完美,它那会儿依然坚固完好,不愧为当年的京城"第一宅"。

这个"第一宅",现在是吴山古玩城(图2)。

图2　杭州吴山古玩城,张俊清河郡王府邸遗址

　　吴山古玩城作为江南一带最为著名的收藏品市场之一,同时也是《盗墓笔记》中吴家古玩市场的现实原型。南面与吴山广场只一路之隔;西临西湖仅五百米之遥;东临杭州的"南京路"——延安路,北靠古老的杭州第四中学。"西湖边、吴山下",兼得湖山之胜,张俊当年安家于此,自然是风水宝地。

　　2022年年初,我去吴山古玩城,门联有"逛江南古玩名城,游南宋仿古名街",可能是疫情,古玩城门可罗雀。一楼经营珠宝为主,二楼是字画文玩。一楼有一家卖玉器的铺子,老板颇为好客,泡工夫茶,谈《山海经》。老板广东人,原本是机关人员,后下海。以前经常跑缅甸,赌石是家常便饭。他还拿出一块翡翠原石,让我用手电照照,里面有料。

　　过了两年,2024年春天我又一次走进吴山古玩城。人气比原来好了很多,特别是金器加工店铺。一家金匠珠宝店,有五六个员工,都埋头在忙活。一个女士拿了一个玉佛坠子,来配一条金链子,18K金450元一克,一条链子大概4000多元。女士似乎很中意这个玉佛坠子,比试时一再交代老板要小心,"掉地上,我的心都要碎了"。

　　我问女士,坠子多少钱,她让我猜,我说两万,她说后面加个零。

　　周末时候,古玩城外有市集,钱币、瓷器、玉器、手串、旧书,还有老茅台,无奇不有,挺有意思。

　　想当年,张俊就在这里,也给皇帝献上了不少宝贝,这些宝贝,足以买下整个吴山古玩城。

而皇帝对张俊"隆恩"特别浩荡,使得张俊家"贵"得有点独一无二。在张俊家一路之隔的对面,即今天河坊街西段的龙舌嘴路附近,有他手下军兵的一座寨子——"张府小寨"。别小看这个"小寨",这可是临安城里绝无仅有的一座私家军寨,这表明皇帝对张俊是既亲又信。

京城"第一宅",再加上"张府小寨",张俊具备了请皇帝吃饭必要的场面。

八百多年过去了,这"京城第一宅"所在的地方,依然是豪宅扎堆。

吴山古玩城北面是吴山名苑,是2004年交付的楼盘。这个位置,应该是在当年清河郡王府内部。

我查了一下,2022年5月,有一套建筑面积225.84平方米的法拍房以1732.5万元成交。这套房子的评估价为2500万元,单价11.07万元/米²,以1732.5万元成交,单价76713.6元,相当于打了七折。

我写到这里时,杭州刚刚宣布取消限购,行情突变。看来,两年前这个买家算是捡着漏了,毕竟这是离西湖只有500米的房子。

这里附近也是杭州地产界的天花板。

在吴山古玩城南面吴山脚下,有杭州隐奢榜上名列前茅的红盘中大吴庄。在南宋,这是杨皇后宅,也就是高宗皇帝孙媳妇,宁宗皇后杨妹子的家庙。

2001年4月,中大吴庄项目施工时发现了遗址。诸多遗迹组成了一个封闭式的院落,中间是庭院,庭院内有香糕砖铺砌的地面。水池有四个踏道通往周围台基,水池北侧残存几处假山脚,整座假山已经坍塌,叠砌假山的太湖石大部分倒入了水池中。四周用黄黏土夯筑的台子,是这座建筑的正房、后房,和东西两庑的台基,东庑和正房的外侧还有夹道。实际清理面积达1600余平方米。

杨皇后宅是杭州乃至全国首次发现的保存完好的南宋皇家园林,形象地展示出南宋大型高级园林式住宅建筑的营造、用材和布局的情况。2002年,南宋恭圣仁烈皇后宅遗址被评定为2001年度"全国十大考古新发现"。

据时任杭州市文物考古研究所副所长杜正贤说,最后解决办法是该项目的部分用地退归政府,开发商少盖了一幢楼,政府将遗址回填为绿地进行保护。

中大吴庄虽然因此将工程延后了大半年,但凭借南宋皇后遗址这一考古发现,开发商打出了"曾经是帝王的家"的广告词,一跃成为杭州高档住宅的标志性楼盘之一。

中大吴庄已经久无买卖成交的消息。2024年春天,有中介在推一套230平方米的叠墅,有5房,售价3600万元,单价15.65万元/米^2。

其二,请皇帝吃饭,需要充分的财力。

南宋学者周密历任临安府、两浙转运司幕职,义乌县知县,入元后写了一本《武林旧事》,其中详细介绍了这顿饭局。

如果你以为请皇帝吃饭,就是山珍海味满汉全席,那只能说,贫穷限制了你的想象力。

张俊请宋皇帝吃的这顿饭,先不说吃啥,先看看张俊供奉宋皇帝的礼物清单：

……

古器：

龙文鼎一、商彝二、高足商彝一、商父彝一、周盘一、周敦二、周举罍一、有盖兽耳周罍一。

汝窑：

酒瓶一对、洗一、香炉一、香合一、香球一、盏四只、盂子二、出香一对、大奁一、小奁一、合伏螺钿合一十具（织金锦褥子全）、犀皮合一十具（织金锦褥子全）。

书画：

有御宝十轴：曹霸《五花骢》、冯瑾《霁烟长景》、易元吉《写生花》、黄居宝《雀竹》、吴道子《天王》、张萱《唐后行丛》（"唐后"字疑误，"丛"疑为"从"）、边鸾《萱草山鹇》、黄筌《萱草山鹇》、宗妇曹氏《蓼岸》、杜庭睦《明皇斫脍》。

无宝有御书九轴：赵昌《踯躅鹌鹑》、梅竹思《踯躅母鸡》、杜霄《扑蝶》、巨然《岚锁翠峰》、徐熙《牡丹》、易元吉《写生枇杷》、董源《夏山早行》二轴、伪主李煜《林泉渡水人物》。

无宝无御书二轴：荆浩《山水》、吴元俞《紫气星》。

匹帛：

捻金锦五十匹、素绿锦一百五十匹、木绵二百匹、生花番罗二百匹、暗花婺罗二百匹、樗蒲绫二百匹。

进奉犒设：

　　随驾官知省御带御药门司直殿官：紫罗五百匹、杂色缬罗五百匹、马下目子钱一万贯文。

　　……

　　这张礼单，充分体现了张俊的财力和水平。所以，请皇帝吃饭，你以为？

　　张俊有钱，而且是不一般的有钱，堪称首富。

　　张俊家有良田一百多万亩，每年收租米六十万石以上，南宋最富庶的绍兴府全年财政收入还不及其一半。早有专家研究指出，张俊是南渡将帅中占田最多的一位，他家的田庄，文献可证者就有十五座，包括湖州乌程县乌镇庄、思溪庄，秀州嘉兴县的百步桥庄，平江府长洲县尹山庄、东庄，吴县横金庄、儒教庄，常州无锡县新安庄，宜兴县善计庄、晋陵县庄，武进县石桥庄、宜黄庄，镇江府丹徒县乐营庄、新丰桥庄，太平州芜湖县逸恭庄，田产遍布江东、两浙等经济最发达的地区。另外张俊在淮南还占有大片田地，后来光他的儿子张子颜等人捐献给朝廷的就有二三万亩。张俊的子孙曾经一次进供给朝廷十万石租米，清单上分别开列了江东和两浙路六个州府所属十个县，共计十五个庄的租米数额。

　　通过巧取豪夺，张俊还占有不少宅第园苑，在西湖北山街上尚有迎光楼，在雷峰塔前拥有一处著名的园林叫真珠园，内有真珠泉、高寒堂、杏堂、水心亭、御港等景观。仅所收房租一项，每年就多达七万三千贯钱。

　　据南宋洪迈《夷坚志》记载："俗云张循王(俊)在日，家多银，每以千两熔一球，目为'没奈何'。"张俊家里的银子堆积如山，为了防止被偷，银子铸成大银球，名叫"没奈何"，意思是贼也拿它们没办法。

不过张府还是被贼给惦记上了。

京城临安商业市集繁华，盗贼也非常多。有一个窃贼每每行窃，必定在人家门上或墙上写上"我来也"三个字。虽然官府通缉追捕非常紧严，但一直未果。一日，一盗贼落网，被指就是"我来也"。可押送大堂审问，他却死不承认，况且没有赃物可以证明，此案只能挂起。那人在监中囚禁，忽然秘密地对狱卒说："你对我好点，我有金子藏在保俶塔佛龛背后，你可以去取来。"狱卒听了半信半疑，但去了保俶塔果然得到了金子，喜出望外。第二天买到狱中，私下里给那贼酒肉吃。过了几天，那人又对狱卒说："我有一瓮金银酒器，就藏在秘书省北边侍郎桥畔洗衣服的那块石板下。"狱卒听从他的话，又发了一笔财。第二天，狱卒又以好酒好肉犒劳那个贼人。几天后一天晚上，那贼小声对狱卒说："我想出去一会，四更时即回来，绝不连累你。"狱卒说："不成。"那人说："我一定不会让你受连累。假如我不再回来，你走失了犯人会被问罪，而我所赠你的财宝足够你家人生活之用；如果你执意不肯，恐怕你会后悔。"狱卒没辙，只好听任他出去。狱卒坐等，等得烦躁不安、心凉肉跳之时，突然听到房檐上有声，看时那人已从房上跳下，狱卒大喜，赶紧给他戴上手铐脚镣。

第二天天刚亮，张循王府送上状子说：昨晚三更时分家中被盗走财物一批，那贼在家门上写了"我来也"三个字。

知府拍案说:"差一点误判此案,难怪那人不承认!"最后以他不该晚上出来犯禁,所以处以杖刑,将他放出牢门。

狱卒回到家中,妻子对他说:"半夜后听到敲门声,恐怕是你回来了,赶快起来开门,只见一个人将两个布袋扔到家中就离去了,我就将它们藏了起来。"狱卒取出一看原来全是金银财宝,才悟出那人又用从张循王府盗来的东西贿赂自己,那人其实就是"我来也",好一个狡诈的贼。

于是狱卒以生病为由辞去了差役之事,财务自由终生享福。死后,他的儿子是个败家子,这才把这事告诉别人。

明代田汝成《西湖游览志余》也记载了张俊另外一个段子:绍兴年间,宫中设宴,有一个通晓天文的艺人说:"世间贵官人,必应星象,我悉能窥之。"

于是,就让这个艺人观察皇帝,艺人说:"是帝星。"观察宰相秦桧,艺人说:"是相星。"观察韩世忠,艺人说:"是将星。"

轮到观察张俊时,艺人却说:"看不到星象。"大家一听大惊,他再用一枚铜钱观看,说:"不见星,只见张郡王在钱眼内。"大殿里一片笑声。

不过,张俊确实是一个投资理财高手。

南宋罗大经的《鹤林玉露》记载:张俊一天在后花园散步时,见一老兵躺在太阳底下,就用脚踢了踢他,问他怎么那么慵懒。老兵爬起来从容地回答说,无事可做,只得躺平。张俊问,你会做什么?老兵说:"诸事薄晓,如回易之类,亦粗能之。"

"回易",就是海外贸易。张俊说,我给你一万缗铜钱,你去海外跑一趟如何？老兵答，不够忙活的。张俊说，给你五万怎么样？老兵答，还是不够。张俊问，那你需要多少？老兵说，没有一百万，至少也要五十万。张俊欣赏他的勇气，立即"予五十万，恣其所为"。

老兵首先打造了一艘极其华丽的大船，招聘了能歌善舞的美女及乐师百余人，到处收购绫锦奇玩、珍馐佳果及金银器皿等，又招募气宇轩昂、气定神闲，像书司、客将那样的紫衣高级文武随员十几位，差役一百人。他们奏乐欢饮了一个多月，"飘然浮海去"。

过了一年后满载而归，除珍珠、犀角、香料、药材外，还有骏马，获利几十倍。当时诸将都缺马，唯张俊有马，军容显得特别雄壮。张俊非常高兴，问老兵，你咋办到的，玩得那么大？

老兵说："到海外诸国，称大宋回易使，谒戎王，馈以绫锦奇玩；为招其贵近，珍羞毕陈，女乐迭奏。其君臣大悦，以名马易美女，且为治舟载马；以犀珠香药，易绫锦等物。馈遗甚厚，是以获利如此。"

原来老兵是冒充大宋使者，先用绫锦、奇玩、珍馐、女乐哄得外国君臣开心，再用美女换名马，绫罗绸缎换犀珠香药，这买卖做得风生水起。

张俊听了赞叹不已，予以重赏，问他能否再去。老兵回答说，这是闹着玩的，再去就要穿帮了，还是让我回到后花园照旧躺平吧。

这个老兵，真像游本昌演《繁花》中的爷叔，张俊，也算是南宋版的宝总。

《鹤林玉露》还记载，张俊的哥哥张保，曾埋怨弟弟不举荐自己。张俊说："今以钱十万缗、卒五千付兄，要使钱与人流转不息，兄能之乎？"张保沉默了很久，回答说："不能。"张俊说，那不就得了。

以张俊识人之明，发财倒非偶然。

南宋海外贸易发达，且聚财非常之快，张俊自然不会错过，估计知晓老兵的套路后，张俊后来不会就此罢手。

南宋初年，由于北方大片领土人口沦丧，南宋初年财政收入几乎锐减到原来的六分之一，而战争开支巨大，经济濒于崩溃的边缘，但皇帝南渡六十余年后，南宋的经济不但没有崩盘，反而超过了北宋年间的巅峰收入。《建炎以来朝野杂记》记载："逮淳熙末，遂增至六千五百三十余万焉。"

南宋是中国历代唯一财政收入不是以农业收入为主的朝代，南宋商业税收高达七成，尤其是负责海外贸易的市舶司，贡献了全国财政收入的三分之一。

南宋也是中国历代海外贸易最为发达的时期之一，形成了南宋万余里海岸线全面开放的新格局，贸易范围从南洋、西洋直至波斯湾、地中海和东非海岸，"海上丝绸之路"也由此成型。

北宋初进口商品仅四十五种，南宋时增至三百二十余种，且为北宋少见的"民间常使物货"——药材、木材、棉织品等，单是番布等纺织品就达三十余种。出口货物以瓷器、漆器、丝织品为主。那时，东南沿海人纷纷出海，作为"住蕃"华侨，开启了中国大航海时代。

　　商业和海外贸易的发达,很大程度减轻了政府对农民的盘剥,所以南宋也是农民起义较少的朝代。皇帝曾公开说:"市舶之利,颇助国用。""若措置合宜,所得动以百万计,岂不胜取之于民?"

　　皇帝是中国历代极少有航海经历的君主,建炎三年至四年(1129—1130)的海上大逃难,从明州至台州再至温州,虽然惊心动魄,但是也让他有机会"向洋看世界"。

　　皇帝在温州停留了五十五天。温州当时是沿海出口主要码头,宋元时期,一条青瓷之路从龙泉窑为起点沿着瓯江顺流而下,在温州出口,走东洋;也可以由明州转口,往广州、泉州可以下南洋走西洋。

　　温州因海兴起,北宋时温州就被人称为"小杭州"。杨蟠《永嘉》诗云"一片繁华海上头,从来唤作小杭州"。

　　2023年,温州朔门古港遗址被列入2022年度"全国十大考古新发现",其重现了温州千年商港的盛况。码头、沉船、海量的青瓷等商贸类遗物,构成了商港的核心元素。这与温州古城、世界古航标之一的江心屿双塔交相辉映,生动再现了宋元时期温州"北埠"港区"城脚千家具舟楫,江心双塔压涛波"的真实景象。

　　2024年1月,我在温州朔门古港遗址,古城门外的九号码头,沿着一排排青石阶由下而上,旁边是运送货物的碎石缓坡,保存都非常完好。温州市文物考古研究所的刘副所长说,当年逃难的皇帝和张俊,大概率就是从这里靠岸后拾级而上,穿过城门进入温州市区的。

　　我也有幸在八百多年后,重走皇帝走过的路。

所以皇帝在温州的五十五天,对于海外贸易及其带来的繁盛,有了概念。可能有一种史无前例的思想也在萌发:海上,也是天下。国土的损失,是不是可以通过海外贸易来弥补?他开始理解王安石所言"善理财者,民不加赋而国用饶"。

于是,他开始转向,从中原到海外,与其和金军你死我活逐鹿中原,不如造船下海开辟新天下。偏安,也有了新解读。

皇帝回到临安,就开始筹海经略。

从那时起,宋人就与阿拉伯人一道经略印度洋海上通道。皇帝鼓励海商打造海船,购置货物到海外交易,还在海岸线上每隔三十里就建立一个灯塔,以便导航。

南宋招商引资政策特别灵活,对有贡献的外国商人,都可以授官。

《宋会要辑稿》记载,南宋绍兴元年至绍兴三十二年(1131—1162),大食(阿拉伯)蕃商蒲罗辛船只装载满舱的乳香驶往泉州,彼时泉州"市舶计抽解价钱三十万贯"。由于他贡献突出,当时朝廷授予蒲罗辛"承信郎"的头衔。

蒲罗辛离华前,南宋政府特别吩咐,要求劝服其他蕃商来华贸易,若成功,将施恩犒赏。

当时政府还指派市舶司官员、使臣到海外招商引资,吸引蕃商来华贸易。而地位最高的外商是阿拉伯人蒲寿庚,居然官至福建、广招抚使,总海舶。蒲寿庚是南宋的"胡雪岩",红顶商人,于宋末垄断泉州香料海外贸易近三十年,"以善贾往来海上,致产巨万,家僮数千"。蒲寿庚拥有大量海舶。1974年,在泉州后渚港发掘出一艘南宋远洋货船，载重量两百多吨；船上有大量香料遗存，有降真香、檀香、沉香、乳香、龙涎香、胡椒等。业内认为，这艘海船可能是蒲氏家族的香料船。

2007年出水的南宋沉船"南海一号"更是震惊世界。

"南海一号"沉船于1987年发现于广东省台山、阳江交界海域，是世界上已发现的年代最早、船体最大、保存最完整的远洋贸易沉船。"南海一号"为木质尖头船，长41.8米，宽11米，高约4米，载重近425吨，排水量估计可达828吨，船型为福建福船，是南宋时期常见的商船。

截至2019年，"南海一号"总共出水文物18万余件，有瓷器、金器、银器、铜器、铁器、标本、种子、丝绸等等，其中瓷器、铁器、铜钱数量最多，瓷器琳琅满目，有30种6万余件，多为国家一级、二级文物，汇集了景德镇、龙泉窑等著名窑口，还出土了阿拉伯风情瓷器。铜钱数量亦达上万枚。不过船上最让人惊喜的是发现了国宝级的南宋漆器。

此外，"南海一号"还出土了不少金器，一条金腰带长1.7米，重566克，由四股八条金线编织而成，整体呈长圆条绳状。这条金腰带也成为"南海一号"的财富吉祥物。

估计金腰带的主人，是一位海外阔佬，人高马大，膀大腰圆。

专家推测这艘南宋沉船先在福建泉州港装载瓷器，随即向南到达广州港，装载数量巨大的铁器，之后再准备驶向东南亚或阿拉伯，这是一条海上丝绸之路，只可惜在广东阳江的川山群岛海域遭遇不测，沉入海底，永远无法到达终点，直至八百多年后，才被发现。

张俊海外贸易赚了钱,让老兵再跑一次,老兵回答,这是闹着玩的,再去就要失败了。再跑一次,说不定就是"南海一号"了。

汉武帝北伐匈奴,史载"海内虚耗,户口减半",而南宋偏安一隅,先与金对峙,后又抗住横扫欧亚的蒙古近半个世纪,经济却仍在正常运转,应该说,商业特别是海外贸易,厥功至伟。

不过,张俊贪婪敛财,甚至惊动了皇帝亲自诫勉谈话。

第一次是绍兴五年(1135),张俊入对,论及刘光世解罢军政有登仙之叹(羡慕刘光世解除军职后获赏赐丰厚)。接下去的对话很见皇帝水平。

> 皇帝:"卿初见朕时何官?"
>
> 张俊:"修武郎。"
>
> 皇帝:"是时家赀如何?"
>
> 张俊:"贫甚,尝从陛下求战袍以御寒。"
>
> 皇帝:"今日贵极富溢,何所自邪?"
>
> 张俊:"皆陛下所赐。"
>
> 皇帝:"卿既知此,宜思自效,而有羡于光世,何耶?"

张俊惶恐流涕,誓以死报恩。

另外一次在绍兴十一年(1141),也就是皇帝收三大将兵权前夕。

《宋史·张俊传》中有记载:"帝于诸将中眷俊特厚,然警敕之者不绝口。自淮西入见,则教其读《郭子仪传》;召入禁中,戒以毋与民争利,毋兴土木。"

这个谈话信息量很大。

皇帝让张俊不要与民争利,大兴土木,可张俊大规模与民争利,大兴土木,就是在这个诫勉谈话之后,张俊的财富不断在膨胀,也没见皇帝再一次诫勉谈话,也没见安排纪委查他。

所以重点不在于此,重点在郭子仪。

安史之乱后,郭子仪是唐室中兴的第一名将,他力挽狂澜,功勋盖世,"以身为天下安危者二十年"。而绍兴年间也被人们称为"绍兴中兴",张俊位列"中兴第一名将",然而,叫张俊读《郭子仪传》,难道是想强化他的功绩吗?绝不可能,皇帝要张俊向郭子仪学习的,是对皇帝的无限忠诚!

皇帝说:"郭子仪虽然常常领兵在外,但他心怀朝廷,尊敬朝廷,皇帝有诏,立刻就到。如今,你所管之兵,乃朝廷之兵,如果你像郭子仪一样心怀朝廷,尊敬朝廷,不但自己能享尽荣华,子子孙孙也会代代昌盛。倘若持兵自重,轻视朝廷,有令不行,有禁不止,非特子孙不能享福,你自己也将有不测之祸,望你戒之!"

张俊心领神会,是否真正细读《郭子仪传》并不重要,关键是,要恭顺听话,要令行禁止。

张俊死后的神道碑是皇帝亲自指定史臣周麟之撰写的,洋洋洒洒数千言,自然也会概述张俊的功绩,但贯穿全文的有一个核心词语——"恭顺"。

公（张俊）之明光盛大，福禄永终，盖一本于恭顺。

……盖公平日用心惟在于尊奖王室，故能忘私徇公，自始至卒，秉节不渝，无非恭顺之实云。呜呼！公之积功固多矣，天子之报功亦备。至于褒表恭顺，则又当具论而显表之，使握兵者知所法焉。夫恭顺，臣子之大节也。事亲非此不能致其孝，事君非此不能成其忠，况为帅者乎？将帅巅闿闹外之任，权盛则势多陵，功高则志易满，其可不以恭顺持之？彼拔剑击柱者束之以礼然后定，背阙哗语者绳之以法然后戢，又乌知所谓恭顺者哉！昔之论将者曰：富之而观其无犯，贵之而观其无骄，使之而观其无隐，诚有取于此也。今公之功暴耀当世，街谈巷议之徒识与不识皆得以缕数。

惟恭顺一节有诸将之所难能，众人之所弗察者，臣故表而出之，用对扬明天子之休命。

其实，周麟之反复表彰恭顺，更多还是出自皇帝的授意。在写神道碑前，皇帝已经明示了碑文的中心意思，他说：

张某自元帅府提兵从卫，备罄心膂。至为大将，总戎旅于外，独知奉君上，尊朝廷。及释师而归，受命惟谨。其终始恭顺，诚不与他帅比。故报恤追荣，恩礼特异。汝其志之，朕将有劝焉。

可见，皇帝最赏识张俊的，并非他抗金的军功，也不是他平叛的劳绩,而在张俊"独知奉君上,尊朝廷""终始恭顺"这一点。这是皇帝对武将、对臣子的根本要求。

皇帝劝张俊熟读《郭子仪传》,要他牢记尊敬朝廷,尊奖皇室。张俊做到了,而且在所有南渡武将中做得最好。除了在战场上耍点避重就轻、自保图存的聪明伎俩,他没有在大方向上违逆过皇帝的心思,甘心顺从,战场上如此,和议时如此,拿岳飞开刀时一样如此。

恭顺,才是张俊能够在乱世中保全富贵、泽被子孙的人生秘诀。恭顺,也是皇帝和南宋朝廷对张俊的官方定论。

而一个武将贪婪敛财,在皇帝眼里,并非缺点。

当年,宋太祖赵匡胤就对帮他夺得天下的武将们讲过:"人生如白驹之过隙,所以好富贵者,不过多积金银,厚自娱乐,使子孙无贫乏耳。汝曹何不释去兵权,择便好田宅市之,为子孙立永久之业;多置歌儿舞女,日饮酒相欢,以终其天年。君臣之间,两无猜嫌,上下相安,不亦善乎!"

虽然皇帝没有说得那么赤裸裸,但是赵家的祖宗家法一以贯之,张俊懂的。

所以,选择躺平,贪婪敛财,我猜,也是张俊向皇帝表忠心的一种形式而已,或者是自保的手段。

而同为中兴四大将的岳飞,史载极其清廉,以"文臣不爱钱,武官不惜死"为座右铭,但最后沉冤而死,张俊贪婪敛财却得以善终。

卑鄙是卑鄙者的通行证,高尚是高尚者的墓志铭。只有这样才能解释吧。

张俊通过请皇帝吃饭，献上如此一份厚礼，为自己安度晚年又买了一份保险。

天下没有不散的筵席，宋人周辉所撰的《清波杂志》卷五记载了这次饭局的一则故事：皇帝驾幸张俊家中，时过午后还没有离去。张俊便再三央请宦官，劝皇帝早早起驾回宫。皇帝走后，家人不解其意。张俊说："皇上驾幸臣子的私宅，是做臣子的莫大荣幸，我当然希望皇上多盘桓些时间了。可是，上一次皇上驾幸秦太师府第时，未到晡时（下午三时到五时）便离去了。"家人们这才明白，他是怕皇帝在他们家待的时间超过了晡时而遭到秦桧之忌恨。

一个专制君权，已足以使人胆寒了，又附加了一个熏天相权。夹处于君权与相权之间的张俊，战战兢兢罢了。

现在很多人很膜拜宋代，都说最想穿越的时代是宋代，让你穿越回去，当岳飞，做张俊，你干吗？

《宋史·张俊传》对于张俊的评价："南渡诸将以张、韩、刘、岳并称，而俊为之冠。然夷考其行事，则有不然者。俊受心膂爪牙之寄，其平苗、刘，虽有勤王之绩，然既不能守越，又弃四明，负亦不少。矧其附桧主和，谋杀岳飞，保全富贵，取媚人主，其负戾又如何哉？"

"保全富贵，取媚人主"，张俊请皇帝吃的这顿饭，为的就是这八个字。

取媚人主自然无所不用其极，越夸张，越变态，效果越好。

据浙江大学何忠礼先生考证，其实在恤民、俭朴等方面，宋高宗的表现不亚于历代贤君。北宋旧制，御膳日进一百二十品，钦宗减至四十品，宋高宗"又加裁省，其后早晚共止一羊，不过数品而已"。韩世忠贡腌鲟鱼，皇帝说："朕艰难之际，不厌菲食，卿当立功报朕。至于进贡口味，非爱君之实也。"

皇帝此论并非逢场作戏，而是确有不重口腹之欲、天性惜生的因素。局面稳定后，皇帝依然表示："朕常日不甚御肉，多食蔬菜。近日颇杂以豆腐为羹，亦可食也。水陆之珍，并陈于前，不过一饱，何所复求？过杀生命，诚为不仁，朕实不忍。"

但是不妨碍他欣然接受这一次夸张到变态的饭局，虽然一百多道美食，他可能浅尝都做不到。

因为皇帝和张俊都明白，这顿饭只是形式而已。

张俊用夸张和变态的形式主义向皇帝输诚，皇帝也用亲率庞大代表团赴宴的形式检测了臣子的忠诚度，也检查了一下"杯酒释兵权"之效果。

他们各自得到了自己想要的东西。

皇帝的饭局后三年，张俊去世，年六十九岁。皇帝废朝三日，亲临府上祭奠，追封其为循王。张俊成为南宋皇室之外封王第一人。

二、御宴

（一）

皇帝到张俊家赴宴，周密也不知道怎么搞到了那么详尽的档案，收录在他的《武林旧事》卷九中。

图3 杭帮菜博物馆张俊御宴展示图

这次盛宴分"初坐"和"再坐"两部分。

初坐是宴席的前奏，也称看席，以视觉和嗅觉享受为主。

水果盘——绣花高饤一行八果罍：香圆、真柑、石榴、枨子、鹅梨、乳梨、楒楂、花木瓜。

干果盘——乐仙干果子叉袋儿一行：荔枝、圆眼、香莲、榧子、榛子、松子、银杏、梨肉、枣圈、莲子肉、林檎旋、大蒸枣。

香药——缕金香药一行：脑子花儿、甘草花儿、朱砂圆子、木香丁香、水龙脑、史君子、缩砂花儿、官桂花儿、白术人参、橄榄花儿。

蜜饯——雕花蜜煎一行：雕花梅球儿、红消花、雕花笋、蜜冬瓜鱼儿、雕花红团花、木瓜大段花、雕花金橘、青梅荷叶儿、雕花姜、蜜笋花儿、雕花枨子、木瓜方花儿。

酸咸小吃——砌香咸酸一行：香药木瓜、椒梅、香药藤花、砌香樱桃、紫苏奈香、砌香萱花柳儿、砌香葡萄、甘草花儿、姜丝梅、梅肉饼儿、水红姜、杂丝梅饼儿。

腊味与腌制品——脯腊一行：肉线条子、皂角铤子、云梦犯儿、鰕腊、肉腊、奶房、旋鲊、金山咸豉、酒醋肉、肉瓜斋。

拼盘——垂手八盘子：拣蜂儿、番蒲萄、香莲事件念珠、巴榄子、大金橘、新椰子象牙板、小橄榄、榆柑子。

干果中的林檎，其实就是花红，中国本土的苹果。雕花蜜煎一行，现在最有名的就是云南大理的雕梅。

腊味与腌制品中奶房是啥？这玩意在下面菜单中还反复出现，我看到一个注释说是"猪乳房"，这也太重口味了。奶房其实是干酪，很奇怪，中国人现在反而难得吃干酪。

云梦𥕢儿，是云梦特产的腊肉。云梦县，隶属今湖北省孝感市，云梦因水而得名，历史悠久，人文荟萃。

肉瓜齑，《吴氏中馈录》里有介绍："酱瓜、生姜、葱白、淡笋干或茭白、虾米、鸡胸肉各等分，切作长条丝儿，香油炒过，供之。"

中国烹饪大师、杭帮菜领军人物叶杭胜在接受采访时讲了一段往事：1985年，年近九十的书法家沙孟海先生因旧病复发，茶饭不香。当时杭州八卦楼南宋风味厅的经理徐海荣带着厨师叶杭胜，登门为沙老做了几道南宋菜，其中就有瓜齑这道菜。

"瓜齑本身就是一道含酱瓜的家常小炒，取等分酱瓜、生姜、葱白、笋干、虾米以及鸡胸肉，分别切长条细丝，以香油大火爆炒……整体风味相当浓郁而有层次。"叶杭胜说，当时沙老信手舀起一瓢瓜齑品尝，连声称赞："味美佳肴，别有风味。"

旋鲊是新鲜肉酱。"鲊"是宋代非常流行的一种腌制方法。从字形来看，"鲊"最初只是指鱼类腌制。东汉刘熙《释名》云："鲊，菹也，盐、米酿鱼以为菹，熟而食之也。""鲊"的基本原理就是利用乳酸菌对肉食进行发酵。秦汉时期最早是用新鲜的鱼，改刀加入盐等各种调味料，以及米或者红曲之类酵母，一并封入坛中，经过多天的储存发酵，最终腌制成为一种口味非常独特的食物。

到了宋代，"鲊"种类激增，除了各种鱼类外，包括莲藕、桃花、鹅、黄雀、蛤、冬瓜、笋、茭白、海蜇等，都能做成"鲊"。这一点，翻看南宋周密的《武林旧事》就能发现。还有，《吴氏中馈录》中有蛏鲊、胡萝卜鲊；《事林广记》中记有海棠鲊、玉钩鲊、清凉虾鲊等。

宋代《铁围山丛谈》记载："开宝末，吴越王钱俶始来朝。垂至，太祖(赵匡胤)谓大官:'钱王,浙人也。来朝宿共帐内殿矣,宜创作南食一二以燕衔之。'于是大官仓卒被命,一夕取羊为醢,以軷焉,因号'旋鲊'。至今大宴,首荐是味。"

"旋"就是现做的意思,"旋鲊"指的就是在短期内腌制而成的食物。浙江人喜爱的呛蟹,也就是"旋鲊",呛就是程度比深腌要浅。当然,有名的还有安徽名菜臭鳜鱼。

现在杭州很多饭店都有暴腌菜,其实就是"旋鲊",暴腌白菜,暴腌萝卜,还有暴腌黄鱼,就是将黄鱼收拾好后用盐水腌个小半天,再晾干,不但肉质紧实,还能通过发酵激发食材本身的鲜味,清蒸或者大汤,均是至味。

最后的水果,"拣蜂儿"是现剥莲子,"拣"是宋元白话,有加工处理的意思,日语中的"料理"与此同义。

不过,以上仅仅属于宴席上的"看菜",只看不吃,是用餐前以其精巧的摆盘和丰富的色彩刺激食欲或清新空气。目的以先声夺人之势,开席见彩,显示盛宴规格,渲染豪门气氛,供天子观赏品鉴,有点类似今天的萝卜雕花摆盘。

这部分,大概相当于《命运交响曲》中一开始的当当当,或者是李白《蜀道难》开篇的:噫吁嚱,危乎高哉!

这个看菜,在南宋酒家里也十分常见。

周密《武林旧事》载:"酒未至,则先设看菜数碟,及举杯,则又换细菜。"

《都城纪胜》与《梦粱录》均载:"初坐定,酒家人先下看菜,问酒多寡,然后别换好菜蔬。"

这"看菜"是只许看不许吃,若不识规矩那就出洋相了,"有一等外郡士夫,未曾谙识者,便下箸吃,被酒家人哂笑","亦有生疏不惯人,便忽下箸,被笑多矣"。

"看菜"的饮食习俗,源于宫廷礼仪。宋朝的宫廷宴会,照例要摆放"看菜"。

《东京梦华录》记载的北宋皇家寿宴,赴宴的大臣桌前,"每分列环饼、油饼、枣塔为看盘,次列果子。惟大辽加之猪、羊、鸡、鹅、兔连骨熟肉为看盘,皆以小绳束之"。

《梦粱录》记载的南宋"皇太后圣节"宴会也是如此:"每位列环饼、油饼、枣塔为看盘。若向者高宗朝,有外国贺生辰使副,朝贺赴筵,于殿上坐使副,余三节人在殿庑坐,看盘如用猪、羊、鸡、鹅连骨熟肉,并葱、韭、蒜、醋各一碟。"

据吴钩先生考证,宋代宫廷宴会的"看盘",应该延续自唐朝的御用"钉食",《太平广记》载,唐时,"御厨进馔,凡器用有少府监进者。用九钉食,以牙盘九枚,装食味于其间。置上前,亦谓之看食"。皇帝用膳,要上九盘"看食"。宋朝时,先上"看菜"便成了宫廷宴会的一项礼仪。

(二)

之后是歇坐,歇坐相当于宴席前冷盘。

又上菜品六轮,每轮约十一行,总共是六十六行果品。

切时果一行:春藕、鹅梨饼子、甘蔗、乳梨月儿、红柿子、切怅子、切绿橘、生藕铤子。

时新果子一行：金橘、葳杨梅、新罗葛、切蜜蕈、切脆怅、榆柑子、新椰子、切宜母子、藕铤儿、甘蔗奈香、新柑子、梨五花子。

雕花蜜煎一行：同前。

砌香咸酸一行：同前。

珑缠果子一行：荔枝甘露饼、荔枝蓼花、荔枝好郎君、珑缠桃条、酥胡桃、缠枣圈、缠梨肉、香莲事件、香药葡萄、缠松子、糖霜玉蜂儿、白缠桃条。

脯腊一行：同前。

"珑缠"是在干鲜水果外裹麦芽糖或糖霜之类，仍属蜜饯。

糖霜玉蜂儿，难道是吃蜂蛹？

《甄嬛传》里有一情节：甄嬛怀孕以后，胃口很差，啥都不想吃，就想吃"糖霜玉蜂儿"。这可把宫女们难住了，因为她们统统不知道糖霜玉蜂儿是什么东西。

杨万里《莲子》为证：

蜂儿来自宛溪中，两翅虽无已是虫。不似荷花窠底蜜，方成玉蛹未成蜂。

这首诗把莲房比喻成蜂房，把莲子比喻成蜂房里的蜂蛹，蜂蛹长大了会长翅膀，莲子怎么长都没有翅膀。

糖霜玉蜂儿，也就是蜜饯莲子。

现在我们去餐馆点菜，先冷盘再热菜，这习惯就始自宋朝。

（三）

接下去才开始正餐,洗完手再上桌,就叫再坐:

下酒十五盏:

第一盏:花炊鹌子、荔枝白腰子。

第二盏:奶房签、三脆羹。

第三盏:羊舌签、萌芽肚胘。

第四盏:肫掌签、鹌子羹。

第五盏:肚胘脍、鸳鸯炸肚。

第六盏:沙鱼脍、炒沙鱼衬汤。

第七盏:鳝鱼炒鲎、鹅肫掌汤齑。

第八盏:螃蟹酿橙、奶房玉蕊羹。

第九盏:鲜虾蹄子脍、南炒鳝。

第十盏:洗手蟹、鲟鱼（即鳜鱼）假蛤蜊。

第十一盏:五珍脍、螃蟹清羹。

第十二盏:鹌子水晶脍、猪肚假江瑶。

第十三盏:虾枨脍、虾鱼汤齑。

第十四盏:水母脍、二色茧儿羹。

第十五盏:蛤蜊生、血粉羹。

宋代人的饭局,有点像法餐,一盏酒配两道菜,两道菜大多一干一湿。换第二盏酒,就把原先两道菜撤下,再上两道菜。所以桌子上不会出现杯盘狼藉，很有层次感和高级感。

第一盏花炊鹌子。

《射雕英雄传》中，郭靖初识黄蓉时，黄蓉被店小二瞧不起，于是她就点了一桌子颇讲究的菜来教训店小二。其中就有一道"花炊鹌子"。

> 店小二问道："爷们爱吃甚么？"少年（黄蓉）道："唉，不说清楚定是不成。八个酒菜是花炊鹌子、炒鸭掌、鸡舌羹、鹿肚酿江瑶、鸳鸯煎牛筋、菊花兔丝、爆獐腿、姜醋金银蹄子。我只拣你们这儿做得出的来点，名贵点儿的菜肴嘛，咱们也就免了。"店小二听得张大了口合不拢来，等他说完，道："这八样菜价钱可不小哪，单是鸭掌和鸡舌羹，就得用几十只鸡鸭。"少年向郭靖一指道："这位大爷做东，你道他吃不起么？"

估计金庸抄的是张俊的菜单。

鹌子是鹌鹑，花是什么花？

这个菜，杭州伊家鲜的老板伊建敏做过，他说花炊鹌子，炊相当于焗，花是什么花，这要看季节，春天桃花，夏天荷花，秋天桂花，冬天梅花，按照张俊请客的季节，应该是桂花。

桂花是今天杭州市花，唐代就有白居易"桂子月中落，天香云外飘"之赞，直至今天，一到秋天，杭州城里就弥漫着桂花甜蜜的香味。桂花入馔，最典型的就是杭帮菜桂花糯米藕。张俊请客的时候，是杭州桂花收尾之际，鹌鹑烤制后，撒一点桂花，色香味俱全。

在十五盏主菜里面，鹌鹑出现了三次，另外两盏是鹌子羹、鹌子水晶脍，而鸡鸭居然一次没有出场，鹅倒是派出鹅肫掌汤齑、肫掌签上场两次。

南宋人并非不吃鸡鸭，南宋吴自牧在《梦粱录》中记载的杭州有关鸡的美食有："鸡丝签、鸡元鱼、鸡脆丝、笋鸡鹅、奈香新法鸡、酒蒸鸡、炒鸡蕈、五味焙鸡、鹅粉签、鸡夺真……麻饮小鸡头、汁小鸡、小鸡元鱼羹、小鸡二色莲子羹、小鸡假花红清羹、撺小鸡、拂儿笋、燠小鸡、五味炙小鸡、小鸡假炙鸭、红熬小鸡、脯小鸡……大小鸡羹……丝鸡淘……煎小鸡……豉汁鸡……姜豉鸡。"《梦粱录》还记载："有托盘担架至酒肆中，歌叫买卖者，如炙鸡、八焙鸡、红熬鸡、脯鸡。"

《西湖老人繁胜录》："炒鸡……铺鸡……锦鸡鼋鱼……锦鸡签……白炸鸡……八糙鸭……炕鸡。"

宋代鸭食颇多，北宋汴梁的饭馆中售卖鹅鸭排蒸、荔枝腰子、入炉细项莲花鸭签、鹅鸭签、燲鸭、煎鸭子等菜品，南宋临安鸭菜更多，烤鸭已经是"食市"常见。

比起鸭，可能张俊认为鹌鹑对皇帝更有意义。

鹌鹑是一种营养价值丰富的肉类食材，富含卵磷脂以及矿物质等等，鹌鹑素有"动物人参"之称，具有补五脏、益精血的功效，并且男性经常食用鹌鹑，还可以起到壮阳补肾的作用。

而皇帝，自从建炎三年(1133)扬州溃败后，据说性功能大受影响，以至于此后一直没有生育。

所以，鹌鹑就体现了张俊的小心思。

第一盏还有荔枝白腰子,也是这个心思。

唐代以前,中国人并不吃内脏,孙思邈"以脏补器"理论提出后,内脏下水才开始"登堂入室"。吃腰子补腰子,荔枝白腰子,你懂的。

中国烹饪大师叶杭胜复原过这道菜,将猪腰子对切开,去腰膜;用花刀切成菱格纹,改刀后的猪腰子,焯水后自然卷曲,形如荔枝。

菜谱如下:

食材:猪腰子两只、排骨100克、鸡肉100克、筒骨100克、新鲜荔枝30克、生姜20克、小葱20克、香雪酒50克、姜汁30克、盐20克。制作方法:

(1)取猪腰子两只,将猪腰子对切开,去腰膜;猪腰子用刀改成菱格纹。把切好的腰花用清水反复冲洗,去净血水,沥干水分,颜色呈粉白色即好,再用香雪酒、姜汁腌渍过。

(2)取排骨100克、鸡肉100克、筒骨100克,焯水炖汤,汤炖制奶白色即可,漏出肉渣,取奶汤200克,待用。

(3)取两只炒锅,一只加清水,一只加奶汤。清水煮沸时,将切好的猪腰花倒入,余至呈嫩白色后捞起,再放入高汤锅,再装进荔枝打底的碗内,装盘即可。

第二盏奶房签,这张菜单里有不少签,奶房签、羊舌签、肫掌签等。"签"菜不要以为是串串烧。签,不是牙签。签菜原是北宋宫廷名膳之一,取《博雅》中记载,"签,篝笼也",基本类似今天的油炸春卷。先是用一张皮子裹上切碎的馅料,卷起呈圆筒状,一般先经煮熟或蒸熟,再油炸炸得香脆,做外皮的可以是羊白肠、羊网油、猪网油,也可以是薄面皮、豆腐衣等。奶房签是奶酪加羊肉做馅儿,以油网包裹,炸熟后切片。

羊头签是宋朝"硬菜"。用猪网油将羊头肉卷起来,热油炸熟,然后捞出切片摆盘。据记载,南宋时,有一名太守聘请了一位京师来的厨娘操办家宴,厨娘做了五份羊头签,却用了十个羊头。而且一个羊头,厨娘只"剔留脸肉",其他弃之不用。帮厨伙计不解,厨娘说,按我们标准,一个羊头就只有两块脸颊肉可做羊头签。其他部位的肉,"非贵人所食矣"!有个伙计觉得挺可惜,便把羊头从地上拾起来,厨娘嗤之以鼻:"汝辈真狗子也!"

"签"菜流传到日本,最典型的就是寿司。寿司是用紫菜来卷,而中国的"签"系列菜辗转传承改良用了蛋皮,现在有一道菜扣蛋卷,就是"签"菜。做法是先摊蛋饼,置肉馅于其中,卷紧,蒸十五到二十分钟,等蛋卷变凉就基本定型了,切成斜斜的片状即可。

浙江天台有一种美食饺饼筒就很有"签"食遗风。通常,当地所有大小节日,皆会制作该食品。制作时,将面粉加水调成糊状和好,平底锅油微热,将粉浆按顺时针方向均匀地移动摊开、铺平、烙熟,摊成一张面皮,事先炒好各类菜肴,如五花肉片、猪肝、虾皮、粉丝、萝卜、豆腐干、土豆丝等,各取所需放在面皮上卷好即可食用,也可以放到平底锅油煎到外皮焦黄,又香又脆。

这一道美食在天台所在的台州非常普遍,而台州是南宋皇室的聚居地之一，当时在台州的皇族人数相当可观，2016年赵匡胤七世孙赵伯澐墓在台州发掘就充分佐证了这一点。大批原籍北方的大臣，退职致仕后也定居台州，光是宰辅就有七名。

所以宋代"签"食在台州发扬光大，不是偶然。

第二盏还有三脆羹，菜单里面，羹不少，螃蟹清羹、鹌子羹、奶房玉蕊羹、二色茧儿羹、血粉羹等等，在张俊招待皇帝的四十八味菜肴中，羹汤就有十三品，比重很高。

三脆羹，杭帮菜博物馆的展陈解释是笋丝、冬菇丝、肚丝用鸡汤煮的羹。南宋陈元靓《事林广记》记载了螃蟹羹的做法：

> 大蟹四个，新水洗净，去毛脚，折为两段，并肚膊亦如之，逐段剁开，诸骨数茎打折。水二大碗，葱二枝，椒少许，同煮五七沸并漉去，方下壳与脚子煮一二沸，次下研粳米百余妆，不得搅，搅即腥。别用生姜、莳萝、川椒、胡椒各一钱，好酱一匙，同研极细，用水调入汁内，更煮一二沸。方入细切葱白一握，盐、醋、酒，临时看滋味酌度入碗，更入少新橙皮尤妙。可作二分。

注意，他的螃蟹羹是要"下研粳米百余妆"，也就是要放一把研磨过的粳米碎。

在古代，因为少有淀粉，所以羹一般都是"糁羹"，经过滚煮的米粒会产生淀粉，这样就起到了勾芡黏黏糊糊的效果。后来有了绿豆淀粉、土豆淀粉，"糁羹"就没有那么流行了。不过至今还能见到,比如小米辽参羹,就是"糁羹",味道就很赞。

血粉羹是第十五盏压轴汤羹,以新鲜的羊血和豆粉制成,也是当时御街上最出名的小吃之一。

据《梦粱录》记载,南宋杭州的早市也很闹猛,"御街铺店,闻钟(四更钟声)而起,卖早市点心,如煎白肠、羊鹅事件、糕、粥、血脏羹、羊血粉羹之类"。其中老百姓喜食的普通早点"羊血粉羹",却成了御宴下酒菜。

羹在宋代宫廷宴席上已是标配,宋代皇帝的寿节(生日)宴会就有肚羹、缕肉羹、索粉羹等上台面。皇帝本人也很喜欢羹。

据《武林旧事》记载,南宋淳熙六年(1179)三月十五,太上皇赵构游西湖,命内侍买湖中龟鱼放生,宣唤外卖中有一卖鱼羹的妇人叫宋五嫂,原本是东京汴梁人氏,靖康之变后逃难至西湖边以卖鱼羹为生。太上皇吃了她做的鱼羹,顿生故国情思,百感交集。并念其年老,赐金银绢匹。从此,声誉鹊起,"人竞市之,(宋五嫂)遂成富媪"。

现代诗人、作家俞平伯说:"西湖鱼羹之美,口碑流传已千载矣。"

每一次去杭州楼外楼,我必点宋嫂鱼羹,这是他们家的硬菜,最后撒的胡椒粉,我觉得是灵魂。

第十四盏的二色茧儿羹,其实是鱼圆汤,挤鱼圆如蚕茧做羹汤。鱼圆是杭州家常菜,每一个菜场,都有现场制作鱼圆的店铺。

梁实秋是作家中的美食家,他母亲是杭州人,他自幼吃杭帮菜长大,鱼圆即家常便菜。后来他到台湾,见当地推车小贩叫卖鱼圆,买来一尝,虽然味道尚可,但鱼圆肉质发硬,颜色混浊不清,不禁使他怀念起母亲在世时所做的"嫩得像豆腐"一样的清汤鱼圆。

梁实秋在台湾的回忆饱含口水和泪水:"鱼必须是活鱼","像花鲢(即包头鱼)就很好",先"剖鱼为两片……用刀徐徐斜着刃刮其肉……成泥状……加少许盐,少许水,挤姜汁于其中,用几根竹筷打,打得越久越好,打成糊状",然后"用羹匙舀鱼泥,用手一抹",入沸水烫成丸,因为"煮鱼丸的汤本身即很鲜美,不需高汤。将做好的鱼丸倾入汤内煮沸,撒上一些葱花或嫩豆苗,即可盛在大碗内上桌……这样做出的鱼丸嫩得像豆腐",色彩自然是洁白如玉的了。

鱼圆做得最好吃的,其实不是杭州,而是湖州,鱼圆中还有肉馅,鲜香可口,令人难忘。

第八盏螃蟹酿橙,又名蟹酿橙,南宋《山家清供》记载了蟹酿橙的食谱:"橙用黄熟大者,截顶,剜去穰,留少液。以蟹膏肉实其内,仍以带枝顶覆之,入小甄,用酒醋水蒸熟,用醋盐供食,香而鲜,使人有新酒、菊花、香橙、螃蟹之兴。"

酿,是美食界的套娃,酿菜是在一种原料中夹进、塞进、涂上、包进另一种或几种其他原料,然后加工成菜的方法。

记得我小时候,母亲烧茄子,都是在茄子里塞肉末,油煎后加黄酒酱油下葱姜蒜烧开,味极鲜美。

我一伯母在上海,做法更加精致,她是把肉末调味后塞入青椒,为了去油腻还掺入土豆泥,也是油煎后加黄酒、酱油,下葱姜蒜烧开,我每一次都能吃两个。

现在两位老人家都不在了,我也很久没有吃到这两味酿菜了。

客家人好像特别喜欢酿,酿豆腐、酿辣椒、酿茄子、酿苦瓜、酿腐竹、酿鸡蛋、酿芋头……无菜不能酿。

杭州伊家鲜,就有这道菜。

三十多年前,伊家鲜老板伊建敏还在梦粱楼饭店,就在杭州师范大学林正秋教授指导下,仿制了南宋宫廷菜,其中就有蟹酿橙。他说,这道菜是南宋南北融合的实证,酿是北方的工艺,橙子和螃蟹,都是南方的食材,结合在一起,就有了奇妙的化学反应。

他说这道菜,首先要选好橙子。橙子不能太甜,也不能太酸,一般用四川橙子为佳,个头不要太大,也不要太小,中等为好。

第二选螃蟹。当季的有膏大闸蟹,最好,然后拆蟹,要把蟹肉蟹膏都拆出备用。

第三,把蟹肉、蟹膏炒一下,一定要用猪油,这是灵魂,喷香;然后用一点高汤吊一下,伊建敏说这个高汤要用开水白菜的开水高汤,看着清澈,其实味极鲜,这需要用鸡茸入高汤去油腻。

第四,把橙子去盖取出大部分果肉,将蟹肉、蟹膏塞入,合盖,蒸三分钟即可。

伊建敏说,这道菜设计水平极高,真正色香味俱全:观色,橙丰满鲜艳,一看就让人食欲大增;闻香,高温蒸制让橙香、蟹味之美彻底融合,芬芳宜人,久久不散;品味,橙肉和蟹肉交融在一起,就像是金风玉露一相逢,酸甜可口,老少咸宜。

除了蟹酿橙,皇帝那天还吃了洗手蟹。

宋祝穆《事文类聚·介虫·蟹》:"北人以蟹生析之,调以盐梅、茞橙椒,盥手毕即可食,目为洗手蟹。"

取名洗手蟹是因为这道菜制作时间短,饭前洗手的工夫就能做得上桌。南宋著名女厨师《吴氏中馈录》记载:"用生蟹剁碎,以麻油先熬熟,冷,并草果、茴香、砂仁、花椒末、水姜、胡椒,俱为末,再加葱、盐、醋共十味,入蟹内拌匀,即时可食。"

现在这道菜,在浙江依然盛行。在宁波、舟山一带,为红膏呛蟹,在温州一带,为江蟹生。基本原理和洗手蟹一致,只不过腌制时间长短有别。

宁波菜有一款"十八斩",是宁波菜系的一道硬核菜品,选用舟山渔场的红膏梭子蟹,急冻后,以精致刀工分解成十八块,每块都有红膏。再佐以绍兴花雕、盐醋姜蒜调制的料汁,浇上料汁后再放到冰箱里的冷藏室内化冻并入味三十分钟。"十八斩"新鲜生猛,和洗手蟹差不多。

我印象最深的,是2024年秋天,在舟山市普陀区政府食堂吃的呛蟹,这道菜酸咸可口,蟹肉像果冻,回味甘甜,那天我也不顾斯文,大快朵颐。

我觉得好吃的主要原因是食材当季,而且新鲜,洗手蟹也好,呛蟹、江蟹生也好,关键是螃蟹要新鲜,不知道八百多年前,梭子蟹从海边运到杭州,是如何保鲜的。

在张俊的菜单中,螃蟹就有三种,有青蟹,有梭子蟹,有大闸蟹,加工工艺有生鲜呛、羹汤、"签"食,看来,皇帝喜欢螃蟹。

李渔在《闲情偶寄》中说:"蟹之鲜而肥,甘而腻,白似玉而黄似金,已造色、香、味三者之至极,更无一物可以上之。"

看来皇帝也认同这个评价。

另外，皇帝似乎很喜欢"肚"。

第三盏萌芽肚胘，第五盏肚胘脍、鸳鸯炸肚；第十二盏猪肚假江瑶，再加上后面厨劝酒十味中江瑶炸肚、香螺炸肚、牡蛎炸肚、假公权炸肚、蟑蚷炸肚。

涉及肚有九种。

肚有三种，肚胘是牛肚、牛百叶；猪肚假江瑶，是把猪肚切成一丝丝，像瑶柱丝一般；炸肚则是鱼肚，又叫鱼胶、白鲞、花胶、鱼鳔。鱼肚有黄鱼肚、回鱼肚、鳗鱼肚等，黄鱼肚为上品，估计张府上的是黄鱼肚。

鱼肚营养价值很高，含有丰富的蛋白质和脂肪，主要营养成分是黏性胶体高级蛋白和多糖物质。《本草求原》中曰，鱼肚有"养筋脉，定手战，固精"的功用。《本草新编》中说，鱼肚能"补精益血""入肾补精"。

这很对皇帝的胃口。

鱼肚自古被列入我国海产八珍，与鱼翅、海参等并列。炸肚为油发鱼肚。油发时，先将鱼肚在低温油锅中文火焖一至两个小时，见鱼肚发软后，再用较旺的火提高油温，并不断翻动，直至鱼肚涨大发足为止。

现在鱼肚可制作红烧鱼肚、大扒鱼肚、鸡茸鱼肚等名菜。不过，黄鱼肚，那就稀罕了。

这张菜单中，脍菜很多。

这张菜单里，第五盏肚胘脍，第六盏沙鱼脍，第九盏鲜虾蹄子脍，第十二盏鹌子水晶脍，第十三盏虾枨脍，第十四盏水母脍。

　　"脍"字指切细的生肉,也可表示把肉切细的动作。制脍的材料,有鱼、牛、羊等肉类。秦汉之后,牛、羊脍极为罕见,脍几乎仅指鱼脍,后来又衍生出一个"鲙"字,专门表示生鱼片。"脍"和"鲙"二字经常混用,但不可与"烩"字混淆,用火加工食物,才叫"烩"。

　　孔子说,食不厌精,脍不厌细;孟子说,脍炙人口:说明在两千多年前,烧烤和生鱼片都很常见。

　　生鱼片是中国最古老的传统食物之一,最早记录的历史可上溯到周宣王五年,即公元前823年。据出土青铜器"兮甲盘"上的铭文记载,那一年,周朝军队于彭衙(今陕西白水东北)击败入侵的猃狁部落。《诗经·小雅·六月》篇记录了同一次战事,并描述了凯旋后,领军将领尹吉甫私宴张仲及其他友人,主菜为烧甲鱼与生鲤鱼片,诗中写作"炮鳖脍鲤",也就是用鲤鱼做生鱼片。

　　第十四盏水母脍,就是凉拌海蜇。八百多年过去了,这道菜还是很家常,特别是凉菜一般都会有。在这张菜单里,完全没有变化的,可能就是它。这道菜的制作也非常简单,海蜇以清水洗净,切成薄片,浸五六个小时,把咸味、腥味去除掉。我们在食用时,再将海蜇片捞起,沥干水分,加盐、葱花、姜末、酒、醋拌和,蘸酱油、麻油而食,咸酸脆嫩。

　　鱼脍经过长期的发展,在唐宋两朝达到极盛,元明以后渐见衰微,到清末终从中国人餐桌上消失。传至日本,反而发扬光大至今。

　　沙鱼脍就是鲨鱼生鱼片,看来南宋人比我们更加生猛。鲨鱼一般以鱼翅见长,鲨鱼肉也有一种特殊的味道,所以今天的菜单少见到。这是因为鲨鱼没有泌尿系统，身体产生的废物都是通过皮肤排出的，所以鲨鱼肉就会有一种尿素的味道，这种情况在大鲨鱼的身上特别明显。所以人们为了吃到新鲜的无异味的鱼肉，捕捉的往往都是未成年的小鲨鱼。

今天一般用三文鱼或者是金枪鱼来做生鱼片，在日料中，人们会把双髻鲨和黑鳍鲨这两种鲨鱼用来做生鱼片。

（四）

还有餐间美食：

> 插食：炒白腰子、炙肚胘、炙鹌子脯、润鸡、润兔、炙炊饼、炙炊饼脔骨。

插食不是穿插上菜，其实是经过装饰的食物。食物怎么装饰？宋朝人或是直接在食物上面插花、插彩旗，或是用竹子或者铁丝扎成某种造型，把食物挂上去。

张俊上的插食，可以比照圣诞树上挂礼物去想象。

还有劝酒小吃：

> 劝酒果子库十番：砌香果子、雕花蜜煎、时新果子、独装巴榄子、咸酸蜜煎、装大金橘小橄榄、独装新椰子、四时果四色、对装拣松番葡萄、对装春藕陈公梨。

还有厨师特别推荐：

厨劝酒十味：江瑶炸肚、江瑶生、蝤蛑签、姜醋生螺、香螺炸肚、姜醋假公权、煨牡蛎、牡蛎炸肚、假公权炸肚、蟑蚷炸肚。

这个厨师特别推荐的蝤蛑签，以前我也不知蝤蛑是啥玩意，有一次去温州，当地主人郑重声明，今天中午吃蝤蛑，很贵的。意思是我享受了 VIP 待遇。上来一看，原来是青蟹。

2024 年 7 月底我在某宝上看，三门青蟹，鲜活大红母膏蟹生鲜水产送礼盒装，两斤 378 元。

蝤蛑签是宋代宫廷御馔，据南宋《玉食批》记载："以蝤蛑为签、为馄饨、为枨瓮，止取两螯。余悉弃之地，谓非贵人食。有取之，则曰：'若辈真狗子也！'噫！"

此馔现行方法是：选蝤蛑之大者，入笼蒸透，脱去其甲壳，尽取其肉；取嫩笋之尖，切以细丝，以汤汆之；取河虾之虾仁，捣成蓉泥，制暄糊，拌以蟹肉及笋丝，用网油包裹为卷。碧油炸后，切而装盘。皮金黄而酥脆，肉嫩香味鲜美，属华筵上品之馔。

苏轼也曾经吃过蝤蛑，并写了一首诗。

北宋元丰二年(1079)，苏轼调任为湖州知州，友人丁公默此时正在处州做官。苏轼就写了首诗赠给丁公默。后者很高兴，时值初秋，就以蝤蛑作为回礼。苏轼以诗换得鲜蟹，乘兴写下《丁公默送蝤蛑》："溪边石蟹小如钱，喜见轮囷赤玉盘。半壳含黄宜点酒，两螯斫雪劝加餐。蛮珍海错闻名久，怪雨腥风入座寒。堪笑吴兴馋太守,一诗换得两尖团。"

厨劝酒十味中有姜醋假公权,假公权让人费解,是啥玩意? 有人认为,假公权就是牛鞭,但是王明军先生则认为,假公权出现在厨劝酒十味中,其他均为海鲜,所以逻辑上假公权也应该是海鲜,假肯定是仿真,他觉得假公权是目鱼蛋,暗指男性的睾丸。

不管是牛鞭还是目鱼蛋,不管是内容还是形式,都是吃啥补啥。还有餐后小吃:

> 准备上细垒四卓,又次细垒二卓:蜜煎、咸酸、时新、脯腊等件。

(五)

总计一百八十余道菜品,尚不含酒水。

注意了,以上仅供皇帝一人享用。

其他内官、随从、官员都另外有安排。

当天,皇帝带了秦桧、秦熺、杨存中等亲贵大臣和随从侍卫两千余人。张俊按照等级高低予以款待,一共分为五等。

其中,规格最高的是秦桧,有烧羊一口、滴粥、烧饼、食十味、大碗百味羹、糕儿盘劝等,以及酒三十瓶;规格最低的随从人员,却只有食三味、酒一瓶。

不过,皇帝似乎并不暴殄天物,而且比较文明讲卫生。

《西湖游览志余》说,皇帝吃饭时,习惯多备一副公筷:"高宗在德寿宫,每进膳,必置匙箸两副。食前多品,择取欲食者,以别箸取置一器中,食之必尽,饭则以别匙减而后食。吴后尝问其故,对曰:'不欲以残食与宫人食也。'"按宫廷惯例,皇帝吃不完的菜肴会分给宫人吃,每次进膳,都用公筷夹菜,避免自己的口水污染,比现在很多人文明多了。

(六)

总体说来,有几点,需要总结一下。

南宋御宴,水产海鲜已占据C位。

主菜单十五盏三十道菜,一般是水产海鲜,厨师长特别推荐十味都是海鲜:江瑶炸肚、江瑶生、蝤蛑签、姜醋生螺、香螺炸肚、姜醋假公权、煨牡蛎、牡蛎炸肚、假公权炸肚、蟑蚷炸肚。

南宋定都临安后,宋人的饮食结构南北融合,为之一新。宋代"南食"菜中,水产鱼虾类占很大比重,有名目可查的约有一百一十二种。宋代明州(包括舟山)盛产海鲜,据粗略统计,有石首鱼、梅鱼、箭鱼、规鱼、魟鱼、鲞鱼、乌鲗鱼、银鱼、海鳗、马鲛鱼、肋鱼、江瑶柱、淡菜等三十多种。御街附近的坊巷鲞铺都有各种海鲜售卖。

这一点,在皇帝退位后居住的德寿宫遗址出土物整理中,也得到了印证。

德寿宫从餐厨垃圾中清理出多种数量丰富的海产贝类,这是第一次从中国古代皇宫中清理出食用海鲜产品的证据。先言从皇宫餐厨垃圾中清理出的海鲜贝类有中国耳螺、菲律宾蛤仔、泥蚶、毛蚶等。最近鉴定出的一种海鲜产品种类是中华拟蟹守螺。

重庆师范大学傅裕博士分析，南宋皇宫餐厨垃圾及后厨洗涤池遗存附近，中国耳螺、菲律宾蛤仔、泥蚶、毛蚶、中华拟蟹守螺等大量海鲜产品的发现，为研究南宋皇宫中食用海鲜产品的食俗提供了证据。同时，也为研究南宋朝廷政治影响力、海产品生产和交通运输等提供了重要参考资料。

譬如，这些海鲜产品中的泥蚶、毛蚶，是产自杭州湾附近钱塘江口的海域。但中华拟蟹守螺则可能是产自北边江苏盐城、山东日照海域，或者南边浙江温州、福建莆田等海域。菲律宾蛤仔，是产自包含江苏海州海域在内的黄海中部海域。中国耳螺则应产自广东、海南等南海沿海地区。南宋皇宫德寿宫遗址发掘出土的海鲜产品，既有杭州本地附近东海海域的海产品，也有很多是从北边黄海海域、南边南海海域长途运输输送至皇宫内的。海鲜产品具有需要活体保鲜存放和运输的特点，温度变化和缺水等，均容易造成死亡，死亡之后很快腐败变质，不可食用甚至有毒。因此，这些种类丰富、数量很多且包括不同海域的海鲜产品，反映南宋皇室对海鲜产品消费量大，且朝廷对各个海域海产品生产有很强的控制能力，其交通运输方面很高效。

据杭州学者宋宪章认为，这和宋室南渡后带来的"凌阴"关系巨大。

"凌阴"是冷藏设施冰窖，地下挖一深坑，坑口用树枝交叉覆盖，再铺以油布、帆布，上面再盖上泥土即成。天冷时，由驻扎北方的韩家军兵士等，在大河大湖中敲取自然冰块南运贮备所用。当时皇宫、达官贵人家、餐饮企业等都设有"凌阴"。冰窖上可开小门,上锁,冷藏各种食品,包括海鲜。

宋代还出现了专门的贮冰专业户。他们出没于市井之间,以贩卖冰饮为业。南宋词人杨万里有诗为证:"北人冰雪作生涯,冰雪一窖活一家。帝城六月日卓午,市人如炊汗如雨。卖冰一声隔水来,行人未吃心眼开。甘霜甜雪如压蔗,年年窖子南山下。"

其次,御宴中,猪肉还是难登大雅之堂。

在整张菜单中,猪肉罕见。三十道大菜,只见猪肚、猪腰、猪蹄子,宋室忌讳食猪肉,赵匡胤生于丁亥年,生相属猪,按祖宗家法,忌吃猪肉。宋朝常与金国边贸交易中以丝绸瓷器等交换北方盛产之羊,故两宋以吃羊肉为正宗。但羊肉价高,一般人吃不起、故陆游《老学庵笔记》中说:"苏文熟,吃羊肉;苏文生,吃菜羹。"熟读苏轼文章才能做官有羊肉吃。

猪肉被苏轼评价为"富者不解吃,贫者不解煮",在他被贬时就是靠着便宜好吃的猪肉研发了东坡肉,流传至今。

宋人好羊肉,不过张俊请客,似乎也只有一道羊舌签像样一点,不知为何?南宋羊肉比较稀罕,这倒是事实。因为失去陕西后,也失去了羊肉的主要来源。

虽然失去了羊肉,但是他们发现了更加美味的、品种更加丰富的海鲜。

再次,从菜单看,南宋烧菜,炒,还不是主流。

这张菜单给人的感觉,不太中国,似乎有点怀石日料的感觉,基本无油。

满眼都是羹、签、脍、炙、酿,炒菜只有鳝鱼炒鲎、南炒鳝等。

《餐桌上的中国史》作者张竞认为,即使到了宋代,"炒"依然不是最重要的烹饪方法。如在《东京梦华录》中,炒菜也只记载了炒肺、炒蛤蜊、炒蟹三种,还未出现现代常见的猪肉、鸡肉的炒菜或鱼、虾的炒菜。

宋败于金,迁都南方后,炒菜逐渐多起来了。原本,炒菜被称为"南炒"。如张府御宴中将"炒黄鳝"称为"南炒鳝"。

但在南宋,炒菜还是非主流。《山家清供》中记录下来许多菜肴,其中炒菜只有五六种。同样,南宋的《玉食批》中出现的九十八种菜肴的名称,以"炒"命名的也仅"炒鹌子""糊炒田鸡""蟹炒蔓菁""炒白腰子""南炒鳝"等五六种。

现在的中国人,穿越回南宋,估计会觉得很无趣,菜里一点油都没有,寡淡得很,没法吃。

最后,这张菜单背后体现的是南宋杭州变态的繁华,特别是餐饮业的繁华。宋《梦粱录》卷十六《分茶酒店》记载:

> 市食点心,四时皆有,任便索唤,不误主顾。
>
> 杭州人烟稠密,城内外不下数十万户,百十万口。每日街市食米,除府第、官舍、宅舍、富室,及诸司有该俸人外,细民所食,每日城内外不下一二千余石,皆需之铺家。
>
> 杭城内外,肉铺不知其几,皆装饰肉案,动器新丽。每日各铺悬挂成边猪,不下十余边。如冬年两节,各铺日卖数十边。案前操刀者五七人,主顾从便索唤剁切。
>
> 且如猪肉名件,或细抹落索儿精、钝刀丁头肉、条撺精、窜

燥子肉、烧猪煎肝肉、脊肉、盒蔗肉。骨头亦有数名件，曰双条骨、三层骨、浮筋骨、脊龈骨、球杖骨、苏骨、寸金骨、棒子、蹄子、脑头大骨等。

城内外鲊铺，不下一二百余家，皆就此上行合摅。鱼鲊名件具载于后：郎君鲊、石首鲊、望春、春皮、片鳓、鳜鲊、鳖鲊、鲘鲊、鳗条弯鲊、带鲊、短鲊、黄鱼鲊、鲠鱼鲊、鱿鲊、老鸦鱼鲊、海里羊。更有海味，如酒江瑶、酒香螺、酒蛎、酒蟰龟脚、瓦螺头、酒坺子、酒蝇鲊、酱蝛蛎、锁官蝛、小丁头鱼、紫鱼、鱼膘、蚶子、鲭子、魟子、海水团、望潮卤虾、蝛鲚鲊、红鱼、明脯、鲘干、比目、蛤蜊、酱蜜丁、车螯、江蟣、蚕蟣、鳔肠等类。

铺中亦兼卖大鱼鲊、鲟鱼鲊、银鱼鲊、饭鲊、蟹鲊、淮鱼干、蛏蚜、盐鸭子、煎鸭子、煎鲚鱼、冻要鱼、冻鱼、冻鲊、炙鳜、炙鱼、粉鳅、炙鳗、蒸鱼、炒白虾。又有盘街叫卖，以便小街狭巷主顾，尤为快便耳。

估计是张俊请客一百多年后，意大利旅行家马可·波罗也为元初杭州的市场繁盛而点赞：

每星期有三日为市集之日，有四五万人挈消费之百货来此贸易。由是种种食物甚丰，野味如獐鹿、花鹿、野兔、家兔，禽类如鹧鸪、野鸡、家鸡之属甚众，鸭、鹅之多，尤不可胜计。平时养之于湖上，其价甚贱，威尼斯城银钱一枚，可购鹅一对、鸭两对。复有屠场，屠宰大畜，如小牛、大牛、山羊之属，其肉乃供富人大官之食，至若下民，则食种种不洁之肉，毫无厌恶。

此种市场常有种种菜蔬果实，就中有大梨，每颗重至十磅，肉白如面，芬香可口。按季有黄桃、白桃，味皆甚佳。然此地不产葡萄，亦无葡萄酒，由他国输入干葡萄及葡萄酒，但土人习饮米酒，不喜饮葡萄酒。

每日从河之下流二十五哩之海洋，运来鱼类甚众，而湖中所产亦丰，时时皆见有渔人在湖中取鱼。湖鱼各种皆有，视季候而异，赖有城中排除之污秽，鱼甚丰肥。有见市中积鱼之多者，必以为难以脱售，其实只须数小时，鱼市即空，盖城人每餐皆食鱼肉也。

杭州的服务同样变态。

张俊请客，家里有"四司六局"提供服务。"四司六局"作为宋代专业"承办酒席"的机构，其基本属性就是为权贵而服务。

《都城纪胜·四司六局》记载：

官府贵家置四司六局，各有所掌，故筵席排当，凡事整齐，都下街市亦有之。常时人户，每遇礼席，以钱倩之，皆可办也。

帐设司，专掌仰尘、缴壁、桌帏、搭席、帘幕、罘罳、屏风、绣额、书画、簇子之类。

厨司，专掌打料、批切、烹炮、下食、调和节次。

茶酒司，专掌宾客茶汤、暖烫筛酒、请坐谘席、开盏歇坐、揭席迎送、应干节次。

台盘司,专掌托盘、打送、赍擎、劝酒、出食、接盏等事。

果子局,专掌装簇、盘钉、看果、时果、准备劝酒。

蜜煎局,专掌糖蜜花果、咸酸劝酒之属。

菜蔬局,专掌瓯钉、菜蔬、糟藏之属。

油烛局,专掌灯火照耀、立台剪烛、壁灯烛笼、装香簇炭之类。

香药局,专掌药碟、香球、火箱、香饼、听候索唤、诸般奇香及醒酒汤药之类。

排办局,专掌挂画、插花、扫洒、打渲、拭抹、供过之事。

凡四司六局人祗应惯熟,便省宾主一半力,故常谚曰:烧香点茶,挂画插花,四般闲事,不许戾家。若其失忘支节,皆是祗应等人不学之过。只如结席喝犒,亦合依次第,先厨子,次茶酒,三乐人。

这和现在乡村饭局厨师自带锅碗瓢盆、桌椅板凳、山珍海味,如出一辙。主人只要出钱即可。

"凡四司六局人祗应惯熟,便省宾主一半力",所以张俊请客,有四司六局,省力一半。

当然,皇帝也不是白吃顿饭,他也要有所表示。

《宋史·张俊传》中有记载:"(绍兴)二十一年冬,帝幸其第,拜太师,以其侄清海军承宣使子盖为安德军节度使,其他子弟迁秩者十三人。"

三、皇帝的酒量

（一）

张俊请皇帝吃饭,不喝酒吗?

显然不可能。

《武林旧事》记载,第一等的秦桧配酒三十瓶,其子秦熺酒十瓶;第二等普安郡王等六人每人酒六瓶;第三等左朝散郎、礼部侍郎兼权吏部尚书陈诚之等二十八人,每人五瓶;第四等右监门卫大将军贵州刺史居闲等八十四人,每人两瓶;第五等太监随从九十一人,每人一瓶。

加上禁卫一行人等配酒两千瓶。

所以张俊起码要准备两千五百瓶以上的好酒。

但没有说皇帝喝了多少酒。

皇帝肯定是喝酒了,南宋《玉食批》的另外一份菜单记载,皇帝一顿正餐总共喝了十五杯酒,就叫了三十多道菜,每喝一杯酒就上一两道菜,每上一次新菜就把前面的两道菜撤下去。酒品和菜品一样要很搭配。

这一次张俊的菜单里有十五盏主菜,从理论上说,皇帝起码喝了十五杯以上的酒。

第一等的秦桧都配酒三十瓶,皇帝难道待遇还不如宰相?

看着都挺能喝,不过南宋还没有烧酒,都是发酵酒,度数不高,大多是十度以下的米酒,像武松过景阳冈喝的那十八碗酒,肯定不会是二锅头。《水浒传》的"智取生辰纲"中,杨志带的梁府里的人,酷暑中买酒解渴,酒可以解渴,这说明,宋代的酒度数是很低的,类似现在的啤酒。

所以皇帝喝几杯、十几杯酒,不稀奇。

皇帝似乎挺好酒,而且还会酿酒。

2006年在杭州德寿宫遗址考古发掘中,出土了一件酒坛封泥(图4)。酒坛封泥制作极为精致,为国内少见。细泥质,内含植物茎叶类有机物,表面发红褐色,整器平面为圆形,有残损。封泥顶面可见方形印记一处,葫芦形印记两处。方形印记位于正中,从右至左分两竖行文字,右边竖行为"惠山米",左边竖行为"三白泉"。

图4 德寿宫出土酒坛封泥

方形印记上部葫芦形印记内文字为"上品",右侧葫芦形印记内文字为"梅花"。封泥残存部分长约13厘米、厚9.5厘米。

据杭州市文物考古研究所副所长王征宇考证,曾居住于德寿宫的太上皇赵构,喜好饮酒,所饮之酒自然需"上品"。"惠山"应位于今江苏省无锡市惠山区,玉祁大米是当地特产。在南宋,"惠山米"应泛指上等好米。"三白"应指三度下雪,在《全唐诗》的《占年》中有"正月三白,田公笑赫赫"句,因此"三白泉"应寓指上等好水。好米加好水,成"上品"佳酿,寓意酒的品质绝佳。"梅花"二字所指尚难推定,有认为是指酒的品名的,类似于今天的商标,也有认为是指酒的品种,即梅花酒。

《武林旧事》里面说,淳熙十一年(1184)的一天,太上皇和皇帝孝宗一起品尝德寿宫出品的雪浸白酒。太上皇显然对雪浸白酒很自豪。孝宗劝道:"此物不宜多吃!"

太上皇说:"不碍事,吃了反觉凉爽!"

这个雪浸白酒肯定不是烧酒。宋朝白酒是用大米酿造的非蒸馏酒,酿酒时用白曲,成品酒的颜色是白的,所以称为"白酒"。

那一夜,近八十岁的太上皇一场大醉。

那天,我到德寿宫遗址博物馆,还看到了一件南宋官窑带盖的梅瓶,特别硕大,不知道当年装的是不是雪浸白酒?

不过,那会去张俊家吃饭,喝的肯定不是德寿宫雪浸白酒,那会还没上市。周密《武林旧事·卷六·诸色酒名》,记载了当时五十四种酒名:

蔷薇露、流香(并御库);宣赐碧香、思堂春(三省激赏库);凤泉(殿司);玉练槌(祠祭);有美堂、中和堂、雪醅、真珠泉、皇都春(出卖);常酒(出卖);和酒(出卖并京酝);皇华堂(浙西仓);爱咨堂(浙东仓);琼花露(扬州);六客堂(湖州);齐云清露、双瑞(并苏州);爱山堂、得江(并东总);留都春、静治堂(并江闻);十洲春、玉醅(并海闻);海岳春(西总);筹思堂(江东漕);清若空(秀州);蓬莱春(越州);第一江山(北府兵厨);锦波春、浮玉春(并镇江);秦淮春、银光(并建康);清心堂;丰和春、蒙泉(并温州);萧洒泉(严州);金斗泉(常州);思政堂、龟峰(并衢州);错认水(婺州);谷溪春(兰溪);庆远堂(秀邸);清白堂(杨府);蓝桥风月(吴府);紫金泉(杨郡王府);庆华堂(杨驸马府);元勋堂(张府);眉寿堂、万象皆春(并荣邸);济美堂、胜茶(并谢府)。

看起来,南宋人挺好这一口。

皇都春,这是其中一款,八百多年后,杭州藏家章磊先生居然淘到一件南宋酒瓶盖——皇都春。模印凸字,竖排。陶质,背面带有匠人指纹。这也证明周密所言不虚。

在宋朝,酒绝对是一个大买卖。

官方有一项很硬的法规,在全国实行"榷酤"制度,就是对酒的生产和销售,实行专卖制度:官府在州郡县乡设置酒务机构,实行官酿官营;你自家有本事酿酒,可以,不过,酿酒的酒曲都由官府都曲院制造,酒户只有购买了官曲才能酿酒;想要出售赚钱,先得缴税。垄断营销的酒税非常丰厚,这是整个国家机器运转的"润滑油"。

从宋朝的经济收益数据来看,酿酒业所带来的收益只次于当时的盐,高于当时的茶叶。

根据记载,从北宋仁宗开始到南宋时期,酿酒业带来的收入每年可以保持在一千万贯以上,即便是刨去成本计算,净利也可以在六百万贯以上。这一数字力证上述所言,在官方的收入当中,酿酒业所带来的收入可以说是财政税收当中的大宗项目,从这一数据可知,宋朝的酒产量非比寻常。

杭州在北宋官酒产量和税利方面位居全国第一,酒税年收入达二十多万贯。元祐四年(1089)苏轼治理疏浚西湖,理由之一就是用西湖水酿酒:"天下酒税之盛,未有如杭者也,岁课二十余万缗。"

但靖康之变后,百废俱兴,到处需要花钱,特别是南宋初年,各路大将招兵买马跟金兵干仗,那个花钱就像泼水似的,因此只有从酒里面找快钱。临安城最大的官酿机构叫"点检行在赡军激赏酒库所",可见这酒税主要是用作军费的。皇帝拿不出那么多钱给各路将领,怎么办? 于是就睁眼闭眼,默许像张俊、韩世忠、岳飞这样的统兵大将,可以通过酿酒卖酒搞些"创收",减轻点朝廷的经济压力。

绍兴元年(1131)春天,时任临安知府孙觌写了一封信,恳请收信人绕过平江府(今苏州)长官,将当地一名叫毛汝能的酒务都监调到临安府来。

信中说，毛汝能是我任平江知府时招用的监酒，绝对是赚钱的天才。可继任知府汤东野没规矩，酒务的钱多被挪作他用，毛又不敢顶撞他，这么乱花钱持续到现在。而我这边正待向上申请酒税的支配权，还筹集了数万贯造酒的本钱，又在清和坊修建房屋，打算恢复这里原有酒库的规模。您只需耐心等上两三个月，这收成您也有份。因此，希望您能下一道调令，严令毛汝能立刻上路来杭州。您能这么做我太高兴了，但千万别让胡松年也知道这事。

这封《平江酒毛帖》(图5)，现在收藏在台北故宫博物院。

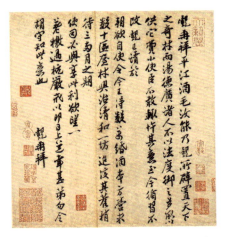

图5 《平江酒毛帖》，台北故宫博物院藏

孙觌其人在历史上口碑极差，靖康之变中宋朝皇帝递给金兵的降表就是他拟写的，还写得文采飞扬。两次陪同皇帝去金营，结果徽宗被人扣住，他自己却全身而退。但因为主和，还是得到了重用。就职临安府后，他发现城里的官署、府库、仓廪、酒坊俱被金兵焚毁,要钱没钱,要粮没粮。

怎么办? 孙觌还真有"本事",他先是召集下面九县官员,向他们摊派要钱,每县五千贯,一家伙搂进了四万五千贯现钱。然后重建清和坊酒库,酿酒卖酒,积聚钱财。他想找老部下毛汝能来干这活儿,但与现任平江知府胡松年是朋友,挖墙脚的事上不了台面,便写了这封"密信"疏通关节。

后来的事如其所愿,毛汝能暗度陈仓顺利抵临安,还被提拔为兵马都监,是孙觌手下酒务兼税务总监。可是成也萧何,败也萧何。毛汝能上下其手,真弄到不少钱,但"吃相"太难看。他将掌管的仓场库务视作自家小金库,挪用偷盗的不法之事多至"不可稽考",最终"连累"孙觌被一起撸掉了乌纱帽。

孙觌这封信,透露了两件酒事:一是当时能够造酒生财的人才很匮乏,所以孙觌急切地想把毛汝能弄来临安,还为他"众筹"了一笔酿酒启动资金;二是清和坊酒库的重建工程颇具规模。酒库其实就是酿酒作坊,一般还有"自带流量"的大酒楼,产销税一体化操作。

从《梦粱录》《武林纪事》等中可以发现,南宋创立了由户部主办、军队掌管的官方酒库。文献记载,绍兴十年(1140),临安的官方酒库仅十多处,其中临安府的酒库由殿前司经营,其他地方的则由所在驻军掌管。十年之后,殿前司就有近七十处酒坊,其下设的分销点更多,私人酒坊更是数不胜数。

当时南宋人说:欲得官,杀人放火受招安;欲得富,赶着行在(临安)卖酒醋。

可见这买卖做得多大。

（二）

到后来，皇帝自己也爱上了酿酒，还创新了几个"御酒"名牌，比如什么"蔷薇露""流香""宣赐碧香"等。因为贵为天下第一人，临安城里还有专属官家独有的酿酒作坊"御酒库"。皇帝后来退居德寿宫后，每年还有特供的酿酒用料糯米三千石。

杭州文史学者姜青青说，皇帝退位德寿宫后，身边的大内侍梁康成亲自"两手抓"这件事，一手抓酿酒，一手抓卖酒。德寿宫有一名姓甄的小内侍，家在临安城里。为促进市场销售，梁康成指使小甄把住房装修成一家豪华酒肆，店面搭起一座引人眼球的彩棚"欢楼"，门板上还大书"德寿宫"字样，高调兜售正宗的太上皇自酿"御酒"。

皇帝还在位时，自酿一些"御酒"，自家喝一点，对外赏赐一点，臣下也不敢多说。现在他"退休"了，一帮内侍却撸起袖子沿街公开吆喝叫卖"御酒"，过分！一位叫袁孚的言官上书孝宗，直截了当地说："北内有私酤！"太上皇那边在卖"私酒"，不合法，陛下您得管管。

太上皇听说了这事，怒不可遏，要孝宗严惩不贷。

孝宗也觉得太上皇有点过了，过了几天，进德寿宫想劝劝太上皇。哪晓得太上皇见孝宗来，就把他拉上酒桌，还专门送上一壶酒。孝宗一看吓了一跳，酒壶上居然写着"德寿私酒"四个大字，再一看，这四字赫然便是太上皇的亲笔手书！

孝宗回去后，哪敢再手下留情？于是，袁孚被一脚踢出了京城。

上有所好，下必甚焉。南宋期间，权贵们纷纷染指私酒买卖：吴皇后吴府"蓝桥风月"，杨皇后杨府"清白堂"，张镃（张俊曾孙）张府"白鸥波"，杨郡王府"紫金泉"，杨驸马府"庆华堂"，秀王府"庆远堂"，荣王府"眉寿堂""万象皆春"，谢皇后谢府"济美堂""胜茶"，贾似道平章府"长生酒"等。

张俊自然不甘落后，张俊的酒，名为"元勋堂"。

所以张俊请客，极有可能是拿出自家酿制的"元勋堂"。当然，皇帝喝的，可能是十年陈原浆；秦桧，则是五年陈勾兑。

张俊做酒，比一般人更有头脑。

张俊利用自己手下的士兵，于绍兴五年（1135）在临安泰和坊盖了一座大酒楼——太平楼。

当时有诗讽刺："张家寨里没来由，使他花腿抬石头。二圣犹自救不得，行在盖起太平楼。"

太平楼工程就是在这样一片冷嘲热讽中竣工的。后来，太平楼周边还生出不少张家物业，所以泰和坊又称新房廊巷，后来太平楼生意不错，干脆叫太平巷了。当年太平楼的位置，就在今天杭州河坊街东段与高银街之间，离张俊府邸很近。

太平楼是酒库，卖自家酒水，同时也是大酒楼，对外提供餐饮服务，产销一体化运营。

按照《武林旧事》记载，太平楼等官库酒楼喝的是花酒：

  每库设官妓数十人,各有金银酒器千两,以供饮客之用。
每库有祗直者数人,名曰"下番"。饮客登楼,则以名牌点唤侑
樽,谓之"点花牌"。元夕诸妓皆并番互移他库。夜卖各戴杏
花冠儿,危坐花架。然名娼皆深藏邃阁,未易招呼。凡肴核杯
盘,亦各随意携至库中,初无庖人。官中趁课,初不藉此,聊以
粉饰太平耳。往往皆学舍士夫所据,外人未易登也。

能够到太平楼喝花酒的,"学舍士夫"才行,闲人莫入。

南宋设官妓,电视剧《梦华录》的女主角赵盼儿就是官妓,她可
以凭借自己的双手开茶馆自食其力;编入乐籍的宋引章身穿绫罗
绸缎,受尽达官追捧;东京名妓张好好自认身份高贵,与"以色侍
人"之贱类划清界限。

有美酒美女,太平楼的买卖,能不好吗?

《武林旧事》还记载了一些民间酒楼,也毫不逊色:

  每楼各分小阁十余,酒器悉用银,以竞华侈。每处各有私
名妓数十辈,皆时妆袨服,巧笑争妍。夏月茉莉盈头,春满绮
陌。凭槛招邀,谓之"卖客"。

  又有小鬟,不呼自至,歌吟强聒,以求支分,谓之"擦坐"。
又有吹箫、弹阮、息气、锣板、歌唱、散耍等人,谓之"赶趁"。

  及有老妪以小炉爇香为供者,谓之"香婆"。

  有以法制青皮、杏仁、半夏、缩砂、豆蔻、小蜡茶、香药、韵
姜、砌香、橄榄、薄荷,至酒阁分俵得钱,谓之"撒暂"。

又有卖玉面狸、鹿肉、糟决明、糟蟹、糟羊蹄、酒蛤蜊、柔鱼、鰕茸、鳓干者,谓之"家风"。

又有卖酒浸江瑶、章举、蛎肉、龟脚、锁管、蜜丁、脆螺、鲎酱、法鰕、子鱼、鰁鱼诸海味者,谓之"醒酒口味"。

凡下酒羹汤,任意索唤,虽十客各欲一味,亦自不妨。过卖铛头,记忆数十百品,不劳再四。传喝如流,便即制造供应,不许少有违误。

酒未至,则先设看菜数碟;及举杯,则又换细菜,如此屡易,愈出愈奇,极意奉承。或少忤客意,及食次少迟,则主人随逐去之。歌管欢笑之声,每夕达旦,往往与朝天车马相接。虽风雨暑雪,不少减也。

而且,每年中秋新酒上市,临安府还有一波骚操作。

当时临安府召集十三家官办酒库,举行新酒大赛,每家都抬了新酒巡游,而且还雇了妓女打扮得花枝招展,且歌且舞,吹吹打打招摇过市,御街人山人海,画楼绣旗,酒香四溢,酒客畅饮,最后知府颁奖,全城尽欢。

南宋杨炎正作《钱塘迎酒歌》:

钱唐妓女颜如玉,一一红妆新结束。问渠结束何所为,八月皇都酒新熟。酒新熟,浮蛆香,十三库中谁最强。临安大尹索酒尝,旧有故事须迎将。翠翘金凤乌云髻,雕鞍玉勒三千骑。金鞭争道万人看,香尘冉冉沙河市。琉璃杯深琥珀浓,新翻曲调声摩空。使君一笑赐金帛,今年酒赛真珠红。画楼突兀临官道,处处绣旗夸酒好。五陵年少事豪华,一斗十千谁复校。黄金炉下谩徜徉,何曾见此大堤娟。惜无颜公三十万,往醉金钗十二行。

简直天上人间了。

几年前,杭州某工地发现一些南宋漆器。其中,有这样一片漆板。朱红漆底,墨书多达几十个字。

藏家章磊先生经过仔细辨认,发现是一段南宋都城临安府某酒肆卖酒的台账。可以辨认的文字为:

酒客名字:有傅三叔、欧四郎、吴解元、□七郎、黄□郎、□八叔、□□哥。看来,这些都是老客。

其中,吴解元,是这些酒客中文化水平最高的。科举考试,乡试考中的称举人,第一名称解元。明代唐伯虎乡试第一,故称唐解元。以此看来,文人更离不开酒。

酒的名字:归云。酒名不错,微醺之后,恰如行云流水。柳永《少年游》词:"归云一去无踪迹,何处是前期?"

这就是南宋的腔调,比现在的茅台、五粮液、毛铺不知高到哪里去。酒的数量:有一瓶、两瓶、四瓶、九瓶等等,不等。

酒的价钱:漆板上有"五贯文省(潘家会子)"字样。

南宋一贯是七百七十文,七百七十枚方孔铜钱。五贯文省是三千八百五十文,三千八百五十枚方孔铜钱。

五贯文省,能买多少瓶"归云"酒,没有说。南宋初年一石米约为一百二十斤左右,大致平均价在两贯左右,也就是一千五百四十文铜钱。

这里的五贯文省等于三千八百五十个铜钱,拿着去买酒,重而不便,遂用大额面值的汇兑纸币——会子。会子轻便,乃是官家发行。

绍兴三十一年(1161)二月,正式成立"行在会子务",发行会子,分一贯、两贯、三贯,在东南各路流通,又称"东南会子"。

"潘家会子"似为私家纸币,相当于私人钱庄发行的汇兑纸票。

为什么说初判这是酒肆台账?因为,其中"□七郎见钱一瓶"。这个"见"是"现"的古字,意思是现钱一瓶。这个□七郎付了现钱,要了一瓶"归云"酒。显然,有的酒客买酒多,金额大,用的是汇兑纸币会子付款。

此酒肆漆板,直接从南宋穿越而来,那时光景,如在眼前。

(三)

张俊款待皇帝的酒宴,是御宴,自然和太平楼有所不同,总不能请几个官妓陪皇帝喝酒。

御宴有御宴的套路。

南宋吴自牧《梦粱录》曾详细记载一次南宋御宴:南宋末年皇太后谢道清生日,宰执亲王南班百官入大内贺寿赐宴,非常详细:

御宴饮酒分九盏。

第一盏进御酒,歌板色,一名唱中腔一遍讫,先笙与箫笛各一管和之,又一遍,众乐齐和,独闻歌者之声。宰臣酒,乐部起倾杯。百官酒,三台舞旋,多是诨裹宽衫,舞曲破撷,前一遍,舞者入,至歇拍,续一人入,对舞数拍,前舞者退,独后舞者终其曲,谓之"舞末"。

斟第一盏御酒时,由一名女中音独唱。结束后,先用笙与箫、笛各一支应和。女中音又唱一遍,各种乐器一起奏起,然而只听到歌唱者的歌声。

斟宰执大臣酒时,乐队奏起《倾杯乐》曲子。斟百官酒时,舞者随着《三台》调起舞,舞者大多裹着头巾,身穿宽衫。演奏到《破撷》前一遍时,舞者入场表演。到《歇拍》时,又有一对舞者入场,两人对舞数拍,先入场的舞者退场,后者一直跳到乐曲结束。

御宴进行到斟第三盏御酒时,才有佐酒的菜肴,如咸豉、双下驼峰角子等。殿前侍者侧身跪传酒食给宰执、百官,这些侍者都是茶酒班仗役。有诗形容此情景曰:"殿待高高捧盏行,天厨分胾极恩荣。傍筵拜起尝君赐,不请微闻匙箸声。"

这时候艺人们开始表演百戏,节目有上竿、跳索、倒立、折腰、弄碗、踢磬瓶、筋斗之类。艺人们都裹着红色头巾,身穿彩色衣服。

第四盏御酒后教乐所伶人,以龙笛、腰鼓开始表演滑稽戏。主持人手执竹竿拂尘,上场念唱颂辞,朗诵颂诗,向皇太后祝寿。杂剧艺人在旁应和,之后又唱道:"奏罢今年新口号,乐声惊裂一天云。"主持人再次念唱颂辞,随着大曲的节奏起舞。这时的下酒菜肴有：炙子骨头、索粉、白肉、胡饼。

第五盏御酒后是琵琶等乐器演奏，弹玉琵琶者赐五两五匹，皇帝出手还挺大方。

第五盏后皇帝退场休息，百官"退出殿门幕次伺候"，皇帝赐花，"各依品位簪花"。再出场，皇帝换装"黄袍小帽儿"，亦簪数朵小罗帛花帽上。

> 第六盏再坐，斟御酒，笙起慢曲子。宰臣酒，龙笛起慢曲子。百官酒，舞三台，蹴球人争胜负。……下酒供假鼋鱼、蜜浮酥捺花。

第六盏蹴球，蹴球就是蹴鞠，也就是高俅高太尉的拿手好戏。御宴中估计是不用球门的踢法，叫作白打。从一人场到十人场。一人场由参加者逐一轮流表演，称为"井轮"。除用足踢外，头、肩、臀、胸、腹、膝等部位均可接球。使球高起落下称为"飞弄"，使球起伏于身上称为"滚弄"。它以表演花样多少和技艺高低决定胜负。二人以上至十人分别称为二人场、转花枝、流星赶月、小出尖、大出尖、落花流水、八仙过海、踢花心和全场，各有规定的踢球路线。用上身触球称为上截解数，膝以上部位触球称为中截解数，用小腿和脚踢称为下截解数。踢法繁多，所以《蹴鞠谱》上说"脚头十万踢，解数百千般"。

> 第七盏进御酒，筝。色长上殿奏嗒，七宝筝独弹，宣赐谢

恩。……宰臣酒,慢曲子。百官酒,舞三台。参军色作语,勾杂剧入场,三段。下酒供排炊羊、胡饼、炙金肠。

羊肉看起来还是金贵,皇太后寿宴也是仅此一例。

第八盏进御酒,歌板,色长唱踏歌。宰臣酒,慢曲子。百官酒,舞三台。众乐作合曲破舞旋。下酒供假沙鱼、狙下馒头、肚羹。

第九盏进御酒,宰臣酒,并慢曲子。百官,舞三台。左右军即内等子相扑。下酒供水饭、簇钉、下饭。宴罢,群臣下殿,谢恩退。前辈有诗云:"宴罢随班下谢恩,依然骑马出宫门。归来要傢需云盏,留得天香袖上存。"

相扑是最后一个娱乐项目。

《梦粱录》这个记录说明御宴绝不是喝几杯酒吃一顿饭。每一盏酒之间,都有各种表演。有器乐,琵琶、筝、金龙大鼓、羯鼓、箫、笙、埙、篥、龙笛之类;有杂技,"乃上竿、跳索、倒立、折腰、弄碗、踢磐瓶、筋斗之类";有舞蹈,"每遇供舞戏,则排立叉手,举左右肩,动足应拍,一起群舞,谓之'掯曲子'";有相扑;有踢球表演赛,"蹴球人争胜负";有器乐伴奏独唱,"一名唱中腔一遍讫,先笙与箫笛各一管和之,又一遍,众乐齐和,独闻歌者之声";有勾杂剧,"是时教乐所杂剧色何雁喜、王见喜、金宝、赵道明、王吉等,俱御前人员,谓之'无过虫'"。

"无过虫"是宋代对杂剧演员的一种称呼。杂剧以滑稽诙谐为主，多所讽谏，常在御前承应，虽讽刺调笑，皇帝不以为过，故称。

宋人常以"虫""虫儿"作为对人的美称或昵称。所谓"无过虫"即言者无罪之意。

杂剧有点像小品，而且尺度不小。

皇帝有一次吃馄饨，厨师没烧熟就端上来了，皇帝生气了，把厨师关了起来。没多久，皇帝叫了戏班在宫廷里演戏。

开场演员是两人。只见两人进京赶考，路中相遇，两人聊得投缘，互相打听生辰八字。一个说是甲子年生，一个说是丙子年生。这时有个路人甲，听到了两人对话，走上来说，你俩要坐牢了。你俩一个饺子（甲子），一个饼子（丙子），而且还都是生的。跟生的馄饨一样，可不是要吃牢饭吗？皇帝听了居然微微一笑，回头，把厨师放了。

艺人们之所以敢拿皇帝大臣开涮，是因为皇帝给了他们一个专有名词——无过虫。你们命贱得像只虫子，所以可以随意开喷，没有过错。

但秦桧可不吃这一套。有一次，秦桧家宴，叫了戏班子演杂剧。有一出戏，出场的就两人。一人可劲地夸秦相公功德无量。身后跟着的一人，端着一把太师椅。负责夸的艺人拱手作揖，不巧，头上的方巾掉了，后脑勺露出一个发型，形如两个环叠加。端椅子的人发问，这是什么？掉头巾的人说，这发型有名字，叫二胜环。哪知道剧情突然一变，端椅子的人摸出一根朴棒，朝着坐椅子的头上打了一棒，喝道："你光知道坐太师椅，把二胜环抛到脑后不管。"

二胜环,是"二圣还"谐音,意思是迎宋徽宗宋钦宗俩皇帝归来。秦桧大怒。第二天就把戏子都关进牢里,有的还被整死。

南宋杂剧多在瓦肆演出,瓦肆相当于夜总会,据《武林旧事》记载,在当时的临安城内,瓦肆多达二十三处,以北瓦最大,其所在的地方就是现在杭州众安桥附近,是临安城最大的夜总会,有说唱、戏曲、杂技和武术等。

皇帝撤销了宫廷歌舞团"教坊",宫廷需要音乐、演艺时从社会上这些瓦肆临时招雇。不要说南宋,还真有点"小政府大社会"的意思。

张俊的御宴,基本可以按照上面去想象。

四、皇帝的茶盏

（一）

那天，皇帝在张俊家，有没有喝茶？周密《武林旧事》没有写。

我想，一定是喝了。

中国茶文化史上一直有"兴于唐、盛于宋"之说。宋代非常重视饮茶文化，"烧香、点茶、挂画、插花"为"四般闲事"，从皇宫到民间，从聚会到宴请，到处都飘着茶香。王安石曾在《议茶法》中写道："夫茶之为民用，等于米盐，不可一日以无。"

茶和酒一样，都是桌上的主角。特别是对于文人雅士来说，茶无疑成了他们最好的精神寄托。

北宋宋徽宗的《文会图》，画中一群高士围坐在一起，饮酒、听琴、品茶、聊天，茶酒也不分家。

皇帝驾幸张俊家中，快到了晡时还没有离去。晡时即下午三时正至下午五时正。御宴到这个时间，估计是在喝茶了。

皇帝也爱茶，写过一首《赐僧守璋二首》："古寺春山青更妍，长松修竹翠含烟。汲泉拟欲增茶兴，暂就僧房借榻眠。久坐方知春昼长，静中心地自清凉。人人圆觉何曾觉，但见尘劳尽日忙。"

这大概就是所谓的"禅茶一味"。

（二）

喝茶，唐代是煎茶，宋代是点茶，明清后是泡茶，这是一个不断减苦减涩的历史。唐朝煎茶将茶饼敲碎之后，放在茶具之中烹煮后饮茶，和今天煮老白茶差不多。但是茶汤苦涩，于是唐人又往茶水里放盐、姜、花椒、胡椒、核桃仁等，把茶汤变成了胡辣汤。宋代点茶是把茶叶蒸熟，漂洗，压榨，把茶叶中苦汁尽可能多地压榨出去，最后焙干成型。再捣碎，碾成碎末，筛出茶粉，用茶匙将茶粉铲入茶盏，加水搅匀，打出厚沫，然后才能端起茶盏细细品尝。日本抹茶跟宋茶非常相似，都是蒸青，都需要磨粉，都是把茶粉放进茶盏，然后用热水调汤。但是抹茶比宋茶少了一道最关键的工序——没有经过压榨揉搓，于是苦得很，所以日本人喝抹茶前，常要吃些甜点。

这一套点茶流程，开茶铺的赵盼儿很精通，热播电视剧《梦华录》开篇，就展现了她的一套行云流水的点茶功夫。

除了点茶，赵盼儿还会茶百戏，也就是在茶沫上拉花，也称分茶。

宋朝陶谷所编的茶叶专著《荈茗录》说："茶至唐始盛。近世有下汤运匕，别施妙诀，使汤纹水脉成物象者，禽兽虫鱼花草之属，纤巧如画，但须臾即就散灭。此茶之变也，时人谓之茶百戏。"

宋朝的许多文人包括陆游、李清照等都热衷于此。陆游的《临安春雨初霁》有："矮纸斜行闲作草，晴窗细乳戏分茶。"李清照在

《满庭芳》中也写有："生香熏袖，活火分茶。"

茶百戏融合了茶艺与水墨画技巧，寥寥数笔，山水花鸟栩栩如生。现在不少人将茶百戏与咖啡拉花混为一谈，咖啡拉花需要用牛奶作画的手法，茶百戏只需要清水就能让层次出现，图案变幻。且茶百戏图案消失后再注水，又可以重新创作。高级吧？

宋人还喜欢斗茶。

斗茶既要斗茶味也要斗色、斗浮，即比茶汤的颜色和茶沫的咬盏，茶汤烹至沸腾，茶沫凝聚而不溢出的程度，为咬盏。宋徽宗《大观茶论》有定义："汤以分轻清重浊，相稀稠得中，可欲则止，乳雾汹涌，溢盏而起，周回凝而不动，谓之咬盏。"

说白了，就是"谁白谁赢，谁的沫子先散谁输"。

（三）

"茶色白，宜黑盏。"斗茶，赵盼儿用的是建盏。

宋代冲点出的茶有丰富的泡沫，泡沫越洁白、细腻、持久，说明茶品和茶艺越好。深色的茶盏能够突显茶色的白，福建建州窑所出的建盏，是宋代斗茶标配。蔡襄《茶录》认为饮茶当用建窑茶盏，"茶色白，宜黑盏，建安所造者绀黑，纹如兔毫，其坯微厚，熁之久热难冷，最为要用"。这种说法也为宋徽宗《大观茶论》所认同，"盏色贵青黑，玉毫条达者为上，取其焕发茶采色也"。

宋元时期，建盏通过在浙江天目山佛寺留学的日本僧侣们，东渡日本，备受推崇，还有了一个新名字"天目盏"，也成为日本茶道文化的至尊。

日本文献《君台观左右帐记》中记载：建盏之"曜变"，世上罕见，值万匹绢；"油滴"次之，亦为重宝，值五千匹绢；"兔毫"值三千匹绢。

"曜变"，是建盏中的无上神品。在黑釉里自然浮现着大大小小的斑点，围绕着这些斑点四周还有红、绿、天蓝等彩色光晕在不同方位的光照下闪耀。而且随着观察角度的不同而出现大面积的色彩变幻，就仿佛是一只变色龙一样。

日本人以夜空中星体耀眼而神秘的光芒，来比拟这种纹饰，名之"曜变"，仿佛置身于浩瀚宇宙，如梦如幻。

"曜变"烧制的难度极高，充满了偶然性，所以存世极少。

目前，全世界仅发现三件完整且公认的曜变盏(图6)，分别珍藏于日本的静嘉堂文库美术馆、京都大德寺龙光院和大阪藤田美术馆。从上世纪50年代起，就被日本政府定为国宝。

点茶法在日本沿用至今，所以建盏一直是茶道中的主角。这也是日本能保留历代建盏完整器的根本原因。

图6　从左到右分别为：日本静嘉堂文库美术馆曜变建盏、京都大德寺龙光院曜变建盏、大阪藤田美术馆曜变建盏

（四）

不过，还有半只，在杭州被发现。

2020年1月，"慧日峰下——宋代僧家茶事"展在杭州净慈寺美术馆开展。国内仅存的半只南宋曜变天目残盏(图7)，现身这场展览，这是它首次在国内展出。

图7　杭州出土的目前国内唯一宋代曜变建盏　方肖鸣供图

杭州西湖博物馆总馆研究员邓禾颖撰文说："这件黑釉盏残件，经过拼对之后，大约保留三分之二，基本可窥探器形的全貌，尤其是断面部分，清晰可见。盏口径12.5、高6.8、底径4.2厘米，口沿外侈，圆唇，碗壁束口处有一道明显的折棱，斜弧腹，腹部较深，碗心稍平，矮圈足，挖足浅，外足墙垂直，足心较平。露胎及断面的胎体呈色乌黑，胎骨紧密，口沿釉层较薄，釉色稍浅，接近底部釉层加厚,有聚釉、流釉现象,釉不及底。整体釉色乌黑光亮,难得的是,碗内壁布满光彩夺目的曜变星斑纹,蓝紫色的光晕包围着形成圆点状的大大小小的黑釉,恍若黑夜中的朵朵霓虹,闪闪发亮。曜变从口沿一直延续到内碗心底部,而外侧碗壁的曜变纹则稀疏开朗。”

福建博物院文物考古研究所原所长栗建安先生曾经亲眼见过且上手过静嘉堂文库美术馆曜变天目盏,观摩了此件曜变天目盏残件之后言,两件曜变天目盏相比,杭州所出盏的光泽度更强,从断面看胎质结构也更为密致,手感轻于静嘉堂所藏。他告知邓禾颖,在建窑遗址只发现过零星的、个别的类似曜变天目的极小碎片,从质量上看窑址出土的零散残片无法与这半件曜变天目相媲美。

而同样上手过这两件曜变天目盏的日本学者森达也先生也介绍说,静嘉堂的曜变天目是有明显使用痕迹的,杭州出土的这件曜变天目残件则恍若新品,未见使用痕迹。

2009年上半年,在原杭州东南化工厂的厂址出土了大量具有南宋时期特质的精美瓷片标本,且窑口十分丰富,据不完全统计,有越窑、定窑、建窑、吉州窑、汝窑、巩县窑以及高丽青瓷等,其中越窑、定窑出土量甚巨。

那半件曜变天目盏,就来自于此。

原杭州东南化工厂位于杭州市上城区江城路与上仓桥路交叉口,西临六部桥,再往西即为南宋御街(今中山路)。

据吴自牧《梦粱录》载:“自和宁门外登平坊内曰登平桥。次曰六部桥,即都亭驿桥。"六部桥又有都亭驿桥之称,都亭驿与六部桥的位置极近。《梦粱录》卷十《诸官舍》云:"左右丞相、参政、知枢密院使签书府,俱在南仓前大渠口。侍从宅,在都亭驿。"这说明这一带为南宋时期政府衙门及核心机构的汇集之所。而《梦粱录》卷十《馆驿》则更进一步说明了都亭驿的位置所在及其功能:"都亭驿在候潮门里泥路西侍从宅侧次,为馆伴外国使人之地也。"又经与《咸淳临安志》中的《京城图》对查,基本上可判断原杭州东南化工厂的地点即为南宋临安城的都亭驿位置所在。

都亭驿,相当于今天的钓鱼台国宾馆,查阅史料可知,南宋时期的都亭驿功能十分广泛,不仅皇帝在此宴请大臣和金朝来客,也是大臣们相互宴请处;不单外交使节在此住宿,就连外地的大将、大臣初来京城,若一时找不到住处,都亭驿亦可提供住宿,如南宋初期的名将刘刚来到临安时,就暂居在都亭驿。

皇帝应该来过这里。半只南宋曜变天目残盏,主人不知是否就是他?

这个地方,原来是杭州东南化工厂,现在是赛丽绿城丽园。2008年年底,在市场低迷之时,万均置业(后更名赛丽控股)以每平方米9833元的楼面价竞得该地块,轰动一时。2010年9月开盘,推出114套房源,当时的销售价格高达每平方米4万到5万,当天去化九成。

当年地产开发,不少人也到基建工地淘宝。

网上有人撰文叙述了这半只曜变天目残盏的故事:

2009年上半年,杭州东南化工厂遗址的建筑工地上,挖瓷片的铲子无意间挖到带曜变斑点的半个建盏,收工后出了工地,蹲守在外面的二线铲子江某得知后,便以2500元的一手价拿下。这里的一二线铲子和景德镇铲子一样来自五湖四海,以挖片和收片谋生,久而久之形成一个或数个江湖群体。

江某来自河南某地区,可以说是连接工地铲子和古玩店买家的中间商,对当地瓷片的品种和价格有大致的了解。得到这件稀罕物,心里别提多高兴,他知道一件常见的建窑金毫或银毫带地盏标本也卖两三千,这类蓝斑点的从来没有碰到过。自己琢磨两天后,江某到杭州河坊街一带古董店兜售,边走边琢磨怀中这块釉色异常艳丽的残件,既然是南宋的,又那样好看,于是就下狠劲,张口开了15000大洋。

接收这件宝贝的是店主余先生,因为他是行家,对此件曜变建盏的品种和日本类似的国宝特别熟悉,几经还价,便以8500元成交。余先生马上关门打烊,感到莫名其妙的老婆连忙问:"咋了?"余先生神秘兮兮地回答:"老婆,我们今天好运,阿弥陀佛,你赶快给我净手燃香,跪拜观音菩萨。"余的老婆迷惑着:"怎么了,我看看,啥给你高兴得这样?"余先生自言自语着拿出刚刚拿下的残件曜变斑建盏:"国宝,国宝,我们今天捡大漏了。"

在河坊街上,有江南"毒眼"之誉的行家余某,进手转手陶瓷精品不下几千件,碰到这样难得的稀罕物,能不高兴吗?杭州懂行的行家太多了,怎么会让他碰上呢?这就是行里说的,有眼、有钱,还得有运气,缺一样都不行。跪拜观音菩萨是自然了。

身边的朋友都知道余某得了一件稀罕物,当看到实物时都哑然了,杭州这些年从来没有出土过,太震撼了。从他们的惊叹的眼神里,余先生盘算着,这件残器,起码得值个十几二十万吧? 当时一个带底带膀子的残品南官也是值这个价,有些立件残瓶,卖五六十万以上的也不稀奇。当然,当初以8500元出手的河南老兄要是知道,目前该标本早已不是几万十几万元时,肯定要吐血吃药。

后来,几经周折,杭州古越会馆方肖鸣先生看到后,也是爱不释手,决心要收进自己的会馆。最后据说以25万元以上的价格达成,成为该会馆重要收藏。

2023年年底,我和方肖鸣见了一面,他从事唐宋瓷器及古砚收藏二十余年,方肖鸣说上面都是传言而已,事实上,当时他陆续从原杭州东南化工厂工地搜寻到了十几片瓷片,好在有天有地,把它们组成现在的"曜变"残盏。这件宝贝最后得以重见天日。

方肖鸣是温州人,特别有想法。他说,收而不研者陋,藏而不鉴者庸。如果收藏家藏而不鉴,鉴而不研,那就不算真正的收藏家。

"'曜变'为什么会这么绚丽多彩,到底是怎么烧出来的?"这也是业内共同的疑问。于是,方肖鸣想到,能不能用科学的方法来研究一下曜变建盏呢?

方肖鸣与中科院上海硅酸盐研究所研究员李伟东从此开始科技考古探索之旅。

中科院上海硅酸盐研究所是古陶瓷科学研究国家文物局重点科研基地，拥有各种先进的检测设备，自20世纪70年代起就开始做建盏的科学研究。

他们以审慎的态度对待获取的数据和谱图，十分注重多手段检测结果之间的关联和相互印证。在各项科学检测结果的基础上，抽丝剥茧，多重印证，解密"曜变"的制作工艺，阐释"曜变"现象产生的科学机制。

最后他们揭秘，"曜变天目"是以建窑生产的1300摄氏度左右重还原气氛下烧成的黑釉盏为基底，用软笔蘸取用Ag粉、Pb粉和黏合剂调配的浆料，在盏的内外壁点绘斑核，内壁斑核多且较为密集，斑核的分布与集群方式有一定的随意性，外壁斑核稀疏。然后在1000摄氏度左右的还原气氛下进行二次烧成，获得成品。

他出了一本书，把这个秘密公之于众，有格局。

杭州古都研究会会长华雨农告诉我，这个曜变天目残盏：曾有人出价800万元，让他出面收购，但遭到拒绝。

800万元，也买不了赛丽绿城丽园的一套房子。

2021年12月1日，赛丽绿城丽园一套面积205.13平方米的法拍房，以1463万元成交，折合单价约每平方米71321元。

五、秦桧的位置

（一）

这次饭局，在皇帝之外，太师尚书左仆射同中书门下平章事秦桧位列第一等位置。

第一等（并簇送）：烧羊一口、滴粥、烧饼、食十味、大碗百味羹、糕儿盘劝、簇五十馒头（血羹）、烧羊头（双下）、杂簇从食五十事、肚羹、羊舌托胎羹、双下大火胖子、三脆羹、铺羊粉饭、大簇钉、鲊糕鹌子、蜜煎三十碟、时果一合（切榨十碟）、酒三十瓶。

我相信，张俊请客，要照顾皇帝的喜好自不必说，此外就凭秦桧的气焰，张俊一定也研究过秦桧的口味。

江宁（今江苏南京）人秦桧，喜欢吃羊肉，烧羊头、羊舌托胎羹、铺羊粉饭，大概和他在金国待过有关系。

在南宋，羊肉挺金贵，《老学庵笔记》记载了一首歌谣，"苏文熟，吃羊肉；苏文生，吃菜羹"。意思是，你只有把苏轼的文章读熟了，才能做官有羊肉吃。可见羊肉的难得。

但事实上秦桧很喜欢吃鱼，特别是鲻鱼。

宋人罗大经《鹤林玉露》中记载过一个故事：秦桧夫人王氏，常入宫中，和韦太后相熟。一次吃饭有名贵的鲻鱼，韦太后说，近日大鲻鱼很少。王氏说："我家有，下次给您送个一百尾。"回来告诉秦桧，秦桧大惊失色，大骂王氏为蠢货，他与谋士商量，赶紧送了青鱼百尾。韦太后拊掌笑曰："我道这婆子村，果然！"盖青鱼似鲻鱼而非，特差大耳。

秦桧死后第二年，临安知府荣薿登门，人去楼空，只见后厨院子里，还搁着几十口大水缸——这透露了秦桧的嗜好，喜欢吃鱼。

不知道为啥这次张俊没有安排鱼。

少保观文殿大学士秦熺是秦桧的继子，也享受一等座。有烧羊一口、滴粥、烧饼、食十味、蜜煎一合、时果一合（切榨）、酒十瓶，待遇超过参知政事，超过未来的皇帝普安郡王，秦桧之权势，可见一斑。

（二）

对于秦桧，南怀瑾先生说是"逢君之恶"。

孟子曰："长君之恶，其罪小；逢君之恶，其罪大。"

南先生认为："长君之恶"意思是现在那些做官的士大夫，专门喜欢拍长官的马屁，因而增加了长官的罪恶，这罪还算小。例如老板喜欢附庸风雅，搜求古董，买来些赝品，还自命行家，部下反而去称道他眼光好，是鉴赏家，这就是"长君之恶"，罪还算小。"逢君之恶"是老板有那么一点犯罪败德的意思，还不敢做出来，而部下去满足他这个不正当的欲望。例如，一个老板，想以权势弄钱，可是又不敢，有聪明的部下，揣摩出他有这种心理，想办法替他弄钱，甚至比他所希望的还多，更得上司的欢心。这就是"逢君之恶"，这种罪可就更大了。南先生说，岳飞"直捣黄龙，迎归二圣"，若把徽、钦二宗两位老皇帝接了回来，那让已经安坐在皇帝位置上的高宗，又坐到哪里去呢？秦桧懂得了皇帝的这种心理，所以把岳飞杀了。

我觉得南先生低估了秦桧。

秦桧之"逢君之恶"，是肯定的。作为一个极其精于算计的政治商人，他具备了高超的政治敏感，他有一种准确感知皇帝最隐秘心理并将之实现的能力，甚至他有可能比皇帝更了解自己，这在中国历代奸臣中，也是无出其二。

比如"绍兴和议"，他率先提出"南归南，北归北"宋金南北分治，此前皇帝偏安一隅苦于"光复中原"的精神枷锁，动辄被朝野议论，秦桧的提议，虽然有违民意，但无疑是为皇帝解锁。

比如皇帝母亲韦氏在金朝改嫁生子，朝野议论纷纷，皇帝脸面全无，秦桧乘机上表查禁野史，查抄民间藏书，又在正史中把韦氏年龄改大十岁，强化"金朝王爷怎么会娶个老太婆"的辩白，同时顺便销毁不利于自己的记录。

再比如，皇帝无子，一方面认养两个宗室子弟作为备胎，但他更希望自己能再有子嗣可以传位，但后宫一直没有佳讯。群臣一再要求早立太子，这种对于性功能的质疑让他非常恼怒，但有苦说不出。秦桧则一再打压皇帝养子赵瑗，压制立储派官员，帮皇帝拖延了十多年时间。

皇帝杀岳飞，也不可能自己动手，他需要合法且完美地杀岳飞。

秦桧非常敏锐地捕捉到了皇帝的这种心理,他积极策划、布置台谏上表弹劾,制造岳飞谋反的伪证,推动皇帝走向必须杀岳飞。

而且他本身就有杀害岳飞的迫切性,所以南怀瑾说秦桧"逢君之恶",客气了。

秦桧很明白,自己在皇帝眼里,最大的价值,就是实现"宋金和议";自己之所以能够在朝堂上立足,也在于和议,和议是秦桧最大的卖点。

在秦桧死去的第二天,皇帝就对执政大臣们说:"秦桧力赞和议,天下安宁。自中兴以来,百度废而复备,皆其辅相之力,诚有功于国。"

所以,和议成功,秦桧就有位极人臣的价值;和议失败,秦桧也就失去了价值。

所以在和议道路上,权力欲望极强的秦桧是遇佛杀佛,遇鬼杀鬼。岳飞反对和议,自然是杀无赦。

在这个犯罪集团,秦桧主要负责如何完美地谋杀岳飞。

宋朝是一个法律制度相对完备的朝代,杀岳飞这样的高级将领,不是说杀就能杀的。也不能说,岳飞你反对和议,所以我们要杀你。

在绍兴十一年(1141),秦桧等制造"岳飞狱案",有个清晰的时间表:

四月,通过明升暗降解除岳飞的军事实权;八月,通过利用万俟卨等台谏弹劾,免去岳飞枢密副使职务;十月份送入大理寺监狱审判;十二月份定罪杀害岳飞。

秦桧除了通过司法机构大理寺外，还充分利用具有行政、司法监督以及司法审判职权的台谏力量，在合法的外衣下实施犯罪行为，这也是岳飞案的特色。秦桧自己在北宋时期就曾担任过御史中丞、殿中侍御史、左司谏，南归后他第一次罢相也是被台谏赶下台，所以复相后对台谏有足够的重视，他要让台谏成为自己的爪牙。

秦桧削除武将兵权的计谋也出自谏官——给事中范同。"范同献议于秦桧曰：'诸路久握重兵难制，当以三大帅皆除枢密使、副，罢其兵。'桧喜，遂奏其事。上从之。世忠、俊皆除枢密使，赐俊玉带，飞枢密副使。"

岳飞任枢密副使，位列宰执，秦桧自然不会罢休。

七月，右谏议大夫万俟卨率先进攻。

万俟卨攻击岳飞有两点：淮西作战稽违诏旨，不以时发；谓楚州训不可守，沮丧士气，动摇民心。

次日朝会，皇帝和秦桧马上借题发挥。

皇帝说："山阳要地，屏蔽淮东，无山阳则通、泰不能固；敌来径趋苏、常，岂不摇动！其事甚明。比遣张俊、岳飞往彼措置战守，二人登城行视，飞于众中倡言：楚不可守，城安用修？盖将士戍山阳厌久，欲弃而之他。飞意在附下以要誉，故其言如此，朕何赖焉！"

"朕何赖焉"，皇帝已经明确宣示要抛弃岳飞。

秦桧马上附和："飞对人之言乃至是，中外或未知也。"说岳飞当众都说出这样的话，暗地里还不知道说过什么。

真是诛心。

而后，秦桧又指使御史中丞何铸、中侍御史罗汝楫一起弹劾，还是指斥岳飞：今春金人攻淮西，岳飞暂至舒、蕲而不进；与张俊巡视淮上，又欲弃山阳而不守。

这两个问题中，淮西作战岳飞的确全程没有参与和金军作战，这和张俊瞎指挥有关，和粮草不济、进军受阻有关，也和岳飞重感冒有关，当然和岳飞围魏救赵的战略也有关，但从皇帝和岳飞的往返文书来看，岳飞并非抗旨不进。

欲弃山阳更是断章取义，张俊要找韩世忠的碴儿，指责韩家军驻守的山阳城年久失修，而岳飞不满张俊鸡蛋里挑骨头，认为重点是进取而非防守，可能言辞不当，但也不至于问罪。

岳飞百口难辩，只能去职。

但皇帝和秦桧要的是岳飞的命，而不是岳飞的官。

秦桧指使张俊买通了岳飞手下副都统王俊，让其先上书告变：声称岳飞的部将张宪和岳飞的养子岳云，暗中策划谋反，目的就是想让岳飞重新回到军中。

张俊是这个犯罪集团的重要人物，所谓"与秦桧同陷岳飞者，张俊也"，"俊力赞和议，与秦桧意合，言无不从"。

张俊抓捕张宪后严刑拷打，后报告秦桧："张宪供通为收岳飞处文字后谋反，行府已有供到文状。"

秦桧的布局很阴险。一方面，来自岳飞部下的指控，让岳飞涉嫌谋反更易坐实；另一方面，作为岳家军副手的张宪和岳飞之子岳云，无疑对岳飞忠诚度最高，拔除两人，更有利于控制岳家军。

岳飞及岳云遂以涉嫌谋反被收入大理寺狱。秦桧命御史中丞何铸、大理卿周三畏主审。

但何铸良心未泯,不愿攀诬岳飞。

不久后,秦桧安排万俟卨代替何铸出任御史中丞,成为岳飞一案的主审官。在这个黑暗集团中,万俟卨之重要,让他具备了未来和秦桧夫妻及张俊一起跪在岳王庙里的资格。

万俟卨诬称岳飞与其养子岳云曾经写信给张宪,让张宪虚称金人又来进攻,以此威吓朝廷,其最终目的就是让岳飞重还旧部继续掌兵。

但这一个指控也不能成立,因其所谓的岳云和张宪之间的来往书信根本就没有实证,毕竟原始信件并不存在。

万俟卨则对外声称,岳飞父子和张宪的来往书信都被他们自己给烧毁了。总之万俟卨就是要置岳飞于死地。

岳飞和万俟卨之间并无深仇大恨,就是因为岳飞当时在湖北对万俟卨不怎么待见,就被他怀恨在心了。

但是,大理寺和刑部最后判处岳飞死刑的罪状,是自称三十岁建节比肩太祖皇帝赵匡胤,以及濠州之战无视皇帝十五次御笔催促"逗留不进"。

这两个罪名,基本属于口袋罪。虽然按律属于死罪,但武将发发牢骚,行军拖延,多了去了,也没有见皇帝治罪。

大概是因为证据链问题,并没有谋反这一项,虽然皇帝和秦桧最希望坐实的,是这一项罪名。

这也说明一个问题,犯罪集团还是希望岳飞案看起来是合法的。

岳飞被害是绍兴十一年(1141)的大年二十九,再过两天,就是农历新年了。可以说,没有秦桧主导,岳飞案很难在年内走完流程。

岳飞如果不能在绍兴十一年(1141)定罪处死,大概率会拖到第二年秋后,因为按照制度秋后问斩,这意味着可能会有变数。

皇帝如果意外去世,秦桧如果被免职,宋金和议如果破裂,金军如果又一次南侵,这些意外,都有可能挽救岳飞。

但秦桧,让这些小概率的意外彻底失去了可能性。

(三)

秦桧的人设,很大程度和"莫须有"有关系。

《宋史·岳飞传》记载了"莫须有"的故事,岳飞被害,韩世忠挺身而出,质问秦桧,有什么证据证明岳飞谋反?秦桧做贼心虚,说了一句模棱两可的话"莫须有"。韩世忠说:"莫须有三字,何以服天下?"故事流传了八九百年,并被多种岳飞传记采用,人们都信以为真。

但宋史学家李裕民先生认为,这故事是人为编造的。

宋史原文是:

> "(岳飞)狱之将上也,韩世忠不平,诣桧诘其实。桧曰:'飞子云与张宪书虽不明,其事体莫须有。'世忠曰:'莫须有三字,何以服天下?'"

"莫须有"意思是"莫不是有吧！?""大概有吧！?"。

定罪需要有确凿的证据，没有确凿的证据就定死罪，怎么能令人信服。看了这个故事，不需要任何文字说明，人们即可判断岳飞之狱是一个彻头彻尾的冤案。

最早记载"莫须有"故事的是赵雄为韩世忠撰写的神道碑，全称为《韩忠武王世忠中兴佐命定国元勋之碑》。

> "岳飞之狱，王不平，以问桧。桧曰：'飞子云与张宪书虽不明，其事体莫须有。'王艴然变色曰：'相公莫须有三字，何以服天下?'"

淳熙三年(1176)，韩世忠之子彦古趁生母去世之机，特地请求孝宗，允许为其父重立新碑。二月十八日，孝宗命赵雄撰写。

宋代墓志与碑铭，都是由死者的家属或亲友提供素材，作者据以撰写成文。此文的素材应是韩世忠之子彦古提供的。孝宗钦点的作者赵雄，时任礼部尚书，二年后为右丞相。孝宗亲书碑额，碑文则是周必大的书法，必大后来成为名相。有这样大的背景，此文一出，很快流传于世，"莫须有"的故事随即为诸多史家所接受、引用。

但同样是韩世忠，比赵碑早十八年的《韩世忠墓志》却是完全相反的记载。

绍兴二十八年(1158)孙觌写的《韩世忠墓志》(以下简称孙

志）。志云：

> 主上英武，所以驾驭诸将，虽隆名显号，极其尊荣，而干戈
> 铁钺，亦未尝有所私贷，故岳飞、范琼皆以跋扈赐死。惟公进
> 而许国，杖一剑截除大憝，为社稷之臣；退释兵柄，以功名富贵
> 始终……泽流子孙，功书竹帛，追配前哲，可谓贤也！

同样是给韩世忠书写的神道碑与墓志，却出现了两个完全相反的韩世忠：

赵碑的韩世忠，是与岳飞站在一起，与秦桧对立的韩世忠。

孙志的韩世忠，是与皇帝站在一起，与岳飞对立的韩世忠。

孙志中举出的好坏两类武将：一类是紧跟皇帝的贤将韩世忠，另一类是被皇上处死的跋扈将军岳飞、范琼。

范琼曾为侍卫步军司统帅。在苗傅、刘正彦发动兵变时，"与傅书问往来。不时进兵。张浚十一檄令会合勤王，琼终不进"。苗、刘兵变失败后，又要求释放参与兵变的主将左言。建炎三年(1129)七月，"以范琼跋扈无状，收下大理狱"，"赐死。"

陆游说过："张德远诛范琼于建康狱中，都人皆鼓舞；秦会之杀岳飞于临安狱中，都人皆涕泣：是非之公如此！"这说明在世人看来，范琼与岳飞不可同日而语。

而孙志将岳飞与范琼归为一类，最清楚地表明韩家的立场，是与杀岳飞的皇帝站在一起的。如果真有韩世忠为岳飞鸣冤"莫须有"之事，其子怎么会让墓志中写上相反的一笔，不怕担当不孝

之名？

这让我们对于"莫须有"的故事产生了直接疑问。

第一个疑问，韩世忠敢找秦桧为岳飞鸣冤吗？

在岳飞被害时，当时朝廷中并没有太大反弹。一方面是基于重文轻武的祖制，南宋的文官集团本来就对异军突起飞扬跋扈的武将非常不满，所以朝廷中大臣鲜见公开为岳飞鸣冤；另外，凡为岳飞鸣冤的布衣、小官都付出了惨重的代价。

建州（今福建建瓯）布衣刘允升上书，论死；汾州进士智浃上书，决杖编管，在编管地被整死；文林郎汤某上书论列，并受害。

地位极高的皇族为岳飞说话，亦没有好下场。判大宗正事赵士儴，皇帝尊称他为皇叔，在宋皇室中地位最高，又曾拥立高宗为帝，平定苗、刘兵变，使高宗得以复辟，对高宗是有大恩的。他接触过岳飞，深知其为人，决定"以百口保飞无他"，然而还没有来得及上奏，风声传到台官耳中，弹劾他"有不轨心"，立即被免职，随后遣送建州居住（软禁），至死不能回杭州。其弟同知大宗正事士樽也受牵连，被免职。至此，皇帝已到了六亲不认的地步。

在这样的情况下，韩世忠会敢于为岳飞鸣冤吗？

而且，皇帝秦桧最早想搞的，不是岳飞，而是韩世忠。

在当时，抗金言论最激烈的并不是岳飞，而是韩世忠。《宋史·韩世忠传》载："（韩）抗疏言桧误国。桧讽言者论之，帝格其奏不下。""又抵排和议，触桧尤多，或劝止之，世忠曰：'今畏祸苟同，他日瞑目，岂可受铁杖于太祖殿下？'"

韩世忠甚至还想设伏暗杀金国使者。

所以刀锋首先就对准了韩世忠。

绍兴十一年(1141)四月收兵后，皇帝和秦桧采用分化瓦解之术，派遣刚升任枢密使的张俊与副枢密使岳飞一道前往检阅同为枢密使的韩世忠所部。

张俊早领悟皇帝的心思："激其军，使为变，因得以罪世忠耳！"

张俊还收买了韩世忠手下一个叫胡纺的，让他上书说韩世忠的心腹武将耿著要谋反，"著倡言以撼军心，图叛逆，且谋还世忠掌兵柄，将遂以左证上逮世忠"。

秦桧陷害韩世忠的手段，也和后来的岳飞案如出一辙——先收买大将身边某甲告首，说其部下某乙意图谋反，再将谋反案蔓引株连到大将本人身上。

岳飞案的某甲是王俊、王贵，某乙是张宪、岳云；而韩世忠案的某甲是胡纺，某乙是耿著。

岳飞觉察来者不善，"叹曰：'飞与世忠同王事，而使之不幸被罪，吾为负世忠。'乃驰书告以桧意"。

韩世忠为了保命，连夜入宫面君，举着自己仅存的四指，声泪俱下，还主动交了辞呈，"以所积军储钱百万贯，米九十万石，酒库十五归于国"，几乎把整个家底都献给了皇帝。

皇帝不免有恻隐之心，又念韩世忠苗刘兵变救驾之功，放了韩一马。

同年，岳飞遇难，韩世忠赋闲。《宋史》中说韩世忠"自此杜门谢客，绝口不言兵。时跨驴携酒，从一二奚童，纵游西湖以自乐。平时将佐罕得见其面"。"解兵罢政，卧家凡十年，澹然自如，若未尝有权位者。晚,喜释、老,自号清凉居士。"

都不敢与部下见面,还不是因为怕有人诬告他与部下合谋叛变,成为岳飞第二?

在这样噤若寒蝉的情势下,很难想象韩世忠为岳飞鸣冤"诣桧诘其实",从而发生"莫须有"的故事。

《挥麈后录》载:

> 绍兴壬戌,罢三大帅兵柄,时韩王世忠为枢密使,语马帅解潜曰:虽云讲和,敌性难测,不若姑留大军之半于江之北,观其衅。公其为我草奏,以陈此事。解用其指为札子,韩上之,已而付出,秦会之语韩云:何不素告我而遽为是邪? 韩觉秦词色稍异,仓卒皇恐,即云:世忠不识字,此乃解潜为之,使某上耳。秦大怒,翌日,贬潜单州团练副使、南安军安置,竟死岭外。

韩世忠为什么会如此敬畏、惧怕? 朱熹说:

> 诸将骄横,张与韩较与高宗密,故二人得全,岳飞较疏,高宗又忌之,遂为秦所诛而韩世忠破胆矣。

我们唯一能看到的是,绍兴十二年(1142)三月五日,岳飞被害仅两个月零五天后,在临安灵隐寺对面的飞来峰半腰,韩世忠建起了一座石亭,取名"翠微亭"。还留下了题名:"绍兴十二年,清凉居士韩世忠因过灵隐,登览形胜,得旧基,建新亭,榜名翠微,以为游息之所,待好事者。三月五日,男彦直书。"

而岳飞曾作过《登池州翠微亭》一诗。韩世忠也只能这样了。

第二个疑问,假定韩世忠会为岳飞说话,他该找谁呢?

李裕民先生认为,即使韩世忠要为岳飞鸣冤,要找的也是皇帝,而非秦桧。

岳飞诏狱其程序是:第一步,由皇帝下诏,组成特别法庭,御史中丞牵头,会同大理寺官员审判。第二步,御史中丞上奏宣判结果:罪行,证据,判决。第三步,皇帝批示。

皇帝的批示是最后的裁决,一般是从轻发落,或同意,极少有加重发落的。从下诏到最后裁决,皇帝掌握着主动权,案子对与错,主要责任人是皇帝。

岳飞案下诏并做最后裁决的是皇帝,在幕后筹划的是秦桧,站在第一线审讯逼供的是万俟卨。当万俟卨呈上判决意见时,他做了如下更改:

对岳飞,由"决重杖处死",改为"赐死",让他死得稍微体面些,表示了一点皇恩,但本质上仍然是死。可是对岳飞之子岳云,却无限地加重,由"徒三年"改为"斩"。

这一更改说明皇帝不是傀儡,他在充分运用最终裁决权。

韩世忠位居枢密使,官位仅次于宰相,不可能不知道决窍所在。真要为岳飞说话,就得找皇帝。事实上,前文已经提到就在这一年,他为了手下耿著案就找过皇帝。"世忠亟奏求见,上恒,谕之曰:'安有是!'既而以诘(秦)桧,且促具(耿)著狱,(耿)著得减死。"

最后皇帝安排秦桧将耿著关进监狱,耿著得以免死,韩世忠得以脱罪。

第三个疑问,假如韩世忠敢于质问,秦桧会不会回答:"飞子云与张宪书虽不明,其事体莫须有。"

其第一句话有点答非所问,岳飞最后的罪状主要是"指斥乘舆、抗拒诏命"。至于岳云与张宪往来的书信,是用来定张宪与岳云之谋反罪的,虽然秦桧也很想将其与岳飞挂钩。但最后因为证据不足,所以岳飞最后并没有因谋反而定罪。秦桧怎么会避开岳飞之罪,去谈岳云与张宪书呢?

李裕民先生认为,秦桧的第二句话"莫须有",完全不符合他的性格。他说话非常果断,决不会吞吞吐吐地说句模棱两可的话。其子秦熺写的岳飞案史论,代表了他的思想:

> 史臣秦熺等曰:……十一年果竭众以犯淮西,必欲以全取胜,时遣三大将领兵进击,而岳飞阴有异谋,迁延顾望,拒命不进,……岳飞拥重兵据上流者累年,稔成罪衅,日图反叛,至是皆暴章首告继踵,逮核实于天狱,悉得其情,逆状显著,审谳无异,飞与子云及其党张宪皆赐死。

这里的用词——"核实""悉得""显著""无异",无不斩钉截铁,不留余地。

第四个疑问,若韩世忠真的质问过秦桧,秦桧会就此善罢甘休吗?

李裕民先生说,不可能。这里举岳飞案两个秦桧亲信的例子即可证明。

其一是何铸,他在任御史中丞时,秉承秦桧的旨意弹劾岳飞,免去岳的枢密副使之职,十月高宗命他主审岳飞案。此人还是有点良心的,审了一个多月,发现构不成重罪,一直拖着,不愿按照皇帝、秦桧的意图结案。秦桧随即提拔他为签书枢密院事,让他出使金国,处理和议事,腾出御史中丞的位置,让万俟卨担任,搞定了岳飞案。第二年,万俟卨以何铸"党恶"为由进行弹劾,何铸仅仅当了八个月的执政官,便下台了。万俟卨因此升为参知政事。其后,万俟卨出使金国,返回后,秦桧让他将金人赞美自己的话转达给皇帝,万俟卨大概觉得太肉麻了,没有照办,秦桧随即指使御史中丞李文会弹劾,免去其职。

这两个亲信一直为秦桧效劳,从来没有与主子发生过正面冲突,仅仅因为稍微跟得不紧,马上被摘掉乌纱帽。要是韩世忠真的敢质问秦桧,还敢勃然大怒,那恐怕后果不堪设想。

然而,韩世忠在岳案期间及以后出现过什么灾祸吗?没有,完全没有。有的只是在绍兴十一年(1141)末,也就是岳飞遇害前几天,韩世忠的两个幼子与秦桧之兄一起升官的美事,这难道不是最好的反证吗?

最后,是谁编造了莫须有的故事?

凡作伪者都是为了得到好处,因此故事的编造者必定是得益者。

此举的得益者有:

韩世忠后人显然是最大受益者。

韩世忠在当时没有站出来为岳飞说话，怕殃及自己和全家，这是可以理解的。韩世忠死后，其子请孙觌撰墓志，赞美皇帝英明，处死跋扈的岳飞，当时，大概觉得这是多数官员共同的看法，他们一家也因为立场站在皇帝一边而得到好处。

但是，当孝宗为岳飞平反之后，韩家就尴尬了。韩、岳同是抗金英雄，韩如此对待岳飞太有损形象了。现在编出这么一个故事，一举两得，一方面，韩的形象全变了，另一方面，害岳飞的责任全归到秦桧头上，他们得以平息孙觌撰墓志的影响，树立韩世忠抗金英雄的正面形象。

为此，家属不惜以重金酬谢撰者与书写人。墓碑的素材历来都是死者家属提供的，他们应是故事的编造者。此碑一出，将孙志谴责岳飞跋扈之说掩盖掉了。

孝宗也是故事得益者。他有雄心大志，想恢复中原，因此为岳飞平反，以鼓舞士气，但这样屈杀岳飞的太上皇高宗面子就过不去了。按儒家的传统，理应为尊长避讳，如何才能解决这个难题呢？现在"莫须有"的故事一出，将冤狱的责任全部推给秦桧，这个问题就迎刃而解了。

秦桧本就害人无数，将全部罪过推到他头上，最容易为人们所接受。孝宗看过赵雄的碑文非常满意，特意下诏命周必大书写，周推辞，孝宗再下诏，周不得不接受，下足了功夫。到淳熙三年(1176)八月交卷，二十三日奉圣旨交给韩家，韩世忠子彦古上劄子，奉送润笔费"金器二百两"，周必大上奏推辞，孝宗御笔批"依例收受,不须恳免。"孝宗对此小事如此上心,一再下旨,不难看出他兴奋之情已难以言表。

不过,依他的身份当然不至于下圣旨造假,但他的心事,想必会在赵雄面前有所表示,让他去细细体会。

赵雄得益甚大,他在奉孝宗之命,撰成此文后,好事不断。同年七月,即跳过两个台阶,由礼部尚书直接升为签书枢密院事。淳熙四年(1177)十一月升同知枢密院事。五年(1178)三月又千参知政事,十一月晋升为右丞相。他应当参与了故事的编造。故事中用了宋人俗语"莫须有",显得更像是真的对话,显然是精心策划的结果。

"莫须有"的故事,社会影响极大。它为所有涉及皇帝与秦桧共同干的坏事定了调:那都是秦桧干的,与皇帝无关。以后许多著作多依此执行。事实可以改编,只要编得高明,有权威撑腰,就会变成信史。有这个榜样摆着,于是新的故事一个又一个地被好事之徒编造出来。

历史就这样被改写。人们依据这样的"信史",去评头品足,去抒发感情,去编写符合时人胃口的新史,后人就这样被愚弄着,或者享受着这样的愚弄,继续这样的创作。

至于秦桧,本就死有余辜,再"社死"一次,又何足道哉?

六、普安郡王

（一）

普安郡王、恩平郡王，也是第二等餐标。

这俩郡王身份很特殊，都是继承皇位的备胎，长期作为皇帝接班人在培养。当然，最后胜出的是普安郡王，也就是宋孝宗赵昚。

赵构成为皇帝，属于天上掉馅饼，但赵昚成为皇帝，属于天上掉金饼，概率更低。

赵昚生于秀州（今浙江嘉兴），初名伯琮，是宋太祖赵匡胤七世孙，其父赵子偁是个普普通通的儒生，通过考试才谋得嘉兴县丞，区区一个副县长而已。

一个副县长的幼子，虽然是宋太祖之后，但和皇帝都出了五服，要成为天选之子，距离不是一点点。

他需要几个好运气。

第一个好运，要建立在皇帝的绝后之上，皇帝要没有直系继承人。

建炎三年(1129)，是皇帝最倒霉的一年。

建炎三年(1129)春，金兵南侵，扬州溃败，皇帝逃至杭州。三月初五，苗傅、刘正彦发动苗刘兵变，逼迫皇帝退位，拥立三岁的皇子赵旉为皇帝，改年号为"明受"。韩世忠等闻知举兵向苗傅、刘正彦二人问罪。四月初一，皇帝复位，苗傅、刘正彦兵败逃走。年号改回"建炎"。四月二十五日，赵旉被册立为皇太子。

赵旉当了二十六天皇帝，他也是中国历史上唯一一个先当过皇帝的皇太子。

同年五月，皇帝携赵旉离开杭州，北上建康（今江苏南京）。七月，在建康行宫，一个宫女走路时不小心踢翻了地上的香鼎，发出巨响，可怜这个只有三岁的皇太子竟被吓死。

皇帝伤心欲绝，将宫女和保姆一并处死，追封赵旉为"元懿太子"。

不过，也有阴谋论者认为此事有假，认为是皇帝杀了自己的儿子，因为他无法容忍这个曾经当过皇帝的儿子，即使他才三岁，即使他是被迫成为皇帝。万一再来一次苗刘兵变，这个曾经当过皇帝的儿子，会不会成为谋反者的筹码。作为皇帝，他要扼杀这一可能性，虽然可能性微乎其微，虽然是自己的亲生儿子。

作为一个冷血的精致利己主义者，这种可能性不能排除。

同时，皇帝对自己很有信心，毕竟才二十三岁，以后还生不出儿子？可是人算不如天算，皇帝以后居然再无生育。

据说扬州逃难，皇帝受到惊吓，对于性功能产生重大影响，其后寻遍天下名医，其中有一位叫王继先，他出身医学世家，名气很大。皇帝一听说，立刻将王继先找来，让他给自己开药方。

皇帝吃了王太医的药，自己也很努力。据相关记载：绍兴十二年(1142)正月,冯氏为红霞帔;绍兴十三年(1143)四月,婉仪吴氏为贵妃;六月,宫正韩氏为才人,红霞帔刘氏为司记,红霞帔冯氏为典籍,紫霞帔吴氏为红霞帔;绍兴二十二年(1152)二月,婕妤刘氏为婉容;五月,新兴郡夫人吴氏为才人,宜春郡夫人刘氏为才人;绍兴二十四年(1154)正月,婉容刘氏为贵妃;乾道六年(1170)八月,永嘉郡夫人张氏为婉仪;十月,陈氏为新兴郡夫人,张氏为高平郡夫人,李氏为齐安郡夫人,黄氏为和义郡夫人;淳熙七年(1180)十二月,婉仪张氏为淑妃;淳熙十年(1183)九月,齐安郡夫人李氏为才人;淳熙十一年(1184)正月,王氏为顺政郡夫人,孙氏为高平郡夫人,蔡氏为缙云郡夫人,张氏为南平郡夫人,张氏为齐安郡夫人;淳熙十三年(1186)正月,红霞帔李氏为安定郡夫人。

我们看到不少红霞帔,在宋代受了皇帝恩宠的宫女,会被特别赐以红霞帔或紫霞帔,看来皇帝宠幸了不少宫女。

不仅如此,皇帝还采买童女。

他当皇帝后,下令在汴梁一带买童女,据李纲《建炎进退志》,如论开封收买童女及待遇诸将恩数宜均一,帝皆嘉纳。《历代名臣奏议》卷一九五以及《枰桐文集》卷一二都提到过:"凡见女童举封其臂,间有脱者,其行赂已不赀矣。搜求之甚,过于攘夺,愁怨之声,比屋相闻。"

可是,即便如此也没有解决生育问题,皇帝自己也活到了八十一岁,但他却再没有一个子嗣。

这是孝宗最后成为接班人,并成功登顶的充分条件。

（二）

孝宗需要的第二个好运,是皇帝没有在近支系皇族宗室里面选择继承人。皇帝无后,意味着要从宗室里面选择其他继承人。

建炎三年(1129)七月十四日,也就是元懿太子赵旉病故之后三天,进士李时雨上书,以仁宗皇帝四十二年无子而传位濮安懿王之子的故事,请求皇帝在宗室子弟里择一人选为太子。

这个建议让皇帝非常难堪,我儿子才死了三天,我才二十三岁,你李时雨一个小小的进士怎么知道我的身体状况,怎么知道我以后生不出儿子,所以皇帝震怒,立马把李时雨赶出了建康。

不过皇帝的嫔妃一直没有动静,也许是皇帝难言之隐的传播面扩大,催促皇帝建储的声音越来越多,甚至包括了让皇帝无法翻脸也无法拒绝的孟太后。

建炎四年(1130)秋,孟太后尝感异梦,密为皇帝言之,宰相范宗尹亦有造膝之请,《建炎以来系年要录》作者李心传认为二人所言皆与抚养太祖后裔有关。

这一次皇帝没有再避讳,而是召集大臣开诚布公:"太祖的后人没能享受大位,如今零落各地颇有些艰辛。我想在太祖的后人中选择一个来当养子,如果我像仁宗皇帝一样没有子嗣的话,今后就把皇位传给他。"

我一直认为赵构是中国历代最擅长权术的皇帝,从他这一选择,足以见之。

皇帝选择养子作为继承人,有三个方向。

第一个方向是宋太宗后人、皇帝近支皇族、宋英宗赵曙一系。

但靖康之变后，金人按照《开封府状》的登记内容，按图索骥，将徽宗、钦宗二帝及所有后妃，徽宗诸子诸孙、钦宗皇太子赵谌，徽宗之弟、神宗尚在世的皇子燕王赵俣、越王赵偲并其家眷子女，神宗二弟吴王赵颢的后裔，神宗四弟益王赵頵的后裔全部收捕入营，随军掠往金国。就这样，宋朝近支皇族、宋英宗赵曙一系的皇室子弟及其家眷，除了徽宗第九子康王赵构之外，其他人基本被一网打尽。

也就是皇帝近支皇族，无人可选。

第二个方向，也是宋太宗后人、远支皇族。

太宗系的后人，虽然神宗、徽宗、钦宗的儿子全军覆没，但是远支皇族，特别是世袭的濮安懿王一系的势力强大。英宗的父亲一共生下了二十八个儿子，南渡后在南宋朝廷中占据了重要的位置，宗正寺（宗室管理机构）基本上由他们掌握，在地方上也有不少人出任实权地方官，手握不小的权力。

皇帝出于两个理由否决了这个方向。

首先，有前车之鉴。北宋仁宗无后，于是将皇位传给了自己堂兄濮安懿王赵允让的十三子赵曙，是为英宗。因为仁宗对待英宗并不怎么亲爱，宝元二年（1039），仁宗生下儿子之后甚至把赵曙给退回了家中，后来儿子夭折之后出于无奈才又把他接了回来。英宗登基后因为尊崇生父濮安懿王赵允让，居然要给濮王上尊号为"皇考"，还要追上"帝号"，把濮王的尊号上升到和仁宗皇帝一样的高度，由此在朝堂上引起了极大的混乱和动荡，这就是"濮议"。

　　皇帝本来就是英宗的曾孙,濮王一系的后裔,对于当年引起了朝堂轩然大波的"濮议"之事自然是记忆犹新。如果他从濮王系后裔中选取子嗣的话,将来自己有可能会重蹈覆辙,被收养的儿子学着英宗把他从父皇变成皇叔,到时候自己宗庙里的冷猪肉都不见得会管饱。

　　所以,考虑因此带来的未来外戚干政问题,包括万一认养后自己又有了儿子的退货问题,都绝对不能从家族势力强大的宗室里选择养子,皇帝对此有足够清醒的认识。

　　其次,皇帝登基,多少有点名不正言不顺,既不是父亲徽宗禅位,也不是兄长钦宗传位,说白了有"得位不正"的嫌疑,这自然让不少宗室成员,特别是太宗系的宗室成员有了想象空间。

　　逃脱靖康之变的太宗系宗室绝非只余皇帝一人,除信王赵榛有可能逃脱外,其中跟宋徽宗平辈的"士"字辈以及与皇帝平辈的"不"字辈在宋史上即有赵士珸、赵士儦、赵士穹、赵士晴、赵不群、赵不弃、赵不尤等。他们均活跃于南宋初年的官场之中。其中赵士晴、赵士珸也是在北上五国城途中逃脱的,他们都是濮王的后代,跟宋徽宗同辈。

　　太宗玄孙赵仲湜辈分更高,在开封失守后,"六军"欲拥立其为帝,但赵仲湜坚辞不受,并在皇帝登基后即率军投奔。太宗之弟、魏王赵廷美的后人赵叔向也在开封失守后逃出京城,并召集了军队,之后引军北上欲救回徽钦二宗,然而由于金人已将徽钦二宗转移,赵叔向也扑了个空。而在此时,皇帝登基的消息传来,赵叔向在"过黄河营救徽钦二宗"和"将军队交予赵构"之间犹豫,最终还是选择了后者。

在这些潜在的竞争对手的后人中选择养子,除非皇帝有病。

第三个方向,是宋太祖后人。

北宋开宝九年(976)十月二十日,赵匡胤在宫中暴毙,他的弟弟赵光义即位。太宗死后将皇位传给了自己的儿子宋真宗,直到北宋灭亡,太祖的子孙都没有能够当上皇帝。

而皇帝,就是宋太宗的后人。

现在他要把皇位还给宋太祖的子孙。皇帝说:"太祖以神武定天下,子孙不得享之,遭时多艰,零落可悯。朕若不法仁宗,为天下计,何以慰在天之灵!"

他这样做,有几个好处:

首先,获得了朝廷内外的一片赞誉。

太祖的后人对于失去皇位继承权这件事一直耿耿于怀,而朝野上下对于太祖的后人也颇有几分同情。北宋中期以来,朝野也一直流传"太祖之后当再有天下"的传闻。

所以,皇帝挑选太祖的后人作为继承人,从某种程度上来说是顺乎民意的,至少能够让朝中的不少士大夫觉得他没有私心,是个顾全大局的好皇帝。对于这事,《宋史》赞曰:"高宗以公天下之心,择太祖之后而立之。"

其次,太祖的后裔经过数代零落,社会地位不高,和太宗后裔势力不可同日而语,从中选择养子,其家族势力未来不足以产生外戚威胁。

最后,选取与平民差不太多的太祖远支后裔为养子,这种意外之喜,必将使得中选者感恩戴德、百般孝顺,起码不会出现英宗这样的白眼狼。

后来的事实,完全验证了皇帝的预判,也足以验证了皇帝的政治智商之高。

(三)

孝宗第三个好运气,需要他在太祖后人中胜出。皇帝在太祖后人中选择,也有两个方向。

第一个方向,是在子字辈中选择。

有三个孩子,子清、子英、子唐曾被接到宫里。他们是太祖的子字辈后裔,也是高宗的同辈。这种做法很容易让人联想到宋太祖赵匡胤舍子立弟。皇帝当时就表示:"太祖舍其子而与其弟,朕之所师法也。"

"法太祖"舍子立弟,这一做法通过将皇帝和太祖的形象同构,有助于增强人们对皇帝政权的信心。

但是皇帝看了这几个孩子之后,以"天资不够聪明"为由退了回去。其实,这是借口。

因为皇帝发现,如果选择平辈传位,这会对他的权威埋下隐患。特别是涉及他去世后在宗庙里的地位。一劳永逸的做法是改选太祖的伯字辈后裔,也就是皇帝的下一辈,使皇帝作为父亲的权威实至名归。

所以,皇帝将"法太祖"方案调整为"法仁宗"方案。太祖的伯字辈后裔对皇帝而言是子侄辈,选育伯字辈后裔,正如北宋仁宗养育养子英宗的故事,故皇帝谓"取法于仁宗"。

绍兴二年(1132)五月,名为赵伯琮、赵伯浩的两个孩子出现在皇帝面前。赵伯浩长得挺喜庆,胖嘟嘟的,赵伯琮很清瘦。皇帝最先是属意胖嘟嘟的赵伯浩,准备"留肥而遣癯"。

但这时候,有一只猫经过,赵伯浩用脚踢了一脚,而赵伯琮拱立如故。皇帝说,伯浩此儿太轻浮了,乃赐伯浩白银三百两,让他回去了。

赵伯浩成年后,最后只做到温州监,真是一脚踢飞了荣华富贵。

六岁的小瘦子赵伯琮则留下来,后来被交给了张婕好抚养,基本上确认了赵伯琮的养子身份,他就是未来的孝宗赵眘。赵伯琮是太祖四子赵德芳的后人,出生于秀州,父亲赵子偁只是嘉兴县副县长,跟其他宗室基本上没什么往来,完全满足"太祖血统、家族势力小"的要求。

绍兴三年(1133),赵伯琮改名为赵瑗,开始在宫中按照皇子的规格培养。从绍兴二年(1132)孝宗入宫,到绍兴三十二年(1162)五月,赵瑗被立为皇太子,熬过了三十年的考察期。

漫长的考察期,赵瑗需要战胜几个人。

首先是皇帝可能的亲生子,对赵瑗而言,这是一票否决。皇帝对自己的生育能力一直抱有希望。

当初选养子,前提是自己没有儿子,但如果有了儿子,继承人自然是自己的亲生儿子。

这种情况在北宋出现过。

咸平六年(1003),宋真宗的儿子赵祐夭亡了。此时,宋真宗年仅三十六岁,按理来说大概率可以再生他几个儿子的,可不知道是对此不抱希望,还是出于冲喜的原因,竟然打起了收养嗣子的主意。

被他收养的是其四弟商王赵元份的第三子,与赵祐同年出生的赵允让。

就这样,赵允让作为接班人培养,离大位近在咫尺。但不料七年后的大中祥符三年(1010),宋真宗又生了一个儿子赵祯,也就是未来的仁宗。赵允让自然被退货。

所以,皇帝一直在王太医的帮助下,努力想生出儿子夹。不过,赵瑗直至登基,也没有等来这个最大的竞争对手。

其次,是皇帝的另外一个养子。

出于不把鸡蛋放在同一个篮子的考虑,绍兴四年(1134)五月二十七,皇帝选中另外一个孩子赵伯玖,交给了吴才人抚养。

赵伯玖入宫之后,很快就享受了和赵瑗一样的待遇,绍兴六年(1136)正月十四,他被赐名赵璩,并封为和州防御使。随后,两个人的发展轨迹几乎是一模一样:赵瑗绍兴五年(1135)五月二十六被封为保庆军节度使、建国公,绍兴十二年(1142)正月丁酉加检校少保、普安郡王;赵璩绍兴八年(1138)八月被封为节度使兼吴国公,因为群臣反对作罢,但是绍兴九年(1139)三月初七,皇帝在秦桧的支持下,坚持封赵璩为保大军节度使、崇国公,绍兴十五年(1145)二月十三加检校少保、恩平郡王,一年之后改武昌军节度使。绍兴十七年(1147),赵瑗徙常德军节度使,赵璩徙武康军节度使。

包括皇帝去张俊家吃饭,把他们俩都带上。

但相当长一段时间,赵瑗虽然进宫更早,但是优势并不明显,甚至还处于下风。

因为孝宗的养母是张婕妤,而赵璩的养母吴才人,后来成了吴皇后。她当然倾向于自己的养子赵璩成为未来的皇帝。

甚至皇帝的母亲韦太后,也极喜欢吴皇后,爱屋及乌,也是对赵璩青眼有加。如果这样的情势继续,赵瑗极有可能出局。

但是,赵瑗的养母张婕妤(后升为婉仪)绍兴十二年(1142)二月初七病逝,皇帝将赵瑗一起交给了吴皇后抚养。

这一下子,天平又开始倾向更为知书达理的赵瑗,吴皇后甚至在韦太后驾崩以后,主动跟皇帝说孝宗的好话:"普安郡王,真是有天日之表啊!"希望将他扶正。

但是皇帝并不着急,他选育两位宗子,努力保持两位宗子的地位一致,不使其中一方因地位突出而被视为理所当然的继承人,这种平衡术一直延续数十年。

(四)

最后一个敌人,是秦桧。

现在很多人对于秦桧作用的评价,多在宋金和议和杀害岳飞上,其实,在立储事件上,他的"贡献"同样不可忽视。

这三件事,也是三块基石,奠定了皇帝对秦桧的高度信任,也奠定了秦桧之所以能够成为秦桧的三块基石。

绍兴八年(1138)八月,宰相赵鼎上书要求立储,秦桧机敏地察觉到皇帝内心的隐疾,挺身而出:"赵鼎欲立皇太子,是待陛下终无子也,宜俟亲子乃立。"

当时要求立储的声音不绝于耳,连岳飞,都成了赵瑗的铁粉,几次上书为赵瑗要名分。

这让皇帝如芒刺在背,有苦难言。秦桧很明白皇帝想生子传位的心思,所以敏锐地意识到,这是一个绝佳的政治商机,他主动开始为皇帝背锅,对于立储孝宗,他一直采取反对意见,他打压呼吁立储赵瑗的大臣,甚至打压赵瑗。

秦桧成为皇帝的平衡战术和拖延战术的坚定执行者,如防火墙一般起到阻隔皇帝和舆论压力的作用,这也是他二次入相并独相十九年的重要理由。

除此之外,秦桧也真心期盼皇帝亲子的诞生。对二人来说,这将是一个皆大欢喜的结局。

秦桧显然是一个颇有风险投资意识的投机者。相比赵瑗,秦桧更愿意投资皇帝未出生的儿子。特别是赵瑗日渐成年,他身边或明或暗地汇集了大批精英人物,共同目标是恢复故土,报仇雪耻,这更加让秦桧不快。

所以他对于赵瑗的打压,自然是不遗余力。自秦桧任居宰执,一直到秦桧病逝这十九年间,赵瑗的名分没有任何的变化,连原来享受的皇子待遇也被秦桧剥夺一空。

绍兴十四年(1144),赵瑗的生父赵子偁去世,按礼制,当服丧一年,但秦桧显然要在这件事上大做文章。

按照秦桧的意思，台谏官要赵瑗按照北宋时期，仁宗的养子即英宗为生父濮王服丧三年的旧制，带俸解官行服，守丧三年。

用这个先例套赵瑗，其实没有道理。

英宗和赵瑗虽然都是曾养在皇宫的宗室子弟，但英宗当年在宫里生活一段时间后，仁宗的儿子就出生了，英宗就出宫回家了。所以在生父濮王去世后，英宗履行了中国古代正常的子为父服丧三年的礼制规定。

但赵瑗不同，他一直生活在宫里，并且已经享受着公认的皇子待遇，如果还按照服丧三年的规定，这就会产生两个后果。

其一是对赵瑗储君身份的否定。生父赵子偁去世，赵瑗以子为父服三年丧，这就是让赵瑗的身份一直定格在宗室子弟的位置上，直接否定他皇子的身份。

其二，守孝三年，谁知道在赵瑗离开皇帝的这三年，会发生什么。别的不说，起码恩平郡王赵璩的优势会凸显。

但秦桧明知无理，还是要坚持让赵瑗服丧三年。这样一来，赵瑗与秦桧之间的矛盾，势不两立。

绍兴二十四年(1154)，浙江的衢州发现盗贼，秦桧遣殿前司将官追捕，这件事秦桧秘而不宣。但却被赵瑗得知，旋即将此事密奏给皇帝。但奇怪的是，皇帝没有对秦桧做任何处理。秦桧怀恨在心，竟在赵瑗服父丧满数年之后，还能以居丧不当给俸为由，把服丧期间的俸禄给追夺了。

不过，客观地说，秦桧打压赵瑗，倒不仅仅是针对赵瑗，在继承人中，谁跑得快，他就打压谁，如果恩平郡王赵璩跑得快，他照样下黑手。

他特别擅长干这种脏活,这种皇帝不方便说,也不方便做的脏活。他希望为皇帝多争取一点时间生儿子,不过皇帝不争气罢了。

但赵瑗和秦桧的矛盾,也成为赵瑗的加分项。秦桧死后,在消除秦桧影响的政治大环境下,皇帝认为,与秦桧对立的赵瑗,更适合作为皇太子的人选。而且皇帝也在这个过程中发现,赵瑗颇有胆识,这是作为储君的必备气质。

可想而知,在这漫长的三十年,赵瑗虽然领先一个身位,但时刻也在恐惧不安之中,因为变数随时会发生,所以须时时刻刻谨慎。

佑圣观,曾是赵瑗的潜邸,和秦桧的望仙桥相府相邻,登基前在此居住近三十年,他在少年时就将杜甫的诗刻于殿墙石壁:"富贵必从勤苦得,男儿须读五车书。"在潜邸居住时,赵瑗还留下了这样一首诗文,名为《潜邸恭和御制净明院梅岩诗》,诗云"秀色环亭拥雾霞,修筠冰艳数枝斜。东君欲奉天颜喜,故遣融和放早花"。

他内心希望自己像梅花一样,不惧严寒,傲然独放,更希望是"放早花"。

赵瑗笑到了最后。

秦桧病危之际,他的家人封锁消息,密谋让秦桧的儿子秦熺成为宰相继续把持朝政。

作为秦桧的邻居,赵瑗可能在相府有眼线,马上向皇帝密奏,皇帝前往秦府探病并探察虚实,随后直接否了秦熺接班的意图,回宫后马上宣布让秦桧退休,同时免去秦桧儿子的官职,当天秦桧就死了。

皇帝对于赵瑗的举动很满意,内心更加倾向于赵瑗。在后秦桧时代,皇帝不希望把权力交给秦桧一系人马,赵瑗,这个被秦桧打压多年的野百合,终于也有了春天。

所以命运,有时候就那么吊诡。

如果秦桧命长一点,或者皇帝早死一点,赵瑗的命运就会非常悲惨。

这事在皇帝曾孙宁宗去世后就发生了,情节惊人地相似。原定的继承人皇子赵竑被顶包,沂王赵抦嗣子赵贵诚继位为理宗,煮熟的鸭子硬生生飞了。

有宋一朝,皇位真是毒药,高宗皇帝的独子赵旉夭折,绝嗣,因此过继了孝宗。孝宗倒是生了四个儿子,夭折一个后还有三子成人,但是,三子一共生了五个孙子,只养大了宁宗赵扩和赵抦两个。赵抦生一子赵垓夭折,绝嗣,宁宗一共生九子全部夭折,绝嗣,也就是说,从孝宗到光宗、宁宗三代绝嗣,只能过继宗室子弟。

嘉定十四年(1221)六月,宁宗立皇侄,也就是堂弟沂王赵抦嗣子赵贵和为皇子,赐名赵竑,授宁武军节度使,封祁国公,并以立皇子告天地宗庙社稷。然后让赵竑享受皇太子的待遇,上朝时让赵竑侍立,学习如何处理国家政事。

赵竑作为继承人的地位,比赵瑗更加明确。但赵竑拿了一手好牌,却犯了致命性的错误。

他丝毫不掩饰对当朝权相史弥远的强烈反感。而史弥远当时的权势,和秦桧几乎无异。

赵竑好琴，史弥远就投其所好，送给他一个擅长琴艺的美人，卧底的美人极得赵竑的欢心，因此，赵竑的一举一动，史弥远都了如指掌。

赵竑曾经在纸上写"弥远当决配八千里"以发泄不满；又指着地图上的琼、崖说，等他日上位就把史弥远流放到琼州、崖州去；还给史弥远取外号"新恩"，意指以后不是把史弥远流放到新州，就是流放到恩州。不管是琼州、崖州、新州、恩州，都是当时偏远落后的流放之地。

史弥远得了美人的密报，为缓和关系，就在七夕节送给赵竑一批奇珍异玩。赵竑认为是史弥远想讨好巴结他这个未来皇帝，很愤慨地把这些礼物摔得粉碎。

史弥远明白了赵竑对他的憎恶，自然不会坐等末日来临。他暗中培养沂王另外一个嗣子赵贵诚，期待最后一刻的到来。

赵竑不满权相史弥远的同时，和嗣母宁宗杨皇后之间的关系也不融洽，甚至怀疑杨皇后和史弥远有私。得罪了权相和太后，赵竑却浑然不知后果的严重。

嘉定十七年(1224)闰八月初三凌晨，宁宗崩于福宁殿。史弥远立即派遣禁中侍卫快去宣召皇子，特意叮嘱道："今所宣是沂靖惠王府皇子，非万岁巷皇子，苟误，则汝曹皆处斩！"意思接的是沂王嗣子赵贵诚，不是皇子赵竑，接错了你们都要被杀头。

此时，住在万岁巷的皇子赵竑正在焦急不安地等待召唤入宫，等了许久仍无动静。"竑跂足以需宣召，久而不至"。他透过墙缝，观察外面的动静，隐约看见禁中车队从他的府前经过而不入，更加疑惑。不久，又看见他们簇拥着一个人急匆匆地走过，天色昏暗，他没有认出那个人是谁。赵竑糊涂了。

不久赵竑也被接到宫中，"至则每过宫门，禁卫拒其从者"。

既而史弥远召百官立班听宁宗遗嘱，引导赵竑仍旧站在老位置，赵竑愕然曰："今日之事，我岂当仍在此班？"

殿帅夏震忽悠他说："未宣制以前当在此，宣制后乃即位耳。"赵竑以为然。

当诏书被宣读，赵竑"遥见烛影中一人已在御坐"，阁门宣赞高呼百官拜舞，恭贺新皇帝即位时，赵竑这才恍然大悟，他坚决不肯下拜，却被强行按下了头，即位的皇帝就是宋理宗。

煮熟的鸭子就这样飞了。原本该继位的皇子赵竑，被进封济阳郡王，判宁国府，赐第湖州。次年正月就死在史弥远手中。

所以孝宗和秦桧为敌，按照秦桧的个性，他的选择，一定会和史弥远一样。孝宗的下场，也一定会和赵竑一样悲惨。

所幸，秦桧死得早了一点，皇帝也活得长了一点。

（五）

绍兴三十年(1160)春，赵瑗被立为皇子，改名为赵玮，进封建王。赵璩明确为"皇侄"，名分已定。

但是，皇子要成为皇帝，最后关键的一步也充满危险。

绍兴三十一年(1161)，金军侵犯边界，皇帝下诏亲征，而两淮失守，朝臣多献退避之计，赵玮非常气愤，上书请率军为前锋。

他的老师史浩一听，吓了一跳，你是皇帝唯一的"皇子"，你要统兵,是什么意思? 难道要学宋太祖陈桥兵变黄袍加身吗? 皇帝素来多疑,后果将不堪设想。

于是他赶紧找到学生追回来这道上书,在老师的教导下,赵玮改为上书随皇帝前往,照顾皇帝的衣食起居,尽到一个儿子的责任。果然,这道上书博得了皇帝的赞赏,也让满朝文武交口称赞,纷纷赞扬赵玮的孝心和才干。

《宋史》说:"高宗方怒,览奏意顿释,知奏出于浩,语大臣曰:'真王府官也。'"

真悬。应该说,史浩老师在关键时刻出手帮了学生。

《宝庆四明志》曾经记载一个故事,在考察期的最后,皇帝给两个皇子各赐了十个宫女,史浩对二王说:"是皆平日供事上前者,以庶母之礼礼之,不亦善乎?"

结果赵瑗坐怀不乱,完璧归赵。而赵璩没有管住自己。皇帝因此确定了继承人。

这个故事,姑且听之。

绍兴三十二年(1162)五月,皇帝宣布立赵玮为皇太子,一个月后宣布退位,将皇位禅让给赵玮。孝宗,终于熬出头。

据《宋史》记载,绍兴三十二年(1162)六月初十,内降御札:"皇太子可即皇帝位。朕称太上皇帝,退处德寿宫,皇后称太上皇后。"

六月十一,皇帝退位德寿宫当太上皇,孝宗步出祥曦殿门,冒雨扶辇送行,到宫门仍不停止。太上皇令左右扶掖回朝,回头说:"我托付得人,没有遗憾。"

孝宗至孝,继位后他每月都数次去德寿宫朝见太上皇,凡是出游必定邀请太上皇一起前往。去德寿宫朝见太上皇时，依家人之礼在宫内下辇就可以了。而孝宗坚持在宫外就下辇，即使下雨天也徒步走过泥泞。

皇帝真是找对人了。

史书上评价孝宗"天资英明，豁达大度，左右未尝见有喜愠之色。趋朝就列，进止皆有常度。骑乘未尝妄视。平居服御俭约，每以经史自适。尝与府僚曰'声色之事，未尝略以经意。至于珠宝瑰异之物，心所不好，亦未尝蓄之'"。

孝宗是南宋最获好评的皇帝，《宋史》赞曰：

> 高宗以公天下之心，择太祖之后而立之，乃得孝宗之贤，聪明英毅，卓然为南渡诸帝之称首，可谓难矣哉。即位之初，锐志恢复，符离邂逅失利，重违高宗之命，不轻出师，又值金世宗之立，金国平治，无衅可乘，然易表称书，改臣称侄，减去岁币，以定邻好，金人易宋之心，至是亦浸异于前日矣。故世宗每戒群臣积钱谷，谨边备，必曰："吾恐宋人之和，终不可恃。"盖亦忌帝之将有为也。天厌南北之兵，欲休民生，故帝用兵之意弗遂而终焉。然自古人君起自外藩，入继大统，而能尽宫廷之孝，未有若帝。其间父子怡愉，同享高寿，亦无有及之者。终丧三年，又能却群臣之请而力行之。宋之庙号，若仁宗之为"仁"，孝宗之为"孝"，其无愧焉，其无愧焉！

不能不服皇帝的识人之明，也不能不服他的政治智商。

七、失意的备胎

恩平郡王赵璩和普安郡王赵瑗一样，都是二等餐：各食十味，蜜煎一合，切榨一合，烧羊一盘，酒六瓶。

在相当漫长的时间里，他们都是作为皇帝继承人的备胎存在，在唯一的转正指标的竞争中，恩平郡王赵璩是失意者。

正因为是失意者，所以历史上的恩平郡王形象，似乎并不太正面。

一次，皇帝命恩平郡王赵璩和普安郡王赵瑗写《兰亭序》五百本。当时的老师史浩知道这是皇帝的考验，就正告二王："君父之命不可不敬从。"数日后，普安郡王超额完成写了七百本《兰亭序》进献给皇帝。而恩平郡王，却一字没写。

史浩成为二王的老师，是因为他先向皇帝进言："普安、恩平二王，宜择其一，以系天下望。""高宗纳之。翌日，语大臣曰：'浩有用才也。'"绍兴二十九年(1159)六月，史浩除秘书省校书郎兼二王府教授。

绍兴三十年(1160)二月，皇帝正式宣布以赵瑗为皇子，赵璩为皇侄,并加封赵瑗为建王,授宁国军节度使、开府仪同三司,与此同时,赵瑗改名为赵玮。令下之日,"中外大悦"。

所以史浩作为二王的老师,只有大半年时间,这以后他就作为皇子赵玮的专职老师。

所以这一段时间,可以说是最后的考察期。

但我觉得,先姑且不说那两件事的真实性,史浩作为老师,是明显偏心的。

史浩有几首诗,和两位郡王有关系。

《次韵恩平郡王》:

> 彤庭秋皎宴,和气与春同。寿酒千钟绿,宫花万叠红。金羁鸾仗底,赤舄玉阶中。归路闻人语,关雎诵国风。

开始我以为,这是皇帝做寿,赵璩赋诗一首,史浩跟韵和诗。

后来仔细一想,如果皇上做寿,作为臣子的史浩应该为此郑重其事专门写赞颂之作,而且要在标题中有所体现,不可能只跟着赵璩和诗应付了事,所以应该是赵璩过生日,作为老师的史浩,安排赵璩写一首诗做作业,他再和诗。

但看看赵瑗过生日,作为老师史浩写的诗。

《上普安郡王生辰》:

> 堂堂玉立冠宗藩,中有澄波挠不浑。彩笔英辞追电影,黄钟和气散春温。不言自是行天运,独智何妨入圣门。忠孝一

心唯戴主,是为天下德之尊。

这两首诗,都是过生日,但无论是体例还是内容,都相差好几个级别。

一个是《次韵恩平郡王》,一个是《上普安郡王生辰》,首先在态度上,就完全不一样。一个是赵璩写一首我和一首,一个是写诗专门庆贺赵瑗;而且在内容上,也完全不一样,在《上普安郡王生辰》中,"堂堂玉立冠宗藩、不言自是行天运、忠孝一心唯戴主、是为天下德之尊",这种语境,史浩在内心已经把赵瑗作为储君了。

而对赵璩,则是风轻云淡。这在存世的几首次韵恩平郡王中,体现得更加明显。

《次韵恩平郡王游山登寺中小阁》:

天边倚萧寺,小阁翠微中。烟霭三峰秀,松杉一径通。潮音从耳悟,尘虑转头空。堪笑林间弋,犹思落塞鸿。

《次韵恩平郡王晚步》:

步履蘅皋取次游,日华清淡雨云浮。天公不喜烧银烛,乞与归途玉一钩。

《代恩平郡王赋董氏园亭》:

怪底王生愿卜邻,岩前有月对颐真。夜深清影频侵户,日永虚堂不著尘。能向个中参妙旨,却于忙里作闲身。朝回试解黄金带,即是毗耶彼上人。

闲庭信步,风轻云淡,"朝回试解黄金带,即是毗耶彼上人"。老师的意思已经呼之欲出,恩平郡王赵璩,你就安心吧,爬爬山,散散步,逛逛园,写写诗,其他就别多想了。

史浩也有诗和赵瑗《和普安郡王桂子》:

嫦娥屑玉酝旃檀,乞与人间秋后看。已向水边吟月晓,却来花下立更残。西风把酒休催菊,南国行歌不赋兰。何必称香千万斛,鼻端须此百忧宽。

显然更加用心。

史浩作为二王老师的时间只有大半年,我相信,在此之前他向皇帝建议的时候,他的倾向性已经有了。当然,这个倾向性同样也是皇帝的意向。

所以这两则故事,都和史浩有关系,我有理由相信,由于史浩的偏心,两个学生在做选择题的时候,出现了截然不同的答案;或是孝宗登基后,来自史浩的加工,所以有了这两则明显有利于孝宗而不利于恩平郡王的故事。

（二）

赵璩出生于建炎四年(1130)，他比赵瑗小三岁。父亲赵子彦是秉义郎，虽然是宋太祖之后，也不过是一个从八品的小武官。岳飞当年也曾经是一个秉义郎，当然，赵子彦不可能是像岳飞那样用命拼出来的秉义郎。

赵璩绍兴六年(1136)进宫，按照《宋史》的说法，吴才人看到张婕妤领养了赵瑗，因为自己也无子，所以眼馋，"吴才人亦请于帝，遂以伯玖命才人母之，赐名璩，除和州防御使，时生七岁矣"。

赵璩七岁入宫，赵瑗是六岁入宫，我写这一篇文章的时候，问了夫人一个问题："两个六七岁的孩子离开父母，成为未来皇帝的候选人，被送进完全陌生的皇宫大院，作为一个母亲，你舍得吗?"

夫人说："我绝不愿意。"

不知八百多年前，这两个孩子的母亲，是否也是这个想法。不过愿不愿意，由不得母亲。

但我相信，他们的母亲，有多少个不眠之夜以泪洗面，我也可以想象，赵璩赵瑗，是如何在半夜里醒来，哭着要妈妈。

但擦干眼泪，他们必须要独自面对漫长的竞争。

赵璩开局其实挺不错，因为他的养母吴才人，后来成了吴皇后，而赵瑗的养母是张婕妤。子以母贵，起码枕边风的效果，赵璩有优势。

当然，后来赵瑗因为养母张婕妤去世，所以也在吴皇后膝下抚养，但赵璩还是有点先发优势的。

"伯琮(赵瑗)以建国公就傅,璩独居禁中。"所以,从绍兴六年(1136)进宫到绍兴十五年(1145),赵璩加检校少保,进封恩平郡王,出就外第,这八年,宫里就赵璩一个备胎,从七岁到十六岁,他有条件更接近皇帝、吴皇后和韦太后。而这三个人,是决定备胎转正的核心人物。

而且从北方回来的韦太后,一直很喜欢这个孙子,也倾向于赵璩,所以最后皇帝也一直以此为挡箭牌,对那些力推赵瑗的大臣说,你们看,韦太后不同意,我也没办法。

《京口耆旧传》载:"御史中丞兼侍读汤鹏举造膝从容,密以建储为请。上曰:'朕岂敢忘耶?且以有定论。普安郡王天姿不凡,气象尤异,但太母言及皇嗣事,则为之不乐,卿其少待。'"

韦太后绍兴二十九年(1159)去世,绍兴三十年(1160)皇帝才让赵瑗转正。这也在一定程度上说明在转正问题上韦太后的倾向性,以及对皇帝的影响。

赵璩还得到了秦桧的支持。

皇帝对于两个备胎,一直采取平衡战术。他不希望谁更加突出,他希望备胎是备而不用,希望有自己的儿子可以继承大位,所以赵瑗、赵璩的待遇,几乎一致。

绍兴五年(1135)五月,赵瑗被授为保庆军节度使,封建国公。

绍兴八年(1138)八月,皇帝拟封赵璩为吴国公,但这种把两个备胎平起平坐的安排遭到宰相赵鼎和大臣们的反对。

赵鼎接到皇帝旨意的次日,即奏称:"今建国在上,名虽未正,天下之人知陛下有子矣。今日礼数不得不异。"

赵鼎的反对明显缺乏策略。

他不仅表明了自己支持赵瑗的立场,还表示天下之人都拥戴赵瑗为皇子,想要以此说服皇帝收回进封赵璩的命令。可是,这正是皇帝最不愿意看到的,因为这时候,他还是对自己的亲生子充满信心,毕竟他才三十二岁。

但这话又没法明说,皇帝只能近乎恳求地对赵鼎说:"俱是童稚,姑与放行。"而赵鼎仍执奏不已,皇帝只好暂时收回御笔,令俟数月再议。

而秦桧敏锐地捕捉到政治商机,次日上奏:"赵鼎欲立皇太子,是待陛下终无子也,宜俟亲子乃立。"

秦桧以此取代赵鼎后,他积极贯彻皇帝的平衡战术。他开始支持赵璩,打压赵瑗。

绍兴九年(1139),赵璩被授保大军节度使,封崇国公,和赵瑗平起平坐。

绍兴十五年(1145),赵璩十六岁了,加检校少保,进封恩平郡王,出就外第。此时赵瑗已封普安郡王,他们俩官属礼制相等,号东、西二府。

赵璩加检校少保,进封恩平郡王,据俞长寿先生考证,这个仪式是在大内孝思殿举行。

孝思殿,又称"钦先殿""神御殿",建于绍兴十五年(1145),位于崇政殿之东。该殿用于拜祀祖先。每逢"朔望节序、生辰",皇帝来此殿亲自用"家人礼"进行"酌献行香",同时这里也是皇家举行隆重私家庆典的所在。

孝思殿是根据皇帝生母韦太后要求建造的,以孝命名,蕴含着皇帝的一片孝心。

绍兴十二年(1142),韦太后从金国回来后,一直幽居在慈宁殿,罕有外出,绍兴十四年(1144)寒食节,皇帝早朝后去请安,韦太后正独坐流泪,细问之下,才知她因思念故都汴京和宋徽宗客死金国而伤感。

她说,在旧都时,因有孝思殿,每有节日和宗亲婚典寿庆都可到此殿相聚行礼,现在没有这样的场所,皇室宗亲很难相聚在一起欢庆,缺少在旧都时的那种温馨。

皇帝是孝子,孝思殿于绍兴十五年(1145)三月开建,十月竣工,韦太后对此非常满意。

孝思殿建成后的首场仪式是设台摆祭,皇亲国戚遥拜祖宗、祭祀神灵,并在殿内办了一场筵宴。除了高宗以及韦太后和吴皇后、张贵妃等后宫嫔妃外,两个养子赵瑗、赵璩也参加了祀礼和宴席。

据俞长寿先生考证,当时赵璩因人胖个高,食欲大,把自己前面的菜一扫而光,惹得皇帝开怀大笑,叫侍仆赶紧补菜,让赵璩吃好。

席间,皇帝破例在筵席上对尚未授爵的赵璩加封检校少保、恩平郡王。

我觉得,这个非常规的安排,可能来自韦太后的授意,就是要让自己偏爱的孙子,在皇室众人面前受封,以此抬高赵璩的政治声望。

据说,皇帝看重亲情,每有节庆典礼都会要求皇亲国戚悉数参加,使庆典更显热闹。因而,皇亲国戚对孝思殿的活动都不敢怠慢,即使身体不适也会带病参加,以免被皇帝认为薄情寡义。

在孝思殿这个皇家会所,赵瑗、赵璩多少可以感觉到些许亲情的温暖吧。

(三)

但是,可能是先入为主,也可能是赵瑗年长经事,特别是到了秦桧死后,赵瑗开始拉开身位了。

秦桧在世,他支持赵璩,打击赵瑗。当然,随着赵瑗身边一股势力若明若暗地聚集,其中甚至包括岳飞,这让秦桧对赵瑗更加排斥。

绍兴二十四年(1154)的盗贼事件让秦桧和赵瑗彻底翻脸。

所以,在两个备胎中,秦桧无疑更希望赵璩上位,因为他知道,如果赵瑗接班,对他没好处。

事实也是如此,秦桧死后,孝宗接班,立马为岳飞平反,虽然碍于太上皇的庇护,孝宗没有清算秦桧,但在孝宗孙子宁宗朝,秦桧便被剥夺了"申王"的爵位,谥号被改为"谬丑"。

终于为天下人出了一口恶气。

所以,如果秦桧还能多活几年,赵璩并非完全没有希望。

秦桧去世,赵璩失去了朝中最有力的应援。绍兴二十九年(1159),韦太后去世,赵璩又失去了宫中最有力的后台,局势就开始明朗化了。

我想,假如皇帝先过世,按照秦桧和韦太后的倾向,赵璩接班的概率远高于赵瑗。

（四）

赵璩有一首诗存世。

《送张达道还茅山》：

> 剩借红尘一日闲，有劳妙语彻幽关。岂知隐几如南郭，也愧移文向北山。有意清风怜我在，无心孤月伴君还。三茅若问今消息，为报逍遥大地间。

我觉得这首诗，应该是绍兴二十五年（1155）秦桧去世后所作，甚至是在绍兴二十九年（1159）韦太后去世所作。

这时候，局势已经明朗化，赵璩也开始超脱了。他好像对道教很感兴趣。

张达道是茅山道士。南宋曹勋有诗为证。

《和茅山张达道》：

> 茅岫藏清隐，诗仙秀格春。道真渊有妙，素守峻能循。鹤举秋声远，诗成句法新。遥知游咏乐，下笔更如神。

茅山位于今江苏省西南部，地跨句容、金坛、溧水、溧阳等市、区境，茅山道教是中国道教上清派的发源地，也是中国道教茅山派的摇篮，同时又是"三茅真君"筑庵修道的栖身之所。唐宋是茅山道教的全盛时期，高道辈出。

赵璩和茅山道士交情匪浅，送别还有吟诗。

其中有"有意清风怜我在，无心孤月伴君还"，凭这两句，赵璩就胜过哥哥赵瑗，也胜过父亲皇帝，同样，也胜过史浩。

这两句，让我们看到这位失意的备胎之才情。宋史说他"少聪慧"，果不其然。

看来，上天关上他的一扇门，但也为他打开一扇窗。

"有意清风怜我在，无心孤月伴君还"，这两句，让我也真实体会了一个备胎的心境。

不过，茅山和秦桧关系密切，崇禧观就由秦桧重新修建。秦桧祖籍江宁，距离茅山很近。秦家人也考虑到重建道观，跟茅山道士"结个善缘"，这件事被记载在元朝刘大彬著作《茅山志》当中。

不知，赵璩和茅山道士的来往，和这有没有关系。

杭州余杭的洞霄宫，皇帝曾经亲临。有一道士俞延禧，善丹青，皇帝曾赐御衣、象简，迁授道秩。他尝作自画像，赵璩见之，赐赞曰："日角月渊，天赐怡然。丹青妙笔，秉鉴自传。妙中之妙，玄中之玄。不知谁氏子，乃玉京之谪仙。"

"不知谁氏子，乃玉京之谪仙"，我觉得赵璩是在说自己。

（五）

绍兴三十年(1160)春，赵瑗被立为皇子，改名为赵玮，赵璩称为"皇侄"，名位始定。赵璩迁开府仪同三司，判大宗正事，置司绍兴府。

在做了二十四年杭州人后，赵璩要做绍兴人了。

嘉泰《会稽志》说，恩平郡王到了绍兴，在提举司安家。"绍兴末，尝以赐皇侄恩平郡王璩，而迁提举司于镇东门外，颇宏壮。已而复以新提举赐恩平。"

史料记载：南宋绍兴提举司在蕙兰坊。"其燕坐之所则有云锦（植荷花）。东窗、澄斋、爱咨堂、风月堂。（虚豁爽垲，可以观眺。下有方沼，前叠石为山，老木三四，杂以花竹，其趣颇佳。）厅事之右有小圃，中有二亭，曰扶疏，曰清逸。"

绍兴市文史研究馆副馆长李永鑫说，现在蕙兰坊没有了，蕙兰桥还在，在解放南路东大云桥与清道桥之间，鲁迅故里附近。

两年后，孝宗即位。

《宋史》记载，孝宗即位，璩表请入贺，许之，特授少保，改静江军节度使。不过，兄弟感情还是不错，"璩入朝，屡召宴内殿，呼以官，不名也，赐予无算"。

孝宗即位第二年，还专门下诏："恩平郡王璩妻王氏特进封泽国夫人，诸般请给、生日时服等，并与依庆国夫人靳氏。内东门司给历，下绍兴府帮勘钱米。"只怕有司克扣弟媳妇的供给，还让绍兴府帮勘核查。

似乎赵璩到了绍兴，待遇下降了，他颇为不满，上书孝宗，孝宗"诏依"。

《宋会要辑稿》记载，隆兴二年（1164）闰十一月十一，皇帝少保、静江军节度使、判大宗正事、恩平郡王璩言："昨除开府仪同三司、判大宗正事指挥内依旧恩平郡王，止是请给恩数依士儇例。其恩平郡王前后已得指挥，即无冲改。缘主管所更不照应，将元差人兵官吏等并皆裁减。乞将恩平郡王前后已得指挥依旧施行，并昨已得指挥，依禄格支岁给钱，仍乞改昨岁赐钱。"诏依。

当月二十五，孝宗还给赵璩儿子赐名师淳，特补武翼大夫、遥郡刺史，这也是赵璩第一个儿子。几年后，又给赵璩次子赐名师灏，特补武翼大夫。

这让我觉得南宋皇室，在中国历代还是有温度的，罕见兄弟相残、父子相害。

赵璩称为"皇侄"后，出任判大宗正事，置司绍兴府。

这是大宗正司的首脑。一般选皇族宗室位高属尊者充任，位在知大宗正事上。

大宗正司是皇族宗室管理机构，负责宗室日常生活管理与教化。

宋朝大宗正司的设置，将国事、家事有效地分离，宗室仅有官阶和爵位而没有朝堂官员的职位，只能领取俸禄和享受与其官阶、爵位相称的福利待遇而不能参政，这就有效消除了以往宗室成员以皇族身份凌驾于朝堂进行干政的种种弊端，这是中国古代政治的一大进步。

南宋初期，皇帝驻跸绍兴府时，一批近属宗室跟随而至。绍兴元年(1131)于绍兴府设立大宗正行司管理当地宗室。赵璩出任判大宗正事，置司绍兴府，主要也是负责管理绍兴宗室。

绍兴宗室中最有名的是赵士程。赵士程是宋太宗玄孙赵仲湜之子。他的妻子就是陆游前妻唐琬，陆游和唐琬本来情投意合，但迫于母亲压力而离婚，唐琬后嫁赵士程。也就是皇帝赴宴这一年，

即绍兴二十一年(1151),唐琬和陆游在绍兴沈园偶遇,陆游一首《钗头凤》字字泣血:

> 红酥手,黄滕酒,满城春色宫墙柳。东风恶,欢情薄。一怀愁绪,几年离索。错、错、错。春如旧,人空瘦,泪痕红浥鲛绡透。桃花落,闲池阁。山盟虽在,锦书难托。莫、莫、莫。

唐琬也很有才情,也回赠《钗头凤》:

> 世情薄,人情恶,雨送黄昏花易落。晓风干,泪痕残,欲笺心事,独语斜阑。难,难,难!
> 人成各,今非昨,病魂常似秋千索。角声寒,夜阑珊,怕人寻问,咽泪装欢。瞒,瞒,瞒!

赵璩作为绍兴宗室的最高领导,对有关宗室婚姻的审查也是他的职权范围,赵士程和唐琬结婚,不知是否他批准。

乾道二年(1166)六月十六,绍兴宗室,右监门卫大将军、和州防御使赵士秀特予转正任防御使。

这是赵璩推荐的结果:"士秀服勤儒学,恪遵礼度,闺门孝友,终始如一。月俸常患不给,而安于分义。近属之贤,实鲜其比。欲望特与进秩一等,以为宗室之劝。"

同年十二月初九,绍兴宗室,右监门卫大将军、和州防御使赵士穆被降职,降授楚州团练使。

《宋会要辑稿》记载,判大宗正事、恩平郡王璩言:"士穆丁忧祥除,不遵指挥回司,尚留福州,恣行凶暴。若不惩戒,切恐其余南班递相视效,难以钤束。乞将士穆先次降官,令所在州郡差使臣兵级管押赴司,以为宗属欺上慢下之戒。"故有是诏。

赵璩还挺尽职。

《宗室杂录》记载,乾道三年(1167),皇弟少保、静江军节度使、判大宗正事、恩平郡王璩言:"恭遇陛下节届圣,而又礼部讲郊天。臣职总宗盟,戚预近属,欲乞随班上圣,且厕陪祠之列。"诏从之。次年九月十九璩亦有请,诏依。

其实,赵璩说"欲乞随班上圣,且厕陪祠之列",一方面是个人意愿,另外也是由于临安府南班、近属宗室成员太少,直接影响到了朝参列班。这就需要调绍兴府大宗正行司的南班宗室走临安"站台"。绍兴十一年(1141),判大宗正事赵士儇上言:"近来行在南班宗室或有物故,及换官出外,其趁朝参人日益稀少。乞将绍兴府行司宗室正任以上,并发赴行在奉朝请,庶几增益班列,少壮国体。"

乾道六年(1170)十月初六,诏:皇弟少保、静江军节度使、判大宗正事、恩平郡王璩改判西外宗正事。

这就是虚职了,因为西外宗正事管的是福州宗室,也没见到赵璩到福州任职的记录。

这一年十一月初三,恩平郡王璩言:"已除醴泉观使,任便居住。乞依旧于绍兴府居止。见今差破官属诸色人从请给恩数,并生日取赐等,并乞依恩平郡王前后已降指挥施行。妻泽国夫人王氏及见差破官属人从、诸般请给、岁赐米衣、赐时服等,依旧于绍兴府支给。"诏依。

赵璩四十一岁,退休了,他已不关心国之大计,只关心自己退休后的待遇"从请给恩数,并生日取赐等"如何保障,关心妻子和王府从属"诸般请给、岁赐米衣、赐时服等"如何"依旧于绍兴府支给"。

一个曾经的备胎,曾经离大位一步之遥的郡王,到了这时候,和一个田舍翁差不多了。

他要求就在绍兴安家,但我认为,这不是他的真实意图。

郡王独立居住在绍兴府,这是宋仁宗之后所罕见的。赵璩在临安生活了二十四年,临安的繁华惬意,显然和绍兴不可同日而语。在临安,我们知道他起码写了五首诗,但在绍兴,我们没有看到一首。而且在绍兴开府后这十年,生活似乎并不太如意,多次上书孝宗要求保障恩平郡王应该有的待遇,所以,他被免判西外宗正事、除醴泉观使,就可以自由选择居住地,我认为他没有理由不选择临安。

但是,他还是"乞依旧于绍兴府居止"。因为他明白,在临安的太上皇、皇上孝宗会认为还是不住在一个城市为好。就像当初,皇帝在明确继承人后,马上安排赵璩离开临安,置司绍兴府,道理应该是一样的。

所以,他只能"乞依旧于绍兴府居止",并以此一再强调要绍兴府保障待遇罢了。

他是一个明白人。

宋洪迈编撰的《夷坚志》记载了一个故事，赵璩娶了司农丞王楫的女儿，到了绍兴后，王家因此寓居绍兴府大善寺的罗汉堂。王楫次子王元卿，也就是赵璩的小舅子，则在恩平郡王王府督办修缮工程。在南方，这种工程有很多"方隅禁忌"。元卿对这些说法不管不顾。

孝宗淳熙十三年(1186)的四月，元卿重病，他住在王府的一个书房养病。一天午休，他在梦里见到了一个大个子，身长九尺，头戴唐巾(软翅乌纱帽)，穿白衫束黑带，他跟元卿说："你是犯了九良星，按理会丧命，现在有一个办法可以救你。今夜三更，会有两个神人来，对你不利，你赶紧找一截木头，蒙上被子，放在床上，你自己铺点东西躺地上，用这个方法，你可以逃脱此次灾难。"

元卿赶紧磕头感谢，并依嘱准备。

夜半时分，两个"神人"真来了，他们跟鬼怪差不多，面目狰狞可怕，形体奇怪猛力，看起来像夜叉，忽然听到哗啦一声，头戴唐巾的那个大高个又出来了，他跟赵元卿说："可喜可贺！那东西已经变成粉末了！"大个子抬手一拉，把那两个"神人"拽走了。元卿非常感谢，就问："不知道尊神您是哪位啊？"大个子就说："你前生侍奉我非常恭敬谨慎，所以我才救你，其他详情你不要再问了。"说完话，大个子快步走出。

天亮以后，元卿掀开床上的被子，里边蒙着的那段木头全变成碎木渣滓了。他的病从此就好了。

这个故事发生在淳熙十三年(1186)。

第二年，淳熙十四年(1187)正月，绍兴府有个狂人，突入恩平郡王府,升堂践王坐曰:我太上皇之孙,大家赶紧来拜见。抓起来审讯,闭口不语,大概是神经病。

又过了一年,淳熙十五年(1188),赵璩去世,享年五十九岁。

从一个从八品秉义郎的儿子,虽然备胎未能转正,但建节封王,子孙满堂,得以善终,我觉得他的人生并不失败。

八、刽子手十哥

（一）

少师、恭国公、殿帅杨存中位居二等席前列。

殿帅是殿前都指挥使，也是禁卫军总领，必须是皇帝最信任的人。在南渡诸将领中，从个人感情而言，皇帝对杨存中眷顾尤其深厚，他曾经说："杨存中唯命东西，忠无与二，朕之郭子仪也。"甚至"存中"这个名字，也是皇帝御赐。

杨存中满门忠烈，祖父杨宗闵，曾任永兴军路总管，与唐重一同守卫永兴，金军攻陷城池，迎敌战死。父亲杨震，知麟州建宁寨，金军来攻，死于难。

杨存中身材魁梧，性情沉鸷，少时机敏，力气超人。他曾慨然对人说："大丈夫应当用武功博取富贵，怎能俯首苦读成为腐儒呢！"于是学习孙武、吴起兵法，善于骑射。宋徽宗宣和末年(1125)，山东、河北地区群盗四起，杨存中应募从军击贼，积功授忠翊郎。

靖康之变后，杨存中成为张俊部属。因为张俊推荐，皇帝召见杨存中，赐给袍带。当时元帅府正值草创之时，杨存中昼夜护卫皇帝寝帐，片刻不离。皇帝知道他忠诚谨慎，非常信任他。

所以，杨存中的起步，就在皇帝身边，这种优势，在未来越发明显。

但《宋史》对杨存中评价极高，显然并非因为他是皇帝的警卫员。杨的战功，和岳飞有一拼，老上级张俊的很多军功章，其实不少是杨存中血染的。

建炎之初，盗贼李昱占据任城，官军久攻不下，杨存中率领数名骑兵冲入贼阵，击杀数百人。皇帝登高望见，杨存中的甲胄全部变成红色，以为他受了重伤。召来一看，原来都是被敌人之血染红。皇帝赐他饮酒，说："酌此血汉。"杨存中请求再战，皇帝劝阻。杨存中说，这些盗贼已经破胆，就要被擒拿了。于是大破盗贼，收复任城。

这一幕，感觉是"温酒斩华雄"的南宋版。

建炎三年(1129)是皇帝生死攸关的一年。扬州大溃败，皇帝南渡长江，杨存中率胜捷军随从张俊守卫吴门；杭州发生苗刘兵变，皇帝被逼退位，他又随从张俊前往救驾；金军攻明州，皇帝远遁海上，杨存中又随从张俊与田师中、赵密一起击败金军，立下中兴第一功，杨存中也因此大功升任文州防御使、御前中军统制。

对于南渡诸将，建炎三年(1129)非常关键，在皇帝生死攸关之际，张俊、韩世忠、杨存中的救驾之功，成为未来位列朝堂以至封王最重要的资本，甚至在秦桧对韩世忠下手之时，皇帝也念及建炎三年(1129)，放过韩世忠一马。

而岳飞，却错过了建炎三年(1129)的重要节点。我写到这里，想如果岳飞也有建炎三年(1129)之功,皇帝后来会不会也放他一马?

可惜,历史没有如果。

绍兴二年(1132)春,皇帝提拔杨存中任神武中军统制,执掌御林军。张俊不舍手下猛将,奏请将杨存中留在军中,皇帝说:"宿卫部队缺乏将帅,我已挑选不能改变。"杨存中也坚决推辞,并且说:"神武诸将如韩世忠、张俊皆名望至重,像我这样微不足道的人,一旦地位与他们相等,实在难以自安。"

皇帝不答应,杨存中才就职视事,兼提举宿卫亲兵。当时御林军士卒不满五千人,老弱占一半。杨存中大刀阔斧,整饬军政。

现在位于杭州凤凰山的圣果寺遗迹,南宋为殿司衙,杨存中统率的御林军,就驻扎在这里。现存一摩崖石刻,皇帝亲笔"忠实"二字(图8),楷书平列,高92厘米,宽182厘米,字径85厘米。

图8 宋高宗"忠实"榜书

据说这是皇帝为杨存中题的字,勉励其"忠诚老实",杨存中把字题刻在驻地山崖，以示尊崇，不过那么大的摩崖石刻，罕见，杨存中真会做人。

据说，这也是在今天凤凰山大内，皇帝在杭州唯一可见的真迹。

不过，我对此也有怀疑。因为就在御笔"忠实"上方不远的摩崖，有大书"凤山"二字，而且每字高100多厘米，超出"忠实"20多厘米。

"凤山"落款为：洛王大通书　淳熙丁未春。这个洛阳王大通，不知何许人？

在当时，大内禁卫森严，明文昭示"越殿垣者绞，宫垣，流三千里"，竟然有自称王大通的无名小卒，于孝宗淳熙十四年(1187)，即太上皇死的那一年，敢在太上头上动土？

不过那时候，杨存中已经不是御林军统帅了。

杨存中成名应该在绍兴六年(1136)，当年十月，伪齐刘猊南侵进犯定远县，杨存中率兵与刘猊兵在藕塘相遇，敌军据山列阵，矢如雨下。杨存中奋勇出击，并派统制吴锡率劲骑五千突入敌阵。敌阵大乱，杨存中鼓动大军乘胜出击，自率精兵冲击敌军侧部，高声呼叫："破贼矣！"敌众惊慌失措，大败。

刘猊的谋士李愕说："刚才看见一位长胡子的将军，锐不可当，果然是杨存中。"急忙率数骑逃走。余下众万人僵立失措，杨存中跃马呵斥他们，都恐惧而降。当时伪齐刘麟在顺昌，孔彦舟围攻光州，听说这一消息后都拔营逃走，北方大震。此战宋军共缴获舟船数百艘，车数千辆。

捷报传来，皇帝派宦官赐赏慰问，对宰相说："你们现在才知道我所任得人吧。"皇帝任命杨存中为保成军节度使、殿前都虞候，不久兼领马步帅，成为首都最高军事负责人。

绍兴十一年(1141)，金兀术耻于顺昌之败，又谋南侵。朝廷诏令各地大军集结于淮西以待敌。于是杨存中率领殿前司兵三万人戍守淮河，同金军在柘皋展开激战。金军以拐子马在两翼掩护前进。杨存中说："敌军依仗弓矢，我有办法对付它。"他让万人手持长斧，如城墙而进，后面的士兵"鼓噪奋击"，金军大败，退屯紫金山。此战，杨存中损失将士九百人，金军死伤数以万计。

岳飞和杨存中都曾经在张俊手下，私交甚好，此前岳飞在郾城大破金兵拐子马，用的是麻扎刀砍马腿，求近战，凭的是岳家军的精诚团结。杨存中在紫金山破金兵拐子马，用的是长斧长城推进式，求阵列式战法，凭的是强将精兵，估计他们有过交流。

可惜，在随后濠州之战时，由于主帅张俊优柔寡断，宋军遇袭而溃，杨存中所部也是一路溃逃过长江。

柘皋之战名列南宋"中兴十三战"之一，对后面局势影响极大。

首先，柘皋之战也让金军看到彻底征服南宋的无望，遂同意南宋的求和，濠州之战也让皇帝彻底打消了驱除鞑虏光复中原的一丝梦想，"绍兴和议"遂成，南宋国运也就此定矣。

其次，借口赏柘皋之捷，皇帝将张俊和韩世忠、岳飞分别升为枢密使、枢密副使，彻底实现了"杯酒释兵权"。

最后，柘皋之战以及其后的濠州之战直接导致岳飞被害。

岳飞此时抵临庐州(今安徽合肥)，听张俊说"前途乏粮，不可行师"后，就退兵舒州，上奏朝廷，以决进止。其后待命舒州的岳飞得知战局变化即挥师北上。绍兴十一年(1141)三月十二日，岳家军抵达濠州以南的定远县，金军闻风渡淮而去，岳家军也就此返回。

战后张俊指责岳飞救援不力。万俟卨、罗汝楫等人就以濠州之战岳飞逗留不进为由，交章弹劾岳飞，并导致其罢官。最后岳飞被害的罪名之一，就是濠州之战无视皇帝十五次御笔催促"逗留不进"。

而且柘皋之战是杨存中等南宋二线将领崛起之战，张俊、岳飞、韩世忠等一线老将并没有参加，这个胜利，给了皇帝一颗定心丸。老将们，没有你们，朕照样可以坐江山，多年来皇帝的委曲求全，终于可以画上一个句号。此后收兵架空老将以至于杀害岳飞，皇帝再无心理障碍。

（二）

柘皋之战后，杨存中加授检校少保、开府仪同三司兼领殿前都指挥使，绍兴二十年(1150)，杨存中被封为恭国公。二十八年(1158)，拜为少师，地位视同枢密使。

而岳飞，也迎来了至暗时刻。

绍兴十一年(1141)十月，岳飞被捕入狱。

岳飞孙子岳珂所编《鄂国金佗续编·百氏昭忠录》中有一则记载，说是岳飞是被杨存中诱捕的：

近有士夫，得杨武恭王(杨存中)之孙伯岩者言曰："武恭一日蒙首相(秦桧)呼召，至则不出见，但直省官持一堂牒来，云委逮岳飞赴大理(寺)。又传旨要活底岳飞来。武恭袖牒往见公，公呵呵大声而出，曰：'十哥，汝来何为？'武恭曰：'无事，叫哥哥。'盖时诸将结为兄弟行，自一至杨，十也。公曰：'我看汝今日来，意思不好。'即抽身入。武恭亦以牒传进。顷之，有小环出，捧杯酒劝。武恭意公必于内引决，要我同死，遂饮。饮竟，公出，笑而言曰：'此酒无药，我今日方见汝是真兄弟，我为汝往。'遂肩舆赴对。"

这段记录说了三件事：

第一，秦桧安排杨存中持公文去逮捕岳飞，送大理寺，而且要活的。

第二，岳飞与杨存中见面以兄弟相称，杨存中排行老十。

第三，岳飞对杨存中来意有所怀疑，以酒相劝，杨存中也怀疑是毒酒，但义胆云天一饮而尽，岳飞这才释疑，一同赴大理寺。

这段记录，画面感极强，真是刀光剑影，生死攸关。这一年腊月二十九，皇帝下旨，处死岳飞。

根据《刑部大理寺状》记载："有旨：岳飞特赐死，张宪、岳云并依军法施行，令杨沂中(存中)监斩，仍多差兵将防护。"

皇帝让杨存中当监斩官，足见其权谋。对于皇帝而言，这有几个好处。

第一，岳飞和杨存中同是军中大将，有私交，这个命令就是让杨存中彻底划清界限,同时也是对杨存中忠诚度的一次终极测试;且杨存中在军中地位很高,由他监斩,将放大岳飞案的威慑作用,对于其他武将,以及持不同意见者,将是巨大的震慑。

第二,我在写这一篇的时候,恰是电影《满江红》热映,里面有一幕,秦桧相府马夫刘喜被捕,相府何总管为了找出同党,让三个嫌疑人每人刺刘喜一刀,这让同党面临了生死选择,为了撇清嫌疑,为了终极目标,同党被迫刺了一刀,但老奸巨猾的何总管还是觉得有异,同党只能置刘喜于死地,连刺了十几刀。

我相信,杨存中未必是岳飞的同党,但他必须连刺十几刀。

第三,岳飞是在大理寺被毒酒赐死,张宪、岳云是在闹市众安桥被斩杀,皇帝不希望有任何意外发生,比如劫法场,比如李代桃僵,杨存中长期执掌禁军,胆大心细,由他监斩,一定万无一失。

史书说,韩世忠在岳飞被害后,从此胆寒。

有人说皇帝不是昏君,但是奸君,的确够奸诈,连杀个人,谁来杀,都是如此奸诈。

只是不知道,当腊月二十九那天,杨存中面见哥哥岳飞时,是什么样的心情,岳飞见到十哥,又是一番什么情景。

如果,我来拍这场戏,我会这样设计:

杨存中:哥哥,今天奉旨送哥哥上路,你且干了这杯酒,来生我们再做兄弟,小弟先干为敬。

岳飞:十哥,事已至此,夫复何言。你我饥餐胡虏肉,渴饮匈奴血,多少金贼死在我们手下,哥哥先走,如果有一天,我大宋光复故土,驾长车直捣黄龙,千万要在我坟前知会一声,家祭无忘告乃兄,哥哥虽死,也无憾了,干。

(三)

《宋史》对杨存中评价不错:"存中天资忠孝敢勇,大小二百余战,身被五十余创。宿卫出入四十年,最寡过。"

所以皇帝以及孝宗对杨存中都是高看一眼,厚爱三分。

周密的《齐东野语》有一则杨府水渠故事:杨存中在临安清湖洪福桥建了豪宅,规制甚广。自居其中,旁列诸子舍四,皆极宏丽。落成之日,纵人游观。当时一僧善相宅,云:"此龟形也,得水则吉,失水则凶。"这时杨存中圣眷正隆,"从容闻奏,欲引(西)湖水以环其居"。皇帝首肯:"朕无不可,第恐外庭有语,宜密速为之。"杨存中即督士兵数百,且多雇民夫,夜以继日。引西湖水从白莲池附近的湖滨开建引渠入口,经枢密院集体宿舍五房院,一路走入杨府,然后在府内北侧最靠近西河的惠利井一带,建成出水口。这一来,真是为有源头活水来,杨府堂前屋后泉流萦绕,涓涓不息,又有茂林修竹,禽鱼飞游,虽在城市,却有西湖林泉之美,曲水流觞之胜。

这样大的工程三昼夜即竣工。"未几,台臣果有疏言擅灌湖水入私第,以拟宫禁者。"皇帝说,如果论功劳,以西湖赐杨存中,都不为过。"'况此役已成,惟卿容之。'言者遂止。"

这也再一次证明,在一个皇权时代,贪婪,是武将最好的护身符。

绍兴三十一年(1161),杨存中退休,罢为太傅、醴泉观使,进封同安郡王。

《智囊全集》记载了一件事:杨存中某日闲居时遇到一算命先生,杨存中用他所拿的杖在地上写了一画,算命先生见了,鞠躬不迭地说:"阁下何为微行至此?宜自爱重。"

杨存中大惊,算命先生说:"土上作一画就是'王'字啊。"杨存中很开心,亲自批示给相者五百万钱,让算命先生去王府领钱。

王府司帑拿着票券仔细察看,说:"你是何人,竟敢伪造我家郡王的签名来骗钱,该把你送到官衙去治罪。"算命先生说出事情的经过,管家和司帑给他五十钱打发了,算命先生骂骂咧咧离开了。

后来司帑告诉杨存中:"他现在说你是王,如果将来又胡言乱语,大王您就会遭毁谤了。"

杨存中觉得所言极是,就把原来准备给算命先生的几百万钱赏赐给司帑。

(四)

杨存中得以善终,和他长袖善舞有关系。

据周密《癸辛杂识别集》载:"周益公日记云:杨存中,人号为'髯阉',以其多髯而善逢迎也。"说杨存中也被南宋时人戏称为长胡子的太监。

周密真是个奇人,他写的《武林旧事》《齐东野史》《癸辛杂识别集》让我们知道了很多历史背后的细节,如张俊饭局如此奢华,否则在史书上就是一句话:"(绍兴二十一年)冬十月甲戌,幸张俊第。"

据杭州文史学者姜青青考证,周密和杨存中也搭上点亲戚关系,周密是杨存中的玄孙女婿。南宋末年,周密在京城等地做过小官。南宋亡时,他湖州老家被元兵焚毁,只好投靠妻弟、杨存中子孙杨大受,住进了癸辛街杨府。之后杨大受又划出杨府西边一块空地,让他建宅自居。周密由是自称寓居癸辛街的杭州人,自著取名《癸辛杂识》,并终老于杭州。

他入元不仕,潜心著述,《武林旧事》是他心中的"南宋记忆"。写书之余,他邀朋聚友,吟咏诗词,品鉴书画。由此在杭城逐渐形成了一个以周密为领袖的文化名流圈。

元至元二十三年(1286),时值临安陷落十周年。三月初五,杨大受做东,周密主持,召集在杭州的十四位文友共赴杨府"池堂",明着曲水流觞,附庸兰亭风雅,实则追往忆昔,抒发遗民情怀。然而天公不作美,这天大雨滂沱,府内曲水汪洋一片,府外官道积水盈尺,应邀人中有六人未至。虽然有些尴尬,但周、杨二人还是尽心款待宾友,登楼赏景,举觞宴饮,又大出珍藏古物,分享与众。

宴集唱酬,诗文必备。周密拈出十四张韵牌,人抽一韵,各赋诗篇。又替六位缺席人指定韵牌,追索诗作,以便结集成册。同时仿效《兰亭集序》,让"东南文章大家"戴表元为雅集诗集作序。

这一次雅集,有杨存中的后人杨大受,还有皇帝饭局做东的张俊后人张炎。张炎、周密、王沂孙、蒋捷并称词坛宋末四大家。

张炎是张俊第七世孙。张俊死后,其后人就搬离清河坊王府,住到城北的别业南湖园,也就是在今天杭州体育场路浙江日报社水星阁附近。

《嘉靖仁和志》记载:"北宋张循王俊宠盛时,其别宅富丽,内有千步廊,今为民居。……今寺中有留云亭、白莲池,皆其所遗,其前有白洋池,号南湖,拟西湖为六桥。"

孙跃先生考证,南湖园内有东寺、西宅、南湖、北园、亦庵、约斋、众妙峰七大园区。西宅为安身携幼之所,有安奉皇上赐赠四朝宸翰的丛奎阁,以及德勋堂、儒闻堂、安闲堂、后堂、绮互亭、小四轩、宴颐轩等建筑。南湖上建有烟波观、天镜亭、鸥渚亭、把菊亭等。园内有轩、堂、亭、桥、泉、池、瀑、庵、馆、楼、台、榭等百余处。整座院落傍湖环水,花木扶疏,幽深雅致,步移景换。

当时丞相周必大到访南湖园,面对宏丽的庭院惊叹:"一棹径穿花十里,满城无此好风光!"

这里也是临安城顶级会所,史浩、周必大、陆游、杨万里、范成大、辛弃疾、朱熹、陈亮、叶适等官员文人都曾是座上宾。

《齐东野语》记载,"其园池声妓服玩之丽甲天下",又以其牡丹会闻名于世。清风明月之夜,南湖园宾客云集,诗文相酬,宴乐歌舞,吹奏弹唱,声色奢华,群妓依次奉上酒肴丝竹。另有名姬都穿白衣,拿着牙板奏歌侑觞,通宵达旦,宛若天上人间。宴饮结束,歌者、乐者数百十人列队送客,烛光香雾、歌吹杂作,宾客恍然如游于仙境。

张炎自幼居住在南湖园内,年轻时享尽尊荣富贵。

元军破城之时,张炎二十九岁,全家突遭灭顶之灾:祖父张濡被磔杀,家道中落,南湖园被查抄,财产籍没。

张炎和周密往来密切。他看到周密《武林旧事》记载了绍兴二十一年(1351)皇帝驾幸先祖张俊府第之"皇帝的饭局",感慨叹息,写了《思佳客·题周草窗武林旧事》：

> 梦里蓓腾说梦华，莺莺燕燕已天涯。蕉中覆处应无鹿，汉上从来不见花。 今古事，古今嗟，西湖流水响琵琶。铜驼烟雨栖芳草，休向江南问故家。

张炎从此漂泊大江南北，居无定所，不愿北向俯首事敌，靠卖卜为生，张俊有知，不知会做何感想。

这一次雅集，周密邀请一位文友蒋捷参加，但被拒绝。

这一次宋末四大家之三周密、王沂孙、张炎都参加，唯独蒋捷拒绝。

因为聚会的参与者中，有几位已接受元朝的征辟，在元政府中就职。蒋捷不屑于为伍。

蒋捷有一首词，很有名：

> 少年听雨歌楼上，红烛昏罗帐。壮年听雨客舟中，江阔云低、断雁叫西风。 而今听雨僧庐下，鬓已星星也。悲欢离合总无情，一任阶前、点滴到天明。

这是宋词的绝唱。

第二年，至元二十四年(1287)寒食节前，周密再次在杨府高会友朋，共同鉴赏一块砖。

这块砖在南宋宁宗嘉泰二年(1202)被发现于绍兴，砖上刻有

"郎邪王献之保母,姓李,名意如,广汉人也……年七十,兴宁三年岁在乙丑二月六日,无疾而卒"等字,可见是东晋著名书法家王献之为其过世保母(姆)李意如写的砖志(即墓志),其拓本称《保母志》,也叫《保母帖》,是真是伪,当时聚讼不已。著名词人姜夔见到《保母志》后,精楷长跋,力主此砖为真。

不过,这一次名为赏砖,背后另有秘辛。

此前至元二十二年(1285)八月,元朝江南释教都总统杨琏真加盗挖了绍兴南宋皇陵宋六陵,将诸陵随葬品劫掠一空。还将南宋帝后残骸运回杭州,一并埋在馒头山新建的尊胜寺附近,上面再建尊胜塔,又名镇南塔,意思是要你南宋永世不得翻身。

六陵被毁激起了绍兴当地遗民的义愤,周密表弟王英孙首倡秘密收殓宋帝遗骸。他的门客中,唐珏变卖家资贿赂番僧,与林景熙二人收得高宗、孝宗遗骨,与其他收殓的帝后残骨一并葬于兰亭山南。又将宋六陵常朝殿的冬青树,移植葬骨处作为标识。此后每逢寒食节,他们又为六陵帝后秘密祭灵。而杨琏真加运回杭州用塔镇着的人骨,其实已被唐珏等人调包成牛马骨头。

这件事逐渐在遗民小范围中传开,于是至元二十四年(1287)寒食节的祭奠活动,由周密在杨府以赏砖的名义,延请王英孙等来杭雅集。

这两次雅集,虽然难及东晋兰亭会的盛况与成果,但南宋遗民失去故国的伤痛,比之晋人失去中原故土的悲痛,有过之而无不及。他们从未忘却对宋文化的缅怀,因为这是中华文明的高峰。

杨存中有知,必为他们赞赏。

有一段时间，因为失眠，我经常去位于邮电路的浙江省中医院找名医张光霁教授，进进出出，后来才知道，杨存中和王府邸当年就在这附近。

九、隐秘的刽子手

（一）

和皇帝一起去张俊家吃饭的，有左中大夫、刑部侍郎兼权吏部侍郎韩仲通，吃的是三等餐，各食七味、蜜煎一合、时果一合、酒五瓶。

韩仲通曾经出现在南宋史载的两个破案故事里。

绍兴二十六年(1156)六月廿九夜，两浙转运司的王某家失火，临安城"火烧连营"，七官宅连同漾沙坑附近民宅五十多户人家，竟被付之一炬。

事后临安府官员一追查，发现王某是当朝监察御史冯舜韶的妻弟。

临安知府大人韩仲通为了不得罪权贵，把与本案相关的五十多户人家统统当作犯罪嫌疑人抓起来，严厉盘查，凶狠逼供。临安城惠民合剂局的门官周必大也在其中，为了解救街坊，他一人扛下了罪责。

韩仲通得到了他想要的理想结果，周必大被免职放归。没想到这个仗义的周必大后来东山再起，成为孝宗朝宰相。在这个故事里,韩不是好人。

在另外一个故事里,韩仲通倒不是坏人。

南宋时期,有一个宫廷卫士到临安府报案,说晚上有强盗闯入他家大肆抢劫。于是皇帝"诏临安府追捕甚急。积五六月连逮百余人。狱具而复有告真盗者"。于是该案被移送到了大理寺。

时任大理寺卿的韩仲通,认为该案很蹊跷,但又想不出原因。他在与母亲交谈的时候透露出了自己的疑惑。他母亲说:"吾见闾阎不肖子窃父之财。母蔽昵不告。给以为盗者多矣。试物色求之。"

韩母分析不争气的儿子偷了父亲的钱,母亲包庇不告,反而假装说是强盗抢的,这种情况有不少。

韩仲通恍然大悟,第二天专门派人调查最初报案的这个宫廷卫士及与其往来人家,结果确如母亲所言,而该宫廷卫士申报的被抢劫的财物也全部查获,没有丝毫遗漏。

最后,该宫廷卫士的妻子和儿子以诬告罪被依法处理,一百多个无辜的人被当场释放。如果没有这位母亲的细心观察,不知还有多少无辜的人被冤入狱。

(二)

但故事并没有到此为止。

据一位名为拟古的作者考证,韩仲通曾经在一个特殊的时间在特殊的地方工作,绍兴十一年(1141),岳飞在大理寺受审乃至被害于大理寺狱中那一年,他是大理寺丞。拟古发现这一线索后,开始顺藤摸瓜。

韩仲通最早见于史籍的时间在绍兴四年(1134)：

> 辛卯。大理寺丞韩仲通言。近泗州申请获伪齐奸细。依化外奸细推赏。今西北士民流寓者众，恐远方凶悍之徒，贪求厚赏，妄杀良善，为害滋大。乞应知有奸细，并告官收捕，若擅行收捕，致杀伤者，为首人坐以故杀伤之罪。庶免前日杀害无辜之弊。诏刑部勘当申省。仲通，龚县人也。

当时南宋抓获伪齐奸细有赏，韩仲通贪心有人"贪求厚赏，妄杀良善"，所以要求必须"告官收捕"。

同时可知其时韩仲通尚为大理寺丞，籍贯龚县，属京东西路，在今山东省宁阳县。此后绍兴四年(1134)七月、绍兴五年(1135)二月，韩仲通以"武臣升朝官已上赏立战功人，遇大礼并加勋"的建议又短暂露脸两次，其官衔始终为大理寺丞。

大理寺是三大司法中心之一，而大理寺的最高长官就是大理寺卿，又有大理寺少卿以及大理寺正、丞等官职从旁辅佐。

大理寺相当于最高法院，院长是大理寺卿，副院长是大理寺少卿，大理寺正是大理寺的高级法官，大理寺丞是中级法官。

大理寺设立的初衷也是为避免司法权由刑部完全掌控，不至于有冤假错案的发生，便在刑部之外又设立大理寺，一旦发现历年刑事案件中有冤假错案的发生，可立即上报皇帝，然后"三司会审"。

绍兴十一年(1141)十月十三，皇帝传下圣旨，命令在刑部大理寺设立制勘院,以审理岳飞案,然后"闻奏"。于是岳飞和岳云都被逮捕,押送到大理寺狱之中。与此同时,朝廷还出榜公布,说张宪一案"其谋牵连岳飞,遂逮捕归案,设诏狱审问"。

诏狱就是奉皇帝诏令,由特定机构和人员勘鞫、审判的刑事案件,是皇帝对司法进行直接控制的一种方式。诏狱不同于一般的狱讼案件,涉案对象多为权贵显宦,涉案性质多为特殊性质的犯罪。由于皇帝钦定立案的特性,使得诏狱的审理程序较一般狱案明显不同。

《宋史·刑法志》中记载:"本以纠大奸匿,故其事不常见。"宋朝的诏狱是纠察巨大的奸佞的,不常见。

从十月十三至腊月廿九被害,岳飞在诏狱一共七十六日。

万川先生在《从证据制度的角度看岳飞冤案》一文中,对于岳飞案有过深入研究。

岳飞案的办理,经历了受理、勘鞫、聚断、看详、奏裁等环节。受理阶段,主要解决是否立案的问题。在案件的勘鞫阶段,大理寺、刑部、御史台联合办案,始终围绕着相关证据的搜集、审查、判断而展开。

岳飞诏狱的勘鞫,可分为两个阶段:第一个阶段,从绍兴十一年(1141)十月十三到十一月二十一,由御史中丞何铸、大理寺卿周三畏审理,何铸担任主审,历时一个多月。在何铸主审阶段,岳飞自始至终都没有承认对谋反罪的指控。秦桧奏请皇帝,罢免何铸的御史中丞,改命万俟卨为御史中丞,担任岳飞诏狱的主审,案件的审理从此进入第二个阶段,起止时间是绍兴十一年(1141)十一月二十一至十二月十八。

何铸原本是秦桧同党,他和万俟卨、罗汝楫等人就曾以淮西之役"逗留不进"为由,文章弹劾岳飞,并导致其罢官。何铸也因此被任命为岳飞案主审官,可是何铸却让秦桧失望了。

何铸审讯时,"诘其反状"。岳飞当场脱掉了自己的上衣,只见后背刺有"尽忠报国"四个大字,而且"深入肤理"。之后,何铸又详细审阅了岳飞一案的有关卷宗,他发现这根本就是冤案。

于是何铸向秦桧汇报,秦桧不高兴地说:"此上意也。"何铸痛心地说:"铸岂区区为一岳飞者,强敌未灭,无故戮一大将,失士卒心,非社稷之长计。"

一时间秦桧语塞。在这个黑暗的犯罪集团中,我们还是看到了人性的光芒。

不久后,何铸被任命为端明殿学士、签书枢密院事,前去出使金国。秦桧则安排万俟卨出任御史中丞,成为岳飞一案的新任主审官。

后面的故事,大家都知道了。

何铸回国时,岳飞已经被杀,但秦桧没有放过何铸,他指示万俟卨弹劾何铸,"岳飞反状败露,铸首董其狱,亦无一言叙陈","日延过客,密议朝政,以欲缓岳飞之死"。万俟卨的意见是要把何铸流放到岭南,可是皇帝没有同意,只是将他贬到徽州。

《宋史》评价:"铸孝友廉俭。既贵,无屋可居,止寓佛寺。其辨岳飞之冤,亦人所难。"

大理寺卿周三畏是副审。

在《说岳全传》中，"勘冤狱周三畏挂冠"一回中，描写了周三畏不肯"屈勘岳飞"，宁愿"弃了这官职，隐迹埋名，全身远害"；在新编历史剧《满江红》中，周三畏的形象更加"高大上"。他作为一个"拼却乌纱，不顾性命"的刚正法官，与万俟卨、罗汝楫面折廷争，"为岳元帅挂冠入狱"。

这些都是根据《建炎以来系年要录》的记载："大理寺丞李若朴、何彦猷谓飞罪当徒二年，白于大理寺卿周三畏。三畏是日遂白于中丞万俟卨，卨不应，三畏曰：当依法，三畏岂惜大理卿耶！"

但周三畏在戏曲、小说中"高大上"的艺术形象，其实并不真实。

史载岳飞案后，"御史中丞万俟卨，大理卿周三畏同班入对，以鞫岳飞，狱毕故也"。

万俟卨升迁参知政事，周三畏升迁刑部侍郎，不久，又升刑部尚书，如果他真的"拼却乌纱，不顾性命"为岳飞辩诬，怎么可能升官？

所以李心传在《建炎以来系年要录》中说，周三畏所谓"岂惜大理卿"之语"未必有也"。

洪迈《夷坚志》记载了周三畏一件事：

岳飞下狱而后，大理寺卿周三畏要经常审问他。有一晚月色昏暗，周忽然看到一棵古树下有一怪物，形状似猪但头上有角。周三畏吓得不敢往前走，他看那动物很缓慢地走到岳飞牢房旁边就不见了；几天后的晚上，月光明亮，他又看见那个神秘的动物，它头上顶着一张纸片，上边写着"发"字。周三畏自此挂冠而去。

没过多久，他就听岳飞门僧惠清说了一个事：岳飞没发达的时候在老家汤阴，碰到过一个算命的舒姓老者，他一见到岳飞就会给他煮茶，请他吃饭。两人关系很熟了以后，老者对岳飞说过："相公是猪精下凡，精灵在人间一定会有一番作为，日后你会掌握朝廷十万大军，建功立业，位及三公，但猪一般都不会善终，一定会被杀，所以日后得志，最好急流勇退，见好就收。"岳飞当时年轻，只是笑了笑，不以为然。最后"岳飞案"出来，老人的话应验了。

让我们记住这些：

御史中丞何铸被免职。

大理寺卿薛仁辅被指"持心不平，用法反覆"，被免职。

大理寺丞李若朴、何彦猷在审理后上疏，认为岳飞无罪，应从轻处理。因此得罪秦桧，秦桧指使罗汝楫弹劾李若朴和何彦猷："朝廷召寺（大理寺）官聚断，咸以飞之罪死有余责。独二人喧然，力以众议为非，务于从轻。"立即免职。

岳飞死后二十一年，孝宗专门表彰了李若朴，说："秦桧诬岳飞，举世莫敢言，李若朴为狱官，独白其非罪……不畏强御，节概可称。"

他们是黑暗中的烛光，有着未泯的良知，也就是鲁迅先生说的"中国的脊梁"。

（三）

岳案之时，韩仲通应该是大理寺丞。

胡寅《斐然集》收录一则《韩仲通大理寺丞再任制》，可见韩仲通在大理寺丞任上历至少两任。此制词系于《辅遂马师谨邢舜举与郡制》之后,邢舜举知光州在绍兴八年(1138)九月丁丑,故韩仲通再任大理寺丞的任命应在绍兴八年(1138)九月之后,考虑到宋代文臣三年的任期,到绍兴十一年(1141)岳飞冤狱,韩仲通应当是时任大理寺丞之一。

那时候大理寺丞一共六名,作为资深法官,韩仲通极有可能参与审理岳飞案,或者是,他的同事李若朴和何彦猷立场不坚定,韩仲通替换上场,就像万俟卨替换何铸。

他的表现如何,我们可以从后面他的履历来推测。

刘才邵《椰溪居士集》收录《韩仲通除大理寺正诏》,可知韩仲通曾提拔为大理寺正,此诏无年月可考,但据北溟客考证,刘才邵绍兴十三年(1143)方任中书舍人,且此诏系于《洪皓除徽猷阁直学士提举万寿观兼直学士院制》之前,洪皓此任命史有明载,在绍兴十三年(1143)八月丁未。故而,韩仲通应在绍兴十三年(1143)升大理寺正。

也就是说,岳飞案后,韩仲通迅速晋升了。

先被提拔成为大理寺正;绍兴十七年(1147)又升任大理寺卿,成为大理寺最高领导人;绍兴十八年(1148)权刑部侍郎;绍兴二十一年(1151),跟着皇帝去吃饭的时候,他已经是左中大夫、刑部侍郎兼权吏部侍郎;在绍兴二十五年(1155)已为刑部尚书,绍兴二十六年(1156)为首都临安知府。

考虑到绍兴十一年(1141)岳飞案后,大理寺官员凡于"莫须有"冤狱申言正义者皆遭罢黜的史实,韩仲通于此时段反而晋升,他在岳飞案中的作用,可想而知。

当初何铸审案,一开始方向是岳飞谋反,但证据并不足以支撑。

如指控岳飞被解除兵权后,授意儿子岳云,幕僚于鹏、孙革,先后写信给大将张宪,要张宪策动谋反意图使岳飞重新得到任用,"措置别作擘画",而且给部下想了个办法:虚报"探得四太子(金兀术)大兵前来侵犯上流"等假消息,吓唬朝廷。然后列举困难"无粮,进兵不得"。岳飞叮嘱不能留书面证据,"看讫焚之"。以上指控虽然张宪屈打成招,但岳飞均不承认,岳云至死也不承认父亲参与,且没有岳飞谋反的书面证据。并且,从情理上推测,岳飞拥有一支能征善战的部队,如果真要策划谋反,机会很多,断不至于非要等到自己被解除兵权之后。所以大理寺也无法认定岳飞参与谋反。

所以,何铸良心未泯,判不下去。

换了万俟卨主审,调整了方向,专攻同年春天淮西作战岳飞"逗留不进"之罪。据《宋史》:

> 飞坐系两月,无可证者。或教卨以台章所指淮西事为言,卨喜白桧,簿录飞家,取当时御札藏之以灭迹。又逼孙革等证飞受诏逗遛,命评事元龟年取行军时日杂定之,傅会其狱。岁暮,狱不成,桧手书小纸付狱,即报飞死,时年三十九。

岳飞的后人岳珂《鄂国金佗稡编》记录更加详细:

　　（岳飞案）初命何铸典狱，铸明其无辜，改命万俟卨。卨不知所问，第哗言先臣父子与宪有异谋。又诬先臣使于鹏、孙革致书于宪、贵，令之虚申探报，以动朝廷；臣云以书与宪、贵，令之擘画措置。而其书皆无之，乃妄称宪、贵已焚其书，无可证者。自十三日以后，坐系两月，无一问及先臣。卨等皆忧，惧无辞以竟其狱。或告卨曰："淮西之事，使如台评，则臣可罪也。"卨喜，速以白桧。

　　"或教卨以台章所指淮西事为言。""或告卨曰：'淮西之事，使如台评，则固可罪也。'"有人教万俟卨以淮西事来做文章，这人是谁？会是长期审案、精通法律的韩仲通吗？

　　韩无疑是法律专家，他曾主编的《绍兴茶法》，是一部集大成的茶法大典，全书一百零五卷，汇编有关法律条文共三千五百件。

　　最终，大理寺给岳飞定下的主要罪状和谋反无关，也只有这样两条：自称三十岁建节比肩太祖皇帝赵匡胤，濠州之战无视皇帝十五次御笔催促"逗留不进"。

　　第一条是口袋罪，但第二条，很毒辣。

　　关于绍兴十一年（1141），岳飞在淮西，特别是濠州之战口是否"逗留不进"，一直有争议。但此前御史万俟卨、罗汝楫等人就曾以淮西之役"逗留不进"为由，交章弹劾岳飞，并导致其罢官，岳飞并没有为自己辩白。

　　大理寺判决："律有临军征讨，稽期三日者，斩。其岳飞合依斩刑,私罪上定断,合决重杖处死。"

宋人王明清的历史笔记《挥麈录余话》中,详细保留了岳飞一案的南宋判决省札,兹录于下:

> 绍兴十一年十二月二十九日,刑部、大理寺状:准尚书省札子,张俊奏:张宪供通,为收岳飞处文字后谋反。行府(枢密行府)已有供到文状。奉圣旨,就大理寺置司根勘闻奏。今勘到龙、神卫四厢都指挥使、阆州观察使、高阳关路马、步军副都总管、御前前军统制、权副都统、节制鄂州军马张宪,僧泽一,右朝议大夫、直秘阁、添差广南东路安抚司参议官于鹏,右朝散郎、添差通判兴化军孙革,左武大夫、忠州防御使、提举醴泉观岳云,有荫人智浃,承节郎、进奏官王处仁,从义郎、新授福州专管巡捉私盐蒋世雄,及勘证得前少保、武胜、定国军节度使、充万寿观使岳飞所犯。

岳飞"犯罪"团伙有八人。

> 内:岳飞为因探报得金人侵犯淮南,前后一十五次受亲札指挥,令策应措置战事,而坐观胜负,逗留不进。及因董先、张宪问张俊军马怎生的? 言道都败了回去也,便指斥乘舆(皇帝赵构)。(岳飞)及向张宪、董先道,张家、韩家人马,你只将一万人,蹉踏了,及因(岳飞)罢兵权后,又令孙革写书与张宪,令措置别作擘画,又令看讫焚之。(岳飞)及令张宪虚申,探得四太

子（金兀术）大兵前来侵犯上流，自是之后，张宪商议待反背，而据守襄阳，及把截江岸两头，尽劫官、私舟船，又累次令孙革奏报不实，及制勘虚妄等罪。

这是"犯罪"事实。

其中岳飞被指控的犯罪事实有四项：

第一，不救淮西。淮西之役，"拥重兵"而"逗留不进"，"坐观胜负"。

第二，辱骂皇帝。"指斥乘舆"，岳家军共十二军主将，有九人证明岳飞骂了。

第三，写信给张宪，策动谋反。由幕僚于鹏和孙革执笔，岳飞还教唆张宪闹事措施：及令张宪虚申"探得四太子（金兀术）大兵前来侵犯上流"。

第四，谎报军情。"又累次令孙革奏报不实，及制勘虚妄等罪。"

除罪轻外，法寺称："律有临军征讨，稽期三日者，斩，及指斥乘舆，情理相切害者，斩，因罪重。其岳飞合依斩刑私罪上定断，合决重杖处死。"

这是审判法律依据。

置岳飞于死地的是第一第二两条重罪，适用法律《律》："临军征讨，稽期三日者，斩。"《律》："指斥乘舆，情理相切害者，斩。"而第三第四条谋反罪，因为证据不足并不成立，虽然秦桧他们很想坐实这两条。

我估计，韩仲通的作用，极大可能是体现在这里。是否要置岳飞于死地,这是皇帝和秦桧考虑的问题,而如何合法地置岳飞于死地,这是大理寺考虑的问题,而这个问题的谋划和解决,大理寺丞韩仲通极有可能是那一只黑手,他贡献了置岳飞于死地的法律依据。虽然,这两条罪状的事实,有着极大争议。而且这两条法律依据,在有宋一朝罕见援引施用。

> 看详岳飞坐拥重兵于两军未解之间,十五次被受御笔,拜遣中使督兵,逗留不进。及于此时辄对张宪、董先指斥乘舆,情理相切害者。又说张宪、董先,跎踏张俊、韩世忠人马。及移书与张宪,令措置别作擘画,致张宪意待谋反,据守襄阳等处作过。委是情理深重,敕:"罪人情重法轻,奏裁。"
>
> 张宪为收岳飞书,令宪别作擘画,因此张宪谋反,要提兵占据襄阳,投拜金人。因王俊不允顺,方有无意作过之言。并知岳飞指斥切害,不告。并依随岳飞虚申无粮,进兵不得,及依于鹏书申岳飞之意,令妄申探报不实,及制勘虚妄。除罪轻外,法寺称:"律:谋叛,绞。"其张宪合依绞刑私罪上定断,合决重杖处死。仍合依例追毁出身以来告敕文字,除名。
>
> ……岳云为写谍目与张宪,称可与得心腹兵官商议擘画,因此致张宪谋叛。除罪轻及等外,法寺称:"敕:传报朝廷机密事,流三千里,配千里,不以荫论。敕:刺配比徒三年,本罪徒以上通比,满六年,比加役流。律:官五品犯流以下减一等。其岳云合比加役流私罪断,官减外,徒三年。追一官,罚铜二十斤入官,勒停。"

看详岳云因父罢兵权,辄敢交通主兵官张宪,节次催令得与心腹兵官擘画,因此致张宪要提兵谋叛。及传报朝廷机密,惑乱军心。情重,奏裁。岳云犯私罪徒,举官见行取会,俟到,别具施行。

……看详岳飞等所犯,内岳飞私罪斩,张宪私罪绞,并系情理所重。……岳云私罪徒,并系情理所重。蒋世雄、孙革、于鹏私罪徒,并系情理稍重。无一般例,今奉圣旨根勘,合取旨裁断。

不知这份判决书,是否出自韩仲通之手。

最后,以法律的名义,完成了对岳飞的杀戮。

但这份判决书,有一个不寻常的地方。

岳云写信鼓动张宪搞兵变闹事,以"传报朝廷机密事……徒三年(有期徒刑三年)"。

由秦桧主导,万俟卨主持的最高法庭,对于岳云,似乎格外照顾。按说岳云写信给张宪,让他好生策划,如何闹事,使得岳飞能重新回到主帅的岗位。当然这也没有证据,大概率是屈打成招,但张宪就以谎报军情,阴谋反叛罪名被判死刑。按理来说岳云是主犯,应加重处罚才对。可他们引用法律部分却莫名其妙地引用"传报朝廷机密事"来定罪量刑,仅仅判处有期徒刑三年。

可见秦桧团伙可能也不想把事做绝。

引用"传报朝廷机密事"来定罪量刑,很有可能来自大理寺丞韩仲通的建议,他是法律专家。

万俟卨后把岳案的《刑部大理寺状》上奏皇帝,皇帝却要斩草除根,把岳云"徒三年"的判决改为依军法斩首。

人性的复杂和幽暗,有时候超过我们的认知。

(四)

绍兴二十五年(1155)八月辛巳的记载中,"秦桧进乞差刑部尚书韩仲通、户部侍郎曹泳看详守臣到任所"。可见此时韩仲通已为刑部尚书,且颇得秦桧信任,堪与秦桧姻党曹泳并列。

秦桧的信任,来自韩仲通在大理寺的表现,这个可能性极大。

绍兴二十六年(1156)三月,戊午日,"权刑部尚书韩仲通守户部尚书,仍兼权知临安府;敷文阁待制、新知信州周三畏试刑部尚书"。

两个大理寺出身的官员,同一天获得新职。

但在十五年前,岳飞案的时候,周三畏已是大理寺一把手,韩仲通不过才是大理寺丞,一个中级法官而已,但岳飞死后十五年,韩仲通和老领导周三畏平起平坐了。

这个任命下达的第二天,资政殿学士、提举万寿观兼侍读万俟卨出任参政知事。

当年岳飞案的一伙人,弹冠相庆。

同年,韩仲通也曾任广州知府。

宋《夷坚志》"岳侍郎换骨"条记载岳飞家属在秦桧死后待遇仍未得改善,"郡拘置兵马都监厅之后僧寺墙角土室内。兄弟对榻,仅足容身,饮食出入,唯都监是听"。拟古先生认为,考虑到绍兴二十六年(1156)岳飞家属仍在惠州,处于广州知府韩仲通的辖区内,岳飞子孙的悲惨遭遇可能与这位潜藏的杀父仇人脱不开干系。

绍兴三十一年(1161),陈俊卿弹劾韩仲通,"敷文阁直学士、知建康府韩仲通起于法家,专务刻薄。顷岁周旋刑寺十余年,阿附故相,以三尺济其喜怒。起大狱,杀无辜,不可胜计。故相之亡,偶以忧去,因得漏网。汤思退秉政,以其同出秦氏之门,特引援之。其在建康,以公库馈遗。旁午秦门,殆无虚日。丁祀,秦氏奴也,曩与仲通刎颈交,今延为上客,日与晏饮"。

可见韩仲通得以进入秦党核心,一在于"起大狱,杀无辜",虽说陈俊卿上书时岳飞尚未平反,但韩仲通以大理寺实权济秦桧之私当属史实。况且在绍兴年间,"起大狱,杀无辜",有超过岳飞案的吗?

韩仲通是绍兴二十九年(1159)至绍兴三十一年(1161)知建康府,而秦桧去世后其家人从临安移居建康,看来韩很念旧情,"其在建康,以公库馈遗。旁午秦门,殆无虚日"。

但弹劾的后果不是太严重。韩仲通罚酒一杯,转任明州知府,在明州,韩仲通曾特地向一个叫祝岷的人请教"莲花漏"的造法。"莲花漏"是计时器铜壶滴漏的升级版,计时更准。韩仲通请签判许克昌捉刀,写了一篇《明州新造莲花刻漏记》刻在石头上,惜原石亦不存。

绍兴三十二年(1162),韩仲通在明州还会见高丽国商人徐德荣。徐德荣说高丽国"欲遣贺使",朝廷开始让韩仲通"从其请"。但殿中侍御史吴芾言:"高丽与金人接壤,为其所役。绍兴丙寅,尝使金稚圭入贡,已至明州,朝廷惧其为间,亟遣之回。方今两国交兵,德荣之情可疑,使其果来,惧有意外之虞。万一不至,即取笑外国。"乃止之。

韩仲通后来转任户部尚书。皇帝退休后,孝宗登基。隆兴元年(1163)七月十六,因旱蝗、星变,孝宗诏令侍从、台谏、两省官陈说时政缺失。钱端礼与户部尚书韩仲通同对,论经费,奏:"所入有限,兵食日增,更有调发,不易支吾。"孝宗云:"须恢复中原,财赋自足。"韩仲通奏:"恢复未可必,且经度目前所用。"钱端礼奏:"仲通言是,乞采纳。"

这个月二十九,朝廷发还岳飞田宅。

这是孝宗为岳飞平反的序曲,不知韩仲通有何感想。

秦桧死后,秦桧的党羽多被清洗,但韩却能够独善其身,真是个人才。

隆兴二年(1164),韩仲通又充湖北京西路制置使,而他的前任是采石矶一战成名的虞允文。

韩仲通在湖北京西路制置使职务上一直干到乾道元年(1165),正月初七,诏户部尚书兼湖北京西路制置使韩仲通除敷文阁直学士、提举江州太平兴国宫。从其请也。

不知道在这个职位,他会不会想到什么,岳飞,也曾任湖北京西路宣抚使。可能韩仲通确实想起什么,但并不是懊悔、愧疚——任何一种与此有关的情绪。

十、食客们

（一）

这一次饭局，食客起码在两千人以上。

太尉两府吴益吃二等餐，各食十味，蜜煎一合，切榨一合，烧羊一盘，酒六瓶。

吴益有这个位置，主要靠"拼姐"。他是吴皇后的弟弟，也就是皇帝的小舅子。吴益这个姐姐，值得一书。吴皇后吴芍芬，是中国历代唯一陪皇帝走入金婚的女人。

《宋史》中记载着，吴家世代居住在开封，吴皇后父亲吴近做梦，梦见亭子上挂着一个牌匾，写着"侍康"，而旁边种了芍药，但只有一朵花开了，开得十分绚丽漂亮，花下面又有一只白羊。

这个梦里的暗示直到十四年后才解开。那一年，年方十四的吴芍芬被选为侍女，侍奉当时还是康王的赵构，"侍奉康王"正好应和了吴近梦中的"侍康"二字。

吴芍芬好像不爱红装爱武装，康王即帝位后，她常常着戎装侍奉左右。建炎三年(1129)，金兀术搜山建海追捕皇帝，吴芍芬跟从皇帝到宁波渡海逃难时，卫士计划变乱，入宫问皇帝在哪里，吴芍芬骗过他们得以免祸。

不久,航行海上,有条鱼跳进船中,皇帝认为这是"我为鱼肉人为刀俎"的征兆,十分惶恐,吴芍芬说:"这是周人白鱼的祥兆。"皇帝转忧为喜,封她为和义郡夫人。回到越地,进封她为才人。吴芍芬博通书史,又长于书法,因此宠遇日隆,绍兴十三年(1143),诏令立吴芍芬为皇后。

皇帝和吴皇后感情一直不错,在一起生活了五十多年,一起走进金婚,这在薄情寡义的宫廷里,实在罕见。

吴家人沾光,这就不待说了。吴益在建炎末年(1130)因恩荫补官,历迁干办御辇院、带御器械。皇帝与吴皇后都喜欢书法,故而吴益也善书。

吴皇后受册封后推恩,吴益被加官为成州团练使。吴益娶秦桧的长孙女为妻,所以他又是秦桧的孙女婿,历官至保康军节度使,加太尉、开府仪同三司。

秦桧去世后,御史中丞汤鹏举说,"(吴)益以庸琐之才,恃亲昵之势",请求削夺吴益的职位,来显示公道。

皇帝表示:"汤鹏举说得不错,但秦桧死时,我对秦桧的妻子许诺要保全他全家,现在立即罢免他的孙婿,那就有伤圣恩,大家不必再议论。"

不过自此不再晋升吴益的官职。太后下葬,吴益任攒宫总护使,才升为少保。孝宗继位后,进少傅,又进太师,封太宁郡王。乾道七年(1171),吴益去世,终年四十八岁,谥号"庄简",追封卫王。

皇帝似乎对这个小舅子挺宠爱,入宫常用家人之礼,吴皇后倒是很清醒,常持盈满之戒教育弟弟,"每告之曰:凡有宴召,非得吾言不可擅入"。

一天,吴益头戴竹笠,脚蹬草鞋,身着白衣,只命一书童跟随,畅游于三天竺、灵隐山中,于冷泉磐石之上濯足。游人远远看去,以为神仙下凡。有逻卒将吴益此行禀奏于皇帝。

次日皇帝写了一首小诗召来小舅子:"趁此一轩风月好,橘香酒熟待君来。"皇帝见了,笑曰:"夜来冷泉之游,乐乎?""朕宫中亦有此景,卿欲见之否?"原来皇帝在宫中叠石疏泉,模仿飞来峰香林之胜景,架堂其间,也曰"冷泉"。

皇帝拿出一张画,画的就是昨天吴益野服濯足,还御制一赞云:"富贵不骄,戚畹称贤。扫除膏粱,放旷林泉。沧浪濯足,风度萧然。国之元舅,人中神仙。"

于是尽欢而罢。

在《宋史》中还有吴益儿子吴琚的记录,宁宗庆元年间(1195—1200),吴琚判建康府兼留守,位至少师,世称"吴七郡王"。吴琚曾出使金国,金人赞赏他的信义。吴琚死后,宋金和议,屡屡不合,金人说南使中只有吴琚的话可信。

2023年4月7日,到访中国的法国总统马克龙,在广州松园驻足聆听了中国古琴家演奏李蓬蓬演奏的古琴曲《高山流水》。

李蓬蓬所用的唐代古琴演奏"九霄环佩"已有一千二百六十七年历史,黄庭坚和苏轼都弹奏过。从史料中发现"九霄环佩"琴的收藏者就有吴琚。吴琚擅长填词、作曲,(宋孝宗)淳熙九年(1182)八月十八,孝宗请太上皇(高宗)观潮,其间歌舞百戏,各呈伎艺。

太上皇喜道："钱塘形胜，天下所无。"孝宗答曰："江潮亦天下所独。"于是宣谕群臣，各赋《酹江月》一阕，至晚呈上，以吴琚为第一。这样看来，高宗和孝宗，极有可能和马克龙一样，聆听过"九霄环佩"的仙乐。

不过吴琚最出名的，还是他的书法。吴琚毕生用力于临摹北宋书法大家米芾，几乎可以假乱真。

董其昌评吴琚云："书似米元章（米芾），而俊俏过之。"现在两岸故宫均有吴琚藏品，北京故宫博物院有行书《寿父帖》页，台北故宫博物院有《识语并焦山题名》。

南宋帝室自高宗皇帝起，吴皇后、刘贵妃、孝宗、光宗、宁宗、杨皇后至理宗，包括皇帝小舅子吴益，吴益之子吴琚，都能在中国书法史上留名，堪称书法界的黄金家族。

（二）

吃二等餐的巫伋是签书枢密院事，为知枢密院事的副职。

巫伋是秦桧的句容同乡，在朝中自然同穿一条裤子，绍兴二十年（1150）三月，余尧弼升参知政事后，他即由给事中兼侍讲升为端明殿学士、签书枢密院事。不久，巫又兼权参知政事。

这年九月巫伋出使金国，很有看点。

《三朝北盟会编》记录：巫伋、郑藻以祈请使副使于金国，至金国阙下，引见毕，内殿奏公事。巫伋见到金主完颜亮。完颜亮"问所请者何事？"，伋首言，"乞修奉陵寝"。

巫伋回答，来请修在河南的北宋帝陵。

完颜亮令译者传言"自有看坟人",拒绝了巫伋的请求。

巫伋这时又提出了第二个请求,"伋第二言,乞迎请靖康帝归国"。意思就是要求接宋钦宗回国。

完颜亮一听,有点意外:"不知归后甚处顿放?"完颜亮想知道南宋如何安顿回国后的宋钦宗。"伋第三言,本朝称皇帝二字。"

巫伋说,回去后称皇帝。

完颜亮笑了,"此是汝中国事,当自理会"。巫伋"唯唯而退,以待辞而归"。

巫伋和完颜亮的这段对话,信息量很大。

巫伋此次出使金朝第一任务是"乞修奉陵寝",被完颜亮一口回绝。

接下来,巫伋才"乞迎请靖康帝归国",很明显,巫伋面对完颜亮"甚处顿放"的疑问时的回答"称皇帝二字"不可能代表高宗皇帝的意思,弟弟高宗自己皇帝当得好好的,要把哥哥钦宗请回来平替?这是三级脑梗死都无法产生的念想。

所以当完颜亮一句"汝中国事,当自理会",巫伋赶紧刹车,以"待辞"——意思要等待皇帝旨意的借口归国。

从巫伋这次出访来看,金朝并没有拒绝送回钦宗的意思。

只是巫伋这一"待辞"就不见了音信,可见皇帝并不是让巫伋真的请归钦宗。巫伋说接宋钦宗回去当皇帝,估计是巫伋没想到完颜亮会松口,顿时方寸大乱,回答失措。

我们可以这样认为,这次巫伋出使提及迎回钦宗只是一场秀罢了。

巫伋这次出使后，南宋再无迎回钦宗的行动，估计被完颜亮的松口吓住了。对于迎回哥哥宋钦宗，皇帝显然毫无兴趣和动机。

周密《齐东野语》中记载："先是，太母(高宗母韦氏)归自北方，将发，得与天族别。渊圣(钦宗)偃卧车前，泣曰：'幸语丞相归我，处我一郡足矣。'"。

皇帝母亲韦太后在回宋前，与其余被俘的皇族告别，宋钦宗哭着对韦太后说，希望韦太后回去对丞相秦桧说，迎回他，给他一郡生活就可以了。

周密的这个记载是引自和议后南归的宋使张邵，当时张邵就在旁边，"闻之，痛愤"。所以可信度很高。

《宋稗类钞》另一记载则是有点演义成分：绍兴和议成，韦太后将返回南宋。钦宗拉着她的衣袖说："寄语九哥(赵构)，吾南归，但为太乙宫主足矣，他无望于九哥也。"韦太后当即立下誓言："我先归，如果不来迎，那就让我眼瞎。"韦太后回来后，"不敢言"。不久后韦太后失明，看了很多医师都没有效果。有一道士应募入宫金针一拨，左眼复明。更求治其右眼。道士笑曰："一目视物已足，其一存誓言可也。"韦太后惕然起，拜曰："师圣人知吾之隐。"

钦宗身为前任皇帝，想回国当一个道士也不可能，九哥，叫九爷都没有用。我一直有个疑问，靖康之变后，金国一直都没有释放徽钦二帝。而且史书记载，宋徽宗死后被做成了灯油，宋钦宗被强迫打马球，结果体力不支从马上掉下来被马踩死。金人难道灯油那么紧张，马球运动员那么稀罕？为什么不放他们回去，跟皇帝争夺皇位，搞乱南宋？即使搞不乱，起码也是给皇帝添堵。

皇帝一直被质疑得位不正，"万一爸爸宋徽宗、哥哥宋钦宗回来怎么办？"在父兄去世以前，这个灵魂拷问几乎把他烤焦。

《金史》有个说法，金兀术生前多次发兵南下，不过无功而返。他临终遗策：一定不能释放宋钦宗，将来攻破杭州灭了南宋时要立宋钦宗为傀儡。

但最后，攻破杭州灭了南宋的不是金人。宋钦宗傀儡的价值一直没有体现。

绍兴二十六年(1156)，也就是巫伋出使金国六年后，宋钦宗死在北方。然后又过五年，皇帝才获知钦宗的死讯。

又过了好多年，乾道六年(1170)，南宋遣范成大使金求归还河南巩义陵寝之地，金世宗不但答应了，而且还主动提出"归钦庙梓宫"。

当范成大带回这一消息时，太上皇赵构不爽了，立刻派遣赵雄出使金国，提出拒绝迁回钦宗灵柩，同时也不迁其他陵寝了。

这一下金世宗也不爽了。

以前你们说要迎回宋钦宗，现在他死了，我把宋钦宗的棺材都搬来了，就等你们派人来取了，现在你们却说不要了，玩我吗？

金世宗指责南宋朝廷道："今因聘使，辄称'久安陵寝，难以骤迁，靖康灵柩，亦难独请'。向来已许迁送，今反辞以为难，于义安在？"

皇帝不要脸，连金世宗都看不下去，斥责"于义安在"。如果宋钦宗活着，皇帝出于私心拒绝迎回钦宗尚可以理解。那为何钦宗已死，金朝主动提出送回钦宗灵柩皇帝仍旧拒绝呢？其实还是私心,还是帝位问题。

不管是活着的宋钦宗还是死了的宋钦宗,只要回到南宋,先不说活着的宋钦宗会不会重夺皇位,就说如何在礼仪上对待宋钦宗就是皇帝头疼的一个问题。

皇帝的皇位继承自哥哥宋钦宗还是父亲宋徽宗呢?这个事关正统。

皇帝说,自己的帝位传承自父亲徽宗。这就已经将哥哥钦宗排除在外了。

在钦宗刚死时,皇帝没有迎回钦宗灵柩就已经说明这个问题,就更不用说死后十余年了。

迎回灵柩搁哪?

若是葬入帝陵,就等于承认钦宗的帝位,这又置皇帝于何地?皇帝辛苦几十年确立的皇位正统岂不是徒劳了?

现实就是这样残酷。

说回来巫伋虽然是秦桧一党,但也没啥好下场。

绍兴二十二年(1152)四月的一天,秦桧在都堂问同乡巫伋:“家乡可有什么新鲜事?”巫想了半天才答:“最近乡里来了一术士颇能算命。”巫是怕谈别的容易涉及政事,弄不好就得罪了秦桧,所以拿算命先生来搪塞。没想到秦桧脸色一沉,问:“这个术士算你何时可以拜相?”巫被问得惊恐万分。

第二天,右谏议大夫章厦、殿中侍御史林大鼐出面弹劾巫伋:“黩货营私,心怀异志,动摇国是。”于是巫伋以本职提举江州太平兴国宫。林、章二人继续攻击,很快,巫伋被削职。

马屁精的下场,也难说。

(三)

吃三等餐的汤思退是右奉议郎起居舍人。

汤思退是处州(治今浙江丽水西)人。绍兴十五年(1145)以右从政郎的身份授建州政和县令,中博学宏词科,任秘书省正字。从此位登郎曹,两任中秘,把持史笔。

元人笔记《湖海新闻夷坚续志》中载,皇帝一日与随侍在侧的汤思退闲聊,问汤思退的家乡有什么奇闻趣事,汤思退随口说:"家乡有一石头雕刻的僧人,旁有题刻曰:'云作袈裟石作身,岩前独立几经春? 有人若问西来意,默默无言总是真。'"

皇帝听后,拍案叫绝,"遂大称旨"。然而,皇帝一高兴,汤思退却急了。因为所谓石僧题刻一说,石僧虽在,但题诗却子虚乌有,是为讨好皇帝而杜撰出来的。他担心皇帝哪天想起石僧会去验证,所以连夜派人回乡,将自己杜撰的诗刻于石僧旁边。

这事虽然荒唐,但也足见汤思退的才思敏捷。

汤思退曾与董德元一同主持绍兴二十四年(1154)省试,取秦桧孙秦埙为第一,此事成为汤思退的入场券,翌年六月任签书枢密院事,随后被重用为参知政事,秦桧死时仍任此职。按理,他应与董德元一样被皇帝视为秦桧党羽而清洗,但汤靠关键时期的两件事,洗白了自己。

《宋史》记载了汤思退的一件奇事:

绍兴二十五年(1155),汤思退由礼部侍郎担任端明殿学士、签书枢密院事,不久参与朝廷大政。当时秦桧病重,召参知政事董德元和汤思退到卧室内,交代后事,各赠黄金千两收买人心。

董德元害怕秦桧以为自己关键时刻立场不稳,不敢推辞;汤思退害怕秦桧以为自己希望他早死,不敢接受。

秦桧死后,皇帝听说此事,以为汤思退不接受黄金,不是秦桧党羽,因此信任并重用他。

汤思退还有一件事,也将自己洗白。

秦桧当国之时,执政官不敢单独向皇帝奏事。一日,秦桧准备任命两位官员,皇帝偶然没有批复,秦桧起了疑心,让汤思退退朝后单独留下询问。汤思退连称不敢,秦桧说:"这是我的意见,没事。"第二天,汤思退留身说了此事,皇帝说:"这是小事,我偶然忘记,没有别的意思。"汤思退告退的时候,说"以后恐怕再也见不到陛下了",因为"臣今日留身,虽出桧意,但其人多疑,必谓臣更及他事,且谕言路挤排,臣去无日矣"。皇帝说:"你不要多虑,我一定会保全你。"汤思退一听,也就汇报了秦桧专权蒙蔽皇上的事,"上颔之"。

秦桧死后,台谏数次弹劾汤思退党附秦桧之罪,要求罢相,皇帝说:"他人言桧擅权,皆言于其死后,独思退于桧在日为朕言之,非党也。"

绍兴二十六年(1156),汤思退任同知枢密院事。次年,官拜尚书右仆射;又过了两年,进为左仆射,当上了宰相。但第二年,侍御史陈俊卿弹劾他挟持奸诈取巧之心,加上倾轧邪恶的权术,观察他的行为,大多仿效秦桧,大概汤思退得官,都是秦桧父子的恩惠。

于是汤思退被罢免,以观文殿大学士的身份任宫观官。

绍兴三十二年(1162),孝宗继位。孝宗希望收复中原,起用主战派张浚为宰相,于隆兴元年(1163)发动了隆兴北伐,结果损兵折将,大败而归,无奈求和,孝宗再次起用汤思退为相,主持求和事宜。

由于在求和的过程中金人索地要钱,贪得无厌,孝宗也是战和摇摆,汤思退在其中左右为难,最后落下口实,御史们又群起而攻之,导致他复相才一年多便再次罢相,而且"责居永州",如同放逐发配。

据说,汤思退在被贬的路上作《西江月·被谪怀感》:"四十九年如梦,八千里路为家。思量骨肉在天涯,暗觉盈盈泪洒。玉殿两朝拜相,金旨七度宣麻。番思世事总如华,枉做一场话靶。"

死后,汤思退归葬故乡,据说,现在浙江丽水人民医院院子里面有一匹石马,是其墓前旧物。

(四)

三等座还有马军太尉成闵。

成闵是韩世忠手下第一大将。韩世忠追讨叛将苗傅及袭金兀术、讨范汝为,成闵皆在戎行,又以力战却敌,积功至武功大夫、忠州刺史。绍兴十年(1140)的淮阳之战中,成闵作为韩世忠亲军背嵬军将领,率先冲入城内,遭守军反击,成闵奋战突围,中三十余枪,险些丧命。自此韩世忠对成闵甚为赏识。

成闵后来跟着韩世忠入见皇帝,世忠指闵曰:"臣在南京,自谓天下当先,使当时见此人,亦避一头矣。"

成闵此人应该很会来事,绍兴二十四年(1154)升为节度使。值得注意的是,绍兴十年(1140)成闵还只是一个小小的武翼郎,相当于尉官,短短十四年时间居然升到了武阶官最高的太尉,而且这时期他的靠山韩世忠已经退休,不问世事,这期间大部分是和平时期,其升迁速度实在令人咋舌。

唯一的理由是搭上了秦桧的线。后来的史料对于他评价并不高。

绍兴二十四年(1154),金主完颜亮南侵,成闵提禁旅三万镇守武昌。

十一月,诏成闵回援淮西。成闵喜于得归,冒雨兼程向建康进发,"士卒多道死",但成闵却把朝廷所给犒师物资全归自己,不及士卒。"士卒有怨言,闵斩之。"

金主完颜亮因为内讧而死,成闵引兵渡江赴扬州,但不敢追击,只是率部远远尾随。等到金人自盱眙渡淮河北去,"闵列兵南岸,军士唶声相闻。金人笑之曰:'寄声成太尉,有勤护送。'"

但这时金军士气已夺,丢盔弃甲,粟米山积,诸军多以此补给。"惟闵军多浙人,素不食粟,死者甚众"。

我是浙江人,看到这一段,很不解,浙江人再喜欢大米,也不至于不喜欢吃粟米而饿死啊。

很可能是成闵谎报,前面就有"士卒有怨言,闵斩之",他可能把这些被斩杀的士卒,谎称"惟闵军多浙人,素不食粟,死者甚众"。

可耻。

这次战役,成闵不恤士卒,畏敌避战,朝臣多有不满,反复弹劾。成闵终于被罢,斥退至婺州(治今浙江金华)居住。

南宋洪迈《夷坚志》有一个故事:朝廷责成太尉成闵贬居婺州,道士范子珉去拜访他,两人正聊着,外面有人报告:"潘承宣来了!"成闵一听,赶紧出迎,范子珉劝阻说:"你不要见他,见了他,你恐怕会大祸临头!"

成闵有个儿子娶的是秦国大长公主(北宋哲宗皇帝的女儿)的女儿,也正是这位潘承宣的妹妹,因为这层姻亲关系,成闵还是把潘承宣请进来了。落座以后,范子珉说:"祸事来了! 祸事来了! 赶紧派人去买纸钱,再把你们夫妇的衣服取来,我替你们两口子禳灾解祟!"成闵赶紧吩咐下人按范子珉的要求去办。范子珉焚香念咒,把衣服和纸钱一起都焚化了。

没过多久,秦国大长公主去世了,成闵夫妇去吊唁,这一去两人都得病了,成闵夫人在一片素帐中突然得了急重的风涎,当时就不省人事了。成闵则是狂闹肚子又得痢疾,情况危急。两人勉强被抬回了家。没过多久,成闵康复了,但他夫人折腾了一年时间,身体只是略有恢复。后来才知道是怎么回事,范子珉当时要夫妇二人的衣服做法,下人们手忙脚乱中,拿了两条成闵的裤子,没拿他夫人的衣服。

姑且听之。

(五)

步军太尉赵密也吃三等餐。

赵密是张俊部下与杨存中齐名的猛将。

武试出身，曾为河北守将，后归张俊部下。张俊每战，赵密多为先锋，以勇悍闻名，平叛苗刘、明州之役、讨李成、战濠宿，几乎战战身先士卒，立有大功。韩世忠曾要张俊支援，第一个点的就是赵密，足见其名声之大。

建炎三年(1129)二月，"金兵陷扬州，士民随乘舆渡江，众数万，密露立水滨，麾舟济之"。赵密处变不惊，站立江边，指挥舟师接应数万官民渡江。

建炎四年(1130)，金军入侵明州，张俊派赵密、杨存中殊死抵抗，将其击破。

在宋史中，明州之战的地位非常高："自金兵入中原，将帅皆望风奔溃，未尝有敢抗之者。""中兴战功自明州一捷始……至此而(宋)军势稍张矣。"

这一仗，无疑是赵密日后进阶的关键资本。

绍兴十年(1140)，金军进攻亳、宿二州，赵密随张俊驻军合肥，西路出。途中遭遇大雨，水势暴涨，他与士兵冒雨跋涉六昼夜，疾驰至宿州，击破金军。

绍兴十一年(1141)，金军分兵入侵滁、濠等州，赵密率军进击，并命部将张守忠在全椒县埋伏疑兵，使金军退却。赵密得讯，引兵出六丈河，截断金军归路，又将其击败。

绍兴和议以后，赵密军衔升为宣州观察使，主管三衙之一的步军司，和皇帝去老上级张俊家吃饭时，他就是步军太尉。

赵密出自张俊门下，玩弄权术，排斥异己也是一流。先是给岳飞部将董先穿小鞋，之后又觊觎同僚杨存中的殿帅之职，乘杨存中上"备敌十策"之机,指其为"喜功生事"。于是杨存中辞职,赵密得以主管殿前司,成为禁军大统领。

赵密和杨存中原同为张俊爱将,但杨升迁比他快得多,这次将杨存中排挤走,算是出了一口恶气。此后赵密凭着在朝中的多年钻营,也升到了太尉、节度使、开府仪同三司的高位。

完颜亮南侵,赵密主要负责保卫临安,没有什么大的表现。后逐渐淡出军界,以少保的荣衔退休,年七十一而死。

南宋名臣范成大对于赵密评价极高:"结发险艰会,捐躯跳荡功。鬓凋犹陛戟,心在惜弢弓。剑履三槐次,楼台四壁中。诸郎竞文武,不朽是清风。"

(六)

三等座里面,还有建宁军节度使提举万寿观韦谦。

他有这个位置,主要靠"拼姑"。他的姑姑,是韦太后,他和皇帝是表兄弟。

1967年,韦谦夫妇墓在杭州半山钢铁厂被发现,随葬有绍兴十九年(1149)文思院铸"建宁军节度使之印"官印(图9)。

"建宁军节度使之印"铜印,南宋绍兴十九年(1149)铸造,边长5.9厘米,高5.4厘米。印方形,矩形把手。背款"绍兴十九年""文思院铸",顶款"上"。印文为九叠篆"建宁军节度使之印"。这方铜印是韦谦的官印。韦谦于绍兴十九年(1149)三月,为建宁军节度使,与铜印铸造时间吻合。

韦谦的父亲是韦渊,是皇帝的舅舅,这个舅舅是《红楼梦》中薛

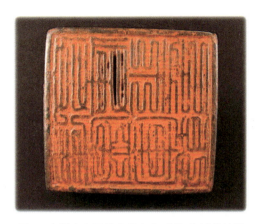

图9　韦谦建宁军节度使之印,浙江省博物馆藏

蟠一类人物。

《宋史》说:"渊性暴横,不循法度,帝虑其有过,难于行法,遂迁福建路副总管。渊引疾丐祠,许之。"

皇帝对这个舅舅很不感冒:"帝久不予渊官,闻太后将入境,乃封平乐郡王,令逆于境上。既从后归,即令致仕。又诏奉朝请,迁少师。渊在内不得逞,乞致仕,任便居住。从之。"

这个舅舅做得最傻的一件事,是姐姐韦太后去景灵宫祭祖时,韦渊见后,居然因为韦太后在金国嫁过人,"出言诋毁",皇帝大怒,"诏侍御史余尧弼即其家鞫治"。

韦谦似乎相对靠谱,"好学能诗",绍兴十四年(1144),韦太后归省家庙,其宗族推恩,"侄右武郎韦谦除右武大夫,依前带御器械"。按宋代官爵制度,右武大夫为正六品官阶,也就是说绍兴十四年(1144),韦谦还是个六品官员,五年后,一跃成为建宁军节度使。

南宋的节度使一般不赴任所，只是作为一种荣誉性的虚衔。韦谦同时还拥有太尉头衔，而太尉乃宋朝武官的最高官阶。

在《福建省情资料库》地方志之窗的《人物志》一栏，列出了南北两宋的四位建宁军节度使：

建宁军节度使前面三位，全部是赵姓子弟，正宗的皇族血脉，比如：赵元份，宋太宗赵光义第四子，商恭靖王；赵惟正，是宋太祖赵匡胤的孙子，燕懿王赵德昭的长子；赵士𩅞也是宗室子弟。只有韦谦，作为两姓外戚跻身于节度使的行列，足见圣恩眷隆，待遇非凡。

《宋史》介绍，韦太后驾崩于慈宁宫当年，亲属升迁者十四人，封官者三人，太后恩惠在她死后依然延泽于整个韦氏家族，其中应该包括韦谦。

浙江省文物考古研究所副所长郑嘉励长于宋墓研究，他说，韦谦夫妇墓采取石椁、石顶的墓室形式，葬于山麓高地，一个地位尊贵的外戚，也是南宋的第一代移民，因为南方的自然条件与中原迥异，南渡之初，其下葬就已完全采用江南的典型形式。

他分析，照搬中原传统还是遵循南方的丧葬习俗，这是南迁之后，宋氏皇室和不少官员面临的问题。在实际过程中，不少官员都选择了在地化。一来江南地区很难有大块的平整土地，二来江南地区地下水资源丰富，深埋安葬的技术条件也无法满足。江南地区遵循的形势派、理气派风水学，讲求"龙、砂、水、穴"四大要素，也渐渐被更多南迁人士所接受。像韦谦这样南渡的第一代移民，身上已无皇家这种特殊的政治包袱。

韦谦墓中还出土了一件高丽青瓷刻花葵口式残碗。器形为敞口,弧腹,裹足支烧,底呈三个支钉痕。碗外光素无纹,内刻牡丹花纹。灰胎且坚致,胎内有结晶状。釉色青灰,釉质滋润,工艺精致,其青瓷特征与南宋官窑青瓷相似。

那天,我在浙江省博物馆看到了这只残碗,这个大概是韦谦的饭碗。

（七）

武庆军承宣使提举佑神观王安道也跻身三等座。他有这个位置,主要靠"拼爹"。

他的爹,是皇帝的太医王继先。

皇帝曾说:"桧国之司命,继先朕之司命。"

《宋史》说:"王继先,开封人。奸黠善佞。建炎初以医得幸,其后浸贵宠,世号王医师。"他被授右武大夫、华州观察史等职,最后直做到奉宁军承宣使、昭庆军承宣使等高官,"继先富埒王室,子弟通朝籍,总戎寄,姻戚党与盘据要途,数十年间,无能摇之者"。连秦桧都不敢怠慢,"继先遭遇冠绝人臣,诸大帅承顺下风,莫敢少忤,其权势与秦桧埒。桧使其夫人诣之,叙拜兄弟,表里引援"。可见王太医的权势。

王太医之嚣张为人侧目,侍御史杜莘老劾其十罪,大略谓:"继先广造第宅,占民居数百家,都人谓之'快乐仙宫';夺良家妇女为侍妾,镇江有娼妙于歌舞,矫御前索之;渊圣成丧,举家燕饮,令妓女舞而不歌,谓之'哑乐';自金使来,日辇重宝之吴兴,为避走计;阴养恶少,私置兵甲;受富民金,荐为阁职;州县大狱,以赂解免;诬姊奸淫,加之黥隶;又于诸处佛寺建立生祠,凡名山大刹所有,大半入其家。此特举其大者,其余擢发未足数也。"

这里面,最辣眼的是,宋徽宗死在北方,南宋举国服丧,禁止娱乐活动,王太医照样"举家燕饮",还命令妓女光跳舞不唱歌,不为外人听闻,谓之"哑乐"。他的长子王安道是武泰军承宣使,这个职务是个虚职,光拿钱不干活。现在浙江省博物馆,展出有皇帝赐王安道抄手式端砚(图10)。

图10　王安道抄手式端砚,浙江省博物馆藏

抄手式端砚长17.2厘米,宽10厘米,高8厘米。1956年,由著名书法家朱家济先生捐赠给浙江省博物馆。砚面开斜通式砚池,砚背抄手高而深。端州猪肝冻石,石质细腻光滑,色泽温润。通体遍布鸲鹆纹,大小参差,错落有致。砚身一侧阴刻五行楷书铭文:"绍兴十九年十月辰臣安道伏蒙皇帝宠赐端砚一只,获叨大赐诚所

谓千载一时之遇矣,传诸子孙彰示宠锡之重垂耀无穷荣于兹时,臣安道拜手稽首谨题。"

绍兴十九年(1149)正是王继先炙手可热之时,王安道因此而受皇帝赏赐端砚。

（八）

在三等座中,有御带四员,位置还挺靠前:降授郢州防御使带御器械潘端卿、忠州防御使带御器械石清、武功大夫遥郡防御使带御器械冀彦明、武功大夫兼阁门宣赞舍人带御器械李彦实。

御带,带御器械就是御前带刀护卫,也就是我们经常在电视上看到的,大老板身边那几个身手矫健、目光犀利的黑西装。

宋初,选亲信武臣佩囊鞬、御剑,为皇帝护卫,称御带,或以宦官充任。北宋真宗咸平元年(998),改称带御器械。如果对号入座,可以对标《七侠五义》中的展昭。

不要以为带御器械满皇宫都是,这种绝顶高手,一共就只有六个名额,直到南宋,才增加到十个,还不都是实职。

这一次皇帝到张俊家吃饭,一次性出动了四个带御器械,足见重视。南宋带御器械也分两种,一则武林高手,二则荣誉虚职。

韩世忠、杨存中都曾经兼职"带御器械",显然都是虚职。

绍兴十一年(1141)七月初八,皇帝下了一道耐人寻味的圣旨。加封岳飞之子岳云为"左武大夫、忠州防御使、带御器械",这个职务,和后来随皇帝赴宴的"忠州防御使带御器械石清、武功大夫遥郡防御使带御器械冀彦明"差不多。

这时候，岳飞已经被夺兵权，离岳飞、岳云被害，已不到半年时间了。

岳飞力辞，上《辞男云除御带第二札子》："臣窃以御带之职，至近冕旒。非有干城之才，可以任腹心之寄者，不足以当其选。臣男云，年少蠢愚。殊未练达世务，一旦骤迁此职，实非骙幼所能。陛下为官择人，岂当出此。知子者父，诚不皇安，不免披露愚诚，再干天听。"

岳飞在奏章中，客套地说岳云"年少蠢愚。殊未练达世务"，这种"至近冕旒"的重要职位难以负任。

对于岳飞的谦辞，皇帝回复是："朕睠若勋臣，任以本兵之寄；宠其嗣子，俾居扈从之联。"

这好像是一个实职。

有研究者认为，这是皇帝给岳飞的最后一次机会，皇帝召岳云入皇宫，充当贴身侍卫，一方面是抚慰失意的岳飞，一方面也隐含有人质的意思。但岳飞拒绝了，也就失去了和皇帝建立直通车的机会，失去了最后一次机会。

天意难测。

这一次皇帝带出来赴宴的四个带御器械，应该是实职大内侍卫。

降授郢州防御使带御器械潘端卿、忠州防御使带御器械石清、武功大夫遥郡防御使带御器械冀彦明、武功大夫兼阁门宣赞舍人带御器械李彦实。

我查了这几个人，历史上并没有更多记录，这也证明其仅仅是武林高手大内侍卫。

不过，因为偶然，我发现了一个秘密。

这个秘密就是金庸和我一样，都仔细看过这四个带御器械。

《射雕英雄传》有个桥段：桃花岛弟子曲灵风为讨得其师黄药师的欢心，入皇宫盗取名贵字画，异宝珍品，不料被发现。大内侍卫石彦明追曲灵风至牛家村，双方遂在曲三酒馆的密室展开大战，曲灵风不敌石彦明，被打成重伤，胸口两排肋骨更是被石彦明用掌力震碎，石彦明以为对方已死去，便去收取失窃宝物，却不想曲灵风尚未气绝，扔刀子戳死了他，双方同归于尽。十六年后，被路过此地的郭靖和黄蓉发现。

> （黄蓉）举起松柴又去看那两堆骸骨，只见铁箱脚边有一物闪闪发光，拾起一看，却是一块黄金牌子，牌子正中镶着一块拇指大的玛瑙，翻过金牌，见牌上刻着一行字："钦赐武功大夫忠州防御使带御器械石彦明。"
>
> 她（黄蓉）抓了一把珠宝，松开手指，一件件的轻轻溜入箱中，只听得珠玉相撞，丁丁然清脆悦耳，叹道："这些珠宝大有来历，爹爹若是在此，定能说出本源出处。"
>
> 她一一地说给郭靖听，这是玉带环，这是犀皮盒，那是玛瑙杯，那又是翡翠盘。
>
> 郭靖长于荒漠，这般宝物不但从所未见，听也没听见过，心想："费那么大的劲搞这些玩意儿，不知有甚么用？"说了一阵，黄蓉又伸手到箱中掏摸，触手碰到一块硬板，知道尚有夹

层,拨开珠宝,果见内壁左右各有一个圆环,双手小指勾在环内,将上面的一层提了起来,只见下层尽是些铜绿斑斓的古物。

她曾听父亲解说过古物铜器的形状,认得似是龙文鼎、商彝、周盘、周敦、周举等物,但到底是甚么,却也辨不明白,若说珠玉珍宝价值连城,这些青铜器更是无价之宝了。

黄蓉愈看愈奇,又揭起一层,却见下面是一轴轴的书画卷轴。

她要郭靖相帮,展开一轴看时,吃了一惊,原来是吴道子画的一幅"送子天王图",另一轴是韩干画的"牧马图",又一轴是南唐李后主绘的"林泉渡水人物"。

只见箱内长长短短共有二十余轴,展将开来,无一不是大名家大手笔。

金庸笔下曲灵风从大内偷来的宝贝,基本上就是张俊供给皇帝的厚礼,金银珠宝,书画宝器,基本是照单全抄。

更有意思的是,他把皇帝的两个侍卫,"忠州防御使带御器械石清、武功大夫遥郡防御使带御器械冀彦明",合并成了"钦赐武功大夫忠州防御使带御器械石彦明"。

这个石彦明武功高强,掌力惊人,和桃花岛大弟子曲灵风同归于尽,也算是尽职了。

我写到这一段的时候,是在冬日,写得腰酸背痛,想到在六十多年前,金大侠写《射雕英雄传》,看的也是同一本书《武林旧事》,

抄的也是同一篇文章《高宗幸张府节次略》，而且发现了金大侠的一个小秘密，不禁莞尔。

（九）

第四等各食五味，时果一盒，酒两瓶。

其中环卫官九员：右监门卫大将军贵州刺使居闲、右监门卫大将军福州防御使士辐、右监门卫大将军荣州团练使士邳、右监门卫大将军贵州团练使士歆、右监门卫大将军宣州刺使士铢、右监门卫大将军宣州刺使士赫、右监门卫大将军吉州刺使士陪、右监门卫大将军吉州刺使士暗、右监门卫大将军吉州刺使士闸。

这个名单里，都是赵家人。环卫即禁卫的意思，但环卫官是安置宗室的荣誉职位，有名无实。

北宋承唐制，置左右金吾卫、左右卫、左右骁卫、左右武卫、左右威卫、左右领军卫、左右监门卫、左右千牛卫共十六卫上将军、大将军、将军等官，称环卫官。各官名为禁卫，实无职掌，无定员，一般以宗室充任，或为武臣赠典。

宣赞舍人十八人：王汉臣、陈清、郭蔓之、王肯、许彦洪、郑应之、裴良弼、陈迪、李大有、王邦昌、张彦圭、梁份、郑立之、李邦杰、蔡舜臣、谷璹、王德霖、张安世。

宣赞舍人掌皇帝朝会、宴享时赞相礼仪，凡文武官自宰相，宗室自亲王，外国使节与少数民族首领朝见、谢辞时，按其品秩引导序班，赞其拜舞并纠其迭失。

有点外交部礼宾司的意思。

阁门祗候二十人：李丙、李唐谊、郑明、范涉、周谭、张令绰、张拱、杨价、贾公正、陈仲通、刘尧咨、张耘、何忱、李俏、王谦、董原、刘伉、刘康祖、何超祖、朱邦达。

阁门祗候是宣赞舍人的助手。

看班祗候八人：梁振之、王谊、董珩、司马纯、潘思夔、张赫、冯倚、刘尧卿。

提点兼祗应行首五人：李观、边思聪、逯镐、郑孝礼、常士廉。

看班祗候是实习生，以武臣子弟为看班祗候，在殿庭学习礼仪，熟悉后晋为阁门祗候。

三省枢密房副承旨逐房副承旨六人：刘兴仁、刘兴贤、韩师文、武铸、边俊民、严经安。

五代始置枢密院副承旨，以诸卫将军充任。宋朝沿置，分领枢密院承旨司诸房公事，南宋时是正七品官员。

随驾诸局干办监官等十八人：成州团练使干办皇城司冯持，右武郎干办皇城司刘允升，保义郎干办御厨潘邦，保义郎干办御厨冯藻，保义郎干办翰林司王喜，修武郎干办仪鸾司郭公既，保义郎干办祗候司黎安国，武翼郎阁门宣赞舍人兼翰林干办御辇院邵璹，忠翊郎干办左右骐骥院班彦通，武忠郎干办左右骐骥院张淳，承信郎阁门祗候兼干办左右骐骥院裴良从，武功大夫干办行在左藏库石瑜，右朝散大夫干办行在左藏库刘份，武功大夫干办行在左藏库吴铸，忠翊郎阁门祗候兼干办行在左藏库赵节，承节郎阁门祗候兼干办行在左藏库刘勰，忠翊郎主管军头司兼祗应杜渊，保义郎主管军头司兼祗应徐宗彦。

因为周密的记录,我们知道了皇帝的御厨厨师长叫潘邦。估计他来是对张府御宴予以业务指导的。御厨,在北宋汴梁时编制为1521人,到南宋临安时"节次裁减,以七百人为额。续减二百人拨付步军司,以五百人为额",最少时仅295人。

第五等各食三味,酒一瓶。

阁门承受十人、知班十五人、御史台十六人。

听叫唤中官等五十分,各食五味,斩羊一斤,馒头五十个,角子一个,铺姜粉饭,下饭咸豉,各酒一瓶。

禁卫一行祗应人等:钱二万贯文,炊饼二万个,熟猪肉三千斤,煨爆三十合,酒二千瓶。

估计禁卫军来了两千人左右。

在周密的《武林旧事》中,最后有一个人:和州防御使干办府事兼提点兼排办一行事务张贵。

张贵,大概是清河郡王府的总管,也是这一次饭局的操办人。

十一、岳飞：没有位置的局外人

（一）

在皇帝的饭局名单中，没有岳飞的名字，虽然在一场饭局中，他几乎无处不在。

这一年，距离岳飞遇害，已经过去十年了。

明朝王夫之有个说法，岳飞死的时候还未满三十九周岁，假使其韬光养晦，知难勇退，不争旦夕之功，像张俊那样当个恭顺的富家翁，等到秦桧死后，定有出头之日。待绍兴三十一年（1161）金主完颜亮背盟南侵，宋金重新开战，在采石矶建立不世之功的，不是一介书生虞允文，而是五十九岁年富力强的岳飞。甚至实现岳飞夙愿，驾长车踏破贺兰山缺，直捣黄龙收拾旧山河，也完全有可能。

我也希望岳飞能够这样，而且如果这样，他也极有可能在绍兴二十一年（1151）参加皇帝的饭局。

按照岳飞的资历，绍兴二十一年（1151）的时候，肯定和张俊、韩世忠一样已被封郡王。在皇帝的饭局中，他应该是和恩平郡王赵璩、普安郡王赵瑗一样，享用二等餐：各食十味，蜜煎一合，切榨一合，烧羊一盘，酒六瓶。

（二）

岳飞的命运，我觉得是中国古代政治最具象征意义的一枚标本。而这枚标本却有着极为矛盾的两面：一面是岳母刻下的"尽忠报国"，代表着一个爱国将领的光荣与梦想；而另外一面，却是皇权政治的厚黑和残酷，以及各色人等人性的幽暗和复杂。

现在史学界的普遍观点是，皇帝是杀害岳飞的主谋，秦桧是主凶。

那皇帝为什么要杀岳飞？

这个问题的答案可以换一个角度，更加准确地说，皇帝这时候需要一颗武将的人头，岳飞刚好最符合要求而已。

在皇帝的天平上，岳飞是一个完美的牺牲品。

我看过皇帝从皇城给岳飞写的两封信，时间横跨六年，从书法来说，都是国宝级艺术品，从内容可以看出，岳飞是如何一步步走向断头台的。

第一封书信，写于绍兴七年（1137），当时皇帝和岳飞，尚处于蜜月期。

这封发自杭州皇城的信，是用行楷书法写成，纵36.7厘米，横67.5厘米，一共十七行，每行字数不一样，一共九十九字。这就是书法史上有名的《付岳飞》帖（图11），流传到清朝时，被收入皇家，更是被乾隆皇帝编入了他珍爱的《三希堂法帖》之中，现在藏于台北故宫博物院。

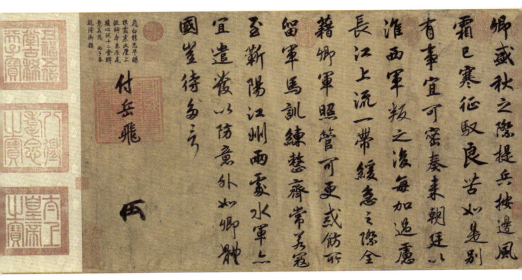

图11　宋高宗赐岳飞手敕，台北故宫博物院收

在中国历代皇帝中，论书法，高宗可以排进前五。如果字如其人，皇帝绝对是心思缜密之人。

再来看看这封信的内容：

> 卿盛秋之际，提兵按边，风霜已寒，征驭良苦，如是别有事宜，可密奏来。朝廷以淮西军叛之后，每加过虑。长江上流一带，缓急之际，全藉卿军照管。可更戒饬所留军马，训练整齐。常若寇至，蕲阳、江州两处水军，亦宜遣发，以防意外。如卿体国，岂待多言。付岳飞。

这封信的大意是：你在盛秋之际带兵防守边境，天气已变冷了，出征防御的确是很辛苦。如果有什么特别的事情，你可以直接向我密奏。朝廷自淮西兵变之后，更加忧虑。在这特殊时期，长江上游一带的安全就全靠你的部队来照管了。你可以给留守那里的兵马下令，让他们平时认真训练，就好像敌人已经到来一样。蕲阳、江州两地的水军，最好也要多调遣他们，以防意外。像你这么体谅国家的人，无须我再多说了！

见字如面，何等体贴，何等信任，相信岳飞看到这封信的时候，不禁泪流满面。

"慨当初，倚飞何重，后来何酷。"这是明代文徵明看到这封信后的感受，同样，也是我的感受。

应该说，岳飞和其他大将不同，他是皇帝亲自培养擢升的。

1127年皇帝登基之时岳飞还只是一个小兵，三年后就已经成了统制（类似近代的军长），而到了绍兴七年（1137）岳飞因军功被提升为湖北京西路宣抚使（一省军政长官），成为一方"诸侯"，正式与韩世忠、张俊并驾齐驱，这引起了张俊和韩世忠的强烈不满。史料记载，两人觉得岳飞是"火箭干部"，自己资历老，很不服气："飞以列将拔起，世忠、俊皆不平。"

北宋吸取了唐朝藩镇制度武将动辄造反的弊端，"重文轻武、文官掌兵"成为祖制，但后果就是军队战斗力弱以至于亡国。南宋初期，为了抗金恢复藩镇，"沿河、淮、江设置帅府、要郡，并赋予便宜行事权，允许辟置僚属"，作为中兴四大将中资历最浅的一员大将，岳飞能够独享如此广阔的一片战略要地的军政大权，皇帝虽说是出于无奈，但也足见信任。

同时，通过擢升岳飞这样新一代将领专制衡张俊、韩世忠等老将，也是皇帝的算计。

虽然信任，但皇帝还是有些话要说给岳飞听，特别是在绍兴七年(1137)的盛秋说给岳飞听。

绍兴七年发生了几件大事。

这一年，皇帝削去了大将刘光世的兵权，打算将五万多淮西军交给岳飞统率。

皇帝在皇城寝阁(卧室)召见岳飞，对他说："光复国土，口兴大宋这件事，我就托付给你了。从今以后，除了张俊和韩世忠，其他的军队都交给你节制。"无论是召见的地方，还是托付的事项，皇帝在这时候对岳飞的信任，都达到了最高峰。这一年，岳飞三十五岁。

岳飞闻讯大喜，顿觉北伐有望，奋笔疾书，写了一道《乞出师札子》：

> 提兵直趋京、洛……经略两河……金贼有破灭之理……为陛下社稷长久无穷之计，实在此举。……异时，迎还太上皇帝……天眷(钦宗)以归故国，使宗庙再安，万姓同欢！

但这个计划，遭到宰相张浚的强烈反对。他担心岳飞实力增强后难以控制，所以皇帝又取消了岳飞接管淮西军的任命，另用他人。

结果绍兴七年(1137)八月初八,刘光世所部的统制官郦琼、王世忠、靳赛等发动叛乱,杀死监军官吕祉等人,带领全军四万余人,并裹挟百姓十余万人投降金人傀儡伪齐刘豫,史称"淮西兵变"。这也是皇帝信中说的"朝廷以淮西军叛之后,每加过虑"。

岳飞对此非常不满,以"将相议事不合,乞罢兵守余服"为名,向皇帝上奏辞职,并回到庐山为母亲守孝。皇帝接到岳飞的奏折后,两次下旨要他复出治事,岳飞均拒绝。皇帝无奈,让三省、枢密院向岳飞手下的参议官李若虚、统制王贵下了一道命令,让他们去庐山敦请岳飞,假如违抗命令,以军法从事。

岳飞这才复出,他也多少意识到"裸辞"不合规矩,主动向皇帝请罪,皇帝给岳飞回信,警告岳飞,太祖皇帝曾言:犯吾法者,惟有剑耳!

皇帝非常恼怒,因为此前绍兴六年(1136),岳飞也因为守孝和皇帝扯过皮。

绍兴六年(1136)三月,岳飞母亲突然病逝。岳飞上表辞职,住到了庐山东林寺,准备按丁忧制度为母亲守三年之丧。

这时,正是准备对金作战的非常时期,见枢密院接连发来公文催促岳飞出来主持工作无效,皇帝连发三道《起复诏》,劝谕岳飞以国是为重,移孝作忠,立即回部队。前两道诏书岳飞都推辞了,直到皇帝下了第三道诏书,岳飞这才"趣起乃就军"。

皇帝老是要下《起复诏》,挺烦,他觉得岳飞不太听话。

绍兴七年(1137)的淮西兵变,也让皇帝自苗刘兵变以来对于大将的不安感进一步加强,同时,淮西兵变后宰相张浚引咎辞职,接任者是秦桧。

岳飞命运的齿轮，开始转动了。

这一年还有一件事，岳飞犯了一个大忌。

绍兴七年(1137)九月，岳飞在觐见皇帝时面奏：金人想在京阙立钦宗之子，建议皇帝早立太子，稳固国本，安定民心，金国的阴谋就失败了。

皇帝说道："你将兵在外，这事不是你所当干预的。"被责备后，岳飞"面如死灰"，"声落而退"。

一个大将，关心皇帝继承人，本来就是大忌，更何况，虽然皇帝在亲生儿子去世后收养了一个养子，但并不意味着三十一岁的皇帝以后就生不出儿子来接班，岳飞的谏言，无疑是对皇帝性功能的极大怀疑。这让皇帝情何以堪？

这两件事，在皇帝心里扎了两根刺。

但皇帝这时候还是需要倚重岳飞，所以就有了《付岳飞》这封信：一方面安抚岳飞，希望他担负起主体责任；另外一方面，"朝廷以淮西军叛之后，每加过虑"，他希望岳飞能够听懂，皇帝最"过虑"的，还是武将的忠诚。"如是别有事宜，可密奏来"，看来岳飞并不擅长打小报告，他并不明白，给领导打小报告，也是忠诚度检测的重要指标。我觉得最后一句话特别有意思，"如卿体国，岂待多言"，你岳飞体谅国家，自然无须多言，但你还要体谅皇帝，比如你建议皇帝早立太子安定人心，这就属于"体国"不体君，皇帝想生皇子接大位，你非要皇帝先立养子，这明摆着不体谅皇帝。

忠君和爱国，有时候并不是一回事。

但岳飞，似乎没有看懂这封信。可能也就在收到皇帝这封信后不久，岳飞写了一首词《小重山》：

> 昨夜寒蛩不住鸣。惊回千里梦，已三更。起来独自绕阶行。人悄悄，帘外月胧明。
>
> 白首为功名。旧山松竹老，阻归程。欲将心事付瑶琴。知音少，弦断有谁听？

这首《小重山》没有《满江红》那么出名，但学界普遍认为这首《小重山》出自岳飞可能性更大，而且就是在绍兴七年(1137)这一连串事件之后。

岳飞可能没有意识到，一个武将表达失意哀怨和萧索消极，同样也是有风险的。特别是最后"知音少，弦断有谁听？"，对于一个敏感的皇帝，一个极度缺乏安全感的皇帝，一个自认为对岳飞一路擢升恩重如山的皇帝，这首《小重山》给他带来的情绪价值，绝非正向。

这首词也反映了岳飞极高的文学修养，但这在重文轻武的宋代，一个武将舞文弄墨，当朝的文官集团不但不会有好评，甚至会觉得是一种挑衅。包括韩世忠、岳飞在被收兵权担任枢密院长贰后，羽扇纶巾做文人打扮，都被认为是一种冒犯和不满情绪的表达。

所以岳飞最后落难，文官集团几乎无人援应，这可能也是一个因素。

到了绍兴十一年(1141)，从春天开始，岳飞离死亡越来越近。

此前，绍兴十年(1140)，岳家军痛击金兀术，连战连捷，一直打到离开开封近郊朱仙镇一带，岳飞上书机不可失，宜乘胜追击，但皇帝不准。岳飞无奈班师。

《宋史·岳飞传》记载："(秦桧)言飞孤军不可久留，乞令班师。一日奉十二金字牌。飞愤惋泣下，东向再拜，曰：'十年之功，废于一旦。'"

这事对于一心要直捣黄龙的岳飞无疑打击极大，以至于第二年淮西再战金兀术，岳飞对于皇帝的指挥，有了保留意见。这就是"濠州抗命"事件，也是岳飞被最后定罪的主要罪名之一。

绍兴十一年(1141)正月，金兀术入侵淮西。朝廷派张俊、杨沂中、刘锜率军迎敌，并命岳飞领兵东援。岳飞尚未赶到，杨沂中军已在柘皋大败金军。张俊想独吞柘皋之战的功劳，打发刘锜还军，岂料金军在濠州杀了个回马枪，并重创前来救援的杨沂中军。岳飞闻讯驰援，金军已渡淮北上。岳飞两次增援无果，除了张俊瞎指挥、本人感冒、军队乏粮等因素，一定程度也和他当时的战略思想有关。

金兵进攻庐州的时候，皇帝催促岳飞去增援，因为庐州有失，临安危矣。而岳飞认为，淮西战区内，合张俊、刘锜、杨沂中三部军力的话，已经达到十三万以上。这是建炎南渡以后，第一次以优势兵力与金军作战，怎么也能保证长江安全。而金人举国入侵，后方必然空虚，他在湖北，与其出兵淮西劳师伐远，不如抄后路攻击河南金军后方，这样敌人就会疲于奔命。

但皇帝还是坚持出兵淮西，连发了十七道诏令。这场战役皇帝打了鸡血，难得激进，准备和金人一决雌雄。

这时候岳飞重感冒咳嗽很厉害，他也知道皇帝急于击退来犯之敌，所以最后表示愿意去增援。

皇帝闻讯奋笔疾书，一封发自杭州皇城的《赐岳飞批剳卷》（图12），很幸运也保留至今，现藏于台北。

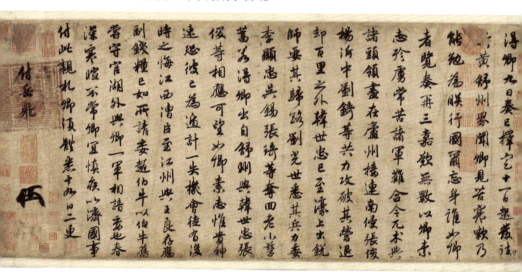

图12　《赐岳飞批剳卷》，台北兰千山馆藏

得卿九日奏，已择定十一日起，发往蕲、黄、舒州界。闻卿见苦寒嗽，乃能勉为朕行，国尔忘身，谁如卿者。览奏再三，嘉叹无斁。以卿素志殄虏，常苦诸军难合，今兀术与诸头领尽在庐州，接连南侵。张俊、杨沂中、刘锜等，共力攻破其营，退却百里之外。韩世忠已至濠上，出锐师要其归路。刘光世悉其

兵力，委李显忠、吴锡、张琦等，夺回老小、孳蓄。若得卿出自
舒州，与韩世忠、张俊等相应，可望如卿素志。惟贵神速，恐彼
已为遁计，一失机会，徒有后时之悔。江西漕臣至江州，与王
良存应副钱粮，已如所请，委赵伯牛，以伯牛旧尝守官湖外，与
卿一军相谙妥也。春深，寒暄不常，卿宜慎疾，以济国事。付
此亲札，卿须体悉。十九日二更。付岳飞。

这封信，比前一封信复杂。

首先是对岳飞带病坚持工作予以高度肯定。"国尔忘身，谁如
卿者"。然后又给岳飞画饼，你不是一直说抗金苦于"诸军难合"
吗？现在按照我的谋划，张俊、杨沂中、刘锜、韩世忠、刘光世各大
将都已各就各位，就等你了，大家一起发力，不就可以实现你的夙
愿吗？但是兵贵神速，机不可失，否则以后一定会后悔的。接着又
给岳飞吃个定心丸，钱粮后勤我都安排好了，你就放心往前冲。

这封信至此，动之以情，晓之以理，诱之以利，皇帝都做到了。
但就此结束，就不是皇帝了。

"春深，寒暄不常，卿宜慎疾，以济国事。付此亲札，卿须体悉。
十九日二更。付岳飞。"

这句结尾意味深长。"春深，寒暄不常。"

这六个字，初看一阵温暖，但细品，不寒而栗。

"卿宜慎疾，以济国事。付此亲札，卿须体悉。"这话可以解读
为你要注意毛病保重身体，国家需要你，我给你亲笔写信，希望你
要认真领会。

但我相信皇帝还有另外一层意思：不要又犯老毛病，不听招呼，不要再让我连发了十七道诏令你才动一动，这样下去对国家不利，对你也不利。我给你亲笔写信，就是希望你要认真领会。

这时候，皇帝已暗藏杀机。

"十九日二更。付岳飞。"皇帝还特别注明了写信的时间，二更了，我还没有休息，夜不能寐啊。

信中有"春深"二字，再结合当时战况，可以推定写信时间应是绍兴十一年(1141)三月十九。

事实上，就在皇帝写这封信的前一天，战场情况已经发生了重大变化。二月柘皋大捷后，宋将张俊、杨沂中、刘锜于三月奉诏班师。才行数里，闻金兵攻濠州甚急，遂往援，行至距濠州城六十里时，城已陷，三将就地扎营。后张俊为争头功，派部将杨沂中、王德率兵直奔濠州。三月十七，张俊、杨沂中轻敌冒进，被金兀术打得落花流水，三月十八就回到了自己的驻地当涂。刘锜独木难支，也退回江南。负责劫金军退路的韩世忠也只是跟金兵打了个照面就掉头撤了，还差点被金兀术给断了归路。

也就是说，在皇帝写这封信的前一天，一切都已经尘埃落定，金兀术已经跳出包围圈，安然北归了，而皇帝却没有及时得到最新战报，还在催促岳飞赶紧出发。

这封信，是皇帝给岳飞连发了十七道诏令后写的，他的心情可想而知，但在信中，他很克制，书法如往常气韵清和，但就是这种克制，让我们看到了危险，甚至是越克制，越危险。

就像在一个单位，领导觉得你做错了事，把你痛骂一顿，说明他把你当作自己人，但如果他客客气气地表扬你，那就危险了，因为他没把你当作自己人。

可想而知，绍兴十一年(1141)三月十九二更，在杭州这个湿冷的春夜，皇帝写完信，一定是交代"八百里加急"送往岳飞军中，三十五岁的皇帝在拍着桌子发脾气。他又是焦急，又是害怕，不断问太监："信送了没有？ 岳飞出发了没有？"他憔悴苍白的脸上泛起了潮红，眼中布满了红血丝，不断地说："你不听话，看我以后怎么收拾你！"

可以说，从这封信开始，皇帝已接近忍无可忍。重文抑武的祖制，苗刘兵变、淮西兵变的前车，都让皇帝深信，最危险的敌人，不是金人，而是身边的武将，特别是不听话的武将。

但岳飞可能没有意识到刀已架在脖子上了，虽然皇帝声称"社稷存亡，在卿此举"，催促岳飞救援，但岳家军赶到濠州之际，宋军惨败，战事早已结束。岳飞疲于奔命，前思后想，对照此前自己抄金军后路的战略，不免抱怨："国家了不得也，官家(皇帝)又不修德。"这句话，后来也成了他日后被杀的罪名之一。

虽然濠州之败主责在张俊，岳飞抄金军后路的战略可能更正确一点，但对皇帝来说，岳飞这是"要君"，乘人之危，屡教不改，而且还吐槽皇帝"不修德"。所以战后张俊为推卸责任甩锅，岳飞成为完美的背锅侠，已经板上钉钉。

我已经说了"卿须体悉"，你还不明白，那就不怪我了。

就在这年大年三十的前一天，一口一个"卿"的皇帝，将"卿"赐死于杭州大理寺。

德国著名汉学家、专精宋史的迪特·库恩在其所著《哈佛中国史》宋代卷里,写到岳飞之死和"绍兴和议"时说:

> 1141年4月,宋高宗写了一封手札给岳飞,表达了他对岳飞的赞赏,并鼓励岳飞铲除奸佞。但1141年秋,岳飞还是以拒旨抗命和失职的罪名被抓捕入牢;1142年1月,他被毒死在监狱中。聪明而务实的高宗可能把岳飞之死当作限制北方军阀们军权的一种方法。这些军阀的私人武装和高度独立的军队对政府的和谈来说是个很大的威胁。高宗可能希望重新建立重文抑武的秩序,就像太祖皇帝在宋初所做的那样。与金的和约就如同1005年北宋与契丹签订的"澶渊之盟",确保了之后数十年的可靠和平。

(三)

绍兴十一年(1141),宋金达成和约:宋向金称臣,金册宋康王赵构为皇帝;划定疆界,东以淮河中流为界,西以大散关为界,以南属宋,以北属金;宋每年向金纳贡银、绢各二十五万两、匹。

"绍兴和议"被称为"中国第一个不平等条约",中原政权有史以来"破天荒"向北方游牧政权称臣。这也是皇帝以及南宋一直为后人诟病的最重要原因。

事实上,这不是第一次和议。绍兴八年(1138),宋金就曾经达成一次和议,只不过次年金国就反悔了,重新开战。

第一次和议条件比绍兴十一年(1141)好得多，金国甚至归还了河南陕西失地，就是这样也还是遭到了朝野强烈批评。

岳飞曾上书说："敌情不可信，和好不可恃，相臣谋国不臧，恐贻后世讥议。"这自然让相国秦桧恨之入骨。

枢密院编修胡铨反对最为激烈，他上书要求皇帝斩下秦桧、王伦等和谈官员的首级，否则他宁愿投东海而死，也绝不在小朝廷苟活。胡铨同时散发了不少奏疏副本，引得临安"都人喧腾，数日不定"。

而绍兴十一年(1141)的和议更加屈辱，最让人诟病的不仅仅是割地赔款、称臣。而是和议是在当时岳飞、韩世忠、刘锜、张俊等南宋将领在战场上取得了一定军事优势的情况下达成的。

后世普遍认为，皇帝最为可耻的不仅仅是和议，而是在军事占优情况下，急于求和阻止岳飞等将领乘势扩大战果。和议本可以争取到更有利于南宋的条件，比如以黄河为界而非以淮河为界，起码不至于得来称臣的屈辱。

皇帝为啥在战场占优情况下，一味求和?

皇帝晚年，他一再告诫新即位的宋孝宗，在宋金事务上务必谨慎持重，免得招来覆国之祸："彼有胜负，我有存亡。"

他的意思，宋金之战，对金国而言只有胜负，对宋而言则是存亡。即便在战场上击败金军，也没能力将其灭国，反之，金人则有灭宋的实力。

这八个字的战略思想，笼罩了皇帝一生，也是绍兴和议的底层逻辑。

从靖康之变做人质,到建炎三年(1129)扬州大溃败、被金兵一路追杀到海上,皇帝在目睹了有"人如虎,马如龙。上山如猿,入水如獭。其势如泰山"之称的金军后,心理上受到了极大刺激。皇帝患有深入骨髓的恐金病,这是不言而喻的,所以他从登基开始就求和,只不过金国很长时间并不把他作为谈判的对象,而是作为肉体消灭的目标,根本不和你坐下来谈和。岳飞、韩世忠、张俊、刘锜的胜利,对于皇帝而言,是终于打得金国坐下来谈和。

换言之,皇帝希望的胜利,绝非"再次伟大",而是以战促和的胜利。他完全不相信岳飞等将领北伐能成功,他脑子里的边疆就是和议中的淮河汉水一线。此外的领土他没有多大兴趣,也不觉得能守得住。

另外,皇帝为一己之私急于求和,全盘接受了金朝开出的屈辱条款。这背后有他的"小九九",如果岳飞等将领取得进一步胜利,也许可以在谈判中多分个仨瓜俩枣,甚至可以平起平坐避免屈辱,但也意味着武将势力进一步坐大。唐朝安史之乱后,平叛过程中武将雄起藩镇割据,以至于李家天下毁于藩镇之手。这个教训,以及此后五代十国武将轮流坐天下的乱象,对于有宋一朝皇帝而言,决不允许历史重演,或者说决不允许历史有可能重演,这是最坚决的祖训。

所以皇帝既不希望战场失利,也不愿见战场大胜,他宁可在胜利的情况下选择屈辱的和议。

元朝编撰的《宋史》都嘲讽皇帝:"恬堕猥懦,坐失事机……偷安忍耻,匿怨忘亲,卒不免于来世之诮,悲夫!"

作为儒家文化之信徒，皇帝和秦桧都很清楚，这一份史无前例的屈辱，将会带来多大的朝野反弹，甚至会危及执政者的合法性。

而为了压制这样的反弹，第一时间借用一颗人头，特别是强烈反对和议的大将人头，杀鸡给猴看，无疑是一个完美的选择。而且，还可以把"杯酒释兵权"进行到底。

岳飞，就这样成为一个完美的牺牲品。

换言之，如果宋金没有达成和议，宋金还是处于战争状态，大将岳飞虽然可以死，但也不会死，而且肯定不是死在绍兴十一年（1141）。

这从另外一个角度可以印证。

绍兴三十二年（1162）六月十一日，皇帝传位给孝宗；七月十三日，孝宗就为岳飞平反官复原职，重新按照他应得的规格改葬。

孝宗这个孝子，做出这样的决定，不可能不经过太上皇赵构。

而且皇帝在退位前，已下令，将岳飞和张宪被流放的家属释放，并且不再限制他们的居住地点；又将因岳飞案被改成"纯州"的"岳州"恢复了原名。

难道这时候皇帝悔过反省，二十一年前杀错人了？

显然不可能。

其实原因是前一年开始，金国皇帝完颜亮破坏和约，率领六十万大军南下了。

两国重新开战，就需要把"尽忠报国"的岳飞抬出来了。

因为和，就要你死；因为战，你死了也要你活。所以诛杀正确，平反也正确。

岳飞，你就是我手里的一张牌而已。皇帝说。

这个问题，岳飞可能至死也未必清楚。

当时岳飞被构陷谋反下狱，《三朝北盟会编》卷里面记载了岳飞在狱中的故事："飞初对吏，立身不正而撒其手。旁有卒执杖子，击杖子作声而叱曰：'叉手正立！'飞竦然声喏而叉手矣，既而曰：'吾尝统十万军，今日乃知狱吏之贵也！'"

真是虎落平阳被犬欺。最震撼的是下面的记载：

> 飞犹不伏。有狱子事飞甚谨，至是，狱子倚门斜立，无恭谨之状，飞异之，狱子忽然而言曰："我平生以岳飞为忠臣，故伏侍甚谨，不敢少慢；今乃逆臣耳！"飞闻之，请问其故，狱子曰："君臣不可疑，疑则为乱，故君疑臣则诛，臣疑君则反。若臣疑于君不反，复为君疑而诛之。若君疑于臣不诛，则复疑于君而必反，君今疑臣矣。故送下棘寺，岂有复出之理？死固无疑矣；少保若不死，出狱则复疑于君，安得不反？反既明甚，此所以为逆臣也。"飞感动，仰天移时，索笔著押，狱子复事之恭谨如初。

这个狱卒揭示了一个潜规则：皇帝起了疑心就会杀臣子，臣子起了疑心就会谋反。岳飞你如果死在大理寺，就是因为谋反被诛；如果活着出了大理寺，你心里怨恨，今后一样会谋反。总而言之，你怎么样都是谋反，你说你是不是个反贼？

这个狱卒的政治敏锐度让人佩服。我觉得他很像《基督山伯爵》中的法利亚神父，一句话就点醒了蒙冤入狱的爱德蒙·唐泰斯：
"你不在能对谁有利呢？"谁就是害你的人。后来偷偷为岳飞收尸
的狱卒隗顺，会不会就是这个狱卒？

其实，岳飞不是不明白，只不过不愿意接受这个现实，一口一
个"卿"的皇帝，要杀的就是"卿"。是否谋反，是否认罪，从岳飞关
进大理寺开始，都不重要。

其实最终，大理寺给岳飞定下的主要罪状和谋反无关，只有这
样两条：自称三十岁建节比肩太祖皇帝赵匡胤，濠州之战无视皇帝
十五次御笔催促"逗留不进"。

绍兴十一年十二月冬，岳飞被迫饮鸩服毒而死，时年三十九
岁，岳飞的供状上只留下八个绝笔字："天日昭昭，天日昭昭！"

（四）

我觉得，皇帝和秦桧最可耻的不是杀害了岳飞，而是将中国古
代最接近近代化的政治实践，活生生扼杀了。

北宋相较于唐代所发生的最大变化，其实就是朝堂的大臣，不
再是世袭勋贵而变为了文人士大夫。这个大背景是宋朝吸取了唐
朝以来藩镇割据的教训，实施重文抑武的国策。所以宋代是中国
历史上第一个真正由精英士大夫执政的王朝。

所以北宋诞生了一批伟大的政治家，吕蒙正、范仲淹、王安石、
欧阳修、司马光、苏轼、寇准、韩琦、文彦博、富弼、包拯等等，堪称
天团。

其中不少是平民子弟，甚至出身寒门，比如范仲淹，少时喝个

粥还要分为四块吃一天。

平民化和文官化，一般认为是近代化政治的特征。

这是一群有着儒家政治理想的官僚群体，他们以家国天下为己任，因此皇帝与士大夫阶级在国家利益的层面达成了共识，形成了良好的互动。

在北宋，特别是宋仁宗执政中期，以士大夫为主体的士大夫政治走向成熟，权力体系实际上就由皇帝与士大夫各为一极、共同构成，即所谓的"皇帝与士大夫共治天下"。这一权力体系的平衡是建立在皇帝自觉地让渡部分政治权力给士大夫阶级的基础之上，而且皇帝与士大夫阶级分工明确：皇帝负责最后的裁决，而具体的行政事务则由以士大夫阶级为主体的各个机构分工完成。

当时很多的制度设计，已非常近代化。

比如转对制度。皇帝每五日接见官员，每次两三位。官员们剖析自己任职范围内一段时期的得失，进而阐明施政的理念。

在《宋会要辑稿》中就有记载："建隆三年……内出御札曰：'今后每遇内殿起居，应在朝文班朝臣及翰林学士等以次转对，即须指陈时政阙失，明举朝廷急务。或有刑狱冤滥、百姓疾苦，并听采访以闻。……如有事干要切，即许非时上章，不必须候轮次。'"

比如台谏制度，在宋朝以前，台谏的职位及主事范围是不同的，御史的职责主纠错弹劾百官，谏官则针对谏正皇帝，其各司其职互不侵犯。

而到了宋朝，御史兼任弹劾百官与谏正皇帝之责，同理谏官谏正皇帝也弹劾百官，"台谏"合一，这也让"台谏"火力暴增。

宋仁宗封张贵妃的亲戚为官，结果在朝堂上被包拯痛斥，只好收回成命。憋屈的皇帝也只是回宫后对张贵妃发火："你就知道要官，就不知道那包拯是御史中丞吗？他的唾沫都喷我一脸了！"

宋朝非常重视开科取士这一拣选精英的制度创新。

《宋史·选举志》载，宋太祖开宝六年(973)，翰林学士李昉知贡举，赵匡胤召对时发现录取的武济川、刘睿"材质至陋、对问失次"，且有人揭发这两个人都走了李昉的关系。于是他将这次考试的大部分举子集中到御殿，亲自主持复试考察，并最终由他亲自圈定录取人选。事后，李昉受到责罚，"殿试遂为常制"。这是中国殿试制度的发端，自此确立了乡试、会试和殿试三级考试制度。而且神宗时期，一改以前考诗、赋、论三题的办法，仅试策一道，限千字以上。从此，试策为历代皇帝所青睐，以"金殿对策"确定进士名次的做法一直沿用到清末。

到了真宗时期，又确立了"糊名"制度，就是把考生的姓名、籍贯等一切可能暴露身份的信息严加密封，使主考官和阅卷官无从对号入座，以此防弊。

一些长期困扰国家治理的痼疾，如外戚干政、宦官擅权、武将犯上等，在有宋一朝，也均为少见。

我们不得不感叹北宋统治者的智慧，他们在霸道的君主专制体制中融入了比较温和的士大夫政治，营造出了与前代完全不同的政治氛围，使得国家各项政务得以在集体智慧中决策、施行，我们似乎已经可以看到近代的曙光。

但曙光稍纵即逝。

　　士大夫因为政见不同,自然有政治博弈。但这种博弈迅速异化,本来是政见之争,异化为道德之争、路线之争,最后上升为"党争",这在王安石变法引发的"元祐党争"中体现得淋漓尽致。

　　专栏作者"海边的西塞罗"对此有深入的剖析:相比于现代政治中的政见争论,从宋以后愈演愈烈的党争,最大的特点,是它对战败者是具有人格毁灭性的——你不同意我的意见,你就道德沦丧,不是人了,是禽兽。而既然你是禽兽,那你的一切权利都是不受保护的,而你的一切主张也都是错的。比如北宋王安石变法失败之后,司马光入朝"尽废新法",已闲居在野的王安石听闻此事之后气得吐血,明明有效果,为什么要废除呢?当然,王安石当政的时候,打出"天变不足畏,人言不足恤,祖宗不足法"的"三不"旗号,所有反对新法的人也是统统被赶出朝堂,远贬他乡的。你看看被划为"旧党"的苏轼被折腾成什么模样就知道了。

　　我在杭州看到一通西湖摩崖石刻,北宋熙宁六年(1073)二月下旬,杭州通判苏轼公务之暇,几位同僚相约出游。经过南高峰下石屋洞时,大家来了兴致,决定将自己的姓名刻在这石屋洞内,传之后世,以示将来:陈襄、苏颂、孙奕、黄颢、曾孝章、苏轼同游,熙宁六年二月二十一。

　　但元祐党禁,苏轼上了黑名单,"苏轼"两个字被磨去,直到明代重刻。

　　连个到此一游都不能容忍,宋代政治家的政治博弈开始低级化、丛林化。"海边的西塞罗"认为,原本怎样施政才能让国家更好的技术争论,因为双方都急于抢占道德制高点,变成了一场谁对朝廷更加忠心的道德争论,最终异化成为一场你死我活的路线争夺。

而在这场翻烙饼一样的新旧党争中,双方给对方上的手段,是逐渐增加的:在王安石当政的时代,把对手贬出朝廷就好,甚至苏轼乌台诗案落难命悬一线的时候,他还出手相救,有点像君子之争;到了吕惠卿时代,就是排挤加远谪;再到了章惇为相时,已经开始要对一些反对者"永不叙用";再到蔡京的时代,朝廷直接立起了元祐党人碑,公开扯出一张黑名单,让上了这面碑的人,子子孙孙,永世不得翻身。到了南宋,主战派、主和派争论不休,主战派内部张浚、赵鼎也在争斗。可以想到,这种党争的逐步升格化,最终一定会通向一个终点,那就是残忍的肉体消灭,以摧毁你生命的方式,否定你的主张。

而这种惨烈的不幸,最终就落到了岳飞的头上。

而皇帝,也离宽容的宋仁宗越来越远。他发现自己当这个皇帝太痛苦了,议和受到大臣群攻不说,连自己的性功能都被质疑。他越来越讨厌动辄以天下为己任的士大夫,皇帝对大臣说:"天下幸已无事,惟虑士大夫妄作议论,扰朝廷耳。治天下当以清净为本,若各安分不扰,朕之志也。"

人主之权,在乎独断! 皇帝发出了自己的心声。

他决定改变游戏规则,变"皇帝与士大夫共治天下"为"皇帝与宰相共治天下",当然宰相必须完全听从上意,说自己不方便说的话,做自己不方便做的事,去对付那些议论不休的士大夫。这样他既可以保持权力,同时也可以有更多时间写写自己喜爱的书法。

秦桧也因此独相十九年。从此朝堂上只有一个声音,历史也只有一个版本,任何对于和议和岳案的质疑,都是政治不正确。"钳天下之口,结天下之舌",那些正直的士大夫,要么被流放,要么在去流放的路上了。

秦桧和皇帝,就通过谋杀岳飞,为主战派、主和派之争画上了一个句号,为"皇帝与士大夫共治天下"的政治创新画上了一个句号,也为中国古代最接近近代化的政治实践画上了一个句号。

史学大师钱穆先生在《国史大纲》里提出:中国的政治分为两段,前一段是汉唐两宋,是文官跟皇帝共治天下。这个阶段当然也是君主专制,不过是开明的专制。后一段是元明清,这时候才出现了绝对的君主专制制度。这个转变,被称为宋元之变。

皇帝和秦桧,可以说是宋元之变的关键先生。

学者黄宽重先生认为,(秦桧)以恐怖手段来钳制思想,打击知识分子的尊严,虽然维护了自己一时的权位,却断送了南宋兴复之机,应当是秦桧被视为历史罪人的重要原因。

宋史专家刘子健说的更严重。他说皇帝创建的"绍兴模式"不仅毒化了南宋的政治生态,中国后来的历代王朝,延续的也都是这种模式。皇帝断送了中国历史的出路。

而就在岳飞遇害七十四年后,南宋宁宗嘉定八年(1215),在遥远的英国,出于对不受限制的王权的恐惧,一部名为《大宪章》的法律文件诞生了,开始把王权限制在了法律之下,确立了私有财产和人身自由不可被随意侵犯的原则。

他们觉得,靠皇帝的自觉和宽容,是靠不住的。

十二、宝器

（一）

张俊的礼单里,有一批宝器:

> 御药带一条,玉池面带一条,玉狮蛮乐仙带一条,玉鹘兔带三条,玉璧环二,玉素钟子一,玉花高足种子一,玉枝梗瓜杯一,玉瓜杯一,玉东西杯一,玉香鼎二(盖全),玉盆儿一,玉椽头碟儿一,玉古剑璏等十七件,玉圆临安样碟儿一,玉靶独带刀子二,玉并三靶刀子四,玉犀牛合替儿一,金器一千夹,珠子十二号共六万九千五百九颗,珠子念珠一串一百九颗,马价珠金相束带一条,翠毛二百合,白玻璃圆盘子一,玻璃花瓶七,玻璃碗四,马瑙碗大小共二十件。

这张单子,在今天收藏界称之为"杂项",以玉器为主。

看了这张单子,杭州宋代玉器博物馆的馆长何少峰说,给皇帝送礼,光看玉器,张俊就很有诚意。

何少峰原来在银行工作,后专攻玉器收藏研究,2018年后在杭州吴山下开办杭州宋代玉器博物馆,这也是全国民间玉器收藏研究的高地。

杭州宋代玉器博物馆不远处,就是吴山古玩城,也就是张俊的清河郡王府旧址。

中国人为什么对玉有一种特殊的情感?

著名社会学家费孝通先生曾提过一个问题:东方文化,尤其是中国文化,有很多独特的东西,但是哪些东西是西方文化所未见而为中华文明所独有?

费先生说:"在此,我首先想到的是中国玉器。因为玉器在中国历史上曾经有过很重要的地位,这是西方文化所没有或少见的。"

没有选择汉字、瓷器、丝绸,费先生将玉器作为中华文化最具代表性的符号,并认为应该把对玉器的研究作为研究民族精神和优秀传统的导向和钥匙,将这一人类宝贵财富,贡献给世界。

何少峰说,这也是他扔掉银行金饭碗,对玉器情有独钟的原因。

除了细腻润泽的外表,玉更是被赋予了人格化的内涵,温润如玉,孔子以玉比喻君子之德。

他觉得宋代的玉器,最大的特点是贴近生活,实现了艺术的生活化。

从宋代开始,玉器开始走下神坛,民间也可以交易使用玉器,所以题材和纹饰,广泛汲取日常所见的各种事物,热衷于对大自然丰富生态的描绘和刻画,十分重视写实。作品充满浓郁的生活色彩,予人以亲切感,这成为宋代玉器的突出特点。

张俊送给皇帝的玉器,在何少峰的博物馆里,基本能够找到同款。

比如御药带一条,他觉得应该是玉腰带,博物馆有一套宋代的青玉带饰(图13),青玉受沁,局部带有灰皮,带饰共计二十四件。其中三台一组,供固定扣舌的铰具二组,拱形带板四件带穿六件,提携二件,长方形排方四件,方形坠饰一件,枙尾二件,玉带,整体抛光精细,具有强烈的玻璃光泽,背面有数对隧孔,供缝缀固定。

又如玉狮蛮乐仙带一条,博物馆有一白玉胡人戏狮纹带,白玉,留黄色玉皮,戴饰上镂雕胡人戏狮。胡人头戴小帽,着紧身衣,宽筒裤,盘腿坐石台上,手持横笛吹奏。狮子半蹲状,和着节拍摇头晃脑,翩翩起舞。其顶部利用玉皮俏色,巧雕松树和柞树,底纹透雕出镂窗形制。背面四角分别有一对隧孔,供缝缀固定。

再如,玉池面带一条,这也是腰带的玉饰,何少峰说玉池面,就

图13 南宋玉带板,杭州宋代玉器博物馆藏

是浮雕,博物馆有青玉凤鸟纹带板一件,带板以减地浮雕工艺琢出一只凤凰,头戴芝形冠,眉毛和鬓发向后飘扬,阴线刻出眼眶,眼睛突出。凤凰羽翼舒展,羽毛以网纹装饰,翅以三层阴线表示,尾向上翻卷呈花叶形,双足踏一朵流云,背部有可供穿缀的四对隧孔。

张俊的礼物还有玉璧环,前几年,浙江黄岩出土了一块投龙玉璧(图14),不知是否和张俊供奉的有关系。

2016年,浙江省台州市黄岩区发现了一座古墓,通过考古研究证实,这是一座保存完好的南宋墓葬,墓主人叫赵伯澐,系宋太祖赵匡胤七世孙,生前曾任平江府长洲县丞,赠通议大夫。

作为宗室,赵伯澐墓的随葬品有些寒酸。

除了一批保存极好的衣服,墓中只有几件铜镜、香盒等普通随葬品,看得上眼的只有一块玉璧和一块水晶璧。

赵伯澐墓出土的玉璧并非宋玉,而是一件五代十国时期的南唐玉璧,身世显赫。这块玉璧非常独特,它既不是用于陈设的观赏玉器,也不是用于佩戴的装饰玉器,更不是用于随葬的殓葬玉器,

图14 南唐投龙玉璧,浙江台州黄岩博物馆藏

而是南唐时期用于皇家祭祀的投龙玉璧。

玉璧上刻有"大唐皇帝 昇 谨于东都内庭 修金箓道场 设醮谢土 上仰玄泽 修斋事毕 谨以金龙玉璧 投诣西山洞府 升元四年十月 日 告闻"等字样。

意思是：大唐皇帝李昇，恭敬地在东都(今扬州)皇宫设立金箓道场，用斋醮祭祀来感恩上苍，感谢上天所赐的大唐国土，拜谢上天的恩泽厚赐，斋醮事毕，谨以金龙玉璧祭投于西山洞府之口。升元四年(940)十月，向天祷告。

史料记载：公元939年，李昇自称是唐宪宗之子建王李恪的四世孙，改国号为"唐"，史称"南唐"。

南唐共传三世一帝二主，享国三十九年。南唐后主李煜正是李昇的孙子。南唐政权偏安江南一隅，以建康为西都，广陵为东都。尽管南唐国祚短促，但在五代十国时期所有的割据政权中版图面积最大。

这一块本是投于扬州西山洞府的玉璧，怎么三百多年后会出现在浙江台州黄岩赵伯澐墓中？

有的说，南唐被北宋灭亡后，这块玉璧进入北宋皇室，代代相传，一直传到了赵匡胤的六世孙赵子英手中，而赵子英在南宋初期曾任台州府黄岩县丞，赵伯澐又是其幼子，所以玉璧最终就传到了赵伯澐的手中；也有的说，金石收藏家李清照曾逃亡经过黄岩，很可能将收藏的玉璧带到了黄岩，最终被赵伯澐所收藏。

更有说法，皇帝将这块玉璧赏赐给宗室，从而使之流传到了黄岩。那么，也不排除张俊供奉的玉璧，最后转手到了黄岩。

（二）

张俊这批玉器从哪来？

何少峰觉得，有可能来自清河坊一家玉器商铺七宝社，也就在张俊家附近。

据《西湖老人繁盛录》记载，清河坊七宝社出售有："珊瑚树数十株，内有三尺者、玉带、玉碗、玉花瓶、玉束带、玉劝盘、玉轸芝、玉绦环、玻璃盘、玻璃碗、菜玉、水晶、猫睛、马价珠，奇宝甚多。"

张俊从七宝社采购了一批玉器和金银珠宝，然后供奉皇帝。张俊采购自清河坊七宝社，倒也有史料为证。

清代王士祯的《香祖笔记》中记载了一则奇闻：南宋绍兴年间，高宗皇帝赐宴群臣，席间偶然发现张俊的折扇上，系着一个玉孩儿扇坠，顿时眼前一亮。

皇帝一眼就认出那玉扇坠是自己的贴身旧物，但是在十年前逃难乘船前往明州途中，不小心将玉扇坠掉入水中。

由于这个玉扇坠是皇帝的心爱之物，当时就曾命人寻找，却始终找不到，只能抱憾而去。现在突然见到这件旧时心爱之物，皇帝一时又惊又喜，连忙向张俊询问玉扇坠的来历。

张俊答是于临安清河坊铺家买得。皇帝赶紧命人将开铺卖玉的老板叫来询问，老板说是一个小贩拿到店里卖掉的。

接着再派人找到小贩，小贩回答，从候潮门外陈宅厨娘处买得。

又派人去候潮门外陈家问厨娘，结果陈厨娘回答说："破黄花鱼腹得之。"至此真相大白,原来当初皇帝把玉扇坠遗失在水中,不知什么时候被水里的黄花鱼给吞进肚子,十年后这条黄花鱼被厨娘宰杀,玉扇坠这才得以重见天日,随后被卖给玉器铺,又被张俊从玉器铺买走,机缘巧合之下又被皇帝看见,事情就是这么离奇!

皇帝搞清来龙去脉后,认为扇坠失而复得是江山复还之吉兆,预示着失去的北方故土终将收复。于是龙颜大悦,重重封赏了寻回玉扇坠的一干人等。

清河坊玉器店铺主人和提篮人被封为"校尉",封厨娘为"孺人",而张俊也获得了重赏。

张俊买玉扇坠的清河坊玉器店铺,应该就是七宝社。

不过,这件事的离奇程度,超乎好莱坞编剧的想象力。皇帝去宁波,历史上也只有一次,那是建炎三年(1129)的海上大逃难,当时同行的,就有镇西军节度使、御前右军都统制张俊。

这事,细思极恐。

无独有偶。几十年后的南宋淳熙年间,居然又发生了一起同款故事,南宋洪迈编纂的《夷坚志》中收录有这则奇闻。

此时的高宗皇帝已经光荣退休,在德寿宫颐养天年。

淳熙年间,明州一个读书人到临安赴省试,船到曹娥江时,遇到一个老渔夫提着一条七八斤重的鲜活大鲤鱼来卖,要价五百钱。

这个读书人看那条鱼新鲜肥美,于是买下准备招待客人。

但是当时天气炎热,读书人担心鱼会腐坏,于是就叫仆人把鱼剖开腌制。一剖开,却发现鱼肚子里面有一颗小玉印。

小玉印晶莹洁白,上面刻着两个字,但是谁都认不出是什么字。读书人也不识珍宝，只是随意把它收到箱子里。

后来读书人到临安一家旅舍里住了很长时间，盘缠不够用了，正好遇见一个小商贩，他就把小玉印拿出来炫耀，要价五千钱，那商贩还价三千钱，读书人没想到五百钱买鱼捡漏的小玉印还能卖三千钱，十分高兴，立马成交。

商贩买下小玉印后也没当回事，只是挂在担子上做装饰。

后来小商贩经过德寿宫门时，正好碰上卫兵队长张去为。张去为看见商贩担子上的小玉印想要购买。商贩开价五千钱，张去为如数付款，并把小玉印挂在腰间。

张去为是德寿宫卫兵队长，一天被太上皇看见了这小玉印，问道："汝何以得此？"

张去为"具以闻"，太上皇听了凄然地说道："此我故物，京师玉册官镌'德基'二字，建炎避敌海上，误堕水中。今四五十年不意复落吾目。"

原来这枚小玉印是太上皇四五十年之前，靖康之变后从京城汴梁带出来的，上面刻"德基"二字，是北宋宫廷玉册官所雕，后来在建炎三年(1129)为了躲避金人追击逃亡海上，不慎将玉印坠落水中，从此遗失。

又是明州，又是皇帝，同样是玉器，还是鱼肚子，同样是失而复得，这个重复的概率更小。

不过这个时候，张俊已经过世。

（三）

张俊这一批玉器,也很有可能是自己清河郡王府出品。

《碾玉观音》是宋话本中的一个故事,说的是南宋绍兴年间,女主角璩秀秀出身贫寒家庭,被父亲送到咸安郡王韩世忠府当绣工。男主角崔宁,是郡王府的碾玉匠,在郡王府内的作坊中安身:不仅要为王府服务,更要尽心完成宫廷不时下达的制作任务。

当朝廷赐下一领团花绣战袍给郡王府后,秀秀遵照郡王意愿依样绣出了一件新战袍。郡王在欢喜之余想到要用一块库存的羊脂玉料雕一件玉器上表谢恩,他把门下的多位碾玉待诏都叫来出主意,有人提议做一副劝杯,又有人主张雕一摩睺罗儿,郡王都觉得不称心。这时玉工崔宁发挥其智巧,提出把这块上尖下圆难把握的玉料雕成一尊南海观音像,这主意合了王意。

两月之后,玉成,底部勒上工名"崔待诏制"。郡王得此"南海玉观音"后即时写表进上御前,龙颜大喜。郡王给崔宁增添"请给",即涨了俸禄。

后来为了追求自由的爱情,崔宁和秀秀一起私奔,却屡次被郡王迫害,崔宁被发配,秀秀杖责而亡,其父母因担惊受怕投河而死。秀秀魂魄与崔宁又续前缘。最后,崔宁发现秀秀非人,秀秀父母也非人。秀秀父母入水而逃。秀秀携崔宁一起在地府做了一对鬼夫妻。

从故事可以看出,韩世忠的咸安郡王府中有专门的玉作坊,碾玉匠人不止一个。而张俊地位又在韩世忠之上,财力也远胜韩世忠,所以他的清河郡王府,也一定有玉作坊,碾玉匠人手艺绝不会在崔宁之下。

《碾玉观音》中有碾玉匠人琢制玉摩睺罗的情节:"去府库里寻出一块透明的羊脂美玉来……这块玉上尖下圆,好做一个摩侯罗儿……摩侯罗儿只是七月七日乞巧使得。"这里的玉"摩侯罗"指的就是玉雕持荷童子。

所以张俊送给皇帝的这一批玉器,也很有可能出自清河郡王府。

十三、煎饼锅传奇

（一）

张俊送的礼物，还有一批青铜古器：龙文鼎一、商彝二、高足商彝一、商父彝一、周盘一、周敦二、周举罍一、有盖兽耳周罍一。

两宋之际好复古，文人雅士皆以收藏青铜器为好。宋徽宗更是青铜器收藏达人，藏有青铜器八百三十九件。

当时金石学兴起，北宋《博古图》为传世的青铜器命名，鼎、簋、爵、觚、斝、甂等古奥生僻的名字，沿用至今。

宋代朝廷也热衷仿造先秦青铜器。浙江临海市博物馆有一件大晟应钟（图15），是宋徽宗时期高仿，通高28厘米，其中身高21.8厘米，钮高6.2厘米，断面呈杏核形，腹围53厘米，底部空径18.1×13.9厘米，重6.25千克。钮由两条相对的龙纹图案组成，钟身饰云雷纹及乳钉纹，每面有乳钉十八颗，每组三颗，分六组横排。钲部两面俱阴刻篆书，一为"大晟"，一为"应钟"。

大晟钟是宋徽宗为推行大晟新乐乐律而设计仿制的，共十二编三百三十六枚，可惜成了亡国之音，靖康之变后流散。现存世二十余件，分藏于北京故宫博物院、台北故宫博物院、加拿大多伦多

图15　宋代大晟应钟,浙江临海市博物馆藏

国家博物馆、日本等地。

　　浙江省博物馆藏有一批南宋高仿青铜器,其中以20世纪50年代于杭州环城西路和武林门外城墙下出土的仿古铜器最为精美,器形有爵、尊、方鼎、钫、贯耳壶、蒜头壶等。

　　其中有一尊兽面纹铜尊,口径20.4厘米,高29.5厘米,于1954年浙江杭州环城西路出土。是三段筒形尊,喇叭形敞口,器口下逐渐内收,腹部微鼓,高圈足外撇。尊体四面各装饰一道纵向高扉棱,上端齐于口沿,使器体愈显庄重。尊体纹饰细密规整。喇叭口外饰一周变形蝉纹，共八个，尖部向上，下部为一周垂首折身小蚕纹。腰部和圈足以前后两面的扉棱为中心，饰两组兽面纹。通体以纤细云雷纹为地。此器器形、纹饰与北京故宫博物院所藏北宋宣和三年(1121)山尊极其相似，极有可能是以宣和山尊为母本制作的。

俞珊瑛老师是青铜器研究专家，浙江省博物馆《东方博物》编辑部主任。在她看来，张俊礼单中的青铜器，虽然冠名商周，但是未必如此，因为经过靖康之变，很多南宋人，对于青铜器已经很陌生，甚至连北宋仿制的青铜器都当成了商周古器，所以，张俊供奉的"龙文鼎一、商彝二、高足商彝一、商父彝一、周盘一、周敦二、周举罍一、有盖兽耳周罍一"，究竟是商周的还是北宋仿制品，很难断定。

另外这批青铜器，目前存世的可能性不大。

不过她特别提到了西周兮甲盘(图16)。

这是南宋宫廷旧藏青铜器中，唯一一件保存至今的西周传世重器。2017年7月15日晚，西泠春拍"南宋宫廷旧藏西周重器国宝兮甲盘专拍暨中国青铜器专场"，兮甲盘以1.2亿元起拍，加上佣金，最后以2.1275亿元人民币成交。

这个西周兮甲盘，会不会就是张俊送给皇帝的周盘？

（二）

盘是盛水器，用于宴飨之前的沃盥礼。《礼记·内则》云："进盥，少者奉盘，长者奉水，请沃盥，盥卒授巾。"青铜盘自商早期的湖北盘龙城遗址出现，直到战国末才逐渐退出历史舞台，延续千余年。

　　根据西泠拍卖资料，兮甲盘，现高11.7厘米，直径47厘米。敞口浅腹，窄沿方唇，内底微向下凹，一对附耳高出盘口，两耳各有一对横梁与盘沿连接，圈足残缺。腹部饰窃曲纹，耳内外均饰重环纹，简洁朴实。

图16　南宋宫廷旧藏西周宣王五年青铜兮甲盘

　　就这样一个盘子，2.1275亿元，我查了一下2024年4月10日金价，每克728元，2.1275亿元可以买小半吨黄金。

　　但就这个价格，很多业界人士并不觉得离谱。

　　贵有贵的道理。

　　道理之一，青铜器的价值很大程度就在它上面所记录的信息，青铜器上的铭文越多，信息量越大，价值就越大。兮甲盘的造型、纹饰简洁，其内底有一百三十三字的长篇铭文，这一百三十三个字的铭文能告诉我们两千八百多年前发生的事件。

根据西泠拍卖资料，铭文记录有西周王朝周宣王与猃狁的战争，与南淮夷的贡赋关系，诏令诸侯百姓进行贸易的命令，等等，是非常重要的历史文献，其中反映了很多典籍中久已缺载的历史事实，更是弥足珍贵。不论是其文体还是内容在西周金文中都不多见，这是历代收藏家所看重之处。著名学者王国维对其赞誉有加，对比近五百字的毛公鼎铭，称"此种重器，其足羽翼经史，更在毛公诸鼎之上"。

铭文大意为：在五年三月既死霸的庚寅日，周王开始到□□（原文缺失）地区讨伐猃狁。兮甲跟随周王，杀敌俘获，圆满功成，王赐给兮甲四匹马和驹车，命令他征收管理成周与周边的粮草，范围至南淮夷地区。南淮夷过去就是周朝的赋贡之臣，不敢不交纳他们的丝织物、粮草和劳役。他们的商贾不敢不到周朝管理的集市贸易。敢不执行命令，就施加刑罚，进行征讨。希望我周朝诸侯百姓的商贾全部到集市去，不能再非法贸易，否则同样处以刑罚。兮甲制作这件青铜盘，希冀长寿万年无疆，子孙后代永久珍用。

铭文中四处揭示了兮甲盘的秘密：

第一是器主。典籍对此盘有"伯吉父匜盘""兮田盘""兮伯盘""兮白吉父盘""兮甲盘"等名，称谓差异源于先秦姓、氏、名、字的使用。作为贵族的兮甲，兮是氏，甲是名，字伯吉父。

兮甲伯吉父，是什么人？

王国维曾作《兮甲盘跋》，他分析："甲"是天干的开始，而"吉"也有开始的意思，如月朔为吉月，一月前八天是初吉。铭文前半段，对周王称自己名，作"兮甲"；后半段记自己做器，故称字"兮伯吉父"。"兮田"则是金文中"田""甲"二字相似导致隶定之误。王国维进一步推测，"兮伯吉父"便是《诗经·小雅·六月》中"文武吉甫""吉甫宴喜"中的"吉甫"。《诗经·大雅》的《崧高》和《烝民》皆有"吉甫作诵"句，《毛传》开始于字前加"尹"，尹是官职之名，《今本竹书纪年》也录有"尹吉甫帅师伐猃狁"。

综合文献资料，可知尹吉甫文武双全，"文以附众，武以威敌"，南征北战的同时也是一位文学家，是第一部诗歌总集《诗经》的主要采集者，堪称中华诗祖。

这个尹吉甫（兮甲），遗迹还不少。

河北南皮，有尹吉甫墓，位于县城西五公里黄家洼村西南处，与牛骨堂古墓东西相望。现封土高1.9米，东西长5米，南北宽2.5米，呈矩形。乾隆三十六年（1772）曾立碑。1982年7月，河北省人民政府将其定为重点文物保护单位。

按照这个南皮县人民政府发布的信息，"兮伯吉父"盘就是出土于此。

湖北房县至今保存着众多尹吉甫的祠庙、碑刻等遗迹，著名的"周太师尹吉甫之墓"石碑现存于房县文管部门。《房县志》记载："周宣王封尹吉甫为太师，食邑于房，死后葬于房县青峰山。"

著名的平遥古城和尹吉甫也有关，据清光绪八年（1882）《平遥县志》载："周宣王时，平遥旧城狭小，大将尹吉甫北伐猃狁曾驻兵于此。筑西北两面,俱低。"又载:"受命北伐狁,次师于此,增城筑台,教士讲武,以御戎寇,遂殁于斯。"

第二是年代。开篇王年、月相、日干支三者齐备,王国维依据《长术》,推周宣王五年三月乙丑为朔,庚寅为廿六日,正与既死霸相吻合。对兮甲盘干支日的推算,学者历来各执一词,但年月的认定基本一致。中国历史上,自西周共和元年(前841)始有确切纪年,十四年后,周宣王继位。兮甲盘所述的"五年"就是公元前823年。

这一年,尹吉甫(兮甲)二十九岁。兮甲盘也极有可能诞生于公元前823年,距今两千八百四十七年。

第三是狁。在《鬼方昆夷狁考》一文中,王国维论证鬼方、昆夷、荤粥、獯鬻、狁实属同一族群,即历史上赫赫有名的匈奴。自殷商起,他们被华夏地区冠以不同称谓。狁一名,于厉王至宣王两代在文献、金文中频繁出现,足见侵扰之甚。而《竹书纪年》有"穆王西征犬戎,取其五王,王遂迁戎于太原","宣王二十七年,王遣兵伐太原戎不克"。《诗经》又有"薄伐獫狁,至于大原"。太原一地不会同时出现两戎,由此可知,在西周晚期,狁又唤作犬戎。

第四是地望。《兮甲盘跋》考据音韵,认为这一用兵之地正是《春秋》的"彭衙"。彭衙在汉代是左冯翊衙县,位于洛水东北。这里的洛水属渭河支流,地处陕西,非河南伊洛。狁犯周,自洛水向泾水进发,周王朝的防御在这里符合地理实情。虢季子白盘有铭"博伐狁于洛之阳",也可佐证□□便是彭衙。

兮甲盘铭文,结合史料大抵可以还原出那一年战火纷飞的场景。

周宣王五年(前823)三月,猃狁侵扰周王朝,双方爆发战争。兮甲跟随宣王亲征获胜,旋即被派遣至成周。在那里,兮甲严明政令,管制诸侯,并施压南淮夷,征收到大量战争所需的人力物力。至六月,兮甲率军再次出征,大捷而归,暂时平息了王朝的西北边患。宣王在位四十五年,重用贤良,国力复兴,南征北伐,诸侯来朝,是西周中兴之主。

兮甲盘虽然是一个盘子,但蕴含的信息量厚重,2.1275亿元,值。

(三)

兮甲盘贵有贵的道理之二,是文献丰富,传承有序,这也是藏家看重的,否则2.1275亿元买个不开门,那就是冤大头。

西泠拍卖认为兮甲盘传承有序:

自宋元以来,有南宋张抡的《绍兴内府古器评》、元鲜于枢的《困学斋杂录》、清代吴大澂的《愙斋集古录》、近代罗振玉的《三代吉金文存》、郭沫若的《两周金文辞大系图录考释》、中国社会科学院考古研究所的《殷周金文集成》、严一萍的《金文总集》、吴镇烽的《商周青铜器铭文暨图像集成》等三十五种图书著录,方浚益、王国维、郭沫若、杨树达、李学勤、连劭名等十多位专家学者进行了考释,足见其重要程度。

兮甲盘最早记录于南宋的《绍兴内府古器评》,属宫廷藏器。作者张抡生卒年不详,活跃于绍兴、乾道、淳熙年间,官居知阁门事。书中命名"周伯吉父匜盘""铭一百三十三字",节录王年、月相、受赏、器主并加以释论。北宋晚期著名的《宣和博古图》不见此物,可知徽宗时代兮甲盘尚未收入大内。

张俊供奉的周盘,就是兮甲盘,可能性极大。

查阅文献,除《绍兴内府古器评》一书,两宋古籍再无论及,可知宝器一直深藏宫中,唯身居高位者方可一睹。南宋覆灭,兮甲盘流入民间,为元代书法名家鲜于枢所得。他在《困学斋杂录》中自述:"周伯吉父盘铭一百三十字,行台李顺甫鬻于市。家人折其足,用为饼炉。予见之乃以归予。"稍晚的陆友在《研北杂志》上同样记录了这一事:"李顺父有周伯吉父盘,一百三十字。家人折其足,用为饼盘。鲜于伯机验为古物,乃以归之。"鲜于枢卒于大德六年(1302),距宋亡仅二十余载。两段文字皆表明,至迟在元代初年,兮甲盘已因人为致使底足缺失。

鲜于枢是元代书法家。元世祖至元二年(1265)以后,鲜于枢先后辗转于汴梁、扬州、杭州、金华等地,担任一些中下级官职,三十七岁后定居杭州,于西湖虎林筑困学斋。元成宗大德六年(1302)被授予太常寺典簿,未及到任,逝于钱塘,年仅五十七岁。其墓位于今杭州西溪路原杭州苗圃内。

根据鲜于枢的回忆,我们可以复原以下场景:

那一天他到同僚李顺甫家吃饭,发现煎饼香脆可口,便赞不绝口,最特别的是,饼上居然还有纹饰,仔细一看,那纹饰居然有点像方块字。李顺甫说:"主要是家伙好,我们家的煎饼盘,是青铜做的。"鲜于枢一听,稀奇了,哪有青铜煎饼盘,他跑到厨房一看,果然是青铜煎饼盘，盘上还有很多字。

李顺甫说："那天我在市场上觉得这个盘挺好看，买回家后，家里人觉得装东西也不适用，就把盘足折断了，拿来煎饼倒是挺顺手。"

鲜于枢是书法大家，一看一听，就吓了一大跳，赶紧出个价，收了这个煎饼锅。

这个故事，让人好笑，又好气。2.13亿元的煎饼锅，真是史上最贵的煎饼锅。

李顺甫卖锅的时候，南宋灭亡不久，估计也是从宫中流出的。

此后，煎饼锅收进保定官府，清代中叶，为进士陈介祺所得。在陈介祺的《簠斋藏古册目并题记》记："足损……出保易官库。"《簠斋金文题识》并言："下半已缺。一百三十三字。字类石鼓，宣王时物也。鲁誓事文。出保阳官库。"陈介祺还制盘铭拓片，这也成为日后鉴真打假的重要依据。

同时代的吴式芬《攈古录金文》一书最早录入兮甲盘全铭，释读全文后写："未观其器，不知足有缺否……陈寿卿说三足并坐俱缺，即困学斋器也。"在他另一部《攈古录》中，详细记载了："直隶清河道库藏器，山东潍县陈氏得之都市。""器高三寸五分，口径一尺三寸五分，下半缺。"

自陈介祺制盘铭拓片，晚清民国的金石图册多有收录。民国三十年(1941)，容庚在《商周彝器通考》中刊器物黑白照片，是目前所知新中国成立前唯一的影像数据。

自此，兮甲盘下落不明，陈梦家在撰写《西周铜器断代》时，已称其"不知所在"。20世纪中后期，日本、香港曾先后传出发现兮甲盘的消息，但均被证实为伪造。

直到2010年，一位华人在美国一家小型拍卖会上发现了兮甲盘，并花重金买下。

2014年，兮甲盘首次亮相于武汉举行的中国（湖北）文化艺术品博览会，经中国多位权威专家鉴定确认为真品。

2017年，兮甲盘回到杭州，亮相西泠拍卖。

据说，那天竞拍现场十分火热，并不时会有场外代拍电话进来，在场内外激烈竞价近半个小时后，从1.2亿元起拍，最终不负众望以2.1275亿元收官！

皇帝与张俊如有知，不知会作何感想。

十四、汝窑

（一）

张俊的礼单里，有一批汝窑器具。

酒瓶一对、洗一、香炉一、香合一、香球一、盏四只、盂子二、出香一对、大夜一、小夜一。一共十六件。

这是历史文献中记载汝窑最多的一次。

在收藏界，汝窑是一个美丽的神话。汝瓷之美在于其简约、含蓄、淡雅。蒋勋先生曾高度评价宋汝窑的极简之美，唐三彩都是花花绿绿的，但宋朝敢在花花绿绿中提出素朴风格。像汝窑水仙盆做到那么素，雾面，亮都不亮，却很美，没有一点花边，没一点火气，完全不表现，这是很难的，就像画画，画家还是希望别人看到后觉得自己技巧很好，就做不到"不表现"。

其实越简单，越不表现，越难。

"雨过天青云破处"，是汝窑的官方广告词。

据北京故宫博物院吕成龙先生考证，当时烧造青瓷的著名窑口有越窑、汝窑、耀州窑、龙泉窑等，其中越窑、耀州窑、龙泉窑青瓷釉色普遍偏绿，唯独汝窑青瓷釉色天青，浓淡适度，朴实无华，给人以内敛含蓄之美感,因此受到崇奉道教的宋徽宗和北宋上层社会之青睐。

如果对汝窑价值没有概念,我们先拿张俊送的十六件汝窑中的一件洗来说事。

2017年10月3日上午,香港苏富比2017年秋季拍卖会在香港举行,"北宋汝窑天青釉洗"(图17)以2.6亿港元落槌,加上佣金最终成交价高达2.94亿港元,约合2.5亿元人民币。

图17 北宋汝窑天青釉洗

这一价格也超过了2014年以2.81亿港元成交的"明成化斗彩鸡缸杯",创下中国瓷器拍卖的世界纪录。

汝窑在南宋,已很稀罕。南宋《清波杂志》说:"汝窑宫中禁烧,内有玛瑙为油(釉)。唯供御拣退,方许出卖,近尤难得。""近尤难得",南北宋几乎无缝对接,南宋人都觉得汝窑非常难得,那今天距离南宋已经有八九百年了，就更为难得。

现流传于世的汝窑瓷数量极少，宛若吉光片羽，一器难求。清乾隆时期基本上把传世的汝窑瓷都收集于宫廷，存放在紫禁城的建福宫中，这使得许多汝窑能够得以保存至今。但是，咸丰十年（1860）和光绪二十六年（1900），北京相继被英法联军和八国联军攻破，致使部分宫廷收藏的汝窑瓷流散。

1901 年，慈禧太后将宫中十四件汝窑瓷抵押给了盐业银行，1927 年，盐业银行又将这十四件汝窑瓷卖给了英国的大维德爵士，这十四件汝窑瓷后来成为大英博物馆的藏品。

1949 年，北京故宫博物院珍藏的三十九件汝窑瓷中的二十一件被带到了台湾，成为台北故宫博物院的藏品，剩下的十八件汝窑瓷则成为北京故宫博物院的藏品。

根据北京故宫博物院统计，已经公开资料的汝瓷传世品只有九十二件，分藏在全球二十多个公私机构和一些私人手中。

所以张俊奉上十六件汝窑，是有诚意的。

（二）

再说说张俊送给皇帝的这一批汝窑。

汝窑极其珍贵，张俊这一出手就是十六件，所以屡屡出现在历代的文献中。也正因为此，也有不少人怀疑，会不会是水货？

杭州古都文化研究会会长华雨农是一位宋瓷的资深研究者，他一开始也很有疑问。北宋靖康之难，二帝被掳，皇宫被洗劫一空。皇帝一行仓皇南逃，金兵穷追不舍，不要说金银财宝，甚至连命都难保。而《武林旧事》记载的张俊向高宗供奉汝窑瓷器达十六件之多,靠谱吗?

后来,从临安城出土的物证来说,他认为这一记载是可信的。

1999年,为配合中河高架路的建设,杭州市文物考古研究所在馒头山东麓的万松岭路东段南侧进行考古发掘,在南宋地层发现了汝瓷残片,可辨器形有梅瓶和圈足盘两种。据杭州市文物考古研究所唐俊杰先生说,其中梅瓶均为腹部残片,香灰色胎,胎体较厚,施天青釉,釉面有少量开片。圈足盘为大平底,高圈足卷撇,裹足支烧,外底残留三个支钉痕,呈"芝麻挣钉"状,香灰色胎,胎体薄,整器轻巧,施天青釉,釉面乳浊,因水浸而大面积泛白,局部可见浅而小的开片。

2001年,位于杭州清波门内吴山西麓的中大吴庄建设工地又发现南宋恭圣仁烈皇后宅遗址,在遗址中部的方形水池中发现一件汝窑梅瓶残片。该残片为小盘口,丰肩,也为香灰色胎,施天青釉,釉面有小开片,残高5.8厘米。

20世纪90年代初,有一天晚上,华雨农到一瓷片收集者家中,看了一大堆瓷片,其中一块汝窑平底盏托残片夹在其中。华想,这位老兄肯定不认识汝窑,要知道汝窑片当时在市场上十分稀少,且价格奇贵,要是他识货肯定不会放在一大堆普通瓷片当中。为了少花钱捡个漏,华不露声色,先挑选一堆普通瓷片,问了价格,还好价,还说"再添一两块"。华雨农随手将汝窑片放了进去。货主说"好的"。付了钱,华就匆匆离去。后来货主知道了,十分后悔,还说"华太狡猾"。华雨农还问了货主这块汝窑片的来历。他说是他自己从杭州扇子巷工地挖到的。

据记载,自南宋时期,杭扇兴起,清河坊东面有一条巷,叫扇子巷,长逾一公里,是当年制扇作坊集中之处,从鼓楼延伸到清泰街,巷子里布满制扇作坊。

值得注意的是,扇子巷距离张俊的清和郡王府,直线距离也就一千米左右。

至于张俊是从哪里收罗了十六件汝窑,不可得知,但是可知的是,张俊有足够的财力收藏,其次,他拍皇帝这样一个艺术家的马屁,要有足够的眼力见儿。

这一批汝窑,应该是送到了皇帝的心坎上了。和他爹一样,皇帝无疑是汝窑的铁粉。

南宋初,一次夜里皇帝请大臣范成大进宫,拿出他珍藏的汝窑做茶具,跟范成大一起欣赏。

《武林旧事》除了记载了张俊这一批汝窑,还记载了淳熙六年(1179),太上皇赵构游聚景园,园内布置天青汝窑瓶等。

目前存世不足百件的汝窑,有四件明确和高宗皇帝有关系。其底款为"奉华",被称为宋奉华汝瓷,取自皇帝之刘贵妃宫殿奉华堂之名。

其中最有名的一件就是被台北故宫博物院收藏的汝窑青瓷奉华纸槌瓶(图18)。

这件奉华纸槌瓶呈青绿色,在不同的光线照射下,颜色会有不同的变化:光线足够明媚,釉色就呈青中泛黄;光线较暗就呈青中偏蓝,釉色青如天,面如玉。

图18　汝窑青瓷奉华纸槌瓶，台北故宫博物院藏

　　纸槌瓶因造型非常像纸槌，并且瓶颈比较长，所以又被称为直颈瓶，这种瓶大多都是盘口式的，其特点就是瓶口部是一个浅盘的形状，瓶颈较长，颈部上细下粗，瓶肩斜折，瓶身的腹部上下直径不同，腹中略膨胀。

　　奉华纸槌瓶高22.4厘米，深21.9厘米，口径4.4厘米，足径8.6厘米。圆口、口沿镶铜釦，长颈、折肩、直腹、平底，底部有五点支钉痕，刻有乾隆戊戌年（1778）御题，诗文左侧刻有"奉华"二字。御制诗文为："定州白甒有芒形，特命汝州陶嫩青，口欲其坚铜以锁，底完而旧铁余钉，合因点笔意为静，便不簪花鼻亦馨，当日奉华陪德寿，可曾五国忆留停。"（图19）

据马未都先生考证，这个纸槌瓶原来是一个小撇口，到了乾隆时期，口碎了，镶上了一个铜圈。"口欲其坚铜以锁"，意思是想让口变得结实一点儿，只好用铜包上，乾隆皇帝对一个破瓶子还这样珍惜，可见汝窑之珍贵。

纸槌瓶底款"奉华"，据乾隆皇帝考证，奉华乃宋高宗之刘贵妃之号。他在《题汝窑奉华盘》中认为："为阁为宫不可知，奉华两字底镌之，尺凫集里传名氏，见说风流女画师。"诗后并补充："盘底镌奉华二字，考宋高宗刘贵妃有奉华大小二印。"其后，乾隆皇帝又在《咏汝窑瓶》的诗注中指出："内府有汝窑盘，底镌奉华二字，考奉华乃宋高宗刘贵妃之号，妃善画，每用奉华印。"

图19 奉华纸槌瓶底部

对于刘贵妃，在《西泠闺咏》中，清代陈文述《凤凰泉吊刘贤妃墓》一文写道:"妃名希,临安人。绍兴十年,为红霞帔,封才人,转婕妤、婉容,进贤妃,专掌御前文字。工书画,款识用奉华堂印。墓在方家峪凤凰泉褒亲崇寿寺。后寺为其父懋功德院,当旧所称刘寺也。"

《西湖游览志》也记载:"褒亲崇寿教寺,俗称刘娘子寺。宋绍兴十八年,刘贵妃建。贵妃,临安人,入宫为红霞帔。得幸,累迁才人、婕妤、婉容,寻进贵妃,专掌御前文字。工书画。画上用奉华堂印。"

刘贵妃也因此被乾隆皇帝誉为"风流女画师"。

奉华堂是南宋宫室中德寿宫的配殿,也是刘贵妃的居所。皇帝将喜爱的汝窑以"奉华"二字刻铭之,足见刘贵妃之受宠。

但此件纸槌瓶上"奉华"款并没有居中,而是僻据器底一侧,似乎有意避开乾隆御题,所以也有学者认为此件"奉华"款应为后刻。

不过乾隆皇帝在诗里也讽刺了一下高宗皇帝,"当日奉华陪德寿,可曾五国忆停留",说的就是刘妃陪着高宗寻欢作乐,高宗此时是否想起了远在金国五国城的父亲和兄长!

1999 年,杭州中河高架路修建时出土了汝窑梅瓶、盏托残片,圆形套盒有五个之多,其中两件之外底有"奉华"二字楷书铭文。这应该也是刘贵妃奉华堂所藏,但为啥出现在这里?

蔡乃武先生对照南宋《京城图》,认为这一地点与当时的内司东库位置基本吻合。而据《咸淳临安志》记载,内司东库与另外西南北三库、八作司、教乐场及青器窑地位并列,均属御前内辖司管理。御前内辖司"在东华门外东库内",八作司"在内辖司东库内"。因此汝瓷和官瓷是北宋王朝旧物,它们被南宋王朝视为珍品而独辟一室存放在内司东库。

这批汝窑瓷片和其他高丽瓷、官窑瓷片质量均极其精美。据当事者告知,梅瓶等器物碎片散落一地,显系瞬间破损后埋藏的,今天采集后竟能大致粘合完整。

以我的理解,会不会是皇帝和刘贵妃离世后,随着德寿宫和奉华堂的废弃,这批汝窑被收入内司东库珍藏,几十年后当蒙古大军兵临城下时,内司东库官员匆忙之下"宁可玉碎",将这一批珍贵的名瓷打碎掩埋在这里。

我在写这一段的时候,是2022年年底的一个雪夜。而此前不久,杭州德寿宫遗址博物馆刚刚开馆。在同一个城市,八百多年前可能也是一个雪夜,太上皇和刘贵妃在德寿宫奉华堂一起赏玩汝窑纸槌瓶,"当日奉华陪德寿",而这个纸槌瓶的老主人宋徽宗,曾在千里之外的东北五国城冰天雪地苦苦煎熬,"可曾五国忆停留"。而八百多年后,这一曾经在杭州南宋德寿宫和北京故宫停留过的纸槌瓶,又静静地躺在海峡对岸的台北故宫博物院,时空的错乱,让我恍惚。

(三)

张俊进奉汝窑酒瓶一对、洗一、香炉一、香合一、香球一、盏四只、盂子二、出香一对、大奁一、小奁一。

除瓶、洗、奁(可能即传世汝窑樽)外,其余均不见于现存传世藏品中。先说酒瓶。

大英博物馆馆藏的汝窑玉壶春瓶(图20),极有可能就是张俊

图20　北宋汝窑玉壶春瓶，大英博物馆藏

礼单上的"酒瓶一对"。

　　玉壶春瓶，是瓷器界的经典款。

　　玉壶春瓶清新俊挺的身姿、曼妙的曲线更显女性阴柔的丰满与纤细，所以被誉为"瓶中美女"。

　　大英博物馆馆藏的这件汝窑玉壶春瓶，是英国著名收藏家阿尔弗雷德·克拉克夫妇的旧藏。

　　阿尔弗雷德·克拉克生于纽约，后加入英国国籍。他是东方陶瓷学会会员，并于1934年至1948年连任学会委员会成员。克拉克及其夫人是在英国皇家艺术学院举办的中国艺术展的捐赠者。

　　大英博物馆馆藏的这件汝窑玉壶春瓶，高20.1厘米，口径4.4厘米，足径6.5厘米，它的瓶口张开着，有细细的颈部、下垂的腹部，呈现出一种变化柔和的弧线。

（四）

张俊送给皇帝的礼单中有一件洗，洗也是存世汝窑中最常见的器形。

现在一般把洗认为是"笔洗"，文房清玩中常见的"笔洗"，用于洗涮毛笔或贮存磨墨用水，简称"洗"。其实要到明代，笔洗才成为正式的文房用具，用来盛水浣笔，其功能与命名均来自宋人定义的"洗"。

而宋代有"洗"但无"笔洗"。

北宋曾巩《墨池记》载，王羲之"临池学书，池水尽黑"。这说明文人用毛笔书写后，常在池中浣笔。

五代著名经学家聂崇义在《三礼图集注》中记载："洗，承盥洗者弃水之器也。贾疏云：谓盥手洗爵之时恐水积地，以洗承盥水而弃之也。"

被称为"考古鼻祖"的吕大临在《考古图》中，不仅将"弃水之器"称为洗，还描绘了多种洗的形制。

宋代名窑也普遍烧造瓷制洗，常见有按形制区分的基本器形圆洗、椭圆洗、直口洗等，独具特色的单柄洗、鼓钉洗、折沿洗等，以天然生物为蓝本的仿生制品花式洗、菱花洗、葵瓣洗等，有独特纹饰的双鱼洗、龙纹洗等。

2012年4月，香港苏富比拍卖行举办的"天青宝色日本珍藏北宋汝窑"专场上，香港富商刘銮雄用2.0786亿港元拍到了一件北宋汝窑的天青釉葵花洗。这件汝瓷也是英国收藏家克拉克夫妇的旧藏,后来转让给了一个日本收藏家。

这件葵花洗,直径13.5厘米,呈六瓣葵花式,口沿部向外撇,弧壁内收,腹部较浅,壁部厚薄均匀,圈足向外微撇,通体施釉,底部留有三枚芝麻般的支钉痕迹,葵瓣的边缘施釉较薄,微漏淡淡的暗紫。

历经了近九百年的时光,这件葵花洗釉色依旧完美,淡如青天,宛若千峰翠色,绵绵无尽,令人叹为观止,天青色将蓝色的冷与青色的暖相融合,给人一种淡雅舒适之高级感。

五年后的2017年10月3日,前文所述"北宋汝窑天青釉洗"最终以2.6亿港元落槌,加上佣金最终成交价高达2.94亿港元,约合2.5亿元人民币。

香港苏富比介绍,这件直径仅仅13厘米的北宋汝窑天青釉洗为台北鸿禧美术馆旧藏,"釉如凝脂,天青犹翠,冰裂莹澈,器形巧致雅绝,底见三芝麻花细小支钉。通器完美臻善,当属汝官瓷之范"。

不知道,皇帝、张俊曾经过手的,是哪一件洗。

(五)

张俊送给皇帝的还有一件盏。

2018年11月,有一件北宋的汝窑青釉茶盏(图21)在香港佳士得拍卖成交,价格很公道,2400万港币起拍,4800万港币落槌,加佣金最终以5635万港币成交。

5000多万港币叫白菜价？确实"挺白菜"的。

图21　北宋汝窑青釉茶盏

要知道，前面说的小洗小巧玲珑，2017年，2.94亿港币成交。

与同时期走上拍卖台，最终以4.6亿港币成交的苏轼《木石图》相比，这只小盏，似乎是为了品画专用的品茗配角。

那么，到底是苏轼名气太旺，一幅随意之作搞坏了市场，还是此小盏过于普通，拍不出价钱？

根据《举世唯一汝窑盏拍出白菜价，汝窑咋不值钱了？》一文分析：

首先了解一下它的身世。

有记载最早来源日本久留米古美术草场（创立于1905年），入藏于1941年以前，其后由佐藤弓葛收藏，20世纪50年代初购于久留米古美术草场，以后为日本私人珍藏。

结合日本官方记载可知,它还是目前已知的藏于日本的第三例传世北宋汝瓷。目前全世界各地博物馆及私人收藏的传世汝窑瓷器90件,多为盘、洗品类。

而其中仅有两件清宫旧藏汝窑盌,并皆刻有乾隆皇帝御题诗,而盏则未有一件。因此,本次所拍汝官窑盏应为目前全世界公开发表的仅存一件,珍贵程度不容置疑。

但是,"随便拍拍就上亿"的汝窑为何拍出白菜价?

有两大点原因:

其一,茶盏器形在传世品中未曾见,烧制时用的支钉痕在圈足之上,亦极为罕有。这样的汝窑,自然引来很多猜测。由于比盏曾在大阪市立东洋陶磁美术馆展出,拍卖行为释除各方疑虑,还特意请馆长出川哲朗在图录中写了一篇文章。

出川哲朗馆长在文章中提到,这只小盏原为日本学者佐藤弓葛于20世纪50年代初于九州古董店"久留米古美术草场"购得。"久留米古美术草场"如今仍在营业,为日本著名古董老店。

虽然身世遭到质疑,但至少有权威人士为它"撑腰",此盏的真假问题似乎并非白菜价的根本原因。

小盏白菜价的主要原因,因它是一件修复器。为求谨慎,以下摘录了一段图录原文节录:

> 此器的口沿曾有破损,后用金粉修补,但修复时仅用原片,并未添加外物。此物代代相传,原来保存完好,破损之后,当时的物主用传统的金继法(描漆敷金)黏(粘)补修复。原来

的残片用漆黏（粘）合，为求美观，再沿接缝敷以金粉。传统而言，此法多用于修补茶具，所用金漆华彩熠然，格外美观。在大阪展出时，据图录所示，其盏沿已崩成六片，并用金继法修复如新。

所以，茶盏在美术馆展出时，已崩成六片，是用金继法修复之。但如今登录佳士得拍卖场时，金粉痕迹被完全遮盖，说明其在美术馆展出后曾再度修复，且修复得天衣无缝，修旧如新。

一件曾崩成六片再经过修复的汝窑器能拍出5600余万港币的价格，才真的叫天价！

（六）

张俊送的汝窑，不少是香炉。

宋朝文人流行四雅事：挂画、点茶、插花、烧香。不烧香，都不敢说自己有文化，苏轼《黄州安国寺记》中写道："焚香默坐，深自省察，则物我相忘，身心皆空，求罪垢所从生而不可得。一念清净，染污自落，表里倏然，无所附丽。"

文人的香事雅集更是高级。

据"江南传统文人香事"非遗传承人吴清先生研究，文人香事雅集举行的步骤次第为：拜帖约请；布置瓶花，悬挂应时的书画；宾客至，品尝点心，欣赏雅乐；宾客移至茶室吃茶，欣赏美器，勘验学问；请入安静香室，落座品香；品香毕，鼻观默坐，观照自省；宾主散席，题写香笺。

请皇帝吃饭的张俊,其孙子张镃在临安举办过一次香花雅集,很有高级感。据《齐东野语》记载:"张镃……尝于南湖园作驾霄亭于四古松间,以巨铁絙悬之空半,而羁之松身。当风月清夜,与客梯登之,飘摇云表……"在松间搭建悬空的亭子,命人燃浓香,卷帘拉起,异香涌出,郁然满座。然后再命十名歌舞姬着一色裙饰,翩然起舞,"烛光香雾,歌吹杂作,客皆恍然如仙游也"。

烧香就有香炉。

学者扬之水在《两宋香炉源流》中说,宋代香炉可以大致分作两种类型:其一封闭式,其一开敞式。前者有盖,后者则否。今一般称封闭式的炉为熏炉,开敞式的炉为香炉,不过这并不是古人对它们做出的分别。

炉盖做成莲花和狻猊,是封闭式香炉中最常见的两种,宋人或称之为"出香",张俊进奉高宗的礼单中有汝窑"出香一对",即此。于安徽宿松县发掘的北宋元祐二年(1087)墓,出土了一件绿釉狻猊亦即狮子出香(图22),通高32厘米,炉身是覆莲座上捧出的一朵莲花,花心里的莲蓬便是香炉盖,盖顶一只戏球的坐狮,偏着头,张着口。

张俊的这批汝窑,有一款香球。

根据魏洁《唐宋香炉形制分类及造型特征研究》,香球是球形香炉。在唐代称香毬,香毬最早的记载见于《西京杂记》中:"长安巧工丁缓者,为常满灯,七龙五凤,杂以芙蓉莲藕之奇。又作卧褥香炉,一名被中香炉。本出房风,其法后绝,至缓始更为之。为机环转运四周,而炉体常平,可置之被褥,故以为名。"

图22　吉州窑绿釉狮盖香薰,于1963年在安徽省宿松县北宋墓葬中出土

古代达官贵胄在出行时还会将其挂在车上,被后人誉为"香车宝马",最具代表性的是于1963年陕西西安沙坡村出土的唐代花鸟纹鎏金银香球。

宋代类球形香炉较普遍,材质多为瓷质,炉盖上部镂空卷草纹,香气从镂空的卷草孔中溢出。类球形香炉形制十分小巧,深受宋代文人的喜爱。

张俊礼单中的"大奁一、小奁一"是什么呢?

"奁"是三足、筒腹的陶瓷香炉,被称为奁式炉或樽式炉。其形态是对汉代酒具樽的模仿。汉代樽是直腹、腹部有衔环的器皿,如北京故宫博物院藏的一件东汉早期青铜细线纹樽,筒形器身,器身两侧有对称的铺首衔环耳。

奁式炉在北宋开始流行,宋人称它为"奁""小奁""奁炉"或"古奁",汝窑、定窑、南宋官窑、龙泉窑、吉州窑等都生产奁式炉。

作为日常焚香用具。陆游《斋中杂题》写道:"棐几砚涵鸲鹆眼,古奁香斫鹧鸪斑。"侯寘《菩萨蛮·木犀十咏》"熏沉"一阕句云"小奁熏水沉"。

马未都先生说,存世的汝窑奁现在全世界就两个,一大一小。大的那个在大英博物馆,由英国大维德基金会捐赠,其直径23.8厘米;小的一件直径18厘米,现藏在北京故宫博物院(图23)。所以有人认为张俊送给宋高宗的那两件就是这两件,"大奁一、小奁一",说得很清楚。

图23 汝窑奁,北京故宫博物院藏

北京故宫博物院的那个奁,马未都上过手,说很轻。他真是好福气。

那天,我也在故宫武英殿看见了这个奁,这是国家禁止出境展览的文物。也是张俊供奉皇帝的宝物中,我唯一目睹的,幸甚。

（七）

宋室南渡后，作为宋徽宗的儿子，皇帝并没有放弃对汝窑天青色的追求。

在南宋皇城北宫墙遗址前有个三岔路口，路标指向南宋官窑老虎洞遗址，也就是大名鼎鼎的南宋修内司官窑窑址。

南宋官窑名列宋代五大名瓷之一，汝、官、哥、钧、定，官窑排第二，仅次于汝窑。

文物鉴定专家张宁说，宋王朝长期以来对青瓷有着一种不可或缺的迷恋和追求，即便到了"偏安一隅"的境地，也要透过这瓷器发出的幽光，去延续昔日浮华的梦境。

南宋官窑瓷器的特点是如冰似玉，流畅简洁。碗、杯、盘、洗这些日用品，大部分都只有少量刻花，有图案也是相当洗练的卷枝、莲瓣。大量的仿青铜礼器，连青铜器上常见的蟠龙纹、饕餮纹都很少见。官窑青瓷呈现的是内敛而干净的静谧优雅，即便在当代，也称得上是现代极简主义的先锋。

后人总结南宋官窑三大特征："紫口铁足"，即器物口呈紫色，底足呈黑褐色；"粉青釉色"，即胎薄釉厚，釉层丰富，给人以"雨过天晴"的美感；"文武饰片"，即器物表面呈现形如冰裂、蟹爪、梅花、蜘蛛网等的金丝、银丝和铁丝纹线。开片本来是一种技术上的失败，操作者掌握不好胎釉的膨胀系数，使得釉面产生了裂纹。窑工将错就错，索性让缺点变成特点，琢磨出了"冰裂纹""梅花片"这样美丽复杂的纹路来，倒成为官窑的一个特征，要比汝窑瓷的开片更加明显。

这不仅仅是皇帝的审美，或许也是他抵御屈辱的自洽。偏安一隅，照样也有我的精彩纷呈，半壁江山，谁又能否定我在中华文化史上的高度？

如果对专家说的官窑没有概念，先看一件官窑拍品，2015年4月7日，香港苏富比拍卖一件"南宋官窑青釉八方弦纹盘口瓶"（图24），高21.9厘米，最后成交价为1.1388亿港元，这也是南宋官窑拍卖价格的最高纪录。

图24　南宋官窑青釉八方弦纹盘口瓶

而这个身价过亿的官窑小瓶子，就诞生在杭州凤凰山下。

史料记载："中兴渡江，有邵成章提举后苑，号邵局，袭故京遗制，置窑于修内司，造青器，名内窑，澄泥为范，极其精致，油色莹彻，为世所珍。后郊坛下别立新窑，比旧窑大不侔也。"

这段史料告诉我们,北宋在汴京就有官窑,南宋沿袭旧制,在杭州修内司和郊坛下设立官窑。

修内司为官署,隶属于将作监,北宋始置,南宋建炎三年(1129)诏将作监并归工程,修内司兼统宫廷窑务烧造的瓷器。

修内司官窑的设立,最早为的是祭祀。

绍兴十三年(1143),皇帝第一次以天子的身份,在玉皇山下设立郊坛"祀天拜地",进行大规模的郊祭。据记载,此时所用的九千二百零五件祭器,多为瓷器或者木器,《咸淳临安志》记载:"应用铜、玉者,权以陶、木。"本应该用铜用玉做的礼器,由于家底薄,只能用瓷器和木器代替。

由此可见,至少在绍兴十三年(1143)以前,祭典用瓷以及定都后宫廷用瓷,都挺紧缺。

郊坛下官窑窑址在杭州市南郊乌龟山一带,早在20世纪初期,窑址就已经被发现,1956年春浙江省文管会清理了一座龙窑,1984年南宋临安城考古队发现了第二座龙窑,杭州南宋官窑博物馆现在就设于此。

而修内司官窑在哪里,曾长期没有明确答案。

2023年春天,我从皇城北宫墙出发,沿着小路往前,位于凤凰山和九华山之间,这里植被特别茂盛,大树参天,浓荫蔽日,寂静无声的山谷偶尔传来几声鸟鸣,备感清冷。而且路边多坟头,据说很早以前就是公墓区,我一看,不少是民国时期,至今也有七八十年了,坟头上青草丛生,偶见野花,缕缕阳光穿过层林洒满坟头,斑驳陆离。那天我们两个人走在林中小道上,穿越层层叠叠的坟头,真是"坟头远比人头多",也不敢多语,只是走得比平时更快一点。

路上看到一块警示牌:您已进入南宋皇城遗址保护范围,严禁私自挖掘、开采等行为。违者依据《中华人民共和国刑法》:"盗掘古文化遗址、古墓葬罪可处三年以上十年以下有期徒刑;情节较重的处十年以上有期徒刑、无期徒刑。"

行走不到千米,路的尽头就是南宋官窑老虎洞窑址。不过令人失望的是吃了个闭门羹,正在维修,暂时关闭。

1996年春,杭州城凤凰山与九华山之间的山坳中,由于雨水冲刷,山坳西侧一条溪沟的两侧土层塌陷,大量黑胎瓷片与窑具暴露在外。

杭州古都文化研究会会长华雨农与陈方晓根据现场发现的瓷片和窑具,结合窑址所在的地理位置与文献记载,提出凤凰山发现的窑址就是修内司官窑。华雨农和陈方晓还在《中国文物报》上发表了《南宋修内司官窑初论》一文。文章还披露了其所发现有釉下褐彩"修内司""官窑"等字样的标本,但有学者对其真伪性表示怀疑。

1996年11月,杭州市文物考古研究所对该窑址进行了为期一个月的考古调查,发现两座窑炉和作坊遗址,出土少量瓷片、素烧坯、窑具等遗物。后经国家文物局批准,杭州市文物考古研究所对该窑址进行了先后两次考古发掘。

通过考古发掘,比较完整地清理出了窑址范围内的各种遗迹,包括不同时代的龙窑窑炉三座、小型馒头窑四座、作坊十座、澄泥池四座、釉料缸两口,揭示了一个规模不大的窑场的组织形式和生产流程。

老虎洞就是修内司官窑吗?

当时主持考古发掘的杜正贤说,从地理位置来看,老虎洞窑址位于凤凰山与九华山之间一条长约700米的溪沟西端,现场为一2000多平方米的山坞平地,距南宋皇城北城墙不足百米。根据《咸淳临安志》记载,修内司营位于万松岭、青平山、骆驼岭之间,南宋时期位置没有变动,而老虎洞窑址的位置在南宋修内司营中无疑。这里距南宋皇宫较近,出于各方面的考虑不会有民窑在此设立。

从老虎洞窑址南宋层遗迹的保存情况来看,龙窑为长条斜坡式,长约15米,这种长度的龙窑在同时代的越窑系窑场中不多见。老虎洞窑址清理的馒头窑与河南宝丰清凉寺汝官窑窑址清理的馒头窑在外形与内部结构上都十分相似。作坊建筑材料为细泥质褐色青砖,即"香糕砖",这种香糕砖主要用于南宋临安城皇家建筑和等级较高的官府建筑。

从出土瓷器与窑具来看,老虎洞窑南宋层出土器物及窑具与汝官窑有许多相似之处,在烧造工艺上,汝官窑和老虎洞窑南宋层所用的匣钵和支、垫烧具基本相同,与文献记载的南宋官窑"袭故京遗制"相吻合。

老虎洞窑发掘出土的遗物品种丰富、造型优美、制作精良,代表了当时陶瓷手工业制作的最高水平。

而且从废弃瓷片的处理方式看,南宋层地层中出土瓷片较少,大量瓷片集中出土于瓷片坑中,可见废弃品的处理方式为集中打碎掩埋,以防外流,只有官窑才会如此不惜代价。官窑瓷器造出后经检查,稍有瑕疵的产品就会马上摔碎销毁,就地掩埋,只有完美无瑕的产品才会送入御前,民间严禁也绝不允许私藏,除非皇帝赏赐。

最后一锤定音的是老虎洞窑址发现的"荡箍",荡箍,陶瓷器制坯时陶车(又称辘轳)上的主要部件,一般安装在陶车直轴的下部,作用是使陶车平稳旋转。这件荡箍上面赫然刻着一排暗色的小字——"修内司窑置庚子年"(图25)。

图25　南宋官窑修内司铭文荡箍

老虎洞即修内司,遂成定论。

那天我在老虎洞前,荒山野冢,寂静清廖,想象八百多年前,这里应是热火朝天,人声鼎沸,澄泥制坯,上釉煅烧,一窑出炉,稍有瑕疵,打碎掩埋,不准流出。我想,监工的修内司官员,大汗淋漓的工匠们,该是多么失望。

据说,南宋官窑制瓷配方和生产工艺十分复杂,每件作品须经七十二道工序方能完成,成品合格率仅有百分之一,堪称"国宝"。

杭州西湖博物馆总馆研究员邓禾颖认为,实际上,杭州南宋官窑的瓷土并不是特别适合用来生产优质的青瓷,而这也恰恰反映出南宋官窑在青瓷制作上是不惜工本、精益求精的,是克服了种种困难、集中了当时最优秀的窑工的情况下，经过反复的试验才达到了一个很高的水平。

有一天，终于烧出一件底款"玉津园"的粉青釉纸槌瓶，施釉厚润而平滑，表面细研紧致，色泽翠丽晶莹，工匠们一阵狂喜，老虎洞前欢声一片，这是御花园"玉津园"定制款，修内司赶紧送给皇上。

八百多年后的2008年4月11号，这件出生在杭州凤凰山下的南宋官窑粉青釉纸槌瓶（图26），登上香港苏富比拍卖会，岁月沧桑，这只纸槌瓶口沿和底圈因有残缺而包金修补。最后成交价加佣金约6753万港币，创下当时官窑拍卖价格的历史纪录。

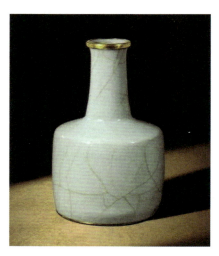

图26　南宋官窑粉青釉纸槌瓶

拍卖前，杭州古都文化研究会会长华雨农曾向一位杭州市领导的秘书建议过，请他向上反映一下，让文物部门拍下来。

这件"南宋官窑粉青釉纸槌瓶"如果能回到故乡，陈列在南宋官窑博物馆,肯定是一件顶级的镇馆之宝。

但无果。

2023年5月12日,浙江省文物局、浙江省博物馆学会共同举办的首届全省博物馆"百大镇馆之宝"评选结果正式揭晓,其中有一件南宋修内司官窑遗址考古发掘出土的残器入选,为南宋官窑青瓷盏托(图27)。

图27　南宋官窑青瓷盏托

有人说,杭州作为南宋官窑产地,竟然没有一件完整器,令人遗憾。华雨农参加了这次活动的初评与终评,当时也发出过这样的感叹。

那一次到故宫,走进武英殿陶瓷馆,有种进了故宫库房的感觉。故宫原本就底气足,陶瓷更是强项。展品达1000多件,没有凑数的,全都是精品。在195件国家禁止出境展览的文物名单(俗称195)中,共有32件陶瓷,故宫馆藏的7件全部展出。而且这样级别的国宝,居然只有一件有独立展柜的待遇。

南宋官窑有九件,官窑青釉方花盆、官窑粉青釉弦纹瓶、官窑粉青釉弦纹盘口穿带瓶、官窑粉青釉盏托、官窑粉青釉葵口碗等，这些来自杭州凤凰山下的国宝，挨挨挤挤，在很不舒服的光线下，屈尊蹲在大展柜里，仿佛菜市场里摊位上的大白菜。要知道，随便哪一件，市场拍卖价都是过亿，回到杭州，也都是当之无愧的镇馆之宝。

作为杭州人，隔着玻璃看到这一批官窑，似乎是少年时暗恋的美女，几十年后他乡再见，风华依旧，似乎近在眼前，又仿佛远在天边。

十五、皇帝收藏家

（一）

赵构是皇帝，是艺术家，他还有一个身份，南宋故宫博物院院长。

皇帝的父亲宋徽宗是一位伟大的收藏家和艺术家。"诸事皆能，独不能为君耳。"靖康之变后，文物崩散，衣冠尽丧。皇帝即位后，百废待兴，他还是坚持了皇家艺术收藏的传统，非常不容易。

南宋周密《齐东野语》中就说："思陵（宋高宗）妙悟八法，留神古雅。当干戈俶扰之际，访求法书名画，不遗余力。清闲之燕，展玩摹拓不少怠。盖睿好之笃，不惮劳费，故四方争以奉上无虚日。后又于榷场购北方遗失之物，故绍兴内府所藏，不减宣、政。"

可知，皇帝的书画收藏，虽起于艰难，但高宗一朝的书画收藏，却已经大致恢复到了徽宗朝的规模。南宋陈骙在孝宗朝所统计的《南宋馆阁录》中说，秘阁诸库书目，御容四百六十七轴。图画：御画十四轴，一册。人物百七十三轴，一册。鬼神二百一轴。畜兽百十八轴。山水窠石百四十四轴。花竹翎毛二百五十轴。屋木十一轴。名贤墨迹一百二十六轴，一册。大致可以推测，高宗朝绘画收藏的下限约为七百九十五件。

其中不少是稀世之珍：王羲之草书帖三，王献之《地黄汤帖》，号称"天下第二行书"的颜真卿《祭侄文稿》（图28），怀素《自叙帖》，周昉《簪花仕女图》，等等，都是今日两岸故宫博物院的镇馆之宝。

图28　颜真卿《祭侄文稿》台北故宫博物院藏

上有所好，自有人投其所好。《建炎以来系年要录》载："（秦）桧阴结内侍及医师王继先，伺微旨，动静必具知之，日进珍宝珠玉书画奇玩羡余。帝宠眷无比。"

也有假冒伪劣的，但皇帝火眼金睛，马屁拍在马腿上了。"乙亥，将仕郎毛公亮献徽宗皇帝御书百轴，诏：小玺辰翰皆人伪为之，可令大理寺根治。"

既有"成功"事例在前，就有效仿在后。

绍兴二十一年（1151），皇帝到张俊家赴宴，张俊为示忠诚，进奉书画一批：

　　有御宝十轴：曹霸《五花骢》、冯瑾《霁烟长景》、易元吉《写生花》、黄居宝《雀竹》、吴道子《天王》、张萱《唐后竹丛》（"唐后"字疑误,"丛"疑为"从")、边鸾《萱草山鹧》、黄筌《萱草山鹧》、宗妇曹氏《蓼岸》、杜庭睦《明皇斫脍》。

无宝有御书九轴:赵昌《踯躅鹌鹑》、梅行思《踯躅母鸡》、杜霄《扑蝶》、巨然《岚锁翠峰》、徐熙《牡丹》、易元吉《写生枇杷》、董源《夏山早行》二轴、伪主李煜《林泉渡水人物》。

无宝无御书二轴:荆浩《山水》、吴元俞《紫气星》。

张俊从哪里搞来那么多传世名作,不可得知,但最大的可能性,是从宋金边境的榷场回购的、被金人靖康年间所掳走的皇家旧藏。

据上海戏剧学院施锜研究,榷场是指宋与辽、金等国在边界设置的互市市场。南宋与金在绍兴和议之后,先后在盱眙军、光州等地设置榷场。由于当时南方对北方遗留文物的需求非常之盛,且北方金人不重典籍文物的收藏,视其为无用之物,多于榷场中售予南方渔利,故而当时榷场中的文物交易十分繁荣,南宋内府中的很多收藏都是来自榷场交易,清人叶廷琯有"何似榷场南宋置,广收名迹辇临安"一语。

例如曾被民国罗振玉收藏的五代杨凝式《韭花帖》,就是在绍兴年间回归南宋内府,《宣和书谱》记录其从靖康破城后不知所终,后来出现在商旅途经集市上,被皇帝派遣的官员以高价购得,卷中有"绍兴"连珠印和"睿思殿印"。此外,现藏台北故宫博物院的"天下第二行书"颜真卿《祭侄文稿》、唐人怀素《自叙帖》,现藏北京故宫博物院的米芾《多景楼帖》,上海图书馆藏最早法帖《淳化阁帖》

都在绍兴年间回流。

古董商毕良史曾滞留北方,搜求京城乱后遗弃的古器书画,在绍兴十年(1140)金人败盟后,将所藏全部古董献给皇帝。绍兴十五年(1145)之后,毕良史转知盱眙军,盱眙军即当时榷场所在,其目的之一便是在榷场为皇帝收集购买北来的文物。此外徐梦莘《三朝北盟会编》中还记载了一位主管内帑钱的刘炎,往来榷场,买犀玉书画,依托内侍之门,以宠进身。

皇帝在艺术收藏,特别是在书画收藏上的不遗余力,有着复杂的感情因素。后代历史提到皇帝时,一定会讲到他任用奸臣秦桧,谋害岳飞,接受屈辱和议,偏安一隅;也会提到徽宗、钦宗被金人掳往北方,但皇帝从来没发兵相救,是置父兄于不顾的狼心狗肺之辈。

但并不代表他是铁石心肠。

皇帝是一位爱哭的帝王,这在中国历代帝王中颇为罕见。靖康元年(1126)的冬天,金人围困汴京,当时赵构带兵在外,钦宗遣使持蜡诏拜他为河北兵马大元帅,当使者从发髻中拿出藏着的诏书呈给赵构时,他读着读着竟呜咽起来;靖康二年(1127),赵构在济州欲进军汴京,听说徽宗、钦宗已被金人囚禁在军中,闻之恸哭;甚至在建炎元年(1127),赵构在应天正式登坛受命,继任天子之后,也要恸哭。在同一年,有阁门宣赞舍人曹勋自燕山来,带给皇帝半臂徽宗亲笔的绢书,上面写着"便可即真,来援父母"——承认他的帝位,向他求救。但是,皇帝终于没有能够在徽宗的有生之年救回父亲。绍兴五年(1135),徽宗在五国城去世;绍兴十二年

(1142)，宋金和议，皇帝特别要求要将徽宗的遗骨送回南宋安葬，但金人送来的，只有一具空棺材，皇帝为之恸哭。绍兴年间，有人进奉一只水晶碗，皇帝拿在手里，痛哭流涕，说这是北宋诸帝陵中的陪葬。南宋的睿思殿中收藏有徽宗亲笔画的团扇，皇帝时时拿起来把玩，总是对着团扇暗自垂泪。

作家周逸说，屈辱又不得不忍耐、懦弱，却还有是非和羞耻之心。皇帝对祖宗的责任感以及对父亲的孺慕与愧疚，最后都化成了搜求秘府遗落珍宝的全心全力——似乎皇帝了解，父亲的最爱，只有他的收藏。

当我们今天看到它们的时候，便能看见徽宗与高宗父子两人的御书与印鉴隔着颠沛流离与远久时间的相互映照。台北故宫博物院藏有宋人《人物图》页，左上有徽宗"政和"半印，左下徽宗"宣和"与高宗"绍兴"连珠印左右相邻。北京故宫博物院收藏的《张翰帖》卷后有徽宗瘦金书跋文，帖心下方也钤有高宗"绍兴"二印。

在弗洛伊德一派的心理学理论中，每一个儿子，都曾将父亲视作偶像，事事跟从、模仿，渴望父亲的认同。但在他一步步长大之后，又总是在与父亲竞争，甚至不得不与之战斗。在这样的孺慕与反叛的交织中，儿子建立起自我意识。皇帝在两宋之交的风雨飘摇中，以收集宣和内府再收藏这样隐晦又恒久的方式完成了对父亲的跟从与模仿。但父子充满耻辱的南北相隔，让他甚至来不及对父亲有所反叛与竞争。这大概，就是睿思殿里抱着父亲亲笔的纨扇垂泪的皇帝无处诉说的伤心吧。

周逸高见。

（二）

张俊这一批书画中，唐代有五轴，名气最大的是唐代吴道子的《天王》。

在中国艺术史上，有三位艺术家被戴上"圣"的桂冠：晋代王羲之，被誉为"书圣"；唐代杜甫，被誉为"诗圣"；被誉为"画圣"的就是唐代吴道子。吴道子画衣纹，服饰如尚风飘舞，富有动感，被誉为"吴带当风"。

苏轼对吴道子评价极高，"出新意于法度之中，寄妙理于豪放之外"，将他称为唐代绘画的天花板，与诗人杜甫、散文家韩愈、书法家颜真卿并列，极赞"诗至于杜子美，文至于韩退之，书至于颜鲁公，画至于吴道子，而古今之变，天下之能事毕矣"。

北宋《宣和画谱》收集了他的九十二件作品。北宋末年，米芾提及："伪吴生见三百本。""余白首止见四轴，直笔也。"他一辈子只见过四件真迹，说明吴道子的画在宋代已非常罕见。而如今现存的《送子天王图》《宝积宾伽罗佛像》并非真迹，而是宋人的摹本。

吴道子传世摹本《送子天王图》（图29）描绘佛祖释迦牟尼降生为乔达摩·悉达多王子后，其父净饭王抱着他，携其母摩耶夫人去大自在天神庙朝拜时，诸神向他礼拜的情景。很多人都称日本的浮世绘就是起源于吴道子的该幅画作。

此图虽为宋人摹本，却较好地展现了吴道子的绘画风格。图上有宋高宗乾卦绍兴小玺，大概也就是张俊送的天王图。

图29　吴道子《送子天王图》摹本(局部)，日本大阪市立美术馆藏

20世纪初，日本著名藏家、澄怀堂主人山本悌二郎在中国搜购书画时，购得《送子天王图》，并携回日本，藏于自家澄怀堂。

此画后经日本著名藏家阿部房次郎递藏。前些年拍出4.636亿港币高价，而创下当时中国古代绘画作品成交价最高纪录的苏轼《枯木怪石图》便也是出自阿部房次郎的旧藏。

《送子天王图》现在收藏于日本大阪市立美术馆。

从目前来看，张俊送的这批书画，最有可能存世的就是《送子天王图》。

张萱《唐后行丛》，张萱也是唐代著名画家，以善绘贵族仕女、宫苑鞍马著称，在画史上通常与另一稍后于他的仕女画家周昉并提。唐宋画史著录上记载的张萱作品计有数十幅，但今已无一遗存。现存两件重要的摹本，即疑似宋徽宗临摹的《虢国夫人游春图》卷和《捣练图》卷。

《捣练图》卷著录于北宋《宣和画谱》，靖康之变后入金人之手，金章宗曾用瘦金体题"天水摹张萱捣练图"。1912年，《捣练图》流失海外,现藏美国波士顿艺术博物馆。

一些媒体曾报道《捣练图》为1860年圆明园流失文物,对此,中国圆明园学会学术专业委员会委员刘阳曾特意做过说明:此件文物并不属于圆明园旧藏,且本身流传有序。

《太平广记》有《张萱传》:"唐张萱,京兆人。尝画贵公子鞍马屏帷宫苑子女等,名冠于时。善起草,点簇位置。亭台竹树,花鸟仆使皆极其态。画《长门怨》,约词撼思,曲尽其旨。即金井梧桐秋叶黄也。粉本画《贵公子夜游图》《宫中七夕乞巧图》《望月图》,皆绡上幽闲多思,意逾于象。其画子女,周昉之难伦也。贵公子鞍马等,妙品上。"

边鸾是唐代画家,是中国花鸟画的祖师爷。

《太平广记》中有《边鸾传》:

> 唐边鸾,京兆人。攻丹青,最长于花鸟折枝之妙,古所未有。观其下笔轻利,善用色。穷羽毛之变态,奋春华之芳丽。贞元中,新罗国献孔雀,解舞。德宗召于玄武门写貌。一正一背。翠彩生动,金钿遗妍。若运清声,宛应繁节。后以困穷,于泽潞貌五参连根,精妙之极也。近代折枝花,居其首也。折枝花卉蜂蝶并雀等,妙品上。

中国人画花草,不是描绘整个花树、卉草的形状,而是聚焦其中最美的一株或一截,精心加以绘制,这叫"折枝花",这个绝活的发明者就是边鸾。

　　唐朝的《历代名画记》记载："边鸾善画花鸟，精妙之极，至于山花园蔬，无不偏写……花鸟冠于代。"

　　宋代的画史《宣和画谱》也评价说："边鸾，京兆人也。少攻丹青，最长于花鸟折枝，草木之妙，未之有也。"

　　《武林旧事》作者周密曾亲眼见过边鸾的《五色葵花》，据他说，看画的时候飞来几只蜜蜂，趴在花心上，赶都赶不走，"活动精彩，真奇物也！"

　　尽管在边鸾之前就有专门画花鸟的，但边鸾将花鸟画开宗立派，独立成科，后人又把边鸾称为"中国花鸟画之祖"。

　　北宋《宣和画谱》记录了他三十三件作品，包括《牡丹图》《踯躅孔雀图》《梅花鹪鸰图》《梨花鹁鸽图》等。但今天真迹难寻，只有一幅《梅花山茶雪雀图》，也是存疑。

　　曹霸为曹操后裔，唐代画家。曹霸最为擅长画人物肖像和马。唐太宗李世民在位期间，为了表彰开国功臣，在皇宫之内的凌烟阁中悬挂二十四功臣的画像。到了唐玄宗时期，因年深日久，功臣画像出现各种残损脱色。唐玄宗下旨让曹霸重新绘制《凌烟阁功臣像》。结果一战成名，成为唐朝宫廷画师。

　　曹霸尤其擅长画马，出神入化，呼之欲出，有"神品"之称，在唐天宝开元年间一画难求。赵子昂说："唐人善画马者众，而曹（霸）、韩（干）为之最。"

　　安史之乱后，曹霸流落四川，穷困潦倒，这时候在成都偶遇大诗人杜甫。杜作《丹青引赠曹将军霸》，称赞之，说他画马："先帝天马玉花骢，画工如山貌不同。是日牵来赤墀下，迥立阊阖生长风。

诏谓将军拂绢素,意匠惨淡经营中。斯须九重真龙出,一洗万古凡马空。玉花却在御榻上,榻上庭前屹相向。"

杜甫给予曹霸的评价是:"丹青不知老将至,富贵于我如浮云。"

2016年,这首《丹青引赠曹将军霸》还成为语文高考题目:

8.如何理解曹霸画的马"一洗万古凡马空"? 曹霸是怎样做到的? 请简要分析。(5分)

9.为了突出曹霸的高超画技,诗人作了哪些铺垫? 请简要分析。(6分)

这道题目11分,估计是送分题。

北宋《宣和画谱》记载内府还藏有曹霸的十四幅画,包括《玉花骢图》《逸骥图》《老骥图》《九马图》等。

张俊送给皇帝的那幅曹霸《五花骢》,大概就是宋徽宗所藏《玉花骢图》,也就是杜甫诗中所言的曹霸为唐玄宗所作之图。

只可惜,现在曹霸作品已不存。

杜庭睦是唐代画家,《宣和画谱》记载:"画道释人物最工,复喜写故实,画明皇斫脍图,人物品流,见之风神气骨间。"

张俊送的杜庭睦《明皇斫脍》,也是宋徽宗宣和年间旧藏。

(三)

张俊这批书画,五代十国的作品不少。

五代十国在中国历史上，存在感不强，大多数人说不出五代是哪五代，十国是哪十国，也没有像唐宗宋祖这样的强人，但就是这样一个乱世，居然成就了中国艺术史的黄金时代。荆浩、关仝、董源、巨然并称山水四大家，他们的山水画影响了宋人乃至后世，预示着山水画即将迎来高光时刻；黄筌、徐熙，开宗立派，掀开了中国花鸟画极具东方美学意味的面纱，他们都成了千年宗师。更不要说，恰似一江春水向东流的南唐后主李煜，虽然坐不稳江山，但坐稳了中国第一个艺术家皇帝的宝座。

想想五代十国动辄杀人灭国，撕裂人性，血腥惨烈，命如草芥，幸而还有艺术，调适着人的精神，舒缓紧张感。有了艺术，离乱的世界就可以用美来拯救，美超越成败得失、是非利害，向每一个人，特别是帝王将相、士大夫展开它的胸怀，成了他们最好的安慰剂。

李冬君老师说从五代十国到有宋一朝，可以说是中国的文艺复兴，成为中国文化之巅峰期，比欧洲的文艺复兴要早三个世纪。

张俊的礼物，有一轴是李煜的《林泉渡水人物》。

《射雕英雄传》第二十三回，黄蓉、郭靖发现了黄药师弟子曲灵风的密室，其中收藏着许多从皇宫大内中偷来的书画作品，就包括几轴宋徽宗的书法和丹青。其他还有：吴道子的《送子天王图》、韩干的《牧马图》、南唐李后主的《林泉渡水人物》、梁楷泼墨减笔人物画等。

看来，张俊送给皇帝的南唐李后主的《林泉渡水人物》，后来又被金庸"偷走"了。

坊间一直传闻北宋宋徽宗是南唐后主李煜的转世，都是错当了皇帝的艺术家,一样才华横溢,也一样昏庸无能,最后一样亡国被俘。李煜精通诗词、书法、绘画、音律,尤以词的成就最高,一曲《虞美人》"问君能有几多愁,恰似一江春水向东流"千古传诵。

李煜即位后,北宋赵匡胤已黄袍加身建都汴梁,李煜自知敌不过北宋,迟早必为其"盘中餐",但他还拼死自保,胆战心惊了十四年。李煜年年朝贡问安,亲弟李从善还在北宋做人质。这一系列压力导致李煜几近崩溃,对于艺术的追求,除了爱好,也是借以解压。

李煜当年在宫中收藏了许多钟繇、王羲之真迹,宋军灭南唐时,李煜命人将钟王真迹付之一炬,真可恨。

李煜的画作存世未见,金庸在《射雕英雄传》中提及的《林泉渡水人物》也没有多少文献记载,只是《西湖志》里说:"李煜《林泉渡水人物》……珍品也。"

张俊还送了黄筌的《萱草山鹇》。五代十国时,后蜀国主孟昶在成都创建了中国第一个皇家画院——翰林图画院,开中国皇家画院之先河。而画师黄筌开宗立派,聚八方丹青圣手,开创了院体画派,对两宋影响极大。

黄筌算是中国第一代有编制的宫廷画家,皇家画院院长。他在宫廷画院中供职长达四十年之久,还将自己的儿子黄居宝、黄居寀,相继引入画院。

黄筌擅长用勾勒法作画,即以细淡的墨线勾画出花鸟的轮廓,然后填彩,以着色为主,给人以富丽堂皇的感觉。同时,他爱好名花异草、珍禽鸟兽,富贵工巧,后人称之为"黄家富贵"。其画风延续至宋更是登峰造极,当时院体花鸟皆以"黄家体制为准"。

《益州名画录》曾记录,他在后蜀宫中的一个殿壁上画了六只不同姿态的仙鹤,栩栩如生,甚至吸引真的仙鹤到壁前嬉戏,后蜀后主叹为观止,将该殿命名为"六鹤殿"。他又曾在八封殿壁上画花竹雉鸡,使国王行猎的白鹰误认为真而向壁间扑啄。

我相信,在高宗皇帝的复古殿,应该有一张黄筌的《芙蓉图》,他也很喜欢,因为他有一首《题黄筌芙蓉》存世:"照水枝枝蜀锦囊,年年泽国为谁芳。朱颜自得西风意,不管千林一夜霜。"

他认为黄筌的画极具感染力,《芙蓉图》恰如萧瑟的秋日里给人送来夏日情怀,让人欣悦。

但黄筌这幅《芙蓉图》和张俊送的《萱草山鹧》均未存世。《宣和画谱》著录黄筌的作品多至三百四十九件,但流传下来的仅知《写生珍禽图》一件,曾经宋内府、贾似道及清内府收藏,《石渠宝笈初编》著录,现藏北京故宫博物院。

沈括在《梦溪笔谈》中评论黄筌花鸟画,谓之"写生"。"写生"的提法妙,在那个时代,应该是给画家当胸一拳的新冲击。"写生"而非"写意","写生"就是把生命气息画出来,写出"气韵生动"来,写出生命的内在气质。

作为一名宫廷画师,黄筌"写生",写出了花鸟恬淡、自足、自然的"富贵"气象。"富贵"入俗,可黄筌不俗。

前些年,浙江大学遍访世界各地博物馆,高清复制传世名画,汇编"中国历代绘画大系",堪称书画界的四库全书。2012年,《宋画全集》在美国国会图书馆亚洲馆首次亮相时,第一位观众是昆虫学家,他最感兴趣的画作就是黄筌的《写生珍禽图》。

这位昆虫学家借此了解千年前的鸟类和昆虫,比较与现在的鸟类有什么样的变化,认为这对研究有很大帮助,黄筌写生之精妙,造型之准确可见一斑。

《写生珍禽图》左下方款署"付子居宝习",这说明该画是黄筌画给儿子黄居宝做习画范本用的。

黄筌的次子黄居宝,《宣和画谱》记载,他"以书画名于世","以工画得传家之妙"。黄居宝擅画虫鱼鸟迹、花竹翎毛,得家传之精华,且又善于写书法,以隶书知名。他和父亲黄筌、弟弟黄居寀同为翰林待诏,后累迁至水部员外郎。

张俊的礼物中还有黄居宝的《雀竹》。

徐熙是五代南唐杰出画家,一般把他和五代后蜀的黄筌相提并论。五代以来中国花鸟画兴盛,但在题材、风格、理念、画法上花开两枝。黄氏父子开创院体标准,画的是富贵艳丽的奇花异草;而徐熙是江南处士,一生未曾入仕,画的是水墨淡彩的闲情野趣。

宋人称为"黄家富贵"和"徐熙野逸"。

热播古装剧《梦华录》中,赵盼儿一行来到东京,以开茶楼为生,墙上就挂着一幅徐熙的《雪竹图》,是绢本墨笔画作品,现收藏于上海博物馆。

从剧情上来看,高观察收了不少徐熙的藏品,包括现藏于台北故宫博物院的《玉堂富贵图》。

《宣和画谱》记录的徐熙的画有二百五十九件,《雪竹图》《玉堂富贵图》和张俊送的《牡丹》都应该是宫廷旧藏,但现在徐熙真迹罕见,《雪竹图》《玉堂富贵图》都是疑似而已。

张俊送的徐熙《牡丹》,高宗吴皇后也很喜欢,还题诗:"吉祥亭下万年枝,看尽将开欲落时。却是双红有深意,故留春色缓人思。"

现在徐熙《牡丹》早已失传,但吴皇后这首《题徐熙牡丹图》却流传至今。

梅行思是南唐李氏翰林待诏。画人物牛马,最工于鸡。杜霄,五代画家,工仕女,得周昉笔法,有"曲眉丰脸"之态。《扑蝶仕女图》等著录于《宣和画谱》。

张俊送的那张《扑蝶》,应该就是《宣和画谱》中所藏。

(四)

张俊礼物中有荆浩的山水画。

在中国美术史上,似乎有个特征,乱世,却是山水画的黄金时代。魏晋南北朝,国运不济,文人寄情山林,山水诗盛行,山水画开始萌发,唐末五代天下又一次纷乱。有许多画家,隐迹群山,倾注毫端,使"水墨山水"画走向成熟。

中国文艺复兴的核心标志就是山水画的兴起,回归自然,顺应自然,以自然为师,成为中国绘画以至于中国文化的宿命。

中国绘画艺术,也第一次和政治脱钩,开始寻找自我,以山水画去构建自己的理想国。

其中的开山祖师就是荆浩。

荆浩是唐末五代后梁人,博通经史,但仕途坎坷,厌倦了权力博弈,归隐太行山。

荆浩之前的山水画,很少见到表现雄伟壮阔的大山大水及全景式布局,更多是人物的陪衬和背景,处于婢女地位。

由于荆浩隐居的太行山气势磅礴,使其审美眼光发生重要变化,认识到"山水之象,气势相生"。由于他放眼于广阔空间的雄伟气势,终于创立了"大山大水,真山真水"的新格局。

据荆浩自述,有一日,他攀山入云端,迎面见一巨岩如门扉穿过露水苔径,望见"怪石祥烟"之后,便是一片古松林。

林中各色古松争奇,中间一株最大的,树皮苍老,斑若鳞。有不能成林者,或抱节自屈,或回根出土,或偃截巨流,或挂岸盘溪,披苔裂石,千姿百态,不一而足。

荆浩为之惊愕,拿起笔来,开始临摹那些古松的姿态。从秋到冬,也许整整四季,"凡数万本,方如其真"。

太行山之于荆浩,犹如瓦尔登湖之于梭罗,他们都在大自然中找到了自我。根据《宣和画谱》中记录内府收藏,荆浩共有二十二件,有《夏山图》《蜀山图》《山水图》《瀑布图》《秋山楼观图》《秋景渔父图》《山阴宴兰亭图》《白蘋洲五亭图》《写楚襄王遇神女图》等,由此可见其创作题材的大概情形,多作四季气候变化下的景致。画迹流传至今的有《匡庐图》(图30)等。

《匡庐图》为绢本水墨,纵185.8厘米,横106.8厘米,右上角有"荆浩真迹神品"题款,据说出自高宗皇帝之手,并钤有南宋"御府之宝"一印。后有元人韩玙、柯九思二诗;还有清乾隆题诗及梁诗正、汪由敦的和诗。现为台北故宫博物院收藏。

《匡庐图》也是中国最早的水墨山水画,画的是庐山及附近一

图 30　荆浩《匡庐图》,台北故宫博物院藏

带景色,结构严密、气势宏大,构图以"高远"和"平远"二法结合,而其深远、奥妙、飘逸尽得其当。画法皴染兼有,皴法用小披麻皴,层次井然。全幅用水墨画出,充分发挥了水墨画的长处,正如他自己所说:"吴道子画山水,有笔无墨;项容有墨而无笔,吾当采二子之所长,成一家之体。"

张俊送给皇帝的礼物,很有可能就是《匡庐图》。

张俊礼单里面有董源《夏山早行》二轴。董源,南唐画家,南派山水画开山鼻祖，也是最早在宣纸上作画的画家。

如果说荆浩在北国大山中皴染理想，董源就在江南烟渚间"轻描淡写"了一方桃花源。

董源虽为宫廷画师，却天真烂漫，意趣高古。相传南唐后主李煜坐碧落宫召冯延巳议事，冯延巳至宫门逡巡不敢进。后主不解，延巳回禀，看到有宫娥身着青红锦袍当门而立，不敢进来。后来让冯延巳仔细查看，原来是八尺玻璃屏上，董源画古代美人夷光的肖像而已。

不过，真正让董源成为一代宗师的是山水画，其山水初师荆浩，笔力沉雄，后以江南真山实景入画，不为奇峭之笔。疏林远树，平远幽深，皴法状如麻皮，后人称为"披麻皴"。明朝董其昌称董源山水为"无上神品、天下第一"。

董源是山水画的南宗祖师，但是在整个宋代却声名不彰，宋一朝都延续了北宗荆浩、关仝的大山大水的风格。直到元代废除宫廷画院和科举制度，文人因为无法参加科举，文人画"登堂入室"，才重拾了董源的南方山水秀丽典雅、烟雾朦胧的画风。后出现了以黄公望、倪瓒、王蒙以及吴镇为首的元四家南宗风格，并逐渐使董源成为后世顶礼膜拜的对象。到了明末，董其昌更是对他这位本家同姓的董源推崇备至，将其奉为南宗祖师。

据宋代《宣和画谱》记载，董源作品在北宋内府藏有七十八幅。主要有《夏山图》《江山高隐图》《设色春山图》《群峰霁雪图》《夏景窠石图》《夏山牧牛图》《林峰图》《夏山早行图》等。

张俊送的董源《夏山早行》二轴，是宋徽宗宣和旧藏。

董源存世作品很少,有两幅和《夏山早行》题材接近,不知是否就是当年张俊供奉之物。

上海博物馆收藏的《夏山图》卷,绢本水墨设色,图中画平远景象,群峦丘岗,洲渚烟汀,树木葱茏,廊桥横溪,水边牧牛,云起山腰,形似龙头;把草木丰茂的江南景色,表现得淋漓尽致。董源所绘山水,多以横卷形式描绘草木繁茂的江南丘陵山景,表现峰峦重叠、云雾晦明、平淡幽深的气象。用浓淡相宜的圆润之笔,皴山勾树,笔触形似披麻,山顶多作矾石,其上点以焦墨苔点,表现江南山顶草木。所勾皴笔层层积染,所点苔点浓淡相叠,层次参差而又浑然。

董源这种画法为北宋山水画家米芾所赞赏,米芾在所著《画史》中说:"董源平淡天真多,唐无此品,在毕宏上,近世神品,格高无与比也。峰峦出没,云雾显晦,不装巧趣,皆得天真。岚色郁苍,枝干劲挺,咸有生意。溪桥渔浦、洲渚掩映,一片江南也。"

此画原藏北宋内府,至南宋归贾似道所有,明代为董其昌所有,现藏于上海博物馆。

今藏辽宁省博物馆的《夏景山口待渡图》,被普遍认为是董源代表作之一。此图流传有序,曾入南宋内府、元内府,后相继为明代项元汴、清代耿昭忠、索额图和清内府收藏,民国初年被末代皇帝溥仪挟逃出宫。明代董其昌此卷的引首题:"董北苑夏景山口待渡图真迹。"元代鉴定家柯九思在卷后题:"右董元夏景山口待渡图真迹,冈峦清润,林木秀润,渔翁游客出没于其间,有自得之意。真神品也。"

《夏景山口待渡图》身世传奇,1911年辛亥革命后,末代皇帝溥仪退位,但仍按优待条件居住在故宫。为以后生计考虑,他与自己的弟弟溥杰、溥佳,将一批书画以"赏赐"等名义运出了清宫。

从1922年9月28日开始,溥仪先是几天一"赏",每次十卷或十册,后来几乎是日日"赏赐",最多一次就"赏"了三十五件。溥杰、溥佳利用每日下学出宫的机会,用黄绫包袱将书画带出。其中包括王羲之父子的墨迹《曹娥碑》《二谢帖》《清明上河图》、周昉的《簪花仕女图》、宋徽宗的《瑞鹤图》以及王蒙的《太白山图卷》等稀世珍品。

而董源的《夏景山口待渡图》于1922年12月10日以"赏赐"的名义让溥杰带出了宫。

从1922年9月28日至12月12日,共盗运书画手卷一千二百八十五件、书画册页六十八件。

这批书画跟随溥仪从北京到天津静园,再后来又到伪满皇宫的"小白楼"。两层"小白楼"貌不惊人,可室内却藏有一千多件历代名人字画,这些字画在这里一箱摞一箱地堆着,存放了十四年之久。

日本战败后,溥仪仓皇出逃,储存在小白楼的文物字画遭到哄抢。一部分在全国解放前由东北人民政府收缴,其中包括溥仪出逃时随身携带,被遗弃在通化大栗子沟的文物,后辗转进入"东北博物馆"(现辽宁省博物馆),其中就有董源的《夏景山口待渡图》等。

张俊的礼物中还有巨然的《岚锁翠峰》。巨然,是五代、宋初画家,僧人。巨然是董源的嫡传门人,江宁人。

巨然得董源亲授,深受老师"披麻皴"的审美感召,披挂千山万壑,皴遍江南一草一木,峰峦竞奔,笔墨秀润,讲述的全部是老师的"皴山皴草"的山水故事,后来山水画发展影响颇巨,世皆以"董巨"并重。不过在山水造型上,巨然不再像老师那样徜徉于卷轴,而是在立轴上仰视大山,颇似荆浩的山水构图;在运思观照上,他似乎不太在意山水间渔舟唱晚、桃源耕读,而是一味埋首点皴幽远的仙山道峰,少了些许平淡天真的纯味真趣,多些表现他抱着经营"性灵"的志向而进山问道的"艺计生涯",虽为僧人反倒颇多世俗情怀。

北宋董源、巨然山水画被后人誉为南派正传,对后世山水画创作影响极大。巨然名下画作有《秋山问道图》《山居图》《萧翼赚兰亭图》《万壑松风图》《层岩丛树图》《秋山图》等传世。

(五)

张俊送的礼物里,宋代顶尖作品不多。

有一件赵昌的《踯躅鹌鹑》。赵昌是北宋画家,工书法、绘画,擅画花果,多作折枝花,兼工草虫,没骨花鸟自成一派,有徐熙、黄筌遗风。在北宋时期与宋徽宗赵佶齐名,是宋代花鸟画坛的杰出画家。《宣和画谱》著录赵昌的作品一百五十四件;南宋《宋中兴馆阁藏画》著录赵昌的作品二十七件。

北宋是花鸟画的天下,以"黄家富贵"为主流的绘画风格。但赵昌却显得格格不入,他一生拒绝为官,隐居山林,多以田园野趣为主要的表现对象，以写生为主，师法于自然，取景于自然，特别是善于运用色彩，具有很强的装饰性。

赵昌被后世称为"写生第一人"，也是后代花鸟画转向文人画的节点，一些人甚至将他称为我国工笔花鸟画的鼻祖。

苏轼在《王进叔所藏画跋尾·赵昌四季·芍药》诗中云："倚竹佳人翠袖长，天寒犹著薄罗裳。扬州近日红千叶，自是风流时世妆。"诗中以"天寒犹著薄罗裳"的"倚竹佳人"来比喻赵昌画中的芍药，可谓传神。

宋代当时院外的画家大多以卖画为生，赵昌却反其道而行之，不仅"深藏而不市"，并且如有流落在外的画作，"则复自购以归之"，真是另类。

赵昌作品，海内外所藏不少，但均为疑似。如北京故宫博物院藏《写生蛱蝶图》卷，台北故宫博物院藏《岁朝图》等，流传至今的没有一件可以明确地肯定是他的亲笔真迹。

吴元俞是一个武官，曾任端王府知客，后官至武功大夫、合州团练使。

吴元俞还有一个身份，就是宋徽宗的书画老师。

据宋《宣和画谱》、元《图绘宝鉴》所载：吴氏作品的风格，以描法纤细，传染鲜润，特出众工之上，且能变俗成家，超越院体范围，大变晚唐、五代、宋初之法。《宣和画谱》中所录的宋人花鸟画一共只有一千五百零六幅，吴元俞的就占了一百八十九幅。

但今天存世未见。

张俊还送了一幅易元吉的《写生花》。易元吉是北宋时期著名画家,尤善画獐猴,北宋《宣和画谱》著录御府所藏其作品有《牡丹鹁鸽图》《梨花山鹧图》《夏景戏猿图》等二百四十五件。

宋英宗治平元年(1064),汴京皇城孝严殿建成,朝廷特召易元吉进宫绘画。他自言"吾平生至艺,于是有所显发矣",欣然赴京。在孝严殿内,易元吉奉命画御座后面的大屏风。他在中间一扇上,画了太湖石与汴京有名的鹁鸽和洛阳有名的牡丹,在旁边两扇各画上孔雀。接着,他又在神游殿的小屏风上画"牙獐"。之后,易元吉又奉诏在开先殿西厢画《百猿图》,但还未画完就暴卒身亡了。据米芾说,是因为他得到了皇帝的恩宠,画院有人嫉妒特意下毒而致。

据记载,易元吉曾经到杭州后市都监厅屏风上画鹞子一只,那里旧有燕二巢,画鹞后,燕子再也不来了。

真是栩栩如生。

张俊送的易元吉《写生花》未见传世。但易元吉《榈猿二》,旧藏南宋御府,今藏台北故宫博物院。

2010年12月4日,北京保利五周年秋拍,易元吉《山猿野獐图》从1500万元起拍,经过五分钟竞拍,最后以4100万元的落槌价成交。该拍品此前估价为1800万—2800万元。《山猿野獐图》是目前可见唯一一件尚可于市场流通的易元吉真迹。

张俊还送了宗妇曹氏的《蓼岸》。曹氏是曹仲婉,北宋女画家。《宣和画谱》记载:"宗妇曹氏,雅善丹青。所画皆非优柔软媚、取悦儿女子者,真若得于游览,见江湖山川间胜概,以集于毫端耳。尝画《桃溪蓼岸图》,极妙。有品题者曰:'咏雪才华称独秀,回纹机杼更谁如？如何鸾凤鸳鸯手，画得桃溪蓼岸图。'由此益显其名于世，但所传者不多耳。然妇人女子能从事于此，岂易得哉？今御府所藏五：桃溪图一、柳塘图一、蓼岸图一、雪雁图一、牧羊图一。"

张俊送给皇帝的《蓼岸》，应该是宋徽宗宣和旧藏。

这一批国宝，八百多年前，都曾经珍藏在离我不远的杭州凤凰山下皇城中，八百多年后，烟消云散，不知所终。现在我所在的城市杭州，作为南宋故都，博物馆里也没有一张像样的宋画，让人无言。

十六、匹帛

张俊还向皇帝进奉了一批匹帛：

捻金锦五十匹、素绿锦一百五十匹、木绵二百匹、生花番罗二百匹、暗花婺罗二百匹、樗薄绫二百匹。

在宋朝，丝绸挺费的。

1005年，宋辽达成"澶渊之盟"，宋每年给辽国银十万两，绢二十万匹，不久又增加为银二十万两，绢三十万匹；1044年，北宋与西夏议和，每年输银七万两，绢十五万匹；靖康之变，金军围攻汴京，宋钦宗除割地赔银外，一次就输往金国丝绸百万匹；1141年，南宋与金和议，贡银二十五万两，绢二十五万匹；1208年南宋与金再次和议，议定宋增岁银为三十万两，绢三十万匹。

《宋史·职官志》记载，宰相以下各个品级的官吏，政府除每年给予俸禄外，春、冬两季还各赐绫、绢、罗、绵等丝绸"时服"面料，数量按官位大小分等。

南宋皇室诞育仪规定，一人有娠七月，赐罗二百匹、绢四千六百七十四匹，另还有其他丝织品。

民间无论嫁娶、育子、过节还是演艺，都要使用丝绸。

丝织品当时是外销各国的巨额出口货物，南宋出口多种多样的匹帛和丝织工艺品，经海上丝绸之路运输。张俊就曾经让老兵做过一笔大买卖，到处收购绫锦奇玩运到海外，一年后满载而归，除珍珠、犀角、香料、药材外，还有骏马，获利几十倍。

南宋草创，金兀术上山下海追杀皇帝，皇帝对其恨之入骨，悬赏缉凶。《建炎以来系年要录》载："绍兴十年，金人渝盟，诏募有能生擒兀术者，亦不过除节度使，赐帛银五万匹两，田千顷，宅一区。"

皇帝做了太上皇，吃了西湖边宋嫂做的鱼羹，故国情思顿生，还"赐金钱十文，银钱百文，绢十匹"。

丝绸，就是硬通货，软黄金。

有巨大的需求，宋朝可劲地造丝绸。

据《宋会要辑稿》载，北宋中期全国年上供丝绸总计三百五十五万匹，东南和四川共计二百五十七万多匹，占全国三分之二，其中仅江浙一隅就达一百二十五万多匹，占全国三分之一以上，丝绵则超过三分之二，而北方各地仅占四分之一。

靖康之变后，织造机构和手工业者大量南渡，南方丝织业越发精进，绍兴年间，东南诸路每年仅夏税及买绢就增加到三百万匹左右。

临安作为首都，官营丝绸工坊就有少府监所设绫锦院、文思院、染院、文绣院、裁造院和内诸司中的织染所，规模均颇宏大。绍兴年间新设的绫锦院则有织机数百台、工匠数千人。同时仿北宋制于北桥东设文思院。文思院是一个十分庞大的工艺制造局，有大小作坊数十个之多,其中也生产丝绸产品,如官告度牒等用的绫即由文思院生产,淳熙十四年(1187)曾织绫一千八百匹。

《梦粱录》《武林旧事》《西湖老人繁胜录》记载,临安有各类行市二十八个,其中丝绵市、生帛市、枕冠市、故衣市、衣绢市、银珠彩色行六个与丝绸有关。史载街巷:"竹窗轧轧,寒丝手拔,春风一夜,百花尽发。"由于许多能工巧匠涌进临安,北方或蜀中所生产的鹿胎、透背、缂丝、捻金锦等的传入,临安传统的绫、罗、纱等产品也得到翻新,逐渐形成几种名品。如柿蒂纹绫、狗蹄纹绫、官锦、纻丝(缎)、缂丝、用金罗、新翻粟地纱、鹿胎缬、唐绢、刺绣等。从姜夔《灯词》所描写的"南陌东城尽舞儿,画金刺绣满罗衣"的情状中,可见临安丝绸之繁盛。

张俊供奉的丝绸,自然选的是上品。

(二)

锦是丝绸织品中最精美的顶配。

捻金锦是锦中的"爱马仕"。

以丝线为胎,外绕金箔而成的金缕丝线织成的锦,就是捻金锦。

《汉服的染织工艺——丝织工艺》一文认为,北宋之初,颇尚俭朴,大中祥符以后奢靡之风大兴,不仅帝王士大夫之家奢侈豪华,市井之间也以华美相胜。织物大量用金的情形,可以从政府反复颁布的禁令中反映出来。大中祥符八年(1015)诏令,天子衣服用金事,名目就有十八种之多。计有:销金、缕金、间金、戗金、圈金、解金、剔金、捻金、陷金、明金、泥金、榜金、背金、影金、阑金、盘金、织金、金线等。

文献上提到捻金锦的，多在南北宋之际。《大金吊伐录》记载，靖康围城时，宋朝和金礼物中，有金锦一百五十匹。周必大《亲征录》和《清波杂志》中都记载，南宋使金礼物中有捻金织物二百匹。据《松漠纪闻》载，这种捻金技术，可能是由回鹘传入。

新疆盐湖（今乌鲁木齐南郊）元代墓葬，出土了人物缠枝纹捻金锦，用捻金线制成。

不知出土在新疆的捻金锦，是否出自万里之外的杭州？

一个杭州织女，先以丝线为胎，外绕金箔做成的捻金线，然后上织机，经线由丝线组成，纬线由两根平行的捻金线和一棉线组成，捻金线做纹纬，棉线做地纬。单经与纹纬成一上三下斜纹交织，双经与地纬成平纹交织。那是多么细致的活儿，每平方厘米需要经线六十五根，纬线四十根。纬线以捻金线显花，花纹图案中最显眼的是菩萨，修眉大眼，隆鼻小口，脸型略长，头戴宝冠，自肩至冠后有背光，以缠枝纹作衬。

捻金锦织成后，从杭州上船沿着京杭大运河至大都，再千里迢迢输往西域。

这有可能，因为宋元期间，杭州不仅仅是丝绸织造中心，也是金银加工中心，产品也远销新疆地区。

20世纪，新疆吐鲁番柏孜克里克石窟出土了四件元代由杭州商家制佛像金箔的商业广告，前三件现藏于德国国家图书馆，后一件现藏于吐鲁番博物馆，出土时间前后相差七十多年。

其中一则最完整的广告是："信实徐铺，打造南柜佛金诸般金箔，不误使用，住杭州官巷，在崔家巷口开铺。"

广告中的"徐铺"位于杭州官巷与崔家巷的交叉口，"官巷"是南宋御街的繁华商业区，也是金银器皿交易中心。《梦粱录》卷一三《铺席》中记载："自五间楼北，至官巷南街，两行多是金银、盐钞引交易，铺前列金银器皿及现钱，谓之'看垛钱'。"

据浙江大学冯培红、马娟两位学者考证，"徐铺"经营制售装饰佛像所用的金箔，并将其商业广告散发到万里之遥的新疆吐鲁番，这显然是因为元代居住在吐鲁番盆地的高昌回鹘崇信佛教，开凿石窟需要大量装饰佛像的金箔，而这些金箔来自杭州，时间应该在宋元之际。

"徐铺"会不会也经营制售捻金锦需要的金线呢？有可能。

写到这一段，我知道杭州解放路上还有官巷口地名，但不知道崔家巷在哪里，在高德地图上搜索，八九百年后崔家巷居然还在，就在官巷口附近，那"徐铺"位置大概就在今天杭州著名面馆"奎元馆"附近，"奎元馆"我经常去，一碗虾爆鳝面烧得入味，被金庸赞为"江南面王"。

当年把黄金穿在身上的风俗，在北方的辽国、西夏、金国土豪中，尤其流行，有学者认为大概是因为北方苦寒，环境单调，唯有犹如太阳光芒般的金光灿烂，给生活在广漠中的人们带来一丝生机。因而北国土豪衣着崇尚用金，并以此显示其豪阔。

这到了元代，更是成为大汗们的最爱，他们谓之"纳石矢"。据《马可·波罗游记》所述，当时元代的蒙古贵族不仅满身红紫细软、组织华丽的纳石矢金锦,就连日常生活中的帷幕、被褥、椅垫等都为纳石矢所制,无一例外,甚至连军营所用的帐篷也是由这种织金锦制成的,绵延数里,场面十分豪阔。

(三)

木绵二百匹,给皇帝送棉花?

南宋的木绵,是棉花。宋人说:"闽岭以南多木绵,土人竞植之,有至数千株者,采其花为布,号吉贝布。"

但棉花在宋元之前并不是主流,因为纺织技术落后。元朝的黄道婆将海南黎族的纺织技术进行了优化改进,即"擀、弹、纺、织",技术革新使纺织棉花的效率大大提高,进一步刺激了棉花的生产和需求,到了明代,中国人才开始大规模穿棉布,盖棉被。

所以,在南宋,棉布还是挺金贵的,送皇帝,合适。

在浙江省博物馆,有一条南宋拉绒棉毯(图31),却挑战了黄道婆。

图31 南宋拉绒棉毯,浙江省博物馆藏

这件一级文物，号称中国迄今发现最早、最完整的棉毯，其制成于南宋淳熙六年(1179)前后，距今八百多年。它以实物证明了南宋时期的江南地区棉纺织业已达到的工艺水平，比黄道婆从黎族带回棉纺织技术早了一百多年。

毯长2.51米，毯幅宽1.16米，重量1580克。经纬条干一致，双面拉毛均匀，起绒方法特殊，细密厚暖。毯上钉有用开元通宝和北宋钱排列成的六个互相连接的菱形图案，共用钱币八十一枚。

棉毯起绒方法特殊，所起绒头丰满厚实。它用的是纬纱起绒法，但是它的纬纱制法特殊，为合股双纬，就是在经纬纱并拈时夹进一根搓制的细棉条做起绒之用。

另外，在棉毯上发现四粒苍耳子(一种带刺的果实)，刺间缠满许多棉纤维。当年可能是将织成的棉毯平铺在台子上，用一把粘嵌苍耳子的刷子来达到起绒效果。

1966年，南宋拉绒棉毯在浙江省兰溪县(今兰溪市)一座南宋古墓中出土，墓主人为南宋特进大夫潘慈明及其夫人。

由于墓内文物皆遭毁损，浙博的专家赶到后，在一位老农的指点下，仅在墓旁的田坑污泥中找到了一条因为没人要而遗弃掉的毛毯。

南宋嘉定七年(1214)，蔡骥编订的《新编古列女传》中有一种脚踏三锭纺车，这是当时普遍使用的纺纱工具，棉毯所用棉纱应是用这种纺车纺制的。

我以前一直感到挺奇怪，那时候，没有棉被棉衣，中国人靠什么御寒?

南宋诗人陆游在某一年冬天,窗外大雪,诗意大发,给他的好朋友朱熹写了一首诗,诗名是《谢朱元晦寄纸被》。

前两句广为流传:"纸被围身度雪天,白于狐腋软于绵。"意思就是感谢朱熹寄给他的纸被,保暖效果好,让他度过苦寒。

当时造纸术很发达,他们生产学习用的纸时,也造出了一种可以保暖的纸张。这种纸是用楮皮制成的,称之为纸裘。楮树的树皮粗糙而且极其强韧,能够任意弯曲而不折坏,且纤维丰富而密度很小。用于制作纸衣和纸被,寒风再烈都像被一层精良的铠甲挡住。南宋洪迈在《容斋三笔》中就写了自己与妻子日子贫苦,经常挨饿,"隆冬披纸裘"。

陆游和洪迈,都是中高级官员,都要靠纸御寒,可想棉毯也不是人人都有。

当然,皇帝御寒有很多种选择,裘皮,丝绵,宫殿四季如春。

(四)

暗花婺罗二百匹。

罗是杨贵妃们的最爱。

名画《簪花仕女图》中,无论是拈花、戏鹤、逗犬的贵妇还是持扇的侍女都身披一袭轻薄纱罗,面容精致、肌肤如脂,即使慵懒地散步,也散发着富贵的气息和女人的娇美。正如白居易在《吴宫词》中所说"半露胸如雪,斜回脸似波"。

罗是一种采用绞经组织使经线形成明显绞转的轻薄丝织物,由于都有质地比较轻薄且都有孔眼等特征,纱罗一般并称。它不仅有着出尘不染的高逸、富丽堂皇的审美特质，还有着性感妖娆的妩媚，可谓中国丝绸文化中的一朵仙葩。

王晓婷《论中国纱罗织物的诗情画意》一文说，无论是在《全唐诗》《全宋词》还是在《花间集》中，纱罗的出镜率都非常高，在《全唐诗》中关于丝织品的"罗"大约出现了一千三百多次，"遍身罗绮者，不是养蚕人"。在《全宋词》中，"罗"大约出现了七百次，可见诗人对于纱罗传情有着特殊的偏爱："缫丝须长不须白，越罗蜀锦金粟尺""锦荐红鸂鶒，罗衣绣凤凰"道出了纱罗的珍贵与富贵；"罗幕翠帘初卷，镜中花一枝""轻步暗移蝉鬓动，罗裙风惹轻尘"，寄托了诗人的才情与多情；"斗钿花筐金匣恰，舞衣罗薄纤腰""静眠珍簟起来慵，绣罗红嫩抹酥胸"，尽显其纤薄与妩媚。

南宋，婺州是罗的主要产地，并以"婺罗"扬名。罗的品种可分为无固定绞组织、形似渔网的四经绞罗和有固定绞组织的三经绞罗、二经绞罗。

在杭州的中国丝绸博物馆，藏有一件江西德安南宋周氏墓出土的素罗单衣(图32)，此件素罗单衣为宋代青年女子常用的服装，款式为直领对襟，窄袖，衣长至膝下，左右两侧开有约64厘米高的衩，衣身主体部分以深褐色素罗织物制成，领、襟及袖口以浅黄色素罗织物作为缘边，宽约6厘米，领缘处还钉缝有宽1厘米以素罗织物制成的窄边饰，尤为珍贵的是前门襟中部的一粒纽扣，用同种面料制成，是目前我国发现较早的纽扣实物之一。

据金琳研究，此件单衣面料为不提花的四经绞素罗，以四根经线为一组，包括地经和绞经，通过一套专用的绞经装置，使一根绞

图32 素罗单衣,中国丝绸博物馆藏

经与相邻的两根地经左右纽绞而相互绞缠,上下左右联结自如,形成大孔眼。宋室南渡江南后,江南的丝织技术有了飞跃的进展,尤其是适应气候温暖的南方地区的罗织物,达到了技术的顶峰。

从出土文物看,当时无论是上衣,还是裙、裤,多以各类罗作为面料或里料,有的甚至里里外外全部以罗裁制,正可谓"薄罗衫子薄罗裙"。

这件素罗单衣也可称为"背子"。根据宋代《朱子语类》"背子本婢妾之服。以其行直主母之背,故名背子。后来习俗相承,遂为男女辨贵贱之服"和《宋史·舆服志》"其服,后惟备袆衣、礼衣,妃备褕翟,凡三等。其常服,后妃大袖,生色领,长裙,霞帔,玉坠子;背子、生色领皆用绛罗,盖与臣下不异"等有关史料记载,背子可能是从地位低下的侍女服饰发展而来,因婢妾一般侍立于主妇的背后而得名,穿服这种两侧开衩的衣服"便事,利身",行走也较方便,后逐渐演变为后妃和贵族男女皆着的常服。江西德安南宋周氏墓和南宋淳祐三年(1243)福建南宋宗室贵妇黄昇墓都出土有多件女式背子实物。

在年代稍前于周氏墓的福州黄昇墓中出土的背子，对襟均没有系带、纽襻，由其松敞，当时称之为"不掣衿式"，罗本来就轻薄漏透，再穿着这种敞开式长袍，也不怕"露胸"？

通过对照河南白沙宋墓宋代壁画及宋代仕女图，可以寻到答案。

原来这种开放大胆的服装是与抹胸配套穿着的。出土于黄昇墓的一件抹胸，再现了这种穿于背子里面的内衣形制：长55厘米，形状大致呈长方形，在上端的左右两角接缝两个小等腰三角形，其两角和腰间各缀有两条绢带。穿着时将其围裹在齐腋以下的前胸与后背之间，正好上可覆乳，下可挡腹。

含而不露，露而不裸，南宋的审美风尚，比唐代杨贵妃们收敛。

（五）

樗薄绫二百匹。

绫属于暗花型织物，织物表面有明显的斜纹纹路，具有良好的光泽感，柔和细腻，质地轻薄，属于高档丝织品。南宋剡县(治今浙江嵊州市西南)樗薄绫，这种绫以状如樗蒲得名，所谓樗蒲，是一种古老的博戏或占卜工具，流行于汉唐，宋以后式微。但丝绸上的樗蒲纹却在宋代出现，其造型为中间粗、两头细的椭圆形。宋代出土丝织品中暂未见樗蒲绫，但绘画作品中有，如刘松年《宫女图》中，站在条案后面的持扇宫女身上穿的袍,上面的图案呈两头小中间粗的椭圆形,应为文献中的樗蒲纹。

绍兴十一年(1141)十月,宋使魏良臣赴金国商议议和条款。临行为准备送给金熙宗的礼物,皇帝对宰相秦桧说:"恐左藏库无佳帛,朕处有之。向张浚在川陕,每岁进奉樗蒲绫帛等皆在。朕未尝用一匹。"

皇帝为了和议,真把压箱底的樗蒲绫都拿出来了。

唐代是绫的全盛时期,当时百官公服就是用绫制作。《新唐书》记载:"亲王及三品、二王后,服大科绫罗……五品以上服小科绫罗……六品以上服丝布交梭双𫄸绫……"唐代贵族喜好轻薄织物,因此对绫的需求较多,各地进贡丝织品中绫的占比较大,名目也很多。河北定州、河南蔡州(今河南汝南)以及中唐后的江浙一带都是绫的重点产区。

浙江台州黄岩博物馆藏有一件南宋对襟双蝶串枝菊花纹绫衫,呈浅黄色,华光透亮,衣长95厘米,通袖长182厘米,袖宽49厘米。

这件绫衫的可贵之处在于它的纹饰图案的精美,优雅娟秀的菊花点缀于舒展漫卷的枝叶间,一对对蝴蝶翩翩起舞。还有两件轻薄透明的对襟縠衫,它与马王堆闻名于世的"素纱禅衣"有着惊人的相似之处。衣服用料是丝线极为细密的縠,密度细微,质地轻薄,看上去就像透明的一样。

这件绫衫来自八百年前的南宋宗室的"衣橱",这个"衣橱",很神奇,中国丝绸博物馆的副馆长周旸,向我们描述了这一段神奇的历史。

（六）

2016年5月，浙江省台州市黄岩区，一个叫"大坟"的地方，一位杨姓村民造房子挖地基时发现一个墓葬，里面还有一口看上去比较完整的棺材。

5月4日早上，在浙江省文物局的安排下，浙江省文物考古研究所派出考古专家郑嘉励前往现场指导墓葬清理工作。当他赶到现场时，已是下午三点半。这是一座砖椁石板顶的夫妻合葬双穴墓，右穴（女穴）早年遭盗，棺木已朽蚀大半，除墓志外，别无他物。但是，左穴（男穴）保存完好，朱红髹漆的棺木，宛如新造。作为从事考古的专业工作者，郑嘉励直觉判断这可能是个百年不遇的"奇迹"。

他当即提请省文物局出面协调，加强墓地现场工作的安全保障，并邀请中国丝绸博物馆的专家尽快前来黄岩协助清理，因为棺内可能存在着有机质文物，尤其是丝绸。古代大多实行土葬，人死之后总是穿着重重叠叠的衣服下葬，如果棺木完好，这些衣服非常有可能保留下来。长沙马王堆汉墓，也就是因为墓葬密封性很好，使得其中的汉代丝绸能够跨越两千多年的岁月保存至今。

周旸当时是中国丝绸博物馆馆长助理。当时，她接到这一消息，就第一时间与正在考古现场的郑嘉励取得联系，在电话里，周旸做了一些常规交代，最后，周旸在电话里对郑嘉励说："重要的事情说三遍，那就是——放水！放水！！放水！！！"

民间有一句俗话，"湿千年，干万年，不干不湿仅半年"，讲的就是丝绸、纸张等有机质文物在不同的埋藏环境中有不同的保存状况。纺织考古的前辈王㐨先生曾将中国的纺织品考古分成三种状况：一是像新疆这样的西北地区，干燥埋藏干燥出土，丝绸文物大多保存完好；二是像陕西这样的地方，地下水位时高时低，丝绸文物很难保存下来，这就是为什么在丝绸之路的起点长安很难大规模发现古代丝绸的原因；三是在湖南、湖北、浙江等南方地区，地下水位较高，即便墓室固若金汤，棺木密不透风，但是还是很难抵御地下水日久年长的沁入。一般来说，棺木虽然外观完好，但是地下水是无孔不入的，棺木中大多会进水，年长日久就形成棺液。

可以想象一下，在一个密闭的小环境里，人体和陪葬品不断发生降解老化，棺内的一切已经非常脆弱，如果不预先排除棺液，带水运输，一经晃荡颠簸，其中的有机质文物一定会瞬间瓦解，化为乌有，不复存在。所以王㐨先生早在多年前就再三告诫，切忌带水运输！

直至今天，周旸觉得，依然要感谢在场考古文博人员，如约在棺材底部打孔。果然不出所料，棺材里积存了大量棺液，据说棺材里的水放了一晚上，其实这就是积存之久的棺液。后来想想，放水是这批珍贵丝绸服饰得以保住的关键步骤。

5月5日傍晚，在黄岩博物馆，当棺盖稍加提升的时候，周旸凑近一看，心情已经非常激动，因为她已经看到粘连在棺盖和棺身之间的形若蛛网的东西，其实这就是丝绸，这就意味着当初下葬的时候，棺材里是满满当当的丝绸。

面对满满一棺材丝绸,接力棒自然传到中国丝绸博物馆手中。墓主人静躺棺中,穿戴整齐,骨骼完整,须发犹存。

墓主人赵伯澐,系宋太祖七世孙,南宋初,其父赵子英始徙居台州黄岩县当县丞,赵伯澐于绍兴二十五年(1155)生,嘉定九年(1216)卒,享年六十二岁,赠通议大夫,相当于正四品。八百年之后的2016年,赵伯澐重见天日。

2016年6月28日,盛装着赵伯澐尸身的冷柜带电低温运输至中国丝绸博物馆。

为了充分认识和挖掘赵伯澐墓出土服饰所蕴含的重要价值,应急保护中还采用科学有效的现代检测手段采集相关信息,并进行分析研究。

在揭展前对尸身整体服饰进行三维高清扫描,可以真实地记录揭展前的服饰状况。CR(X线电子计算机断层扫描)是一种非接触、无损伤、便捷且准确性高的检测技术,可以获取服饰叠压的层位信息,以此对服饰层位之间是否存在粘连做出定性分析,为揭展过程提供具体指导。

在中国丝绸博物馆内,就有一间用于纺织品文物保护修复的天眼实验室。走进这间实验室,你会发现它有点像医院的手术室,只见三十多平方米的实验室里,穹顶布满密密麻麻的灯具、摄像头等电子设备,如同一个大型摄影棚,让人备感高端神秘。

这是由二百零八盏LED灯、二十四个工业摄像机、七台控制电脑等设备组成的天眼系统。它可以实现二十四台摄像机同时拍摄触发,保证二十四幅图像内容是在同一时间点上的数据,以确保能够建立三维模型。

这个由浙江大学为中国丝绸博物馆研发的天眼实验室,在黄岩南宋赵伯澐墓丝绸文物应急保护和研究中首次亮相。因为整个揭展过程都是不可逆的,所以必须记录下原始状态。二十四台摄像机全方位无死角地记录下整个过程,保存原始信息,使整个揭展过程能够回溯。

在天眼实验室里,赵伯澐身上穿着的八件衣服、八条裤子被逐一揭展,之中的所有过程都被天眼系统忠实地记录下来。古人"事死如事生",他死后穿在身上的衣服,更能代表当时的丧葬习俗和礼制,以往国丝发现过类似的服装出土,但不太明白穿在尸体身上的层次是怎么样的,这次有了揭展过程的完全信息的记录,就能忠实复原赵氏宗室成员尸殓的过程。

周旸以前不清楚南宋宗室尸殓服饰的穿着层次,通过赵伯澐尸身服饰的信息提取,首次复原南宋公服的穿着细节,为中国服饰史研究提供重要的考古学实证。

赵伯澐墓是浙江境内目前发现的唯一未经盗掘且保存完好的南宋墓葬,文物的出土打开了一个南宋贵族的风雅衣橱。

经清理盘点后,发现赵伯澐墓出土丝绸服饰涵盖了衣、裤、袜、鞋、靴、饰品等形制,其中光是上衣就分为圆领衫、对襟衫、交领衫、抹胸等,裤亦有开裆裤、合裆裤、胫衣、裙裤等。丝绸服饰的原料包括绢、纱、绫、罗、绵绸、刺绣等品种。

宋代士大夫整体上追求简朴淡雅、自然闲适的审美格调,因此,宋人服装多展现出少装饰、素净、高雅的特点。

赵伯澐穿着入殓的,最外面是一层官服,这件圆领素罗大袖袍(图33),是以曲领大袖、腰间束革带为特点的典型官服,也是所有出土服装中相对宽大的一件,总体规格如下:衣长115厘米,通袖长230厘米,袖宽95厘米,袖根宽46厘米,胸宽72厘米,下摆宽96厘米。

图33　圆领素罗大袖袍,浙江台州黄岩博物馆藏

宋代沿袭传统官服制度的同时,进一步明确等级界限,官员服装中标识身份等级的饰物相较于唐代明显增多,而且根据官职的不同而改变。

宋代官服吸收了此前朝代及汉人的服饰形制,形成了合领、交领、圆领、盘领兼有,广袖、大袖、窄袖并行的特色,在赵伯澐墓出土的系列官服中得以集中展现。

赵伯澐过世后,受赠通议大夫封号,相当于四品官的头衔。有文史专家表示,该封号可能只是宗室之胄名义上的福荫,而无实际待遇体现,赵伯澐当时应是以八品官的级别入殓的。

曾亮相G20杭州峰会的一件交领莲花纹亮地纱袍,呈深褐色,领口与袖口处衬以宽边的淡黄色素罗,右衽斜襟处有一对用以固定的纽子、纽襻,上有莲花纹样,莲花与莲叶呈"品"字形排列组合,花叶间隙还饰有四片心形叶环供八瓣小花的图案。这种风格典雅的纹样常见于南宋时期的宋服中。

这件纱袍的质地也很有讲究,轻柔透亮,丝薄如空气,历经岁月洗礼却依旧坚韧。作为一件质朴的便装,能让人直观感受到宋人含蓄内敛、注重内在的审美取向。

周旸说,南宋时期,轻薄通透的纱罗是流行面料,活色生香的花卉是流行纹样。赵伯澐喜欢纱罗,也喜欢清新淡雅的植物纹样。

每当看见这件经过他们的双手从棺木中捧出并清洗保护的莲花纹亮地纱袍时,周旸心中就有满满的成就感。这件体量巨大的纱袍,是用轻薄通透的纱罗制成,通体暗花是莲花纹。北宋理学家周敦颐著名的《爱莲说》,就对莲推崇有加。在文人士大夫的心目中,莲是高洁的象征,赵伯澐作为一位宗室子弟,的确风雅。

到底是赵家人。

十七、清河坊

（一）

即便是皇帝的饭局，也没有不散的宴席。

不知散席，他会不会在张俊家附近清河坊巡幸。清河坊是南宋临安城的"王府井"，历代都是杭州最重要的商圈，直到今天，也是杭州最著名的历史文化街区、步行街。这种原址原真，在全国也罕见。

在《京城图》中可见，清河坊位于御街升阳宫之北、融合坊之南，向西有一条路与御街交叉，也就是现在的河坊街，清河坊也是现在中山路和河坊街附近的街区总称。

清河坊的得名，与请皇帝吃饭的张俊有关。张俊晚年被封为清河郡王，他在今河坊街太平巷建有清河郡王府，故这一带就被称为清河坊。

清河坊是御街最繁华的区域，金银珠宝、高档服饰类、手工艺店铺鳞次栉比。《梦粱录》描述道："七宝珠翠……锦绣罗帛，销金衣袖……极其工巧，前所罕有者悉皆有之。"其中顾家彩帛铺的丝绸备受青睐，一匹匹精美的绸缎犹如锦绣扇面，映入眼帘。

清河坊有不少金银珠宝店。我知道，有一家叫"阮六郎铺"。

杭州博物馆藏有南宋"清河坊西"戳记金叶子（图34），长10.15厘米，宽4厘米。

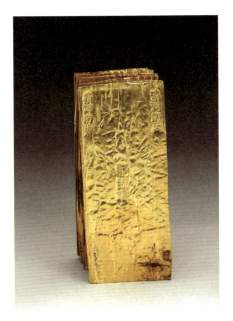

图34　南宋"清河坊西"戳记金叶子，杭州博物馆藏

这件金叶子由纯金箔制成，薄如纸，形状似经折装书页。折成十页，正面第一页戳打铭文，后页痕迹渐浅，共有五戳，正中戳打"阮六郎铺"铭，四角直行同向戳打"清河坊西"铭。成色较高，色泽鲜亮。

金叶子和金铤、金牌同属南宋金质货币，也称叶子金，但许多年来一直只见记载，未见实物。20世纪90年代以后，在浙江杭州、温州、湖州等地陆续出土了钤有不同铭文的折叠状金箔,据考证就是所谓的金叶子。从现有出土的金叶子和金铤来看,其铭文如出一辙,重量也大致相当,为35—40克之间,在宋代约合黄金一两。

出土金叶子铭文戳打有规律,四角戳打地名,如"清河坊西""保佑坊南""天水桥东"等,显示铸造该金叶子的金银铺所在区域与方位,大多为南宋临安城御街附近的街巷名,间接证明了当时临安城内金银交引铺繁盛林立。这一张"清河坊西"戳记金叶子,今天大概价值一万元左右。

(二)

清河坊历经元明清和民国时期,直至今天,这一带仍然是杭城商业繁华地段。杭州的许多百年老店都集中在这一带,如百年老店胡庆余堂、万隆火腿庄、羊汤饭店等大多聚集于此,虽说岁月无情,但难掩风华。

但八百多年历史的清河坊,也差一点在20世纪末沦陷。

位于河坊街和中山中路交叉口的"四拐角",是清河坊的心脏,这里,万隆火腿庄、孔凤春、方回春堂等百年老店雄峙,名人改居环抱,各色建筑荟萃。1999年3月,河坊街拓宽改造工程全面启动,"拆"字爬上了"四拐角"建筑的墙头,树倒屋拆,清河坊在一天天逼近的推土机下岌岌可危。

当时《浙江市场导报》副总编辑黄小杭坐不住了:文物不能再生,一旦被毁,将要成为永远的遗憾;文物决不能毁在我们手上!他给杭州市委、市政府主要领导写信。在信中,黄小杭陈述了河坊

图 35　今日杭州清河坊历史文化街区

街的重大历史和文化价值,他呼吁立即停止"四拐角"及附近地区的拆迁工程,否则将造成不可弥补的损失。

4月9日,信发出的第二天,时任杭州市代市长仇保兴就在信上作了批示:"在旧城改造中碰到有保存价值的历史文化古迹,应予以切实保护,并力争留出几块历史文化名城的文脉之源。"

各有关部门组织人员现场踏勘后,拆迁工程终于暂停了。

随后民建浙江省委向省里提出了《杭州河坊街改造工程暂停保存古城名街仍需各方努力的建议》;浙江省文物局提出了《关于加强杭州历史传统街区保护的建议》;《钱江晚报》编发专版,先后刊出了黄小杭和记者共同采写的《清河坊,让我们仔细看看你——杭州古城名街访思录》等近十篇专稿;浙江电视台新世纪评论专栏推出两集杭州历史文化名城保护的专题片:这引起了社会强烈的反响。

4月21日下午,杭州市公布初步修改方案:河坊街南侧古建筑就地保护,北侧拓宽后重建老字号建筑,周围不建高楼大厦,形成一个传统风貌的商业区,这意味着河坊街从改造为主转向保护为主。

5月19日,仇保兴代市长到河坊街一带视察时指出:一个历史文化名城应保留能反映其历史文化文脉的局部地区,应走保护、保留、整修的路子,切不可大拆大建。在社会各界的关心下,杭州市很快提出了原汁原味保护河坊街大井巷传统建筑街巷群落区,公开向全国设计招标,并于9月初确定了方案,保护工作正式启动。

2018年,我们曾经采访仇保兴,他对河坊街事件印象深刻:

> 河坊街从拆改成保,是我主持市政府工作的第一项重要决定。我在杭大读书的时候也去过河坊街,我认为这是杭州的宝贝。当我决定要把它保下来的时候,当时的副市长陈继松眼泪当场就流出来了。因为他是拆迁指挥部的指挥长,现在要就地改成保护指挥部的指挥长,这个转变多大啊!
>
> 当时有三拨人反对。一是个别思想保守者有意见。因为原市政府决定要拆河坊街的,当时河坊街上的树已经被砍光了,人也搬光了,土地也分光了,不能说改就改呀。二是已获得河坊街开发权的六家房地产公司。这六家房地产公司都是有背景的,它们已经把地分走了,现在要将它们到手的利润取消,当然有抵触。三是原来的住户。原来的住户虽然没有房

屋所有权,但是他们习惯长期住在西湖边,如果将河坊街保下来,他们就要离开河坊街住到别的地方去了。我记得有一次中宣部部长来杭州视察,这批人中的一百多人啪地跪在部长面前,我就在旁边,很尴尬。但是两年半以后,河坊街开街了,这些不满就烟消云散。当时在河坊街设计的时候,我们请了同济大学的阮仪三教授,他是这方面的权威。我让阮教授赶快给我重新设计一下,但他说调查研究至少要一年半,我开玩笑地说:"等你一年半规划拿出来的时候,我官帽可能就没了。"后来通过招标,三个月就把规划拿出来了,修复取得巨大成功。

应该说,社会公众参与杭州历史文化名城保护,河坊街是一个主要节点,从那时候开始,很多人开始了解,杭州曾经是"世界上最华美的天城",那些破破烂烂的老房子老街坊,正是这座古城千年薪火相传的文化遗产,不能简单一拆了事,这也成为一种共识。

一年后,杭州正式提出实施"城市东扩、旅游西进"和"沿江开发、跨江发展"战略,城市中心开始东移,西湖时代开始走向钱塘江时代。

杭州"保老城,建新城"的双城记拉开了序幕。

2011年,联合国教科文组织发布《关于历史性城市景观的建议书》,倡议"将遗产保护工作的重心从对纪念性建筑物的关注转移到对城市生活起构筑作用的城市价值的关注,以及将建成遗产融入城市空间发展的核心位置"。

对于杭州这样的城市,这尤为重要。

河坊街事件,也直接推动了杭州西湖申遗的进程,河坊街也成为西湖申报世界历史文化遗产的有机组成部分。

(三)

2024年3月底,有一天我问妻子,多少时间没去河坊街了? 她说,疫情以后就没去了吧。

疫情,现在已经成为一种时间刻度,现在大家都习惯拿它来丈量2020年以后的岁月。

疫情以前,基本上每年都会去河坊街几次,主要是外地亲友来杭州,河坊街是必打卡的一站,所以去河坊街成为陪客的规定任务。疫情后,这样的任务少了,所以也就好久没去了。

说走就走,打车在吴山花鸟城下车,由东往西走进河坊行。那天皇帝回宫,走的也是这条路。

现在河坊街北侧很大一部分,按照南宋临安《京城图》,是秘书省所在地。秘书省掌管修史和文化,还有经史子集的书籍收藏、日历的修订。绍兴十四年(1144)六月,在"清河坊糯米仓巷西(至)怀庆坊"建造新署。杭州文史学者曹晓波说,这区域大约在如今的河坊街以北,华光巷往东到后市街一带,范围相当大。

秘书省房舍就有九十多间,有秘书监的道山堂议事厅、国史院、实录院、日历所等。

秘书省首先是皇家档案馆。日历所、国史院、实录院,记录皇帝和朝廷的日常工作实录,全存放此处,仅皇帝的日历,就收有"一千卷"。其中由"史官"实录的皇帝日常起居，所有日常都要一卷素稿"从后端起笔"，"旋书旋卷，暮付史馆"。为什么要"从后端起笔"？因为如此连皇帝都不许当即查看，免得看了不爽毁坏记录。

所以，绍兴年初的国史院监修，也都是大佬级，譬如任过宰相的吕颐浩、赵鼎、张浚、秦桧。实录院的提举、修撰、同修撰、检讨官，也都史载有名，如汤思退、洪迈、范成大等。

秘书省也是皇家图书馆。四个书库中最初藏有书籍"二万三千五百八十三卷"，后又新增"二万三千一百四十五卷"。

此外还收藏皇帝御书、御批，碑刻，群臣的奏、表，朝廷的任命、封赐、祭祀祝词，年终的户口统计，国画、御画、乐章、古器等。

这些书、画、曲、章，除"供禁中外"，不许官员借阅。"禁中"，就是大内，指的是皇帝。

也有例外，《南宋馆阁录》中记录了秘书省雅集"暴书会"：

> 绍兴十三年七月，诏秘书省依麟台故事，每岁暴书会令临安府排办，侍从、台谏、正言以上及前馆职、贴职皆赴。……是日，秘阁下设方桌，列御书、图画。东壁第一行古器，第二第三行图画，第四行名贤墨迹；西壁亦如之。东南壁设祖宗御书，西南壁亦如之。御屏后设古器、琴、砚。道山堂并后轩著庭皆设图画。开经史子集库、续搜访库，分吏人守视。

雅集中古书画、古器物以及典籍等琳琅满目。除了观赏文物典籍外，其间还有宴飨赐食，"早食五品，午会茶果，晚食七品"。此外,受邀的官员,还有皇帝的赏赐,"分送书籍《太平广记》《春秋左氏传》各一部,《秘阁》《石渠碑》二本",宾主尽欢,文物焕然。

不过到了南宋末年,秘书省管理就开始疏漏了。德祐元年(1275)周密受邀入秘书省观画:

> 乙亥春,秘丞王汝济以蓬省司点,邀予偕行。于是具衣冠,望拜右文殿然后游道山堂。堂有坡仙所作竹石,历汗青轩,登浑仪台,观铜浑仪。仪色泽如银如玉,精致特甚。后步玉渠,登秘阁,阁内两旁皆列龛,藏先朝会要及御书画。别有朱漆巨匣五十余,皆古今书法名画也。是日仅阅秋收冬藏内画,皆以鸾鹊绫象轴为饰。有御题者则加以金花绫。每书表里皆有尚书省印。关防虽严,往往以伪易真,殊不可晓。

周密那天看了一百六十余卷书画,其中绝品不满十件,"以伪易真,殊不可晓"。

据曹晓波先生考证,在秘书省道山堂议事厅东侧,有一过道,尽头是"澡圃"。"澡"就是澡堂,"圃"是厕所,将"圃"与"澡"合在一起,几乎就是现在宾馆的"卫生间"格局。要是不读以下这段文字,很难想象"澡圃"的卫生程度:"内设澡室,并水巾、水盆,后为圃。仪鸾司掌洒扫,厕板不得污秽,净纸不得狼藉,水盆不得停滓,水巾不得积垢,平地不得湿烂。"

仪鸾司,专掌管仪仗的官署。由仪鸾司派人打扫"澡圃"的卫生,几乎难以想象。这也说明秘书省待遇之高。

如此的秘书省，虽然权不大，但衙门清净，很受杨万里、陆游这一类老先生的青睐。杨万里是在淳熙十四年(1187)，六十一岁那年任秘书少监的，陆游是嘉泰二年(1202)，七十八岁进秘书省任国史修撰。从他们写的诗文来看，这一段日子，很称心如意。

现在河坊街北侧，一家家都是店铺，卖丝绸的，卖茶叶的，卖剪刀的，卖杭州七宝的，卖土耳其冰激凌的，卖臭豆腐的，还有一家"遇见白娘子"，不知卖啥的，可惜没有给秘书省这样的老字号留一个位置，如果有一家书店，或是茶室取名秘书阁，经常开开"暴书会"，倒也登对。

河坊街是南宋文化古街，有不少店铺打了南宋的招牌，像南宋胡记卖糕饼，南宋酒礼卖桂花酒、梅子酒。

今河坊街一带，在南宋时是大隐坊，一个"很吃香"的地方。这里古井密布，泉水清冽，又东临市河(今光复路，民国时被填)，物流便利，杭州最早的酿酒业就出现在这里。宋代行法"榷酤"，就是官方对酿酒和卖酒实行专营制度，大隐坊设有主管本地制曲、酿酒、卖酒和酒税征收的都酒务。

我尝了南宋酒礼的桂花酒，米酒度数不高，入口有一种甜蜜的芬芳，九十八元一瓶，我没买。南宋诗人刘过说，"欲买桂花同载酒，终不似，少年游"。

河坊街的南侧，保留了一些清末民初的老建筑，其中最有名的是胡庆余堂。

胡庆余堂是河坊街的顶流，由晚清"红顶商人"胡雪岩筹建，于同治十三年(1874)在大井巷的店屋落成并正式营业，是国内保存最完好的国药字号之一，也是国内保存最完整的清代徽派商业古建筑群之一。"北有同仁堂，南有庆余堂"，"江南药王"长盛不衰。

"胡庆余堂国药号"，是书法家章其炎所题，写在河坊街南侧一座长达60米、高有十几米的白墙上，每个字达25平方米，号称国内第一。

胡庆余堂大门朝东，青石的石库门，门楼上的楷书"庆余堂"三个大字金光闪闪。胡庆余堂国药号，其名取自《周易》："积善之家，必有余庆；积不善之家，必有余殃。"

胡雪岩原本想取名为"余庆堂"，后因秦桧的秦府用过此名，故改为"庆余堂"。而"余庆堂"这三个楷书金字，正是秦桧的手笔。

药店的门楣上，高悬"药局"横匾，此为清政府特许的全国首例，典出于南宋官方制药机构太平惠民和剂药局。

绍兴六年(1136)正月四日，皇帝应户部侍郎王俣之请，"置行在和剂局，给卖熟药用"。孝宗年间，改行在和剂局为惠民和剂局，也称太平惠民和剂局。胡庆余堂以宋代皇家药典《太平惠民和济药局方》为基础，收集各种古方、验方和秘方，并结合临床实践经验，精心调制庆余丸、散、膏、丹、胶、露、油、药酒方四百多种，著有专书《胡庆余堂雪记丸散全集》传世。

入胡庆余堂，跃入眼中的是四个镏金大字：进内交易。二门背面，刻有"是乃仁术"四字，以表达药号乃普济众生之地。店堂正中之处，书有两副楹联。一联曰：庆云在霄甘露被野，余粮访禹本草师农。一联曰：益寿引年长生集庆，兼容并蓄待用有余。大堂之中，最为醒目的匾额，当数黑底金字的"真不二价"匾，以示质优价实、童叟无欺。

胡庆余堂中的各类招牌、楹联及匾额,共有五十余副,皆出自于当世名家之手笔,而唯一面向账房方向,给内部职员看的招牌,乃"戒欺"匾额。为胡雪岩亲手所书,内容为:

> 凡百贸易均着不得欺字,药业关系性命,尤为万不可欺。余存心济世,誓不以劣品弋取厚利,惟愿诸君心余之心,采办务真,修制务精,不至欺予以欺世人,是则造福冥冥,谓诸君之善为余谋也可,谓诸君之善自为谋也可。

胡雪岩的态度,也是皇帝的看法。

为了防止生产假药和假冒官府药品,绍兴六年(1136)十月八日,皇帝也曾发布和剂局诸事诏,严厉规定:"撰合假药、伪造帖子印记,作官药货卖,并依伪造条法。"南宋《名公书判清明集》,收录了一篇由曾任浙西提刑、湖南提举常平、枢密都承使等司法官员胡石壁写的判词,判词讲述了一起假药制销案件的审理过程:太守在市场上买了一两很便宜的草药,名字叫荜澄茄,回家打开一看,药不但陈腐,而且细碎,更令人气愤的是其他杂草梗占了三分之一。药是由市场上的药铺李百五卖的。李百五这种不法行为不知害了多少人。所以判决如下:大刑伺候,勘杖六十,并戴上枷锁在药铺前示众三天,让卖药人前来接受警示教育。判词痛斥了制售假药者:

> 大凡市井罔利之人，其他犹可以作伪，惟药饵不可以作伪。作伪于饮食，不过不足以爽口，未害也……惟于药饵而一或作伪焉，小则不足愈疾，甚则必至于杀人，其为害岂不甚大哉！

作为中国历史上最著名的红顶商人，胡雪岩"其兴也勃焉，其亡也忽焉"，晚景凄凉。但因其诚信戒欺，这个曾经的中国首富和他留下的胡庆余堂，口碑至今不差，尤其在杭州。妻子以前贫血，白细胞偏低，后来在胡庆余堂开了灵芝孢子粉，虽然花费不菲，但效果很好。她说，到底是胡庆余堂，贵有贵的道理，现在就怕花钱也买不到好东西。

杭州似乎盛产首富，张俊算是南宋初年的首富，自胡雪岩后，阿里巴巴的马云，娃哈哈的宗庆后，农夫山泉的钟睒睒，也都曾登顶中国首富。就在我写这一段的时候，宗庆后去世，引发了一段首富风潮。

宗庆后先后登上胡润全球富豪榜和福布斯中国富豪榜的巅峰。2024年2月25日去世后，社会各界都给予了极高的评价，备极哀荣。

马云也发去挽联："人生搏击四十不晚，开拓者精神；创业千难夙夜求新，企业家本色。"

几年前，宗庆后和马云就实体经济和虚拟经济有过一段争论。这一副挽联，也为往事画上了一个句号。

马云挽联水平如何无须置评，但我想起曾国藩去世，他的老对

头,也是胡雪岩的靠山左宗棠的一副挽联:

> 谋国之忠,知人之明,自愧不如元辅;同心若金,攻错若
> 石,相期无负平生。

真是没有比较就没有伤害。

但更大的伤害针对的是另外一个首富,农夫山泉的钟睒睒。

他们和胡雪岩一样,都获得了巨大的财富和荣誉,也会面临各种惊涛和骇浪,造化如何,也是各人各命吧。

那天走出胡庆余堂,我闻到了一股熟悉的、让人爱恨交加的气味。

在胡庆余堂大井巷和河坊街路口,居然有三家臭豆腐店铺:陈老太臭豆腐,老街臭豆腐,长沙臭豆腐。而且在整条河坊街,目测臭豆腐几乎无处不在,特别是黑乎乎的长沙臭豆腐。

看来生意不错,但空气里这个味道,似乎很多人难以接受。

现在国内步行街的一些通病,比如过度的、低水平的商业化,比如重购物轻体验,特别是缺乏年轻人喜欢的文化体验产品,河坊街当然也难免。

我路过一家店铺,西湖秘境,门口灯光闪烁,烟雾缭绕,竖一块牌子:二楼商品,买一送一。我没有进去,后来看看网上也有吐槽:

> 河坊街上有骗人噱头的店铺,拿我本人去的一家店"西湖
> 秘境"举例,上楼之后,有一个人会给你一个红包,接着你会发

现楼上是卖乱七八糟的东西的,看着都是非常低廉的商品,感觉现在的义乌小商店都不会生产这样低质量的东西了。然后里面有人看你手拿红包,就会喊你来抽奖,我当时跟朋友两人去,给了我们十张刮刮卡,说是"谢谢惠顾"就没用,然后那个服务员就假装走开了。然后我们刮开了全部,发现有一张"虎年大吉",服务员非常震惊地看着我们,说是刚刮开的吗,还假装数了数,营造出一副非常不可思议的假象,然后跟我们说,你们运气太好了,我们公司一共只有二十张,然后就说"这是我们的一等奖,能免费领珠宝,包含这柜子里的所有"。我当时一想天上哪来的馅饼砸在我头上,然后那个服务员就拿出来一个活动牌子,说"你看珠宝免费送你们,你们只需要付8%的加工费,一百块我们只收八块钱"(用这种让消费者误以为很便宜的价格继续骗),然后一看那些珠宝都是好几千块钱的,你这样加工费一算就有好几百块,先不说真假,整一个就是大忽悠的状态,而且店员还不让拍刮开的卡片,最后我们一听要钱就走了。

河坊街的毛病,我觉得最主要是定位纯粹商业街,而且店铺产权分散,业态自然难以整体布局。同时所有原住民外迁,而没有原住民的商业街,往往是没有灵魂的,其实游客不是来买东西的,而是来体验一种在当地的历史和生活文化。

这一点,河坊街隔壁的大井巷,就得到了印证。

小红书网站有推荐旁边大井巷的帖子,写得不俗:

不幸中的万幸，河坊街旁的大井巷保存较好。短短三百米，却被誉为杭州最后一条古街。

虽然与河坊街相邻，但大井巷真算是一股清流了。从河坊街上胡庆余堂旁的巷子进去，折过一个弯，最后与南宋御街相交。

这就是大井巷，因为有一口吴越国时期开凿的大井而得名，也被称为"钱塘第一井"。

几百米长的小巷，聚集了胡庆余堂、张小泉、朱养心等一批杭州的老字号。改造后的大井巷，较好地保存了老杭州的市井风貌。

石板路干净平整，两旁粉墙黛瓦马头墙，是典型的江南徽派建筑。

重点是相比河坊街，这里要安静得多，店铺自带文艺气息，完全两个世界。靠伍公山脚下，还住着大量老杭州居民。

商业化并不是负面的，没有商业，再好的景观也留不住人。关键在于度，以及选择的商业形态。

大井巷有全球TOP50的铁手咖啡，有半社区美术馆半咖啡店，还有以大井命名的咖啡店。

藏在绿植院落里的青年旅舍，留下了无数背包客的青春记忆。

怎么看，大井巷都是属于年轻人的。约三两好友，点上一杯咖啡，就可以消磨一下午时光。

古旧的建筑装入了现代商业，小小的巷子也打造出园林韵味，适合拍一堆美美的照片。

那天我们走到河坊街和中山路口，皇帝到这里也就右转弯上了御街，往南回宫。

转角有一家王润兴饭店，以前常来这里吃饭，一款乾隆鱼头很入味，我和妻子两人吃了一客套餐，188元，性价比不错，有半份鱼头，一个杭三鲜，还有一个西湖牛肉莼菜羹，在杭帮菜菜系里这是两道菜，西湖牛肉羹和西湖莼菜汤，混搭为一道菜，既有牛肉的鲜美，也有莼菜的丝滑，绝配，这应该也是皇帝爱吃的，他在张俊家，就吃了各种羹。这也是宋室南迁，把北方口味带到了杭州。

记得上次来，是和一位厉师兄，厉师兄是浙江金华一家上市公司高管，难得的是琴棋书画均不俗，我和他很谈得来。只可惜五十多岁得了白血病，那一次来杭州看病，我在这里请他吃饭，还是谈笑风生。饭后我和他站在门口等车，他说了一句话现在我还记得，他说如果活到六十岁就知足了。

这一晃快十年过去了，厉师兄墓木拱矣。

十八、朝天门

　　绍兴二十一年(1151)十一月,皇帝去张俊家吃饭,路线应该是北出和宁门,沿着御街往北而行,过三省六部、太庙、朝天门至清河坊往西,至张俊清河郡王府。回程原路。

　　我在高德地图上测算了一下,大概是2.7公里,步行38分钟,不远。估计当年皇帝的车驾速度,应该相差不远。

图36　南宋临安城今貌　吴海平摄

　　御街是皇帝于"四孟"（即每个季节的第一个月）到景灵宫朝拜祖宗时"乘舆所经之路"。御街的起点和宁门是南宋皇城的北大门，《梦粱录》说御街即自"和宁门权子（警戒设施）外至观桥"。

　　按现在杭州公交车的站点，自南至北依次为凤山门、严官巷、太庙、鼓楼、河坊街、羊坝头、官巷口、平海路、众安桥、观巷，共十站，时称"十里天街"。

　　御街的路线和现在杭州中山南路、中山路、凤起路基本重叠，从南宋到改革开放前，一直是杭州的中轴线。这一条路上，南宋时有行政中心三省六部；有祭祀祖宗的太庙；有太常寺、宗正寺、大理寺、司农寺、太府寺；有南宋天安门—朝天门；还有秦桧相府后来的北内德寿宫；另外，《梦粱录》记载："万物所聚，诸行百市，自和宁门权子外至观桥下，无一家不买卖者。"南宋的《都城纪胜》记载更加精彩："自大内和宁门外，新路南北，早间珠玉珍异及花果时新、海鲜、野味、奇器，天下所无者，悉集于此；以至朝天门、清河坊、中瓦前、灞头、官巷口、棚心、众安桥，食物店铺，人烟浩穰。"

　　从空中看，临安城就像一条鱼，鱼头是凤凰山大内，御街像鱼的脊椎骨，四通八达的街坊巷陌，便是延伸的根根细刺；临安城，这个最华美的城池，就依附骨和刺铺陈展开。

　　御街大致可分三段：首段从和宁门到朝天门（今鼓楼）（图37），是都城的政治中心，三省六院、太庙均在沿线；第二段从朝天门到众安桥，是当时的商贸中心，相当于今天北京的王府井，据《梦粱录》载，这里有名可查的名店、老店有120多家，不少是北宋东京老字号南渡后重新开张；最后一段从众安桥至今日武林路、凤起路口

图37　今日鼓楼(朝天门)

结束,是 当时文化中心,这里有都城最大的娱乐中心——北瓦,表演杂剧、傀儡戏、杂技、影戏、说书等多种曲艺,不分昼夜,市民游客云集,杭 州现在号称休闲之都,看来源自南宋。这一区域也是宋刻本的生产中心,出版业发达。

　　皇帝御驾过了清河坊,应该就可以看见朝天门了,这也是御街上唯一一座城门,也是中轴线上的地标性建筑。

　　朝天门今天为鼓楼,吴越后屡毁屡建,2002年重建。重建的鼓楼按明代建筑形式,采用五开间,二重檐歇山顶,斗拱装饰。屋面仿古结构,黑色亚光琉璃瓦,古门窗。城墙为复制原城墙,墙体为清水墙。《重建鼓楼记》有记载:"登斯楼也,东海苍茫,钱江澎湃,吴山秀色,西子风姿。游目骋怀,风光无限。"

　　2001年至2002年,在杭州市复建鼓楼工程中,杭州市考古所发现了南宋时期朝天门遗址。遗址位于吴山东面，南接十五奎巷，北临大井巷，东接中河路，西靠伍公山。

考古发掘发现了相互叠压的三个时期的建筑遗迹，其中最下层为南宋朝天门的部分基址。该遗迹揭露面积300余平方米，由石墙、夯土台基及柱础坑等遗迹组成。

朝天门在南宋杭州的地位，类似今天北京的天安门。

据浙江大学陈志坚教授考证，朝天门始建于吴越国时期，为杭州罗城城门之一。在南宋只存"双阙，无门关"。《咸淳临安志》多处提及朝天门，都写作"朝天门城基"，显然，城基指的就是城门"双阙"，而没有了门扉。《梦粱录》也记载，"城内元（通"原"）三门俱废之，独朝天门止存两城壁，杭人犹以门称之"。所谓的"两城壁"就是上文的"双阙"也。这个"两城壁"，在《京城图》中画得十分写实，只是两个台基状的城门，没有城门楼子，可谓一目了然。

朝天门虽然没有门的功能，但是它却是南宋临安城的新闻中心，经常作为官方发布"公告"的所在。

陈志坚教授讲了三个发生在朝天门的故事。

第一个故事，很像是明朝常见的把官员拉出午门外打屁股的翻版。岳珂的《桯史》记载了《蠲毒圆》的故事。说是有个叫王泾的人，曾经给太上皇进药，即所谓的"蠲毒圆"（解毒丸），却导致太上皇身体大坏。宋孝宗十分震怒，要立即处决他，但经过苦劝之后，改为"减死黥流"，也就是脸上刺字后，流放发配。但死罪可免，活罪难逃，要加刑——"杖脊朝天门"，也就是流放之前，要打一顿，就选在了朝天门下。不仅如此，孝宗还派了宦官去监督，本来就是想用一顿板子打死他。没想到这个王泾使劲贿赂了打手们,总算是保住了一条命。这个朝天门下发生的故事,可算是个闹剧吧,想必当时围观者甚众。

第二个故事就比较血淋淋了,也是南宋杭州的一件泼天大事。那就是史弥远发动政变,把力主北伐的权臣韩侂胄给杀了。周密的《癸辛杂识》记载了这恐怖的一幕:"遂折其足胫而毙之,遂自后门舆出,揭其首于朝天门。省史刘应韶即以黄榜自窗槛中递出张挂,慰谕一行将士。谓罪止诛其首。""揭",就是高挂。"揭其首于朝天门",就是把韩侂胄杀了后,将他的首级拿到了朝天门上,高高挂起,这就有点在菜市口杀人的意思了。

第三个故事,大名鼎鼎的文天祥也曾在朝天门张榜,为自己辩白。南宋灭亡前夕,文天祥本来在苏州督军,抵抗元军,结果被连环命令催回了杭州,而苏州很快陷落。当时"都人大骇,议天祥弃平江(苏州)",可见造成了杭州人们的巨大恐慌,以及产生了对文天祥的严重质疑。为了安抚民心,文天祥不得不"出两府札榜朝天门,众始定"。"两府札",就是宰相们催促文天祥回到杭州的一道道命令,当这些文件被公开贴在了朝天门下的时候,民众也就平息了质疑。这时候的朝天门,宛然就是南宋版的"新闻联播"了。

其实,朝天门下的公示功能,除了官方之外,也常被老百姓所利用。《钱塘遗事》记载了一个南宋版的公众事件,说权相韩侂胄陷害赵汝愚,导致其贬死他乡,十分之凄凉。当时就有人出来打抱不平,"有无名子作诗,大书于朝天门下,云:两手旋乾复转坤,群邪何事肆流言。狼胡跋疐伤周旦,鱼腹衔冤葬屈原。一死固知公所欠,孤忠犹赖史长存。九原若见韩忠献,休说渠家末世孙"。

宋理宗时期,当时有人在朝天门上写了八个大字"阎马丁当,国势将亡",讽刺理宗宠幸阎妃、丁大全等奸佞搅乱朝政,南宋就要灭亡了。

这时候的朝天门,又成了南宋的"三角地"。

而紧靠在朝天门的外面,则有一个很特殊的机构:进奏院,具体位置大约在今天鼓楼外的中山南路拐弯处,现在是一排店铺。

进奏院管着传令天下的职责,每天都要采编、审定和发布"朝报"。

据杭州文史学者姜青青考证,进奏院有一帮人在编发"朝报"的同时,把人事任免中一些"未定"的材料,悄悄传给外人,佚其编印"小报"上市牟利。于是乎,就出现了一拨专门靠搜集和传递"小道消息"的行当人,有叫"消息子"的,有叫"簇头消息"的。他们在朝天门采集各种音信的同时,又将进奏院漏出来的"小道消息"转给专门的人编写刻印成"小报",每天一张纸,天不亮就上市,拿去城里到处售卖,这生意还相当不错。

这大概是世界上最早的报纸了。

一份宋光宗绍熙四年(1193)的奏疏透露了比较详细的信息:

> 近年有所谓"小报"者,或是朝报未报之事,或是官员陈乞未曾施行之事,先传于外,固已不可。至有撰造命令,妄传事端,朝廷之差除,台谏百官之章奏,以无为有,传播于外。访闻有一使臣及阁门院子,专以探报此等事为生。或得之于省院

之漏泄，或得之于街市之剽闻，又或意见之撰造，日书一纸，以
出局之后，省部、寺监、知杂司及进奏官悉皆传授，坐获不赀之
利，以先得者为功。一以传十，十以传百，以至遍达于州郡监
司。人情喜新而好奇，皆以小报为先，而以朝报为常，真伪亦
不复辨也。

研究新闻史的台湾学者朱传誉先生根据这条史料，推断出南
宋小报具有如下特征：

一、有人"专以探报此等事为生"，也就是说，已经专业化。

二、"坐获不赀之利"，可见是商业行为，并且是一种很赚
钱的事业。

三、新闻来源"或得之于省院之漏泄，或得之于街市之剽
闻"，可知范围很广，并不限于宫禁，道听途说也在采访之列。

四、内容如诏令、差除、台谏百官章奏，多为朝报所未报，
因而被称为"新闻"（宋朝人已经用"新闻"一词来指称民间小
报了）。

五、"人情喜新而好奇，皆以小报为先，而以朝报为常"，可
知小报较朝报受人欢迎。

六、"一以传十，十以传百，以至遍达于州郡监司"，可见发
行之广。

七、所谓"撰造命令""又或意见之撰造"，也就是言论栏，
相当于今日报纸的社论。

　　除了上面朱传誉先生提出来的这七点，宋史学者吴钩先生根据史料，将南宋小报的特征补充完整：

　　八、小报养有一批采访消息的"报料人""记者"，据《朝野类要》载，"有所谓内探、省探、衙探之类，皆衷私小报，率有漏泄之禁，故隐而号之曰'新闻'"。这里的"内探""省探""衙探"都是暗中服务于小报的报料人，他们为小报老板提供新闻，当然也从小报老板那里获取报酬。

　　九、小报为定期出版，"日书一纸"投于市场，发行覆盖面达于州郡，这样的报纸肯定不是手抄报，而是印刷品。宋代印刷业非常发达，印制小报在技术上完全没有问题，其实早在北宋熙宁年间，市井中就有人刊印时政新闻卖钱："窃闻近日有奸妄小人肆毁时政，摇动众情，传惑天下，至有矫撰敕文，印卖都市。"

　　十、小报为民间所办，新闻采写与发行传播均摆脱了官方控制，一些小报胆大妄为的程度可能超乎我们的想象，如南宋初，有小报伪造、散布皇帝的诏书，令皇帝非常尴尬，不得不出面澄清。当然朝廷也一再发布法令，企图"严行约束"小报，但总是屡禁不止，从中也可以想见南宋朝廷对于社会的控制力并不严厉。

　　写到这里，作为一个今天的新闻人，想到八九百年前的新闻同行，不禁莞尔。

朝天门附近还有书铺。

杭州是宋朝版印书籍的首选地，官方审定认可或主持编修的正史，以及国子监定下的经部、子部的典籍大多在此刻板印刷。宋版书，特别是杭州宋刻本，成为中国出版史的无上神品。

从目前留存的宋版名品看，几乎都出自擅长书法的刻工之手，且书体风格不一，欧、虞、颜、柳、褚等争奇斗妍、富于变化，加上雕印讲究，纸墨精良，刻工专业，堪称神品。

宋版书一直受到学者、藏书家的特别重视，早在明朝，宋刻本已有"寸纸寸金"之说。

"寸纸寸金"，可能还是拿拍卖来说事比较直观。2021年是王安石诞辰1000年。2020年永乐拍卖南宋龙舒郡（今安徽舒城）公文纸本《王文公文集》卷17、卷18、卷20和《宋人佚简》，成交价为2.6335亿元。

三本宋版书卖了2.6335亿元，这个价格创下了宋本书籍的最高售价纪录。

北宋词人叶梦得有说法："今天下印书，以杭州为上，蜀本次之，福建最下。京师比岁印板，殆不减杭州，但纸不佳。"宋室南渡后，临安城以御街为核心，前前后后出现了很多书铺刻书处，我知道朝天门附近有一家名为"荣六郎家"。

南宋临安府荣六郎刻本《抱朴子内篇》，此本现藏辽宁省图书馆。在这套珍贵的宋刻本卷尾，我们看到一则南宋小广告：

旧东京大相国寺东荣六郎家，见寄居临安府中瓦南街东，开印经史书籍铺，今将京师旧本抱朴子内篇校正刊行，的无一字差讹，请四方收书好事君子幸赐藻鉴。绍兴壬申岁六月旦日。

从这则广告可以获知，绍兴二十二年（1152），也就是皇帝去张俊家吃饭的次年，原来在东京相国寺东开书铺的荣六郎家，在朝天门附近的闹市中瓦，重开书铺，将京师旧本《抱朴子内篇》校正刊行，质量可靠无一字差讹，尽管放心买就是。

这广告里饱含了东京遗民荣六郎对如烟往事的眷恋，也透露了国破家亡背井离乡的思绪，让人触景生情。真是时代中的一粒灰，落在荣六郎头上，可能就是一座山。而荣六郎又处在一个尘土飞扬的时代之中。即使五百年后，明末清初学者钱谦益邂逅此书，称这几行字便是一部孟元老的《东京梦华录》，摩挲书卷，抚今追昔，不由得"为之流涕"。

皇帝有没有看到这则小广告，不知道。但他曾在睿思殿看到一把宋徽宗留下的团扇，睹物思人，暗自垂泪，这在历史上有记录。

说来也汗颜，作为曾经宋版书的大本营，杭州现在居然没有一本像样的宋版书。不过在2021年浙江首届"悦读宋韵节"，我有幸在浙江图书馆看到了宋版书中的"无上神品"，来自国家图书馆的镇馆之宝——南宋世綵堂本《昌黎先生集》。浙江图书馆古籍部主任陈谊先生说，宋版书"纸白如玉，墨黑如漆，字大如铜钱"的特点，《昌黎先生集》就是典型。

《昌黎先生集》由南宋世綵堂刻印。世綵堂就在西湖边，其主人廖莹中，是南宋权相贾似道的门客。据南宋周密记载，廖莹中刻书以"抚州萆抄纸、油烟墨印造，其装裱至以泥金为签"。抚州萆抄纸是当时上好的植物纤维，韧性极好；油烟墨是桐油一类烧制，经久不褪色；泥金是用金粉制成的涂料，装裱图书，富贵豪华。这本八百多年前诞生在杭州的"无上神品"，八百多年后又回到了故乡，这是多大的缘分。

这部"无上神品"上还留有了南宋杭州刻工的姓名："孙沅、钱珙、翁寿、元清、从善、同甫李文、冯奕之。"

我一直觉得宋版书最厉害的是刻工，没有这些在历史上寂寂无名的刻工，怎么可能有"无上神品"？ 我写这本书时，最触动我的，不是皇帝宰相这些大人物，而是刻工、厨师、管家这些小人物。

现在鼓楼下有一家"南宋书房"，一座青砖黑瓦与现代玻璃组合的建筑，由普利兹克建筑奖获得者王澍设计，2024年4月世界读书日，我走进了南宋书房，历史仿佛就在昨天和附近。

书房里面有桂花香，沁人心脾。桂花是杭州市花，在宋代，杭州桂花就十分出名，南宋临安的夜市上就有桂花做的"木犀香数珠"售卖。

南宋书房店长裘丹靓身穿宋代传统服饰，头上簪着一朵花，这也是南宋书房员工的日常着装。她说，焚香是宋人"四艺"之一，希望通过桂花香，让读者走进大门就能感受宋韵。

通往书房内部的路，是由香糕砖铺成的。这是宋代最典型的铺砖，呈青灰色，比现在的砖更细长。走进书房内部，面对的是宽大的阶梯，上面不断变换着《瑞鹤图》《千里江山图》等宋朝名画。

拾级而上,是一整面书墙。

书房藏书逾2万册,图书品类涵盖宋历史、文化、民俗、军事、教育、思想、建筑、医药等,二楼还有个"藏书阁",以研究类丛书及珍本善本为主。《图说南宋御街》《藏在宋画里的两宋史》《品宋》是2024年4月销量排名前三的书。

傍晚,南宋书房的门外正在开一场"演唱会"。自由音乐人拉着音响,在小广场上唱着歌,游客围聚在一起,挥舞着荧光棒,氛围很好。

当然,当年朝天门下更是杭州的市中心和商贸中心。《都城纪胜》一书,曾经列举南宋杭州城内的CBD(中央商务区),其中之一就是"朝天门","食物店铺,人烟浩穰",其繁盛之情景,可以想见,也当不输今日游客所见之热闹场景了吧。

据《武林旧事》记载,朝天门年市热闹非凡:"都下自十月以来,朝天门内外竞售锦装、新历、诸般大小门神、桃符、钟馗、狻猊、虎头,及金彩缕花、春帖幡胜之类,为市甚盛。"

傅伯星先生曾经创作过一幅《临安年市图》,描绘了以朝天门为中心的年货市场的热闹景象,图中的打铜巷至今犹存。

现在朝天门是鼓楼,烟火气依然很旺。那天走在鼓楼外,看到了一个熟悉的名字。"王日顺号",这是我的家乡浙江金华一个网红早餐店,烧饼、豆浆、油条,就靠这三件套,早上九点多,我去还要排半个小时队。要知道,那是周一,那是在金华一个乡镇上,很多外地人赶早就为了这三件套。

王日顺大老远从金华跑到杭州鼓楼外开店,大概看中的是这里的烟火气。

那天要了一份咸豆浆,葱花,油条碎,榨菜末,再加一点酱油辣椒酱,赞。记得一位北方朋友来杭州,对于咸豆浆极其震撼,豆浆居然可以咸口? 南北之争马上变成咸甜之争。

配豆浆我没要烧饼油条,要了两个肉包子。包子的面皮自然发酵,配上肥瘦相间的肉馅,蒸出来的包子,老面口感,肉香四溢,芳而不濡,腴而不腻。

肉包子好不好,首先取决于肉好不好。老板说,他们用的是金华两头乌猪,那是专供金华火腿的品种。

我觉得肉包子好吃,肉还不能用搅拌机搅碎,必须用刀切碎,要有一点颗粒感。而且肉里面放点葱花也会提香。但在杭州,居然吃不到这样的肉包子,无论是新丰小吃还是知味观,肉包子里面就是一团肉丸子,美食荒漠,早餐起码如此。

靠近朝天门,是十五奎巷,这一条巷东起御街中山南路北端,西南至城隍牌楼巷西端。

十五奎巷宋代称长庆坊。在《京城图》上,长庆坊就近挨着朝天门。杭州历史学会常务理事丁云川说,南宋时候,十五奎巷里曾有剧院,有街头戏曲表演、街头杂耍等,是繁华的娱乐场所,堪称南宋的"百老汇"。

南宋娱乐业发达,娱乐场所"勾栏瓦舍"每天都会表演各种精彩的文娱节目,包括杂剧、滑稽戏(类似于小品)、说书、舞旋(跳舞)、演奏、傀儡戏(木偶戏)等,多达六七十种,昼夜不绝。据《武林旧事》记载,用于演奏的器乐就有十余种,笛子、琵琶、排箫……

我觉得，经过靖康之变，世事无常，人生如梦，所以把握当下、及时行乐成为南宋人的集体意识，娱乐业、餐饮业自然兴旺发达。

很早以前我常到十五奎巷，那时候唯一的印象就是破败杂乱，经过整修，现在十五奎巷的马路平均被拓宽两米，从路口望去，整修一新的沥青路面让人觉得视野清爽开阔，与原有印象不可同日而语。

这条巷子北面的住宅大多面街背山，临街设店面，内部兼做起居室。为适应江南的气候，这里的民居多是屋顶铺青瓦，室内多铺石板，是清末民初典型的杭州民居的"营造法式"。

从巷口向里走几步就能看到十五奎巷26号民居建筑，这建于民国时期、两层木结构的房屋，正是典型的杭州传统民居建筑，也就是"杭州墙门"的模样。墙门的外表已经粉刷一新，斑驳的木门上有"铁将军"把门。值得一提的是，墙门最右侧一块老底子的石制老墙界，还能模糊看出"兰玉堂"三个字。摸一摸，还能体会到岁月打磨出的粗粝质感。

从十五奎巷口往巷内走去，少许之间，就可抵达十五奎巷32—33号历史建筑，只见在一块"杭州市历史建筑"石碑之后的墙壁上，又悬嵌着一块石碑，上面红字刻着"施公庙旧址"等字样。这就是南宋施公庙旧址所在了。

施公庙，供奉的是施全。施全是东平人（今山东泰安），本是南宋殿前司的一名低级武官。

绍兴二十年（1150），这年二月，施全提着一柄长刃藏于秦桧上朝必经之地——望仙桥，等秦桧经过时，施全提起长刃就劈向轿子里的秦桧,结果却劈中了轿子的立柱。一击不中,秦桧随身的侍卫们当即反应过来,和施全展开了激烈的搏斗。施全终因寡不敌众,刺杀未果,被擒后遇害。

前两年张艺谋导演的《满江红》里,刺秦桧的小兵张大,就以施全为原型。

在民间小说和南宋文人笔记中,施全出自岳家军,是岳飞的心腹爱将,刺杀秦桧就是为了给岳飞报仇。

其实,施全刺秦是真,但真相并非演义。

公号"历史教师王汉周"对此曾有深入剖析。

《宋史》《建炎以来系年要录》《三朝北盟会编》等信史交代:

施全的真实身份,其实是殿前司杨沂中麾下一个低级军官。岳家军有名有姓的将军名单里也找不到他的名字。

也就是说,他和岳家军没有半毛钱关系。

那施全为什么要杀秦桧呢?

南宋刘时举在他的《续宋中兴编年资治通鉴》中说,施全被捕后,秦桧亲自提审施全:"我跟你无冤无仇,你为何要杀我?"

施全大义凛然地质问秦桧道:"举天下皆欲杀虏人,汝独不肯,故我要杀汝。"

——天下人都想杀金狗,你却一味媾和,所以我要杀你。

朱熹的《朱子语类》也有类似记载:

> 施全刺秦桧,或谓岳侯旧卒,非是。盖举世无忠义,这些正义忽然自他身上发出来。秦桧引问之曰:"你莫是心风否?"

曰:"我不是心风。举天下都要去杀番人,你独不肯杀番人,我便要杀你!"

朱熹不仅否定了施全是岳飞旧部的说法,还明确指出施全刺杀秦桧压根就不是为了给岳飞报仇。

施全刺杀秦桧是因为他不抗金。

但,问题来了——

秦桧主持的绍兴和议,在绍兴十一年(1141),距施全行刺的绍兴二十年(1150)长达九年之久。

施全要是因为抗金而刺杀秦桧,他早干吗去了?

以秦桧的身份,他不会亲自提审施全,也不会给施全当面骂他的机会。

所以,真实的历史背景板是:主战文人反对秦桧媾和政策,可他们又拿秦桧没办法,在秦桧的打击下瑟瑟发抖,好不容易出了一个敢对秦桧下手的猛人,那还不赶紧贴上抗金标签?

那施全冒着生命危险刺杀秦桧的真实动机,究竟是什么呢?

《建炎以来系年要录》这样记载:"自罢兵后,凡武臣陈乞差除恩赏,桧皆格之,积百千员无一得者。客行朝饿且死者,岁不下数十。至是,全以所给微而累众,每牧马及招军,劳而有费,以此怨忿,遂潜携刃伺桧出,乞用兵因而鼓众作过,若不从,则害桧。"

说到底,都是钱惹的祸!

绍兴和议达成后,皇帝和秦桧开始大力整顿部队,将军权、财权收归中央,裁员退伍,极尽所能,削减军费。军中将士要发军饷了,秦桧能拖就拖,能克扣就克扣。

大宋将士们惨了。

绍兴八年(1138),南宋士兵每月军饷有五十多缗,绍兴和议后,军饷直接减了一半,而且经常领不到军饷。

张俊等高级将领靠做买卖,或许还能顶得住,像施全这种下层军官和普通士兵根本就是度日如年。很多士兵甚至被活活饿死。这一切是谁造成的? 在施全看来,就是秦桧这个大奸臣。凭什么你吃香的喝辣的,而我却穷得饭都吃不饱,看不到活下去的希望……

所以他想着胁迫秦桧,结束和议,重新对金开战,从而提高军中将士们的待遇。如果秦桧不听,那就杀了他。

于是,上演了一场当街刺杀宰相的好戏。

秦桧宰执天下十九年,民怨沸腾,无数人恨不得食肉寝皮。

可行刺秦桧者,仅施全一人。

施全刺秦,足够热血,但无关忠义。

比朱熹更接近历史现场、同样为主战派的陆游,在他的《老学庵笔记》中记载道:"初,斩全于市,观者甚众,中有一人,朗言曰:'此不了事汉,不斩何为!'闻者皆笑。"

绍兴二十年(1150)正月十四,施全被公开处以磔刑。

那天,临安城万人空巷,很多人都来刑场观看。

行刑期间,有个人大喊道:"这个二货,不斩他斩谁?"

闻者哄堂大笑。

这大概是南宋版吃人血馒头的看客。

那天我看了《京城图》，御街从北往南，在朝天门前就要往东拐一个弯，八百多年后中山路到鼓楼，也要拐一个弯，难怪杜正贤说，走在中山路上，就是走在南宋的路上。

过了朝天门，皇帝圣驾前行数百米，就看到太庙了。

十九、太庙

（一）

现在的杭州太庙广场建于太庙遗址之上，北至察院街，南面和西面是太庙巷，东临中山南路，也就是当年的御街。

杜正贤是考古界有名的福将，他主持的杭州考古项目曾荣获五次"全国十大考古新发现"，南宋太庙遗址就是其中之一。

太庙的考古发掘很偶然。

1995年4月初的一个早晨，杭州市文物考古研究所的杜正贤正负责南宋三省六部建筑基址的考古挖掘，当时挖掘的工人和考古工作人员都还没有到达现场，闲来无事的他沿着第四医院的山道向紫阳山上攀爬。爬到了紫阳山上的江湖汇观亭处，向东往紫阳山脚下一看，发现山脚下那里有一大片旧城改造的拆迁工地。好多房子墙上还能远远看到一个红色的"拆"字。看着那片拆迁工地，他突然有一个想法像闪电般划过脑海："这应该是太庙巷的位置！"他猛然惊醒，走下去，果然是太庙巷，农民工正在拆房子，拆建的规模还不小。原来开发商在这里准备造十二幢房子的紫阳小区。

他立即与开发商——杭州市房屋开发总公司——取得了联系。公司的娄延安总经理听后也很感兴趣,明确表态支持考古发掘,并反复表示:"我们杭州的历史文化应该多挖掘、多保护,千万不要毁在我们这一代人手中。"

后来杭州市文物考古研究所和杭州市房屋开发总公司商榷出一个双方都认可的协议,要求在房屋拆迁后、住宅区打桩前先进行地下文物的考古发掘。那时双方的想法比较简单,就是尽可能多地挖掘、多整理出来有关南宋太庙的资料,至于以后的工程能不能进行,根本没有往这方面考虑。协议出具后,按照《中华人民共和国文物保护法》的规定,考古发掘的经费要由施工单位承担,加上文物部门的经费向来比较紧张,杭州市房屋开发总公司就资助了20万元作为太庙遗址考古发掘的经费。

杜正贤一开始想,南宋太庙的修建可能比较匆忙,加上北宋、南宋的皇帝加起来也就十八位,数量不多,那么太庙的规模应该不会很大。

考古发掘从靠近紫阳山脚的拐角处开始。当时杭州正值盛夏,工地上光秃秃的一览无余,考古人员头顶烈日,冒着40摄氏度的酷暑开始发掘。令杜正贤失望的是,发掘的第一、第二条探沟都不是很成功,好像是聚满泥沙的水池,没什么有价值的东西。连续挖掘的这两个月,可以说是"一无所获"。在炎热和失望中咬牙坚持,直到7月下旬,太庙东围墙的墙基终于露头,大家精神随之一振。对考古者而言,夯土台基虽说是挖到了,但只有挖到太庙的墙,才能算是遗址发掘真正意义上的成功。于是,继续一路开掘,终于在8月下旬挖到了太庙的东围墙,直到这一刻,杜正贤才如释重负。

2023年年初,杜正贤和我一起重回太庙,这是他一战成名的地方。他告诉我,外行看考古,都是关心挖到什么宝贝,而内行,最关心的是墙,然后是门,因为只有挖到墙和门,才能明确遗址的相对关系。

杭州的地下水位很高,考古人员用抽水机将遗址发掘处的水抽出来后,东围墙的面貌才逐渐清晰地显露。东围墙呈南北走向,墙厚1.7米,残高1.4到1.5米,保存情况最好的地方残高有1.7米,全部用条石错缝叠砌而成。墙面规整,做工讲究,发掘了约90米长的围墙,还未见转角。围墙内侧用长方形的青砖平铺成凹槽,以作散水。围墙外侧用宋代特有的香糕砖铺砌的地面与南宋皇城前面的"御街"相衔接。

考古人员鼓足干劲,尽可能地向墙的两边做延伸性的发掘,9月底终于找到了太庙东面的大门。

太庙的东大门就在围墙的中部位置,宽约4.8米,门座底部用长方形砖竖砌成基础及门槛基槽。门外侧并立两个石砧,门内有一条与门等宽的砖砌大道直通太庙的主建筑。太庙右侧还发现地下的排水系统,下水道穿墙而过注入御街。在围墙北端的外侧,还发现有方形的石砌基础,据推测是放置石狮的基石。围墙的南端又发现一个用黄土夯筑的大型台基,高约0.5米,在开掘时发现多块长方形的砖块上有模压铭文,文字为"官""上二""平一"等,说明这些砖块不是来自民间,而是由官府、衙署"督造""定制"的。

　　这次初步发掘的太庙遗址局限于太庙的东门口,面积约1000平方米,其中包括90米长的一段围墙、东大门以及部分靠近东门的偏殿遗址。仅从这一发掘的成果可以推断,南宋太庙的规模大大超出想象,它不仅相当宏大,而且内部结构完善,保存程度也较好。

　　在发掘的最后一个多月,经费不够用了,考古人员只得向杭州市房屋开发总公司寻求支持,表明太庙考古项目所处的困境,于是他们再次出资10万元支持把考古发掘完成。

　　其实,开发商后来也有过忧虑,担心南宋太庙遗址如此重要,发掘得又那么完好,再进行下去会不会不让他们建造住宅了。杜正贤当时非常乐观,安慰他们说:"杭州至今没有规定遗址考古发掘出来后不能建造房子,就是全国也几乎没有过这种案例,而且对我们考古者来说,最重要的是做好考古发掘的相关材料,这一工作完成后肯定要交还给你们的。"开发商中有很多人是学建筑出身的,他们看到挖出来的砖块、柱子以及上面的铭文,也连连称赞道:"太庙遗址发掘出来的东西确实好,真是太难得了,应该要加以保护。"

　　正是因为市房屋开发总公司追加出资的10万元,才让考古发掘工作又前进了一步。后来,为表彰他们为杭州大局做出的牺牲,杭州市政府将当年的"精神文明建设奖"颁给了市房屋开发总公司,表彰他们对杭州文物保护工作的重视和支持。

(二)

　　当杭州紫阳山下发现南宋太庙遗址的消息传出后,立即震动了业界。1995年的国庆假日后，国家文物局就派出了专家组来杭，要对南宋太庙遗址进行实地视察。

专家组成员有全国政协委员、中国社科院考古所徐苹芳教授，国家文物局专家组成员、北京大学考古系严文明教授，全国政协委员、中国工程院院士、建设部专家傅熹年教授和中国城规院设计研究室主任工程师王瑞珠研究员，阵容很是强大。

专家们考察后言语间难掩意外和惊喜："南宋太庙遗址的规模、气势如此壮观，建筑水平如此高，真是出乎我们的意料！""杭州发现了南宋太庙，保存得比较完好，这在全国绝无仅有，可以弥补杭州作为六大古都之一但却缺少能够体现古都风貌的代表性古迹了……""应该要对太庙遗址加以保护！"

专家们一致认为杭州市要下大决心，加强人力、物力、财力的投入，将整个太庙遗址全部发掘出来，并表示太庙遗址考古发掘的资金可由国家文物局出具，人员不足的问题也可通过国家文物局向全国各考古所抽调。

在中国六大古都中，看得见、摸得着的太庙只有北京一处，那是明清时期留下的国宝，而此前的杭州太庙，谁也没见过。这次的发现堪称迄今为止我国经考古发掘的时代最早、保存最好的太庙遗址，不仅是杭州考古史上的一件大事，也是中国城市考古史上的一件大事！

为此，杭州市政府很重视，多次组织相关负责人和专家学者进行实地考察，广泛听取各方意见。但是，作为市政府下决心进行旧城改造的重点地区，紫阳山这一地块的改造已经进行了大半年的时间，第一期工程范围内的680多户居民的动迁、拆房和"三通一平"等工作花去了4000多万元，第二期工程还需要6000多万元的资金，两项加起来整整一个亿！这对当时杭州城市的发展来说，代价不可谓不大！一手是文物保护，一手是城市建设，两方的天平难以平衡，杭州市政府面临着艰难的抉择。

当时，文物部门提出了很多方案，考虑过将整个太庙遗址发掘出来并整体保护，但由于杭州地下水位过高，技术上难度太大；也想过等遗址发掘出来后，完好的部分做永久性保护，保存不好的部分允许开发商建造。

后来，在权衡多方的利害得失后，杭州市政府决定：补偿建设单位，停止开发建设，这一地块等到以后条件具备再进行考古发掘。同时下达文件，规定今后凡是杭州老城区要进行改造，在做基建专案之前，必须先考古，一旦发现重大遗址，保护遗址比城市建设更重要。

同年底对已发掘的太庙遗址实行覆土回填保护，并在此建设南宋太庙遗址公园，免费对市民和游客开放。

都说文物最好的保护是回填，太庙当时回填，可能也是最好的选择。

杜正贤说，南宋太庙遗址保护是中国城市考古遗址保护的成功案例，对杭州以及全国影响极大，所以被评为1995年度"全国十大考古新发现"之一。

（三）

太庙是帝王祭祀先帝的宗庙，"国之大事，唯祀与戎"，"戎"是指军事活动，泛指国家统治的暴力机器，而"祀"就是指祭祀上的主祭权，象征统治的合法性。中原王朝被征服的一个标志就是，侵略者"毁其宗庙，迁其重器"。

太庙是南宋在杭州最早建设的国家形象工程，始建于绍兴四年（1134）。据《建炎以来朝野杂记》载："绍兴四年，高宗在平江，将还临安，始命有司建太庙。"

不过，皇帝一开始在杭州建太庙，争议很大，因为太庙意味着定都，这就涉及是否放弃"光复中原"的战略，这是政治不正确。

不少大臣上书反对这样的举动。绍兴五年（1135），侍御史张致远上书，甚至直言不讳地质问皇帝："去岁建明堂，今年立太庙，是将以临安府为久居之地，不复有意中原矣。"

皇帝也在犹疑摇摆中。

绍兴七年（1137），因皇帝移跸建康，太庙神牌也被迁往建康。临安太庙旧址也被改名为圣祖殿。同年十二月，皇帝将太庙神主又从建康迁回临安，圣祖殿复名为太庙。

绍兴八年（1138），皇帝颁诏确定临安府为行在所，临安南宋太庙的地位得以最终确立。

皇帝继位，合法性有先天的缺陷。他继位没有徽、钦二帝的授命，其皇位来源最大的合法性支柱，就是其伯母"元祐皇后"孟氏的援立。可即便是孟氏自己的身份，都是存在争议的。孟氏于北宋哲宗元祐七年(1092)被册立为皇后,绍圣三年(1096)被废,此后几经反复,以废后的身份居于瑶华宫。陈寅恪先生指出,援立皇帝继位的《皇太后告天下手书》,"此文之发言者,乃先朝被废之皇后。以失去政权资格之人,而欲建立继承大统之君主,本非合法,不易立言"。游彪先生就认为"宋高宗急于将徽宗梓宫和生母迎回,借助宗庙祭祀的连续性来确立自己继位的正当性"。

也就是说,他非常需要通过掌握主祭权,为自己的合法性加分。

据《咸淳临安志》载:南宋太庙的兴建是在"守臣梁汝嘉"的主持下,一共造了"正殿七楹"(图38)。"七楹"就是以楹柱为计算单位,有七个正殿,分十三室,每一室祭祀一个先皇的神位,神位两旁还配享已故文武功臣。

图38 南宋太庙大殿复原示意图 陈易提供

此后太庙也不断扩建,逐步形成了包含大殿、神门、斋宫和神厨、别庙等在内的高等级建筑群。

对太庙,杭州古建院原副院长陈易有着深入研究。

淳熙十四年(1187),太上皇赵构死后,礼部、太常寺、两浙转运司、临安府联合申报朝廷:大行皇帝的室需要面阔1.5丈,位于最东端,与东门、廊屋及斋殿相连,如果把斋殿整体搬迁,工程量太大,因此利用斋殿和东门之间的距离1.05丈,再把斋殿院落减去四尺五寸,进行修建。根据这个记载,陈易推断太庙大殿有十四间殿(十二室两夹)、东西面宽21丈(66.36米)、南北进深7丈(22.12米)。

据《中兴礼书》记载,大殿每室东设户西设牖,这说的是大殿每个开间的南立面,每个立面都一样,门联窗,门在东,窗在西,这也说明了室与室之间是完全一样的格局,包括开间尺寸也一样。而两个夹室只开门不开窗。

大殿北部经过三次扩展。绍兴十二年(1142)建别庙是在太庙北,展地9丈。十三年(1143)设置斋厅,北墙与别庙北墙齐,其地南北9丈,东西11丈;十六年(1146)创盖祭器库屋五间,及掇移妨碍册宝殿三间;契勘得省仓屋三间,东西阔9丈,南北长10丈,正在太庙地步北壁中。

三次扩建都是挪用原来仓屋、敖屋的地块,与最初记载在临安城南仓空地的选址建太庙暗合,后来考古挖掘现场出土T14探方内F5建筑密排柱础的墙体做法与宁波永丰库一样,是否说明此处遗址实为拆除的仓屋,此处就是扩建的三个院落。

北宋的制度,太庙应该设四神门,外更置棂星门两重。据陈易推测，南宋太庙也应由若干个院落组成，大庙大殿在其中的主院落，有四门，有廊相连，南门三间。东神门在整个祭祀系统中较为重要，时间也较早，西神门建于绍兴十六年(1146)，东西神门之间应是殿前横街。

《宋会要辑稿》记载：朝飨太庙设七祀次于殿下横街之北，道西，东向。又设配飨功臣次于殿下横街之南，东西相向。所谓次就是帐篷，朝飨太庙主祭祀帐篷位于殿下横街之北，可见横街到大殿还是有不少距离的。从祭祀仪程看，皇帝的大次(帐篷)位于东神门外、斋宫南。东西神门应该也是三开间，唐代家庙的东门就有三间，皇室太庙不可能只有一间。从考古发现的东门位置看，不可能是东神门，如果是的话，斋宫位置就会横在御街上了。而且考古发现的东门仅为一间，唐代三品官以上家庙就要三间的门，因此此东门很可能仅仅是一处边门。

太庙斋宫是一个单独院落，在东北角。

斋宫为皇帝进行斋戒的场所。现存最完整的斋宫建筑是北京天坛的斋宫。斋宫在天坛圜丘坛成贞门外西北，坐西朝东，平面为方形。宫墙两层，外层叫砖城，周长为66.07米；内层宫墙叫紫墙，周长为41.33米。

南宋太庙斋宫估计要小两号。

斋宫院落与太庙院落之间原有1.05丈的空间，淳熙十四年(1187)改造后，斋宫西墙与太庙东墙很可能成为一直线。

别庙有三间，有单独的围墙，南门是棂星门。

太庙最初未建南棂星门，把南棂星门移建于东棂星门，东棂星门应在御街边,是整个太庙的入口。

(四)

太庙是皇帝祭祀祖宗的场所,庙内供奉的是祖宗的神主牌位,据《梦粱录》载:每年每季的第一个月,皇帝宗室诸臣前往太庙行朝享礼,每过三年,皇帝还要亲自主持举行盛大的祭祀礼。此外,新皇帝登极也要朝拜太庙。

皇帝于绍兴十三年(1143)进行了朝飨太庙的典礼,《宋会要辑稿》记载了大典的整个过程和主要陈设。归纳一下可以分为四个部分的陈列:设于东神门外,设于南神门外,设于大殿,设于院内。

设于南神门外的有:

> 设馔幔于南神门外。每室馔幔各一;太常设七祀燎柴于南神门外;户部陈诸州岁贡于宫架之南神门外,随地之宜,东西相向;又设俎三于南神门外。每室馔幔内设进盘、匜、帨巾内侍位于皇帝版位之后,分左右,奉盘者北向,奉匜及执巾者南向……;仪鸾司设册幄于南神门外。

设于大殿的有:

> 太常陈登歌之乐于殿上前楹间,稍南,北向;奉礼郎、礼直官设皇帝版位于阼阶上,饮福位于东序,俱西向;协律郎位二,一于殿上(馨)[磬]西北;押乐太常丞于登歌乐北,……北向;

荐香灯官、宫闱令于室内,北向西上;礼部帅其属设祝册案于
户室外之右,……;设炉炭于室户外,萧、蒿、稷、黍于其后,又
设毛血盘、肝膋豆于室户外之左,稍前。

设于庭院内的有:

> 小次于阼阶(东阶)东稍南,西向;又设七祀次于殿下横街
> 之北,道西,东向;又设配飨功臣次于殿下横街之南,东西相
> 向;又设司徒韩琦、太师曾公亮位于横街之南道东,西向,太师
> 富弼位在其东,太师司马光位又在其东,太师韩忠彦位又在其
> 东,俱北上,皆设神席。

这里面提到的司徒韩琦、太师曾公亮、太师富弼、太师司马光、
太师韩忠彦等人,都是配享太庙的功臣。司徒韩琦配享英宗,太师
富弼配享神宗,太师司马光配享哲宗,太师韩忠彦配享徽宗。

在我写这一段时,“配享太庙”成了一个网络热梗,形容某人对
国家或组织的贡献巨大,值得享有最高的荣誉和尊敬。这个梗起
源于电视剧《知否知否应是绿肥红瘦》中王大娘子的台词:“我父亲
配享太庙,你敢休我?!”这个梗如今被用以表达对某人或某事的极
高认可和赞扬。

配享太庙,其实是指大臣凭借生前的勋业,去世后得以祔祀于
帝王宗庙。功臣配享是古代朝廷给予大臣的最高礼遇,对大臣而
言是无上恩荣,能够得此殊荣者皆是朝廷股肱之臣。同时也是皇

权赋予的一种可以泽被子孙的最高荣誉。

当然,谁有资格配享宗庙,不是由驾崩的皇帝在活着的时候指定的,而是在他驾崩后,由继位之君的意志决定的。所以,在功臣配享的人选上,也一定程度反映了当前君主对先朝皇帝治国理念的取舍,从中也能看出一个王朝的主流思想趋势。

我们看一下宋朝,宋朝十二位皇帝,配享二十五名有功之臣,其中文官十八名,武将只有七名,这张名单,也是宋朝"扬文抑武"祖制的集中体现。

宋朝一改汉唐以来世家门阀掌握朝政,武将动辄以兵权干涉朝廷施政的局面,文官政治集团得以形成,对军人的轻视和不友好,成为一种社会主流价值观,配享太庙,也成为表达主流价值观的一种工具。

同时,也是政治博弈的工具。

配享神宗庙庭的功臣之争议,甚至横跨两宋。

宋神宗死了都不安宁,配享功臣在富弼和王安石之间反复变动。

富弼是仁宗、英宗、神宗三朝重臣,在王安石变法中成为反对变法派的领袖之一。元祐元年(1086)六月,哲宗定富弼为神宗的配享功臣;绍圣元年(1094)四月,增王安石;绍圣三年(1096)二月罢富弼。到了南宋建炎三年(1129)六月,高宗罢王安石,重定富弼。

这样的反复变动,与党争息息相关。

神宗去世,年仅九岁的宋哲宗继位,由祖母太皇太后高氏垂帘听政。高氏反对变法,她起用司马光等保守派,废除新法"元祐更化"。在这种情况下,神宗时期的改革派自然不会成为旧党的选择。

尽管王安石在元祐元年(1086)已经去世。

最终富弼胜出配享太庙,尽管富弼在神宗时拜相未满一年。

这个选择在当时就争议极大。

元祐八年(1093)高太皇太后去世,哲宗亲政。哲宗和其父神宗一样,也是有抱负的君主,尤其是宋哲宗在亲政前备受压抑,在心理上对司马光等旧党心怀不满。

哲宗亲政后,立刻起用新党章惇为相,并改元绍圣。新党重新回到朝廷中枢,占据要职,继续变法,而旧党几乎全部被罢黜,贬出朝廷。

绍圣元年(1094)四月,哲宗将王安石追认为神宗的配享功臣。

重新得势的新党并没有满足,到了绍圣三年(1096),新党将富弼赶出太庙,王安石成为神宗的唯一配享。

理由很简单,"罢富弼配,谓弼得罪于先帝也"。

当然,王安石配享神宗无疑比富弼更合适,因为富弼在神宗时期已是政治生涯的末年,拜相不足一年,他的主要活动是在仁宗朝,只是病逝于神宗朝。

哲宗去世后,徽宗时期仍是新党在朝政中占据上风,王安石配享英宗庙庭的决定继续维持着。不仅如此,新党更是主导了宋哲宗的配享功臣,以改革派蔡确配享哲宗。

靖康之变后,宋室南渡,北宋灭亡的原因,一直是高宗皇帝和大臣反思的重点。

最终普遍归结于新党败坏祖宗法度,祸乱朝政。

于是王安石、章惇、蔡确等新党人物便成了人人喊打的落水狗。

建炎三年(1129),大臣赵鼎上书皇帝,认为江山社稷衰败"源实出于安石",皇帝于是"罢安石配飨神宗庙庭,下诏以富弼配飨神宗庙庭"。

就这样,被移出了神宗庙庭的富弼再次回到太庙得以配享神宗,而王安石被彻底移出庙庭,而且被扣上了"奸臣"的帽子。

所以临安太庙落成后,富弼也成功"复辟"。

皇帝给自己爹宋徽宗安排的是太师韩忠彦,而给哥哥钦宗,一名配享都没有安排,连冷猪肉都没人陪着吃,够狠。

而等皇帝去世,孝宗继位。

淳熙十五年(1188),是皇帝去世的第二年,宋孝宗开始为他确定配享功臣。

对于皇帝,宋孝宗是有感恩心的,他两次下旨大臣要为皇帝配享提高规格,即文臣武将各两人配享,计四人。

之前,宋太宗、真宗和仁宗的三人配享功臣都是文臣两人、武将一人的。

最终,高宗皇帝的配享大臣是吕颐浩、赵鼎、韩世忠和张俊,创宋朝配享史上之最。

《宋会要辑稿》中详细地表述了皇帝和这四人的功绩。

先来看看皇帝的丰功伟业:

淳熙十五年(1188)三月十七,礼部尚书宇文价等言:

> 奉诏令臣等详议高宗皇帝祔庙配飨功臣者。恭惟高宗圣神武文宪孝皇帝天锡勇智,绍开中兴。拨乱之勋,同符于艺祖;揖逊之德,光媲于唐尧。一时将相名臣,著在彝鼎,宜列侍太室,序于大烝,丕昭隽声,式叶旧典。

在孝宗君臣看来,皇帝是:

"天锡勇智,绍开中兴"——皇帝的中兴,是可以媲美汉光武帝的"光武中兴"的。

"拨乱之勋,同符于艺祖"——皇帝的挽救江山社稷,是可以媲美宋太祖的开国之功的。

"揖逊之德,光媲于唐尧"——皇帝主动退位于孝宗,是可以媲美上古尧帝的。

要说歌功颂德的肉麻,现代人是比不过古人的。

皇帝赵构最后在太庙的名号是高宗。庙号是皇帝死后,在太庙立室奉祀时特起的名号,庙号也代表后世对于先皇的盖棺定论。

孝宗淳熙十四年(1187),高宗太上皇赵构驾崩,享年八十一岁,如何给太上皇赵构上庙号和谥号就摆上了议事日程。对此,孝宗和群臣商量来商量去,先后有世祖、圣宗、尧宗、光宗、艺宗、大宗、高宗等七个选项,最终选定了高宗这个庙号。

原因有二:第一,功高者曰"高","高宗"可以显示皇帝有力挽狂澜的大功大德;第二,宋朝的国号为什么要叫"宋",因为赵匡胤建国的时候是归德军节度使,治所在宋州(今河南商丘南),这里曾经是春秋战国时期的宋国国都,所以赵匡胤以龙兴之地的宋州取国号为"大宋"。宋国是商朝遗民的后代,商王武丁的庙号就是"高宗",武丁有中兴商朝之大功,而皇帝后来也是在商丘登基为帝的。所以用"高宗"这个庙号,既与大宋发迹中兴在商丘的巧合相符合,又有前例商高宗武丁可以追寻。

所以皇帝就成了宋高宗。

平心而论,皇帝力挽狂澜延续大宋国祚一百五十二年,如果没有南宋的存在,让女真贵族一统天下,宋朝文明在较长时期内,就不可能获得很好的传承和发展,后世史家也难以做出"华夏民族之文化,历数千年之演进,造极于赵宋之世"(陈寅恪语)的论断。

说宋高宗是无能之辈,我也不服。

另外从开国皇帝的杀戮来看,他比秦始皇汉高祖、明太祖甚至唐太宗等要克制得多,只不过,他杀了岳飞,一个中国历史上道德感最强的武将,也使宋高宗成为中国历史上道德评价最差的开国皇帝。

吕颐浩、赵鼎、韩世忠和张俊四人又有何功绩在诸多文臣武将中脱颖而出,得以配享皇帝呢?

吕颐浩两次拜相,其中第一次为相时兼领军权,权重无比。不过他的宰相生涯留下的官声并不是很好。

吕颐浩对皇帝而言最大的功绩在于勤王护驾之功。

建炎元年(1127),苗傅、刘正彦兵变,皇帝被迫退位,吕颐浩率军勤王,迎皇帝复位,由此拜尚书右仆射。不久金兵南侵,打过长江,吕颐浩果断"进航海之策",建议皇帝登船入海避敌,把皇帝的逃跑说得冠冕堂皇。

这便是"主盟义举,取日虞渊,讫于瀛海无波,复安宗社"的意思。这两次勤王有功,使得他深受皇帝的信任。

赵鼎被誉为南宋第一贤相,是个很励志的人物,四岁丧父,全靠母亲抚养教育,后来是一位精通经史百家学问的南宋宰相。他敢于直谏,又一心抗金,至死不渝,最终被秦桧迫害致死。

赵鼎对高宗和孝宗都立下大功。

绍兴四年(1134),伪齐政权和金军联合南下,主和派力主和议,更有劝皇帝南逃者,宰相赵鼎积极主张抵抗,并说服皇帝决心抵抗,最终取得大胜,让皇帝的皇位开始稳固。

皇帝有养子赵瑗(即后来的孝宗)和赵璩,赵瑗早入宫,岳飞等人曾请立为皇子,皇帝不但没有同意,反而想将赵璩的地位提高到与赵瑗平起平坐的位置,遭到了赵鼎的坚决反对,无奈搁置。这使得后来的孝宗极为感激,"国本末正,建万世之长策"。说的就是这事。

高宗的配享武将是韩世忠和张俊,是中兴四将之二,配享高宗庙庭倒是实至名归的。

太师、蕲王、谥忠武韩世忠,身更百战,义勇横秋。建炎勤王,投袂奋发,连营淮楚,虎视无前,名闻羌夷,至今落胆。

太师、循王、谥忠烈张俊,策翊霸府,披荆棘以立朝廷。御侮鄞川,靖寇江左。功名之盛,溢于旂常。而秉心忠勤,终始一节。

张俊位列"中兴四将"之首。"策翊霸府,披荆棘以立朝廷",说的是靖康二年(1127)张俊率先拥戴赵构登上大位;"御侮鄞川,靖寇江左",指的是到建炎三年(1129)底,在著名的明州之战中,张俊率部殊死抗击,毙敌数千人。这是南宋"中兴十三处战功"之首,首开南宋抗金胜绩。

张俊配享评语的最后一句话很关键:

"功名之盛,溢于旂常。而秉心忠勤,终始一节。"功劳当然要有,但忠心耿耿有始有终,这是关键。

不过皇帝配享两位武将,也破了有宋一朝的纪录和"扬文抑武"的祖制,孝宗其实也是通过配享两位抗金名将,发出了一个信号。

孝宗继位之初,锐意进取,平反岳飞,起用张浚,发动隆兴北伐,试图收复中原,然而惨遭败北,不得已与金朝缔结隆兴和议,恢复了宋金之间的和平状态。

皇帝无子,传位于继子孝宗,使得皇位回到了宋太祖一脉,对于孝宗来说,顾名思义,一个"孝"字说明了一切,他为皇帝确定了文武各两人的配享功臣,创下了两宋帝王配享功臣最多的纪录。

若是泉下有知,皇帝会很欣慰。

《梦粱录》也记录了孝宗的一次太庙祭祀:

"驾回太庙宿奉神主出室。"每一年的九月,孝宗从景灵宫祭祀后沿着御街浩浩荡荡地回来,当日晚上,按照祖制住在太庙。御林禁卫铁骑戒备森严,太庙四周严禁闲人出入,第二天三更,孝宗出斋殿,礼直官等导引诣太庙诸室殿庭,行奏告礼,对于孝宗的服饰,也有明确要求:"上御冠服,如图画星官之状,其通天冠俱用北珠卷结,又名卷云冠;服绛袍,执玉元圭。"

孝宗站在大殿东南隅,面西立,行三献,献牲牢,韶乐奏起。礼毕,孝宗奉太祖、太宗、高宗三神主牌位出大殿。殿下横街之北,分设七祀位,如司命、户、灶、中、门、厉、行等神,横街之南,设配飨功臣赵韩王以下二十五位分祀。

孝宗将太祖、太宗、高宗三神主交给宗室成员,命内侍以仪仗迎往凤凰山皇城明殿。天明时,乘黄令进玉辂,奏请皇帝登玉辂回宫。

太庙在南宋时期也多次遭遇火灾。《宋人轶事汇编》记载了两件太庙火灾的逸事,其一是绍定四年(1231)大火:

> 绍定辛卯,临安之火,比辛酉加五分之三,虽太庙亦不免,而史丞相府独存。洪舜俞诗曰:"殿前将军猛如虎,救得汾阳令公府。祖宗神灵飞上天,可怜九庙成焦土。"

这是讲史弥远当政时,临安城大火,负责扑救的南宋军队没有救下太庙,反而全力保护史弥远相府。

另一次火灾发生在贾似道当政时,《遂昌杂录》记载:

> 故老言贾相当国时,内后门火,飞报已至葛岭。贾曰:"火

近太庙，乃来报。"言竟，后至者曰："火已近太庙。"贾乘两人小肩舆，四力士以樋剑护轿。里许即易轿人，倏忽至太庙。临安府已为具赏犒，数勇士陞轿离地五六尺，前树皂纛，列剑手，皆立具于呼吸间。贾下令肃然，不过曰："火到太庙，斩殿帅！"令甫下，火沿太庙八风两殿前，卒肩一卒飞上，斩八风，板落，火即止。验姓名，转十官，就给金银赏与。贾才局若此类，亦可喜。

这个故事展示了贾似道这个误国宰相的另一面，也就是他杀伐决断、赏罚分明的一面，也让我们看到了脸谱世界以外的历史。

杭州古建筑专家陈易先生说，所谓"八风"就是指博风板，是建筑山面挡雨的构件，常见于歇山顶和悬山顶。由此可见当时太庙是歇山顶建筑。

（五）

如今，南宋太庙遗址公园绿意盎然、古朴沧桑，整个广场以一段复原砖墙为中心，呈中轴对称分布。不过对于广场中间这堵砖墙，杜正贤持不同意见，他觉得应该是石板墙，因为当年考古发掘发现的是石板墙。

跟着太庙遗址一同保留下来的是周边的老巷子，也是老底子杭州烟火气的地方。以太庙遗址为核心，南起高士坊巷，北止伍公山，东至中山南路，西通吴山、紫阳山，由十五奎巷、晓霞弄、井弄、茶啾弄、周衙弄、城隍牌楼、四牌楼、察院前巷、察院前支路、花生弄、勤远里、大马弄、严官巷上山道、泗水弄构成南宋御街的廿三坊。

如果御街是南宋临安城的中轴线和繁华所在,如鱼之脊骨,各坊巷则是鱼刺,二十三坊,正是人间烟火和市井风情的聚集地。现在沿街的基本是两层砖木建筑,看着就有些年头,旧而不破·破而不败,街上开的店,也是很有年代感,采芝斋糕点,知味观的点心,都是老杭州的最爱。

我也很喜欢这里,现在很多老街,都把原住民赶走,搞所谓仿古商业街。但没有原住民的烟火气,就没有了灵魂,杭州中山南路,八百多年来烟火气不散,灵魂不散,真难得。

太庙的北侧,是察院前巷,历史上是南宋重要官署王府所在地。

秋冬季节走过察院前巷,很难不被酱鸭的香味所吸引,也没有一只鸭子,能够活着飞出察院前巷。

寒风起,一排排酱鸭用钩子吊住,整齐悬挂着,阳光下很是诱人。门面不起眼,名气却响当当,卖酱鸭的老板说,单单过年前到过年这几个月就会卖出近万只鸭子。

"老鸭一百一十块一只,木头鸭一百二十块一只",文娟酱鸭是察院前巷的老牌子,店里酱货的种类也丰富,老鸭、嫩鸭、木头鸭,酱鹌鹑、咸鸡,酱肉、咸肉、猪蹄,应有尽有。

察院前巷走到尽头是大马弄,这里有杭城仅存的马路菜场。

大马弄因南宋马军司设此,故为此名。从南宋至今八百多年,在这条长230米、宽5米左右的小弄内,浓缩了一座城市的烟火,有着各种百姓营生,居民熙熙攘攘,络绎不绝。

那天,我先买了一份葱包桧儿,这是杭州市最有烟火气的名点,将油条和小葱裹在面饼内,在平板铁锅上压烤至脆黄,配上甜面酱和辣酱,味道超赞。

据说,葱包桧儿与秦桧有关,"葱包桧儿"之"桧"暗指秦桧,压扁烤熟,吃了他。

大马弄张师傅卖的白切山羊肉,上过电视登过报纸,杭州人对羊肉的拥趸,恐怕也是南宋时期北人南迁的证明。

"我不喜欢,我们家'神经病'老头儿喜欢,小伢儿也喜欢。"一个杭州大妈一句话,逗得羊肉店前一阵哄笑。

现在杭州话有很多儿化音,比如老头子叫"老头儿",小孩叫"小伢儿",勺子叫"调羹儿",筷子叫"筷儿",这种普遍性的儿化音,在中国南方很罕见。南宋时期,大量北方人南迁杭州,与当地吴方言结合,形成了带有北方色彩的杭州官话,杭州也成为一个特殊的语言孤岛。

小王的"油冬儿"只有一平方米的档口,小王是个大妈,来自江西鄱阳,在此开店三十多年,自己也成了老王,她骄傲地说,自己孩子都在杭州长大成家了。

诸暨年糕、龙游发糕、义乌冻米糖、临安山核桃……各地美食都能在这条小巷子里买到,还有补鞋、理发、修理电器……

这条曾经清冷的小巷逐渐成了这个地区最为核心的所在,一个小小铺面,日租金可到八百元,就连门口临时的摊位,都可以收取上午四百元、下午两百元的日租。

"宝藏必逛地,寻找生活本味""买买买,捶墙安利"……赶集的不仅有本地人,在自媒体平台上,年轻人也将大马弄视为网红地,为它点赞。

太庙附近,藏着这座城市自南宋以来活色生香的烟火气息和杭州人最普通日常的生活,这样的江湖南宋,比帝王将相的庙堂,更让我喜欢。

不知道当年,皇帝的饭局张俊做东,王府干办是否也到这里进过货?

二十、三省六部

（一）

过了太庙，就是南宋中央官署三省一院六部。

应该说，朝天门内南段御街西侧，太庙，三省六部，格局和南宋《京城图》基本无异，而东侧，则是沧海桑田了。

《京城图》上南段御街东侧有惠民药局、大佛寺、裕民坊、怀信坊。惠民药局是南宋的"社区医院"，也称官药局，是官办向平民优惠或免费出售药物的机构。

御街往东距离中河不远，中河在南宋为盐桥运河，沟通大运河和钱塘江，是首都的交通运输大动脉，南宋以来，中河两岸也一直是杭州的老城区。

在《京城图》上中河一带，我看到了一个熟悉的名字，通江桥，以前我曾经在那里住过。八百多年了，河还是那条河，桥还是那座桥。但是御街东至中河的老城区，在上世纪80年代杭州城市改造时夷为平地，成为今天中河路的一部分。

杭州一直有个说法，1972年美国总统尼克松访问杭州，说杭州是"美丽的西湖，破烂的城市"。当时中河沿河两岸最是破烂不堪，民居栉比鳞次,多为低矮简陋的泥木结构房屋,居住极其拥挤。沿河居民向河中排污,又在河中洗物,河水水质严重恶化,成了"龙须沟"。

人居环境之逼仄恶劣,今天难以想象。

"有一户人家,二十多平方米,住着四五口人。婴儿床实在没有地方放,晚上就搁在楼梯的凹档里。"这是当时担任杭州市中东河综合治理总指挥部副总指挥的缪雪梅亲眼所见,但相比居住面积的局促,更令她感到震撼的还是沿河的环境,"水是黑的,又脏又臭。岸边的踏步道上,什么垃圾都有,唯独没有绿化,与西湖格格不入。"

由于垃圾堆积,有些河段的河床竟被抬高了两尺之多。这放到现在,周边人肯定避之唯恐不及,但当时的沿河居民,不知是久入鲍鱼之肆而不闻其臭,还是被逼仄的住房条件给逼疯了,竟然创造性地对垃圾堆加以利用。

"有户人家在被抬高的河床上搭了张眠床,给家里的老人睡。晚上老太太从床上掉下来,掉在已经被积压得非常结实的垃圾堆上,还好只是略微摔伤。"缪雪梅回忆道。她心里清楚,这些"创造性举措"的背后,是广大沿河住户深深的无奈。

1983年3月5日,杭州中东河综合治理工程正式动工。在接下来的58个月里,疏浚河道逾10公里,清理淤泥超过11万方,铺设截流管、污水管27公里。

另外,还新建、改建、扩建桥梁40座,两河沿岸共拆迁工厂、学校、商店等单位342个、居民7237户,2.7万余杭州人告别"老破小"

乔迁新居。开辟公园式绿地16万平方米,新辟长逾5公里的中河路。

这条新辟的中河路,就是御街东侧民居拆迁后建造的。

中东河综合治理工程成为当代杭州城市格局有机更新的开始,某种程度上,也是杭州历史文化名城保护建设新旧之争的开始。

2008年,我采访了上世纪80年代曾经担任杭州市委书记的厉德馨,他也是当时的主事者,据他回忆:

> 杭州城市破烂原来是出了名的。在中河路改造时,当时拆迁没有过渡房,而杭州先在外面把房子造好,房子造在三个地方:一个是江干区,一个是艮山门,一个是西湖区,房子造好后再动员拆迁,所以进展比较顺利。

> 原来浙江省科委开过一个论证会,提出中东河根本不需拉直,还是保持原状,小河弯弯曲曲,河上小船悠悠,小桥流水,基本保持原样。可是中东河边就是杭州的贫民窟,建筑大多是民国时期的简易房,基本保持原样不是在保护文物,而是在保护破烂。中东河不拉直怎么干?1986年我到苏州,发现那里基本保持原样,可是满大街还是在倒马桶,没有自来水。毕竟,改善老百姓的生活质量是第一位的。

> 后来我和老钟(时任杭州市长钟伯熙)商量,我们开一个论证会,请专家来论证,请来的专家中总有不同意见的嘛!其中有一个很有名的专家叫陈从周。陈从周先生是老钟中学时

的老师、同济大学园林专家，他是完全支持小河曲曲弯弯的。那天老钟和我去拜访他，希望他在会上能支持我们拉直的意见。最后他表态，看在学生的面子上，不讲话，不签字。那是真难啊！

文史学者仲向平是杭州老建筑研究专家，他对此持保留意见。他说御街东至中河西岸的扇子巷、缸儿巷、元福里、布市巷都是南宋遗存的坊巷，修建中河路时拆了扇业公所、药业会馆、戚扬（民国时期江西省长）住所、督军墙门等历史建筑，也是可惜了，如果能像中河东岸胡雪岩故居那样选择重点保留，该有多好。

（二）

三省一院六部。三省指的是中书省、门下省、尚书省，三省同为最高政务机构，相当于国务院，一般为中书决策，门下审议，尚书执行，三省长官共同负责中枢政务。一院是枢密院，相当于中央军委。礼、兵、工、吏、户、刑六部隶属于尚书省，下隶二十四司，司设左右侍郎。其中也苦乐不均。陆游说，吏、户、刑部是"人人富饶"；礼、兵、工部是"典了被裤"。

南宋建炎三年(1129)，中书省、门下省合并为中书门下省，掌管全国政务。当时，中书门下省与掌管全国军务的枢密院，合称为"二府"，宋代时，实际最高权力机关由"二府三司"（度支、户部、盐铁三司）所代替，"三省六部"成了寄禄官职与俸禄的虚职。三省六部在宋代，其职能虽然被弱化，但依然是名义上的政府最高权力机关,紧邻皇城的地理位置亦凸显了其重要性。

据《咸淳临安志》记载,三省枢密院官署于绍兴二十七年(1157)在皇宫北面的显宁寺旧址上修建,"在和宁门北旧显宁寺,绍兴二十七年建"。"六部官署"位于三省枢密院南面。

这个官署大院当年门庭若市,车马如梭。大门进出的不是达官贵人就是皇帝派来的内侍,随从成群,终日喧哗。

这里也是秦桧上班的地方,秦桧是宰相,正式职务是尚书左仆射、同中书门下平章事。

现在杭州吴山上三茅观,还保存着一份南宋尚书省的文件。

绍兴二十(1150),皇帝以东京开封宁寿观之额,赐三茅堂为宁寿观。尚书省专门下发文件"尚书省牒"(图39),载有敕书内容,由掌管尚书省的三位宰相签发。

图39　南宋绍兴二十年宁寿观尚书省牒碑

尚书省牒全文为:"牒奉敕,宣赐宁寿观为额,牒至准敕,故牒。绍兴二十年六月　日牒。"

文后盖有尚书省印,然后是领导人签名。

第一个官最小,"签书枢密院事兼参知政事巫",巫是巫伋,是秦桧的江苏句容同乡，在朝中为秦桧嫡系，他在文件中"巫"字下面画了一个圈，看来领导人画圈，南宋就有，当时称其为"押"。

第二个"参知政事余"，余是余若水，他也在"余"字下面画了一个圈。

第三个官最大，"太师尚书左仆射同中书门下平章事"。大领导来了，连姓都没有，直接画圈。

这个圈是秦桧画的。

这也是秦桧目前唯一存世的一个圈。

以上三人，也出现在皇帝的饭局的名单上。

该尚书省文件原为写本，收藏于三茅观中，明代人将其摹勒上石。现在你到吴山三茅观，还能看到它，可以看到秦桧画的圈。

秦桧的办公室在都堂。

都堂是三省、枢密院"二府"聚议军政之所，是南宋最高行政中心，又称政事堂。都堂刻《周官》一篇于正坐之屏，堂上列诏令、御制、御书石刻。

建炎三年（1129）三月苗刘兵变后，苗、刘二人"窃威福之柄，肆行杀戮，日至都堂侵紊机政……（苗）傅、（刘）正彦日至都堂议事"。此时的都堂成为二人弄权乱政的舞台，同月二十九日，宰相朱胜非召苗傅、刘正彦等到都堂，商议皇帝复辟事宜，苗、傅等同意了朱胜非提出的复辟条件，皇帝得以再次即位。

秦桧每天赴都堂办公，处理全国军政事务，遇有要事则"进呈"皇帝决断，甚至官员"面对"皇帝的札子，也由秦桧"进呈"。各地申报朝廷的公文，这一时期皆只写明"申尚书省取指挥"，意即曰宰相秦桧处理,而不向皇帝"奏闻"。因此,"朝权尽归(秦)桧"。但到秦桧晚年,毕竟年老体衰,精力不济,"每入省,已漏即出,文案壅滞皆不省"。

绍兴二十年(1150),秦桧因生病请假在家休养,宰辅都堂办公议事甚至因此停摆。史载:"秦桧以病在告,独签书枢密院巫伋一人每日上殿,及至都堂,不敢开一言可否事,六部百官皆停笔以待桧疾愈,不敢裁决,唯行常程文书而已。"

秦桧生病,都堂都停摆了,够威风。

《独醒杂志》载:有一天宰相秦桧与参知政事翟汝文二人在都堂议事不合而撕破脸。秦据案怒斥翟:"狂生。"翟则回骂:"浊气。"

我终于知道南宋怎么样骂人,"浊气",大概相当于今天骂人"放屁"。

宋金停战之后,绍兴十一年(1141)四月,韩世忠和张俊被授予枢密使的官职,岳飞是枢密副使。三人被明升暗降,解除了兵权。在宋代徐梦莘《三朝北盟会编》中,记载了三大将被收兵权后的表现:"世忠既拜,乃制一字巾,入都堂则裹之,出则以亲兵自卫,桧颇不喜。飞披襟作雍容之状,桧亦忌之。惟俊任其自然,故桧不致深疑。"

从这里看,他们都到了都堂上班了,但是态度各一。但八月九日,岳飞被罢枢密副使,充"万寿观使"的闲职。所以岳飞在都堂上班时间不到四个月。

在此期间,皇帝和秦桧罗织韩世忠的罪状,准备肢解原韩家军,安排张俊和岳飞去韩家军驻地楚州"巡视"。离开临安府前,秦桧曾在都堂布置使命，示意岳飞"以罗织之说，伪托以上意"，并且假惺惺地说："且备反侧！（要防备造反！）"

岳飞获知秦桧的用心后，便严词回绝，说"世忠归朝，则楚州之军，即朝廷之军也"。

"公相命飞以自卫，果何为者？（怎么可能有兵变之事发生？ 相公特别吩咐我们要采取自卫措施，目的是什么？）"

秦桧恼羞成怒地说："激其军，使为变，因得以罪世忠耳！（就算没有兵变，你们也要想办法激发兵变，这样才能送韩世忠下死牢。）"

岳飞脸色大变："若使飞招接同列之私，尤非所望于公相者。（原来是这样，那你找错人了。）"

秦桧受岳飞责备后，气得脸上变色。

而已上了秦桧贼船的张俊，则在一旁含笑不语。

这也是岳飞最后遇害的导火索。

在那个丛林时代，你不害人，就要被害。

八百多年过去了，我站在这里，还是为岳飞所感动。为他那种穿越时空的铮铮铁骨、疾恶如仇所感动，他就像一颗流星，划过那个黑暗时代的夜空。

他以一己之力，将中国历朝武将的人格水准，推向了空前绝后的高度。

岳飞遇害后，韩世忠连疏请求辞去枢密使之职，并奏请告老，得以于绍兴十一年（1141）十月以太傅、醴泉观使、奉朝请、福国公的官爵退休。

韩世忠在都堂上班时间不到六个月。

张俊一人主持枢密院工作,等同于最高军事统帅了。

皇帝有点不安心。虽然张俊一直是他的心腹,但毕竟是武将。

张俊是明白人,不等皇帝下旨,自己先上一道辞呈,要求去掉枢密使的实衔,讨一个虚衔,安度余生。

皇帝顺水推舟:封张俊为清河郡王,外加"奉朝请"(朝会列席参与的资格,实际不用每天打卡,等于政务顾问)的待遇,养老金管够!

所以张俊在都堂上班时间有一年半。

绍兴二十一年(1151),皇帝去张俊家吃饭,路过三省六部的时候,张俊退休也快十年了。

(三)

现在六部早已不见,但尚存六部桥。沿着中河路凤山水城门遗址往北,没多远便见一座古桥,这就是大名鼎鼎的六部桥了。

当年过了这座桥往西,穿过御街就是三省六部,故称六部桥,并沿用至今。

三省六部遗址位于今天杭州万松岭路北侧,六部桥西侧,高士坊巷以南,云居山、清平山东麓杭州卷烟厂旧址一带。

1988年,杭州市文物考古研究所在杭州卷烟厂基建工地进行了一次抢救性考古发掘工作,发掘面积600平方米,发现一段御街遗迹。

由杭州市文物考古研究所唐俊杰、杜正贤编撰的《南宋临安城考古》一书介绍,御街残长60米,宽约15.3米。路面由香糕砖错缝侧砌而成。

考古报告认为,此处御道做工考究、规格极高,为南宋时出入皇宫北门——和宁门的主要通道。这次考古发现并确定了和宁门的准确位置,也为找寻皇城的北城墙位置提供了可靠的依据。

1994年11月至1995年5月,杭州市文物考古研究所再一次对杭州卷烟厂基建工地进行考古发掘,又发掘面积共1250平方米。

杭州卷烟厂基建工地的南宋建筑遗迹,主要是发掘西区发现的一处大型房屋官衙基址,主体包括门楼、走廊、房基三部分。从遗存情况考察,有门楼的柱础石,砖铺筑的走廊,廊沿边有矮墙和仿木砖雕花。房基可分为前厅、天井、后厅等组成部分。

与该建筑遗迹伴出的文物主要为南宋时期的瓷器,有南宋官窑、定窑等著名窑口的瓷片标本。器形繁多,仅南宋官窑器中就有弦纹长颈八棱瓶、碗、盘、炉等;定窑器中以碗、盘为主,有的器物口沿还镶有银边,纹饰精致,制作工整,是白瓷中的上品。

此外,在南宋文化层中还出土了一件石雕"开光"覆莲纹须弥座,长、宽各105厘米,高54厘米,雕刻精细,线条流畅,在南方实属少见。

考古报告认为,本次发掘所揭露的建筑遗迹应是南宋六部官衙的一部分。

2003年12月,为配合万松岭隧道东接线(严官巷段)的工程建设,杭州市文物考古研究所进驻严官巷考古工地,进行了长达大半年的考古发掘。

这次发掘发现了南宋三省六部官署北围墙遗迹及河道遗迹

（三省六部的界河）。北围墙遗迹位于严官巷中段南侧，呈东西走向，由下部的块石基础和上部的夹泥砖墙两部分组成。

　　与上述遗迹伴出的还有大量南宋时期的瓷器、钱币、铜镜、建筑构件等遗物。有一件南宋龙泉窑青瓷碗非常难得，因为该碗的口沿与腹壁上清晰可见经过修补的痕迹，是中国现今发现年代较早的补碗技术实例。

　　至是，南宋最高行政中心的面目，基本清晰。

　　令人遗憾的是，三省六部遗址并没有保留下来。

　　研究者在《杭州出土的南宋官窑标本》一文中说，1997年5月，杭州卷烟厂综合楼扩建工地大规模密集出土南宋官窑瓷器破片，据知情者反映，瓷片之多、釉色之美、质量之高，令人不可想象。废土由工程车夜间运至钱塘江三桥边上七甲路垃圾场，当时是5月初，夜间大雨后，杭州城内玩官窑瓷片的"狼"闻风而至，挖了近两个月，一批常在此捡废铜烂铁为生的江西农民，也加入其中，家庭、团队作战，把连绵一片的小山，一轮又一轮彻底翻了个遍，连指甲大小的破片都不放过，用大大小小麻袋装着出售，获利颇丰。杭州古都文化研究会会长华雨农当时花了1500元买了一片。他说这片官窑瓷片非常珍贵，它来自一件带墨彩的双耳兽足炉，器形做好之后，胎上涂大块的墨彩，外面再施青釉，这样的工艺非常罕见。

　　这一批南宋官窑标本由台湾鸿禧美术馆购藏一批，并常作为重要学术研究资料发布交流，引以为傲。

　　台北故宫博物院蔡和璧先生认为，杭州卷烟厂旧址在太庙御道附近，卷烟厂旧址所出土的南宋官窑器，与太庙御道的遗址应有密切的关联性,这一批出土的官窑器应是1271年或稍前年代之物。卷烟厂出土的这一批遗物应可立为一个年代的标准器。

2011年,杭州卷烟厂整体搬迁,原来的老厂房,现在是一个商业综合体——尚城1157·利星。

原厂房总面积近6万平方米,改建基本没有改变原有的结构,最终改造成了一个集娱乐、餐饮、购物、休闲、秀场等于一体的"南宋坊巷"综合体——潮生活主题Mall"尚城1157"。"尚城"寓意"时尚之城",同时又与所在地杭州"上城区"同音。"1157",指的是项目所处地块原南宋三省六部官署的始建时间。

2024年春节,我去"利星"打卡。

主楼有四层,开间很高,当初大概是厂房。四楼有个电影院,春节档《第二十条》《飞驰人生2》都挺火,冲着沈腾,我选择了《飞驰人生2》。

坐在影厅等开场,顺便刷了一下朋友圈,刚好看到孙君老师在夸《第二十条》:"演员,遇见张艺谋就是高光人生。每一个演员都本色演出,有深度又有高度,深入浅出。这部电影是百年中国影史上最好电影之一。"

赶紧,我又去换票看《第二十条》。

看完以后,我觉得我的选择是正确的。"法不能向不法让步",张艺谋把正当防卫这样严肃的一个题目,用喜剧展示给我们,对于一个七十多岁的导演,他没有改变三十多年前拍《秋菊打官司》的初心。

电影中有一个桥段,雷佳音演的检察官,在电视里看到电影

《满江红》中自己扮演的秦桧,正在背《满江红》。全场哄笑。

八百多年前,这个电影院也许就是秦桧的办公室;八百多年后在秦桧的办公室,看到秦桧的电影,我也觉得挺搞笑。

记得宋朝有个案子,和电影也挺像。宋徽宗大观二年(1108),昌州(今四川隆昌、永川、大足、荣昌一带)有一名妇女阿任,丈夫已亡故十年,但阿任没有改嫁。亡夫的亲兄弟卢化邻垂涎阿任姿色,伺机"侵逼强奸","阿任仓促之间,无可逃免",杀伤卢化邻,导致其伤重身死。昌州将案子呈报梓州路提点刑狱司,提刑司又呈报中央。中央法司认为,阿任不需要负刑事责任,"免勘特放",朝廷还"支赐绢五十匹"给她,以示嘉奖。

我也在想,当年岳飞案,也是完整走完了法律程序,最后依法宣判岳飞死刑。皇帝和秦桧,用法律去陷害忠良,"法不能向不法让步",在这里成为细思极恐。

电影院楼下是一家书店。在小红书网站上,很多人倒是种草这家书店,"最天使文创书城"(图40)。几年前有上下两层,书店内有一架彩虹的电梯上下楼,曾经是个网红打卡点。

很多人评价这是杭州最美的书店。那天,我也去打卡,书店主打工业风,书架和通风管道交织盘旋,的确出片。但现在这种网红书店看多了,有点审美疲劳,似乎它们的主要功能是打卡拍照。这几年,昔日网红书店"言几又""猫的天空之城"陷入闭店潮,有最美书店之称的"钟书阁"和"方所书店"关闭了部分门店;杭州"单向空间"曾发起众筹续命;还有更多独立书店悄然消失。

在这家书店,有一个中国历史区域,我想找几本关于宋代的

图40 南宋三省六部遗址内"最天使文创书城"

书,但不多。《宋仁宗:共治时代》《活在大宋》《新宋》,还发现了一本《食在宋朝》。

我在想,这家"最天使文创书城"书店,如果名字取个"尚书省",专卖宋代图书和周边,策划宋韵文化活动,倒也有趣。

我拿了一本书,坐在窗口翻翻。窗外是中山南路,路很窄,只有双车道,车也不多。一辆公交车缓缓驶过,对面的出租车交会时也放慢了速度。一个男生骑车晃晃悠悠穿过马路,车停在楼下,然后似乎和管理员在争执点啥,也许楼下不能停车之类。那一会儿,我似乎有点迷茫,思绪飘离,好像看见三十多年前的一个夏天午后,浙江日报一个实习生也是骑了个车到这里,那会还是杭州卷烟厂,帮他的老师来取两条烟,那时香烟金贵要凭票供应,老师有关系开了后门。过了那么多年,我还记得那香烟的牌子,"西湖"牌。当然,那个跑腿的实习生就是我,那时候我刚来杭州,一路打听,几经辗转,好像到了卷烟厂门口也不让进去。当然那时候根本不知道这里就是南宋三省六部,甚至对于南宋都很陌生。这件事是如此遥远并且渺小,那以后我也从来没有想起,但在2024年春天再一次坐在这里,似乎触发了遥远的记忆,往事竟是如此清晰,安静地浮现。

中山南路也就是当初的御街,但似乎比当时还要窄小。原杭州市文物考古研究所副所长杜正贤说,从严官巷遗址考古发掘看,南宋御道主道至少应该有10米宽,如果东侧辅道也与发掘的西侧辅道那样宽度在5米以上,那么南宋御街至少宽20米。

我坐在窗口,想看看八百多年前皇帝是如何从眼前经过,去张俊清河郡王府邸参加"皇帝的饭局"。

皇帝出门,周密《武林旧事》"四孟驾出"一章有详细记载,"四孟驾出"是指皇帝从皇城出发沿着御街去景灵宫家庙参拜。其路线和皇帝参加饭局的路线有很长一段重叠。

据《南宋京城临安》作者徐吉军先生考证,南宋初期的御街也同城内外许多道路一样,多为泥路,遇雨泥泞不堪,皇帝出行通常需要铺上沙子形成"沙路"。周必大有诗云:"沙路缓驱金腰褭,阁间新上玉麒麟。"直到孝宗时御街和其他主干道的路况才有了根本改观。为了方便大驾出行,路面铺上砖石或石板。宁宗以后,御街上铺设好的石板不再于大礼后拆除,于是就形成了石板道跸。咸淳七年(1271),安抚潜说友奉旨整修六部桥路口至太庙北的这段御街,共换掉了两万多块毁坏的石板。是时,御街全长一万三千五百余尺,由三万五千三百多方巨石板铺成,十分宽敞豁达。《咸淳临安志》"御街"称:"跸道坦平,走毂结辂,若流水行地上。"

皇帝"四孟驾出"之前,禁卫所阁门使会提前发公文通知临安府约束居民,不许登高观看,不许穿着内衣或赤裸身体观看,男子上衣和腰带都要穿,女子要穿裙子和褙子。

然后提前一天封闭楼门,各负其责,不许容留来历不明之人居住,殿步三司分拨官兵六千二百人把各条街道清理安排整齐(大礼需要的人数是这个的两倍)。到当天五更,各地段头目沿门驱逐闲杂人等。

御驾随从禁卫官员大概在两千人左右,排面相当大:

> 车驾所经,诸司百官皆结彩门,迎驾起居。俟驾头将至,知班行门喝"班到排立",次喝"躬身拜,再拜"(驾回不拜,值雨免拜),班首奏"圣躬万福",喝唱直身立(靓巷军兵则呼"万岁")。

皇帝赴饭局,和"四孟驾出"当然不可比,但是从最后接待规模来看,车辚辚马萧萧,浩浩荡荡前呼后拥是肯定的,队列估计可以从和宁门排到太庙。

八百多年后，眼前的御街，除了偶尔驶过的车辆，路上行人也并不多。路边的梧桐树，枝叶尽落，全无绿意，在寒风中像一排排卫士，负势竞上的干枝，犹如卫士手中的武器，他们就像当年皇帝出行时的"前驱亲从""编排禁卫行""环卫官"和"带御器械"，沉默，傲然耸立在御街两旁。

（四）

虽然现在这个综合体有点冷清，但和宁门外，三省六部附近，在南宋却是一个高档商圈，非常热闹。

南宋的《都城纪胜》记载，"自大内和宁门外，新路南北，早间珠玉珍异及花果时新、海鲜、野味、奇器，天下所无者，悉集于此"。

周边非富即贵，商圈自然繁盛，而且，外卖也很发达。

《梦粱录》记载："和宁门外红杈子，早市买卖，市井最盛。盖禁中诸阁分等位，宫娥早晚令黄院子收买食品下饭……遇有宣唤收买，即时供进。"

皇帝也经常点外卖，李婆婆杂菜羹、臧三猪胰胡饼、贺四酪面、戈家甜食、宋五嫂鱼羹等都曾见诸史料。

从这些品种看，我估计李婆婆、臧三、贺四、戈家和宋五嫂一样，都是北宋难民，靖康之变后流落临安重操旧业，皇帝点的虽说是外卖，但更是挥之不去的故土和乡愁。

和宁门外孝仁坊口的水晶红白烧酒，因被宫中叫过外卖，所以颇为有名。

六部桥旁有家馄饨店，名气很大，有"丁香馄饨，精细尤著"。

这家的馄饨以"丁香"入馅,丁香有治口臭的功效,那些大臣上朝前,早餐去六部桥吃一碗丁香馄饨,既可饱腹,又可治口臭。

南宋馄饨店品种丰富,有椿根馄饨、十味馄饨、二十四节馄饨、丁香馄饨等,还别出心裁,有不同颜色、口味的馄饨,"贵家求奇,一器凡十余色,谓之'百味馄饨'",相当于现在的全家福。

《梦粱录》说当时临安餐饮业已挺讲究:"杭城风俗,凡百货卖饮食之人,多是装饰车盖担儿,盘盒器皿新洁精巧,以炫耀人耳目,盖效学汴京气象,及因高宗南渡后,常宣唤买市,所以不敢苟简,食味亦不敢草率也。"

除了餐饮业,南宋诗人杨万里在《经和宁门外卖花市见菊》中写道:"君不见内前四时有花卖,和宁门外花如海。"

看来和宁门外还有个花市。

南宋词人蒋捷的《昭君怨·卖花人》,极具画面感:"担子挑春虽小,白白红红都好。卖过巷东家,巷西家。帘外一声声叫,帘里鸦鬟入报。问道买梅花,买桃花。"

陆游的"小楼一夜听春雨,明朝深巷卖杏花",我也很喜欢。一词一诗,都是绝代双骄。

宋代花事很盛,最浪的是簪花和插花。

宋代是历史上唯一一个男子普遍戴花的时代。

《宋史·礼记》记载,戴花为百官们朝会时的规定动作:"群官戴花北向立,内侍进班齐牌,皇帝诣集英殿,百官谢花再拜。"

太上皇八十岁生日时,杨万里写《德寿宫庆寿口号十篇》:"牡丹芍药蔷薇朵,都向千官帽上开。"

《水浒传》中梁山好汉也有许多是喜欢簪花的。浪子燕青，就有一句"鬓边长插四季花"。刽子手蔡庆外号"一枝花"——"一朵花枝插鬓旁"。

我的同事说，现在到杭州小河直街，就能看到"繁花盛开"的景象——放眼望去，处处是头戴簪花的"宋时佳人"。

宋代的插花，也是当时四雅之一。

宋代插花是宫廷一大盛事，并由四司六局专门机构负责花事。宫廷插花的花材、花器也都有讲究。我们从南宋宫廷画家李嵩《花篮图·冬》（图41）中可以看到，当年宫廷插花的富贵。

图41　南宋李嵩《花篮图·冬》，台北故宫博物院藏

从画中看，因为是冬季，竹篮里有绿萼梅、水仙、瑞香花、单瓣山茶、蜡梅，居中的朱砂山茶以艳红色取胜，另外有多种鲜花众星拱月般围绕，右侧蜡梅和瑞香花细碎灵巧，左侧的绿萼梅、水仙无色但布置密集靠拢，花篮编织精巧，线条细致。

这只花篮估计曾经放在皇帝的书房损斋里。

插花不仅仅是帝王家事。杨万里有一首诗《道店旁》："路旁野店两三家,清晓无汤况有茶。道是渠侬不好事,青瓷瓶插紫薇花。"

今天杭州插花大师戴志祥,对插花很有研究。他说,宋人之爱花,更为深入细腻,对花性情有敏锐的感知,以花为"友",为"客"。

"友"就是和主人脾性相投的花。插花者是花的主人,主人的形态也得同花接近,"如清瘦女生插梅花,体态丰腴者插牡丹"。

戴志祥讲宋式茶席插花的要领,他说,插花之前要进行构思,选材、选器都要事先想好。一盆、二景、三几架,彼此相协调,整个作品才会完美。

宋式插花讲究简洁的线条美,疏影横斜三两枝,化繁为简,清清雅雅就能使蓬荜生辉。

学型很简单,学意境却不是一天两天就能学成的。就拿茶席宴的插花来说,戴志祥告诉我,一般插三朵花,为什么有些人插两朵即可,其实还有一朵花在你的心中。这就是插花意境的魅力。

宋人簪花、赏花、食花、插花、画花、卖花,真是有趣的灵魂。

前几年杭州街头还能听到"白兰花要哦,白兰花要哦"的卖花声,如今也听不见了,和宋人相比,我们已经无趣多了。

和宁门外,也有奸商。

岳飞孙子岳珂在《桯史》一书中记载:岳珂在京城临安旌忠观居住的时候,家里曾养了一只青色的猫,这只猫非常善于捕捉老鼠,家里人都非常喜欢它。某天中午,小青猫跑丢了,岳家人四处张贴寻猫启事,重金悬赏,却毫无结果。后来,有个江湖中人,向岳珂透露了京城内幕——和宁门外有一家招牌为"鬻野味"的熟食店，所卖的卤肉价格便宜，很多市民都喜欢去那里买肉吃。这家熟食店的食材就源自盗贼偷窃市民家养的猫猫狗狗。盗贼偷狗选择在夜间，"夜罥犬而趋（夜里用绳索套狗背着快走）"。偷猫则在大白天。"都人（临安人）居浅隘，猫或嬉敖（嬉戏遨游）于外，一见不复可遁（每被歹人发现便无处可逃）。"为了防止猫嚎叫，那些人就把偷来的猫放进路上防火的水缸里浸湿。猫喜欢干净，就会拼命用舌头舔舐体毛，所以根本就没时间叫。"夜则皆入于和宁之肆（即"鬻野味"），无遗育焉（没有活着的了）。"

现在据说卖羊肉串的路边摊，不少也是"鬻野味"的套路。

南宋《袁氏世范》中记载，宋代无良商贩为了牟取暴利"鸡塞沙，鹅羊吹气，卖盐杂以灰……如米麦之增湿润，肉食之灌以水"。

看来，千百年过去了，时光在变化，世界在变化，人性却变化不多。

和宁门外，除了奸商，还有骗子。

南宋洪迈《夷坚志》一书记载：临安和宁门外西巷有个卖熟肉的老头，名叫孙三。孙三每天出门卖肉，必定再三吩咐老婆说："一定要看好我那只猫儿，这种品种全京城都没有，千万不可让外人看见，否则被人偷走，那我也不想活了。我这把年纪了，儿子也没有，这猫儿就当是我的儿子。"孙三每天颠来倒去对老婆说这番话，传到邻居那里，大家也都很好奇，都想看一看那猫的长相，可是谁也没有见到。

一天，猫儿忽然挣脱锁链跑到门外，孙三的老婆急忙将猫儿抱回屋内，那猫儿一身火红，好像着了火一般，看见猫儿的人，都惊羡不已。孙三知道后,痛骂老婆没有看好猫,还对老婆一顿暴揍。不久这事就传到和宁门内的皇城,一个宦官立即派人带着贵重的礼物来拜访孙三,希望孙三割爱,孙三一口拒绝。宦官求猫心切,前后四次拜访孙三,孙三只答应让宦官看看猫。宦官见了红猫之后,更是爱不释手,最后用三十万钱买下。

孙三卖了猫儿后,恸哭不已,对老婆又打又骂,整天唉声叹气。宦官得到猫后则是心满意足,想将猫儿驯服后再进献给皇帝。但没多久,猫儿的毛色愈来愈淡,才半个月,红猫竟变成白猫。宦官再度前去孙三家,发现早已人去楼空了。原来,孙三是用染料把白猫染红的。而那些叮嘱、责打,全是套路。

后来我看了北宋杭州僧人文莹写的《湘山野录》,发现这个南宋的孙三抄的是北宋的作业。

事情发生在浙江桐庐县,该县一土豪,为人豪横刻薄,常常强取豪夺,乡人都很厌恶,诅咒他"死则必为牛"。没想到,没多久土豪就死了,更巧的是,他死后不久,邻村就产了一头白牛,牛肚上还有土豪姓名和乡社名称。牛主人偷偷告诉了土豪儿子,儿子急忙去看个究竟,果然如此!乡人的诅咒,竟变成了现实!土豪的儿子"亦悲恨无计",又唯恐声张,便想把小白牛买下来。牛主人同意,但要价很高,土豪的儿子碍于面子,不得不如数照付。买回家,因为是自己的"爹",就把牛养在家里。没多久,一个文身工带着十千钱,来到郡里自首,说有人指使他在白牛肚子上刺字,承诺得钱两人平分,可是那人说话不算话独吞钱财,所以他气不过来自首!官吏问他字是如何刺上去的,文身工说:"以快刀剃去氄毛,以针墨刺字,毛起,则宛如天生。"最后这俩人都被处以黥刑,放逐到海岛上。

这宋朝骗子,比现在的电信诈骗,还要高明。

过了三省六部,大内和宁门就在眼前了,皇帝回家了。

二十一、大内

（一）

杭州城南凤凰山脚路上的公共厕所(图42)，看起来很普通，青砖白墙，有些许墙绘，画着飞燕、柳枝、蜻蜓、荷花。里面设施普通，味道也不算清新，唯独窗棂有点古意。旁边有棵大树，枝繁叶茂，

图42 凤凰山脚路公共厕所，皇城和宁门遗址

还伸出一枝挂住了厕所的一角。

但考古学者杜正贤说,这是当年南宋皇城北宫门——和宁门所在区域,南宋皇城,也就是皇帝的大内,就在城南凤凰山下。绍兴二十一年(1151)皇帝赴张俊饭局,即从这里出宫。

此前的建炎三年(1129),苗刘兵变,皇帝也就在这北宫门,熬过了他人生中的至暗时刻。

在那个时代,宋朝就像一艘满载黄金和宝物的船,孤零零地航行在海盗肆虐的海上。

而当皇帝无意中成为船长时,这艘船已经被洗劫一空,破烂不堪。暴风雨已经来临,如何躲过狂风暴雨,如何不让船沉没,船要驶向何方,包括十九岁的船长在内的所有人,心里应该都没底。

皇帝登基后,金朝对立足未稳的南宋小朝廷穷追猛打,"斩首行动"的目的非常明确,就是俘获皇帝,确保不再有一个赵宋朝廷,以便扶植的傀儡政权能代表自己统治中原地区。

建炎三年(1129),金兵再次南下,"搜山检海捉赵构"。二月初二,金兵破楚州,陷天长军,数百敌骑迅速逼近扬州。

当时驻跸扬州的皇帝甚至来不及与宰相商量,就在御营司使都统制王渊和宦官康履等五六人陪同下,匆匆忙忙披甲乘马出逃。《续资治通鉴》卷一〇三载:"(帝)过市,市人指之曰:'官家去也!'俄有宫人自大内星散而出,城中大乱,帝与行人并辔而驰……军民争门而死者,不可胜数。"

从扬州到长江瓜州渡的路上,一个卫士出言不逊,皇帝拔剑刺杀。皇帝都要亲自杀人了,可见事危矣。

随后皇帝一行乘小舟渡过长江抵达镇江府。

这是皇帝第一次抵达江南,自此以后,这个河南人再也没有踏上长江以北的土地。

由于事出突然,其他官员竟一无所知。"百官皆不至,诸卫禁军无一人从行者。"

据宋《朝野遗记》说,皇帝经过这次突然的惊吓,从此便有难言之隐并失去了生育功能。而且也在这一年,他唯一的儿子赵旉夭折,以后也再无子嗣。

这个难言之隐,以及由此产生的继承人之争,都让皇帝为之伤神数十年。仓皇渡江的皇帝当晚在镇江府府治凑合一宿,没有寝具,只用一张貉皮"卧敷各半",抵御夜间的寒冷。次日,他觉得长江天险未必能挡住这金兵铁骑,在王渊"请幸杭州"建议下,从镇江一路狂奔,经平江府逃往杭州。

这是皇帝第一次来杭州。

但杭州马上给他一个致命的见面礼。

建炎三年(1129)三月初五,出于对扬州大溃败和对皇帝及其亲信的不满,御营司武将苗傅、刘正彦在杭州发动兵变。

枢密副使王渊退朝时,叛兵将他杀死,然后攻击行宫北门,分捕太监,"凡无须者尽杀之"。皇帝闻讯大惊,"不觉起立",和群臣被迫登上北门城楼,接见兵变将领。

眼前是一片明晃晃的刀枪,叛兵挑着王渊的脑袋,对皇帝下了最后通牒。备受皇帝宠信的大太监康履被扔下城门顶包,当场被腰斩。"履望上呼曰:'臣死矣!何独杀臣?'"

皇帝又请出孟太后。出门前，宫中人牵衣恸哭，太后说："一足出门，事不可测，今与汝等别。"

孟太后一介女流之辈，毫无惧色在城门前舌战群凶。苗、刘又迫皇帝退位，理由是高宗不应该登皇帝位，否则被掳走的宋钦宗回来，又将处在什么位置？

城门楼上的皇帝最后被逼无奈，在凛冽的北风中，坐在一张没有垫子的竹椅子上写下了退位诏书。

这一切，就发生在我去的那个公共厕所前面。

虽然后来皇帝成功翻盘，但是和宁门下这生死攸关的一幕，加上此前的扬州逃难以及同一年的丧子、泛海，我相信，建炎三年（1129）是皇帝这辈子最倒霉的一年，他大概率患上了应激性创伤综合征。他终其一生对于武将的不信任，乃至岳飞的被害，可能都和这个应激性创伤综合征有关系。

苗刘兵变的另外一个后果，那就是御营前军统制张俊越来越多地进入皇帝的视野。

当时发动叛乱的苗傅、刘正彦二人环顾杭州周边的驻军，明显是以张俊在吴江所率领的八千军队最为强悍。

苗、刘伪造命令，用给张俊升职的方式调任张俊远离杭州，从而解除其兵权，派往凤翔府去任职。

张俊获悉，不为升职所惑，先后主动同周边的张浚、韩世忠、刘光世等将领联络，其间一再拒绝苗、刘二人的高官厚禄，最终借兵韩世忠，成功合力攻进杭州城，救得皇帝并助其成功复位。

哪怕多年之后张俊去世，皇帝也对这一大功念兹在兹：

> 俊在明受间,有兵八千屯吴江,朱胜非降指挥与秦州差遣,俊不受,进兵破贼,实为有功,可与赠小国一字王,令礼部拟定。

张俊被封为循王,是自宋太宗淳化年间之后,异姓被封真王的第一例。

二十多年后,皇帝能去张俊家吃饭,也足见恩宠有加。

日后,张俊也经常出入和宁门。绍兴二年(1132)十二月,时任神武右军都统制张俊"见系管军职任,望许依三衙管军例,每遇朝参,由皇城北门入出"的提议,得到了皇帝的认可。由此可知,参加朝会的三衙管军在此之前已经通过北门出入行宫,经过张俊的奏请,得到这一待遇的将领有所增加。

这是因为南宋皇城一改"北宫南市"格局,皇城在南,城市在北。如果大臣上朝走正门南门就要绕一大圈,走后门也就是从北门和宁门上朝,要方便得多。于是和宁门成为百官趋赴朝参的主要门户。

杜正贤现在是浙大城市学院考古学系主任,早前,是杭州市文物考古研究所的副所长,也是南宋临安城遗址考古的大牛。

杜正贤对于和宁门位置的判断,依据是这个厕所对面,凤凰山脚一片破旧不堪的民房后面,发现了皇城北城墙遗址。和宁门应该在北宫墙和鼓楼、严官巷御街遗址连接线的交界处,也就是现在的公共厕所一带。

和宁门最早是吴越国王宫的双门,北宋至和元年(1054)重修作为杭州治所北门,皇帝定都临安后重修。和宁门是三道门洞,城门漆成朱红色,上有城楼,雕梁画栋。进出大门守备森严,"把守卫士严谨,如人出入,守阃人高唱头帽号,门外列百僚待班阁子,左右排红杈子,左设阁门,右立待漏院、客省四方馆,入登平坊"。

那天我从公共厕所出来,发现有个老太太在倒痰盂,一问,她家居然没有厕所。

我有点好奇,随着老太太往她家方向走。

她的家在凤凰山路的西侧,路边也就是普通一两层楼民居,但越往里面走,年代感越强。七十二家房客毗邻而居,密密麻麻,路极狭,但四通八达,建筑五花八门,有自建房,也有公租房,平房有,两层楼最多,少见三层楼,越往里面越简陋,外墙水泥素面,有的仅仅以彩钢瓦为顶。

一老妇看我有点像政府公人,以为是微服下访,忙请我入其家,有三间房,室内尚可,但没有厕所,而且最怕下雨天,老漏雨,经常要房管所来维修。

老妇问我,啥时候可以搬迁? 我只能笑而不语。

再往里面就到了凤凰山脚,更加夸张,山脚下有不少菜地,建筑更加不堪,不少临时搭建的棚户,仅以彩钢瓦覆盖做顶,为了防止被风吹跑,上面还压着几块砖头。

往山边走有一排木栅栏,栅栏里头隐约可见一道长满灌木的土坡。

旁边石碑上有介绍:"南宋皇城北城墙遗址是现存不多地标可

辨识遗迹之一,该段城墙遗址现存夯土宽度约11米,长约50米……"(图43)

如果不是有介绍,我怎么也看不出皇城北城墙遗址的模样。

根据研究,宫城西北侧城墙沿凤凰山八蟠岭山脊兴建,保留有暴露于地面上的夯土墙遗迹。城墙起于山脊之原因是避免山体汇水面造成的冲刷。城墙沿山脊下行,并不是直接走一个圆弧。根据《咸淳临安志》皇城图所示,城墙在西北角有一南向斜锐角,不符合一般的夯筑规律。但从地形分析,该角是城墙沿山脊到达山脚后,既为了在北城墙与万松岭古道之间留出空间,又使城墙与御街形成正交。

图43 皇城北宫墙遗址,也是皇城仅存地表建筑

城墙北侧的万松岭古道,自古就是沟通杭城南北的要道,据《梦粱录》记载:"殿司衙山上万松岭,在和宁门外孝仁坊西岭上,夹道栽松,今第宅内官民居,高高下下,鳞次栉比,多居于上。"由此可见皇城并未将万松岭古道包入在内。《梦粱录》同时记载和宁门外尚有待漏院、客省四方馆等大量建筑,因此宫城北墙应该位于万松岭古道以南,凤凰公社文化创意园(前身为中成药品仓库)以北,凤山新村中心的区域。而北门和宁门的位置应该是城墙与鼓楼、严官巷御街遗址的连接线与城墙交界处。

这个交界处,就是这个公共厕所。

从皇宫大院到公共厕所,历史就是这样魔幻。

(二)

定都杭州,无疑是皇帝做出的最正确的决定,没有之一。如果南宋定都其他任何一个城市,结果都是致命的。

从建炎三年(1129)第一次到杭州,到绍兴八年(1138)才正式定临安为行都,这么多年皇帝一直在犹豫。

因为定都杭州,首先在政治上非常不正确。

皇帝即位后,当时任东京留守兼开封知府的宗泽建议把都城定在北宋故都东京,即开封。

这在政治上最正确。

但开封一马平川,易攻难守,靖康之变的一锅端,让皇帝明白,定都开封,虽然道义上可以占据制高点,但也是致命的选择。

然而,"放弃开封"始终是一个不能直接说出的问题,放弃开封就意味着放弃大宋的国之根本,放弃巩县(今河南巩义)的祖宗皇陵,放弃率领大宋子民复国的梦想,这会严重危及皇帝政权的合法性。

所以以后不管选择哪里,皇帝始终说"要打回老家去",起码在嘴上这么说。

不过后来开封又被金人占领,也再没有大臣敢提议到开封上班,因为皇帝一句话,你先去收复开封再说。

时任长安京兆府知府、永兴军路经略制置使的唐重则力请皇帝入长安建都,他说:"关中百二之势,控制陕西六路,捍蔽川峡四路。……关中固,则可保秦蜀十路无虞。"

但随着长安丢失,此议流产。

宰相李纲也曾经有一个方案:在原有的东京开封、西京洛阳、北京大名、南京应天的"四京制"基础上,再增加"三都"作为辅助,以长安为西都,以襄阳为南都,以建康为东都。不管哪个方案,都是考虑到"打回老家去"这样一个不太可能完成,但是无论如何都不能放弃的任务。

其中,建康是底线。

因为已经过了长江了,再往南,就明摆着不想打回老家去了。

此后建康成为主流,还没有杭州啥事。

定都建康政治正确,成为勿忘国耻、不忘收复失地的象征;而选择杭州则往往被攻击"偏安一隅","直把杭州作汴州"。

建康派认为,建康曾为古都,经济基础较好;其次,建康与北方地区仅一江之隔,贴近抗金一线,可以更好地对作战进行部署;再者,在靠近北方的建康建都,也算是天子守国门,更有助于凝聚抗金民意,更有利于收复中原失地。

从表面看,皇帝也倾向于定都建康。

建炎三年(1129)二月刚到杭州,皇帝下诏:

> 昨金人逼近,仓卒南渡,渐至钱塘,势非得已,每念中原,未尝终食敢忘。累据探报,金人军马归回,已离扬州,非可久留之地,便当移跸江宁府,经理中原之事,可令于四月上旬择日进发。

同时,他命人往建康府建宫室,筑太庙,以做迁都准备。

"苗刘之变"后,建炎三年(1129)五月,皇帝来到了江宁,并把江宁改称为建康府。

但到了七月,金国又以完颜宗弼(金兀术)为统帅,兵分四路,大举南侵,闰八月初一,皇帝又下亲笔手诏,嘴上放狠话:"朕欲定居建康,不复移跸。"

但这更多是门面话。

他不久就明确提出:"朕尝思金人所恃者骑众尔,浙西水乡,骑虽众不得骋也。"

皇帝又找来吕颐浩等人,完成了建康周边的布防,但是也定下了一个两全之策:一旦金兵进攻到长江流域,皇帝立刻向杭州转移,利用浙西的湖泊和沼泽延缓金兵进攻的速度。

八月二十六,皇帝乘坐御舟离开建康,于九月初八抵达杭州。

但为了方便逃跑,他并未上岸,而是在船上接见群臣,然后继续沿浙东运河东上。九月十二抵达越州,上岸稍做停顿。

十一月,长江防线失守,皇帝再逃到明州,十二月,更是决定入海避敌。尽管大臣郑望之反对说:"从古到今的中兴之主,没听说过谁是坐船成功的。"

尽管皇帝的入海非常之狼狈,但是从后来的战局演变来看,他的决定无疑是非常正确的,甚至可以说是唯一正确的选择。在皇帝出海以后,金人的尖兵只差一天就追到了皇帝的大部队。

建炎四年(1130)四月,皇帝由海上归来,进驻越州后,他对定都建康的想法进一步产生了动摇,这一年跑路下来,他把安全毫不动摇地放在第一位,认为建康面临大江,而"长江天险"并不能阻挡金人的铁蹄,因而对越州产生了兴趣。

越州位于钱塘江以东,是一座有着两千多年历史的古城,此地山清水秀,经济繁荣,人文荟萃。北宋后期,越州人口之多,甚至超过了杭州。

而且到万不得已时要跑路浮海远遁,越州也比建康方便。绍兴元年(1131)十月,皇帝下诏,升越州为绍兴府,已隐隐地含有长期驻跸吴越的打算。他在绍兴一住就是一年零八个月,绍兴成为他即位以来驻跸时间最长的地方。

可是要将都城建于绍兴,存在着一系列问题:

虽说"会稽乃卧薪尝胆报仇雪耻之地",怎奈城市狭小,位置偏于东南,很难建成一个像样的都城;最关键的是在漕运方面有相当大的缺陷,从各地运钱、运粮都不太方便。

绍兴二年(1132)正月,皇帝才以"会稽漕运不继"为由,移跸已经升格为临安府的杭州。但此后仍然将绍兴定为南宋的陪都。

但我的一位绍兴朋友何俊杰对此一直耿耿于怀:皇帝假如定都绍兴,历史会重写,陆游心中的"王师北定中原日"或早实现,因为越地的"胆剑"精神和"东山再起"的典故能时刻激发人的斗志!

但事实上,定都杭州,当时是唯一正确的选择。

建康虽有长江之险,但守江(长江)必守淮(淮河),江淮、江南为平原,便于以骑兵为主的金兵机动和作战,一旦失守,金兵马上就会兵临建康城下,南宋守不住淮河防线,就不敢把都城立在建康。

这一点,南宋甚至不如东晋南朝,东晋南朝多次收复黄河以南所有土地,与北朝对峙三百多年不落下风,拥有强大的淮河防线,所以才能在建康定都。

这一点到现代也是如此。

1948年年初,淮海战役失利以后,蒋介石试图凭借长江天险,与共产党划江而治。然而,"长江防线固若金汤"的牛皮,在解放军发动渡江战役之后,被轰然击穿。

所以长江看似天险,其实处处都是漏洞。解放军百万雄师过大江的时候,自宜昌至长江口,全长1771千米,可以渡江的地方极多,易攻难守。以南京为例,在它周围有苏州、无锡、常州、镇江四座城市,在其上游则有西边的门户——安庆。一旦安庆失守,对方顺江而下,便可直逼南京城;而一旦苏、锡、常、镇几城失守,形成包围之势,南京城则立刻会陷入坐困的境地,任人鱼肉。

因此以长江本身作为防线是不行的,必须向北去找战略纵深。

据浙江大学何忠礼教授考证,当时杭州在经济上远胜于绍兴,也胜于建康。

建康府及其附近地区因受到兵火破坏更为严重,造成生齿骤减,土地多荒芜,政府财政状况恶化。绍兴七年(1137)五月,直龙图阁、知建康府张澄对临安和建康的财政收入有一个比较:"临安、建康均为驻跸之地,而财赋所入,多寡殊绝。本府所得仅支半年,不惟军储窘乏,兼虑阙于供亿,以速罪戾。欲望许依驻跸近例,参酌应副。"

杭州自中唐至北宋的数百年间,由于战乱不多,经济和文化都得到迅速发展。五代十国时期,杭州是吴越国的国都,经过钱镠及其继承者的苦心经营,城市面貌发生了很大变化,水利得到兴修,西湖变得更加美丽。到北宋时,终于一跃而成为经济富庶、文化繁荣、交通发达、风景秀丽,具有"参差十万人家"的"东南第一州"。

不过,建康派的势力依然很强,要命的是,皇帝很难直接反驳,因为定都建康意味着,在名义上还可以保持"收复中原"的旗号,而建康派也屡屡以此要挟皇帝,让他有苦难言。

绍兴六年(1136)六月,右相张浚看到皇帝一直赖在临安府不动,再次向他提出建议,"东南形势莫重于建康,实为中兴之本。……临安僻居一隅,内则易生安肆,外则不足以号召远近,系中原之心"。他请皇帝"以秋冬临建康,抚三军而图恢复",再次反对以临安为都城。

皇帝获知金人已经远去,于绍兴五年(1135)九月初一离开临安赴建康,但他仍然一路观望,磨磨蹭蹭,直至绍兴七年(1137)三月初九才抵达建康府,以应付张浚要他进行"亲征"的建议。

抵达建康后,皇帝宣布建康府为行宫留守,他在这里虽然居住了十个月之久,但对行宫竟无一修建,只是"加葺小屋数间",故人称"所谓留守司,名存而已"。可是对临安的态度就大不一样,他在建康时,即命罢相不久的吕颐浩出任浙西安抚制置大使、知临安府,要他加紧营建临安府。从中可以看出,高宗人虽在建康,心仍在临安。

而这时候的临安府,随着北方移民的大量涌入,受到战争破坏的城市经济和各种娱乐场所获得迅速恢复和发展,北方士大夫渐渐地爱上了这个城市。绍兴七年(1137)九月,坚决主张驻跸建康的张浚,因淮西兵变而被弹劾去位。早先认为"吴越介在一隅,非进取中原之地"的左相赵鼎,曾经提出"宜以公安为行阙",此时也积极支持还临安,为此还与反对返回的参知政事张守发生了激烈的争论,迫使张守"引疾求去"。

随着反对以临安为都城的声浪渐趋平息,绍兴八年(1138)二月二十二,皇帝自建康返回临安后,立即下诏宣布以临安府为"行在所"。表面上虽仍以汴京为都城,但实际上临安已成了南宋真正的都城。

定都杭州,河南大学程民生教授评价很高。他认为这客观上开启了朝代以及都城演变从东、西相称时代转向南、北相称时代:建都于洛阳的周室、汉室称东周、东汉,建都于建康的晋室称东晋,而建都于杭州的宋室远比洛阳、建康更靠近东部,却没有援例称东宋,而是称南宋。这意味着南北差异取代了东西差异,成为经济地理、政治地理、文化地理以及行政地理新的两大板块。这是中国经济重心和文化重心南移一个重要的历史标记。

历史给杭州注入了与东京汴梁同量同款的首都荷尔蒙,向中国历史贡献了代表性的南方京城模式,向世界历史贡献出一座"最富丽名贵之城"。中国的经济形态自此逐渐从自然经济转向商品经济,从封闭经济走向开放经济,从内陆型经济转向海陆型经济,这是中国传统社会发展中具有路标性意义的重大转折。

从定都的漫长过程可以看出,皇帝不是一个轻易被道德绑架的政治家,在他的考量中,安全,永远比道德重要得多,生存,也永远比声誉重要得多。在这一点上,他要比明崇祯帝强得太多。

明末生死存亡之际,崇祯完全可以从北京迁都南京,那里还有一套完整的影子政府机构,也是大明王朝的龙兴之地,崇祯完全可以组织各地兵马征讨李自成,复制唐朝安史之乱时期的壮举,延续大明国祚,他也能避免成为亡国之君。但明朝君臣都怕担负丢弃国土的罪名,结果久议不决,最后被李自成瓮中捉鳖,大明王朝轰然倒下。

甚至之前为了腾出手对付李自成,崇祯也曾和兵部尚书陈新甲讨论过与关外女真人议和,但是消息外泄,朝野哗然,崇祯居然把责任推给陈新甲,把他杀了灭口,明朝也丧失了最后一次议和的机会。

而皇帝无论是定都还是日后议和,都表现出了足够的担当和定力，抛开道德评价，皇帝不是明君，但肯定不是像崇祯那样的昏君。

（三）

定都后，皇城是依托原来杭州城南州治而建。在之前，白居易和苏轼，都曾经是这里的主人。作为苏轼的铁粉，"最爱元祐"的皇帝在这里一定会有特别的亲切感。

图44　南宋皇城全貌，左上为钱塘江　潘劲草摄

　　杜正贤说,目前,考古学界基本形成了"标准答案":南宋皇城东起馒头山东麓,西至凤凰山西麓,南起笤帚湾,北至万松岭,南北600余米,东西800余米,方圆4.5公里,大约是北京故宫的三分之二。

　　南宋皇城是中国历代颜值最高的皇城,没有之一。也是托了杭州的福,像杭州这样有山水灵气的城市,三面云山一面城,全国没几个。

　　南宋皇城也是中国历史上唯一的山水皇城。史传南宋皇宫气势恢宏,殿、堂、楼、阁、台、轩、观、亭等建筑鳞次栉比。由于皇宫诸建筑在起伏变化的山坡上,具有随势赋形的建筑格局,使皇宫大内的园林建筑显得不拘一格和别有创意,在天然的山水之间相辅相成,且多姿多态。

　　现在研究南宋皇城,多从宋画入手。

　　现存于台北故宫博物院的南宋宗室赵伯驹《阿阁图》(图45),描绘的是一组山地中的宫殿建筑,图中最突出的是一座修筑极高的高台建筑,平面呈"凸"字形,砖石铺地,朱栏围护,当是雅集观景的绝佳之地,有八九名女子在台上各有所事。台上大殿、台下右边殿门,以及下方的水殿,这三座建筑的重檐歇山顶的做法别出一格,为多个歇山顶的骑跨叠加,非常罕见。大殿之间又有长廊勾连,使得这组因地制宜营造的建筑具有很强的整体感。而所有建筑的屋顶用黄色或绿色琉璃瓦,更显得无比华贵。杭州文史学者姜青青认为,如此奢华的建筑非皇宫禁苑莫属。

　　皇城也是帝后们的伊甸园。后宫及后苑的堂有三十余座,如

图45　南宋赵伯驹《阿阁图》,台北故宫博物院藏

观赏牡丹的钟美堂,观赏海棠的灿美堂,四周环水的澄碧堂,玛瑙石砌成的会景堂,四周遍植日本罗木建古松的翠寒堂。楼有博雅书楼,观德、万景、清暑等楼。阁有二十余座,其中有源自北宋的龙图、宝文、天章等阁。轩有晚清轩。观有云涛观。台有钦天、舒啸等台。亭有八十座,其中赏梅的有春信亭、香玉亭;桃花丛中有锦浪亭;竹林中有凌寒亭、此君亭;海棠花旁有照妆亭;梨花掩映下有缀琼亭;水旁有垂纶亭、鱼乐亭、喷雪亭、流芳亭、泛羽亭;山顶有凌穹亭。后苑有各成一景的小园,其中有梅花千树组成的梅冈,有杏坞,有小桃园,等等。皇城还仿照杭州名胜西湖和飞来峰,建造了小西湖和万岁山。

　　我没见过南宋皇城,但这些名字,就让我无比神往,翠寒、凌穹、澄碧、流芳、泛羽、灿美,那么有高级感。

　　因为没有全面考古发掘,现在对于南宋皇城,只能是推测,我看到过一张南宋皇城推测示意图(图46)。

2009年,杭州市启动南宋皇城大遗址综合保护工程,目标是建设一座以南宋皇城遗址本体及周边环境保护为主,展示中国最美山水花园式皇城遗韵的国家大遗址公园。

浙江省古建筑设计研究院曾提出一个概念性设计方案。推测图就来自这个设计方案。设计方案中,基于文献和考古资料做了皇城的复原推测,第一次将南宋皇城以三维立体形态呈现在大家面前,也是第一次初步勾勒出了南宋皇城将来要呈现的保护展示的状态。其中包含了多种形式的展示方式,比如露明展示、地面标

图46 南宋皇城建筑推测示意图

识展示、绿化展示、城墙形态展示等。

只可惜，后来因种种原因，南宋皇城遗址核心区域考古发掘工作没有能够全面推进，遗址上的单位和民居的动迁也陷入停滞，国家大遗址公园也就遥遥无期了。

这张图颜值极高，感觉是一个山地版的小故宫。

皇城大致分为朝会区、后寝区、后苑区、宫内服务区、东宫区、慈宁宫区、衙署区几个部分。

整个皇城在杭州城南凤凰山和馒头山之间展开，以南北两座宫门丽正门、和宁门为中轴线，前朝后苑，后苑还有一片水面，应该是传说中的小西湖。东面的馒头山，不少宫殿居高临下，东侧宫墙则依山蛇形。

这张图中的宫城可以分为三条南北轴线。

西线从南门丽正门进入，依次是西线官署区—垂拱殿区—延和殿—祥熙殿—勤政殿—嘉明殿—宫内服务区—北宫门；中线依次是南宫门—大庆殿区—内宫门—福宁殿—秾华殿—坤宁殿—小西湖—和宁门；东线依次是东宫区—辑熙殿—孝思殿—慈宁宫—复古殿—清燕殿—位舍人直舍—翠寒堂、观堂、芙蓉阁—选德殿—东华门。

不过现在凤凰山下的皇城，早已面目全非。

德祐二年(1276)，元军攻占临安城，皇城首当其冲。至元十四年(1277)，一场大火，这座中国最美的山地宫殿被火延烧。至元二十一年(1284)，江淮总摄、元僧杨琏真加将残留宫殿改建为五座寺院，改垂拱殿为报国寺，改芙蓉阁为兴元寺，改和宁门为般若寺，改延和殿为仙林寺,改福宁殿为尊胜寺,并在尊胜寺建镇南塔以羞辱南宋遗民。应该是在此之前,马可·波罗来到杭州,看见过皇城。

《马可·波罗游记》中记载:"此城尚有出走的蛮子国王之宫殿,是为世界最大之宫,周围广有十哩,环以具有雉堞之高墙,内有世界最美丽而最堪娱乐之园囿,世界良果充满其中,并有喷泉及湖沼,湖中充满鱼类。中央有最壮丽之宫室";王宫内部分为三大分部,"中部有一大门,由此而入,余二部在其旁。(东西)见一平台,上有高大殿阁,其顶皆用金碧画柱承之。正殿正对大门,漆式相同,金柱承之,天花板亦饰以金,墙壁则绘前王事迹";王宫中"有小林,有水泉,有果园,有兽园",还有装饰华丽的回廊,"宽六步,其长抵于湖畔。此廊两旁各有十院,皆长方形,有游廊,每院有五十室,园囿称是,此处皆国王宫嫔千人所居"。

按照这个记录,马可·波罗来杭州的时间,应该是在1276年至1277年之间,而且是在1277年那场大火之前。否则他也不会描绘得如此美轮美奂,"最壮丽之宫室","世界最美丽而最堪娱乐之园囿"。

很多人怀疑马可·波罗是否来过中国,《马可·波罗游记》中也颇多夸张之辞,比如他说杭州有一万两千座桥,每座桥有十名士兵日夜看守。但我看了他对皇城的描述,我觉得他一定来过中国,来过杭州,看见过皇城。

因为他提到了一条长廊,"有装饰华丽的回廊","宽六步,其长抵于湖畔。此廊两旁各有十院,皆长方形,有游廊,每院有五十室,园囿称是,此处皆国王宫嫔千人所居"。

因山势高低错落的曲折长廊,这是南宋皇城最有辨识度的一个符号。

这一条长廊名为"锦胭廊",《南渡行宫记》记载馒头山上杨皇后寝殿慈明堂一带建筑布局说:"殿前射圃,竟百步,环修廊……由绛已堂,过锦胭廊,百八十楹,直通御前,廊外即后苑。"

据清华大学郭黛姮教授考证,锦胭廊一百八十开间,总长约为四百五十米,可以通往后宫后苑各处。皇城后苑殿堂很多,都建在馒头山与凤凰山麓之间,锦胭廊不仅要为行政区与生活区隔开空间,而且要为后苑殿阁楼台建立行走通道。这些通道在不同平地或坡陛间设立,甚至用架空的爬山廊连接于殿宇之间。

那时关于南宋皇城的记载很少,若非亲见,马可·波罗不可能关注到皇城如此真实的细节。

到了至元二十六年(1289)前后,南宋宫廷琴师汪元量重回凤凰山脚,唯有哀叹:"美人未去时,朝理绿云鬟,暮吹紫鸾笙;美人既去时,阁下麋鹿走,阁上鸱枭鸣……"

这时,距离南宋亡国,汪元量与太皇太后、太后、皇帝一起被押往元大都,才不过十余年,凤凰山皇城已荒凉如斯。

至正十九年(1359),反元将领张士诚重修杭州城垣,"截凤山于外,络市河于内",南宋皇城遗址从此成为城门之外的荒郊野岭。到了明代万历年间,皇城大殿基本坍毁,整个皇城渐成废墟,主要宫殿遗址埋没地下。等到清朝乾隆皇帝来到凤凰山,已是"屡经兵燹率颓废,断垣破础犹或逢"。他登上凤凰山澄观台,这个诗歌超级发烧友胸襟还是为之一开:"高台澄观我所额,江山胜揽豁心胸。"近代随着杭州城市北移,凤凰山一带日渐没落,现遗址上建有杭州卷烟厂等单位建筑以及密密麻麻的民房。

从万松岭往南,是凤凰山脚路。这一条路把老皇城劈成了两半,路西侧到凤凰山下,单位为多,像卷烟厂仓库、中药材仓库、杭州美术职高、省军区后勤部仓库等;路东侧到馒头山下,多为民居,有凤山新村、凤凰新村等等,大多建于上世纪七八十年代,现在居民多为周边企业退休员工以及外来租户。走在凤凰山脚路上,高大的香樟树,富有年代感的建筑,晒太阳打牌的老人,在水井旁洗衣的妇女,打扮得花枝招展来打卡的网红,历史和现实的交错,犹如透过树荫的缕缕阳光,日复一日,年复一年,斑驳而又顽强。

(四)

现在和宁门外,也就是万松岭路转到凤凰山脚路这一段,有很多饭店,一家咖啡馆的外墙,写着"和宁门外"几个大字,颇为应景。有一家"和宁饭店",我和杜正贤去吃过饭,乏善可陈。

和宁饭店这一片,在南宋设有一个机构——"待漏院"。待漏院是群臣等待上朝的朝房,宋朝的上朝时间一般是在五更时,也就是现在的三点到五点之间,非常早,所以很多大臣早早到达待漏院后,会在这补一会儿觉。也可以顺便吃个早饭,《梦粱录》卷八有记载:"和宁门外红杈子,早市买卖,市井最盛。"

从和宁饭店出来沿着凤凰山脚路往南,过了公共厕所没多久,路边上有一所杭州市美术职业学校,这个学校的前身,是杭州五四职业高中。学校有一个知名校友,汤唯。

学校很小，也许是杭州最小的高中，教学楼两幢，皆三层，礼堂操场也颇局促，学生用餐都只能在教室。但学校颜值很高，背靠凤凰山，满眼皆绿。学校老师说，登山是学校的保留项目，学校每年都会举行登山比赛。汤唯读书的时候，有一年得了第七名，但体力透支，到了山顶就晕倒了。

学校进门有一个操场，操场边有一棵大樟树，负势竞上，枝繁叶茂，在小小的校园里非常抢眼，据说它树龄有八百多年，不知道当年，这棵大樟树有没有见过皇帝和他的妃子们。2020年学校四十周年校庆，汤唯发来视频，还特别提到这棵大樟树："八百年的大樟树，我还记得你，你还记得我吗？"

那天我走到操场边，忽然回忆起曾经来过这里。那是二十多年前，我一个做买卖的同学问我借钱，就在这里，我把一万块钱给他。结果就像书上说的，如果你想和一个朋友绝交，就借钱给他。那以后我就再也没有见过这个同学，也没有他任何音信。要知道，我和他是穿开裆裤的同学，小学同学，高中同学，大学同学。后来我还做过一个梦，说他衣锦还乡，把钱还我，且是借一还十，一万块钱还了我十万。

据考古发现，皇宫最低点就在操场附近。经杭州市文物考古研究所挖掘，至三米以下才到元代地层，宋代应该更低，此处为一处洼地，周边水最终必然汇集到此处，因此推论该处应该是内苑小西湖。

"小西湖"是南宋皇城的灵魂，柳堤环抱，六桥横枕，形如西湖，而"亭榭之盛，御舟之华，则非外间（西湖）可拟"（《武林旧事·卷四》),代表了南宋乃至中国园林设计的最高标准。

目前对于南宋皇城的推测,主要来自南宋内侍陈随应的《南渡行宫记》。那么大的皇城,总共才写了八百八十余字,小西湖就占了二百多字,而且字字珠玑:

> 梅花千树,曰梅岗;亭曰水花,亭枕小西湖,曰水月竟界,曰澄碧;牡丹曰伊洛传芳,芍药曰冠芳,山茶曰鹤,丹桂曰天阙清香;堂曰本支百世,佑圣祠曰庆和,泗洲曰慈济,钟吕曰得真,橘曰洞庭佳味,茅亭曰昭俭,木香曰架雪,竹曰赏静,松亭曰天陵偃盖;以日本国松木为翠寒堂,不施凡腰,白如象齿,环以古松;碧琳堂近之;一山崔嵬,作观堂,为上焚香祝天之所。吴知古掌焚修,每三茅观钟鸣,观堂之钟应之,则驾兴;山背芙蓉阁,风帆沙鸟履舄下;山下一溪萦带,通小西湖,亭曰清涟。怪石夹列,献瑰逞秀,三山五湖,洞穴深杳,豁然平朗,翚飞翼拱。

小西湖边遍植牡丹、芍药、山茶、丹桂、竹、橘、松等,水天一色,奇花异草,清香满堂,想想都很美。南宋宫廷画家马远的《宋帝命题册》中《扇子诗图》,很符合我对小西湖的想象。

小西湖边的翠寒堂,我最早是在金庸的《射雕英雄传》里面看到的:

> 黄蓉与郭靖俩溜出御厨,绕过两处宫殿,身上忽觉一凉,

隐隐又听见水声,微风中送来阵阵幽香。

黄蓉最爱花朵,闻到这股香气,知道近处必有大片花丛,心想皇帝的禁宫内苑,必多奇花嘉卉,那倒不可不开开眼界,拉着郭靖的手,循着花香找去。说也奇怪,竟是越走越凉,渐渐的水声愈喧,两人绕过一条花径,只见长松修竹,苍翠蔽天,层峦奇岫,静窈萦深。黄蓉暗暗赞赏,心想这里道路之奇虽大不如桃花岛,花木之美却似犹有过之。再走数丈,只见一道片练也似的银瀑,从山边泄将下来,注在一只大池之中。

那池中红荷白荷不计其数,池前是一座荫森森的华堂,额上写着"翠寒堂"三字。黄蓉抢步入堂,只见堂前摆满了茉莉、素馨、麝香藤、朱槿、玉桂、红蕉、阇婆,都是夏日盛开的香花,堂后又挂了伽兰木、真腊龙涎等香珠,但觉馨意袭人,清芬满殿。桌上放着几盆新藕、甜瓜、枇杷、林擒等鲜果,椅上丢着几柄团扇,看来皇帝临睡之前曾在这里乘凉。

郭靖叹道:"这皇帝好会享福。"黄蓉笑道:"你也来做一下皇帝吧。"拉着郭靖坐在正中凉床上,捧上水果,屈膝说道:"万岁爷请用鲜果。"郭靖笑着拈起一枚枇杷,道:"卿家请起。"黄蓉笑道:"皇帝不会说请起的,太客气啦。"

金庸笔下的皇宫后苑,清凉雅致,不过后来我才知道,他也是抄作业的,抄的就是《武林旧事》。

据记载,翠寒堂是南宋皇帝夏日避暑之处。

《武林旧事》中"禁中纳凉"一节是这样记载的:

禁中避暑,多御复古、选德等殿,及翠寒堂纳凉。长松修竹,浓翠蔽日,层峦奇草,静窈萦深,寒瀑飞空,下注大池可十亩。池中红白菡萏万柄,盖园丁以瓦盎别种,分列水底,时易新者,庶几美观。又置茉莉、素馨、麝香藤、朱槿、玉桂、红蕉、阇婆、蒼蔔(栀子花)等南花数百盆于广庭,鼓以风轮,清芬满殿。御笀(架子)两旁,各设金盆数十架,积雪如山;纱厨后先皆悬挂伽兰木、真腊龙涎等香珠百斛;蔗浆金碗,珍果玉壶,初不知人间有尘暑也。闻洪景卢学士尝赐对于翠寒堂,三伏中体栗战栗,不可久立,上问故,笑遣中贵人以北绫半臂赐之,则境界可想见矣。

"又置茉莉、素馨、麝香藤、朱槿、玉桂、红蕉、阇婆、蒼蔔(栀子花)等南花数百盆于广庭,鼓以风轮,清芬满殿。"看到这里,我服了。芳香四溢的翠寒堂凉快到什么程度,三伏天都让洪景卢学士哆嗦得站不住,皇帝赏他一件真丝T恤衫御寒。

宫里纳凉,小西湖附近还有水殿。

"凉生水殿乐声游,钓得金鳞上御钩。圣德至仁元不杀,指挥皆放小池头。""水殿钩帘四面风,荷花簇锦照人红。吾皇一曲薰弦罢,万俗泠泠解愠中。"

宋宁宗杨皇后两首《宫词》勾画了皇城夏天避暑纳凉的景象,其中水殿会是什么样?感谢南宋宫廷画家李嵩画过一幅《水殿招凉图》(图47),现藏台北故宫博物院,让我们看到了八百多年前的南宋皇家建筑与园林。

图47　南宋李嵩《水殿招凉图》，台北故宫博物院藏

水殿之所以称"水殿"，是因为它临靠一座有桥横跨的水闸。当开闸泄流之时，带走暑气而清凉宜人。

从皇城复原推测图看，小西湖西至凤凰山，东至馒头山，呈哑铃状，之间会有落差，这个水殿，应该就在这个落差处，有可能就在杭州市美术职业学校门口的凤凰山脚路上。

在南宋皇城遗址公园设计方案中，提出要通过考古发掘整理小西湖的岸线，恢复其边界，对于其周边的苑囿建筑，结合现代旅游休闲的需要进行局部性修复。

局部性修复，恢复这座水殿比较讨巧。

那天，学校老师带我去教室看看，不少学生正在素描写生，当年汤唯，不知道在哪个教室？

学校官网上有一篇老师的回忆文章：

有一个情境至今印在汤唯的脑海里,像一个永恒的电影镜头:初三结束的那个暑假,汤唯到五四中学参加绘画培训。那天,汤唯穿了一条白底碎花的背带裙,其实她平时很少穿裙子。"在美工楼的一个画室里,画的是几何石膏,大家都安安静静的,只有画笔的嚓嚓声和教室顶上电风扇的旋转声。突然,我的裙子被电风扇吹得飘了起来,那个感觉真好,我到现在都记得清清楚楚,真神奇。""之后我报考了五四中学美术专业。进入高中后,三年里我却一次裙子都没再穿过。"

2007年《色,戒》上映后,汤唯便生活在公众的密切注视之下。电话里老师问她:"作为一个公众人物,你的生活受到干扰了吧?"没想到她这样回答:"他们不能干扰到我,因为我以前是学画画的。"

在这篇文章最后,老师写道:"对于母校来说,你还是当年的那一个。那一个在五四中学的画室里裙裾飞扬浑然天成的青春少女。"

同样作为艺术家,皇帝若有知,在凤凰山下,几百年后出了个汤唯,应该欣慰。

(五)

沿着凤凰山脚路,经过杭州市美术职业学校,一路往南,渐渐上坡,到了一个制高点,又开始下坡。这也是南宋皇城前朝与后宫后苑的分界线。

制高点的西侧，目前是浙江省军区后勤部的仓库。学界普遍认为，皇城最重要的朝会区就在其中。

在省军区后勤部仓库大门的北部地面，路面地势有明显的高度落差，约二米。细看其坡度向北面缓缓抬高，这正是进入宫殿的甬道留下的地基遗迹，因为大臣上朝拜见皇帝时，行进的宫殿甬道逐渐抬高地势，意在宣示皇帝的威严，形成心理震慑的态势。

皇帝的金銮殿，一定是在高点。

那天我走进凤凰山脚路7号。这里现在是凤凰御元文创园，总占地面积一百二十亩，建筑面积达六万平方米，为当年大庆殿和垂拱殿所在的区域。

从凤凰山脚路7号入门由东往西走到凤凰山麓，大概有五百至六百米距离，而皇城东西宽度也不过八百余米，所以这是整个皇城的"火腿心"，最香。

由于地势原因，整个园区由东向西，由南向北缓缓抬升，被切割成一个个平面，互有高差，各个平面上，一幢幢富有设计感的建筑错落有致，马头墙、饮马槽、渔灯林立其间，白墙黛瓦的建筑错落排列，颇有几分昔日故宫的风采。

估计当年的宫殿，也不在一个平面，而是错落有致。

东南大学朱光亚教授对皇城地形研究提出一个原则：古代高的地方经过八百多年的风雨已经变低了，但它在现状中仍是较低处为高的地方；古代低的地方经过沧海桑田的变迁，原有湖泊、池塘可能已经湮没、淤塞，标高也已升高，但与周围高的地方相比，它仍然是低的。因此,无论变高变低,绝对标高变了,但相互关系没有变。

真是青山依旧在,几度夕阳红。

凤凰御元文创园内有文创类企业超过八十家,影视文化、个性设计、茶酒文化、书画艺术和西点餐饮,也许是历史和现实带来的强烈冲击力,现在这里也是杭州网红打卡地。这里可以直播带货、咖啡烘焙、婚纱摄影等,年轻人喜欢来。从这里上山,在凤凰山上凤凰亭,在白居易苏轼皇帝们去过的地方,一览西湖和钱塘江胜景,这也是杭州驴友喜欢的路线。

我的一位女同事,就在这里拍了婚纱照,我告诉她,八百多年前这里的高宗皇帝和吴皇后,是中国历史上唯一度过金婚的帝后,她大喜,说回去马上告诉老公。

那家婚纱摄影店,估计也不知这个富有吸引力的广告梗。

2024年年初,我在这里一家名为揽香印月的店铺内,遇到了一位经营沉香工作室的杭州人孙先生。他来找揽香印月店主学习芳疗制作,回去再按照中国传统香方,制作香水和固体香膏。

孙先生谈起南宋的香文化头头是道。他说,南宋不点线香,那是元朝才有的。像如今很有名的鹅梨帐中香、二苏旧局等,在南宋时期都是做成香丸、香膏,然后放置于香炉火炭之上,随温度升高,香味也就散发开来了。

他觉得凤凰御元文创园里藏龙卧虎,比如迷邓花园、植物染的店铺、揽香印月等,都非常精彩。"园区里人杰地灵,风水好,又是龙脉所在。这里做出来的东西、商铺推出的产品也都非常大气。"

迷邓花园（图48）是杭州新晋网红，在园区的最里面，已经靠近凤凰山麓。

图48　皇城遗址迷邓花园

墨绿色的古堡、肆意生长的香樟、英伦风的红砖墙、古朴的圆形拱门组合在一起，给人一种强烈的视觉冲击，再加上爬满整栋花园的藤蔓，好像走进哈利·波特的世界。

那天我一进门，就进入了花花世界，空气中弥漫着绿植和鲜花独有的芬芳，数百盏玻璃吊灯错落有致地挂在枝蔓上，当灯光依次点亮时，有一种"绿光森林"的错觉。各种奇花异草让人目不暇接，据说有一千多种，我只认识玫瑰，一问价格，五十元一朵，原本想带一打回去讨好家主婆，算了。

小红书网站上说，这是现实版爱丽丝梦游的仙境。古堡、鲜花、烛光，挺符合少女心，特别出片。

迷邓花园楼上有空中花园，浓郁的迷迭香，让人上头。据说不少人在这里求婚，应该成功率很高。

迷邓花园这个位置，我看皇城推测图，应该是内藏库，离垂拱殿非常近。

当年南宋皇城，也是一花花世界。《武林旧事》专门有一章说赏花：

> 至于钟美堂赏大花为极盛。堂前三面，皆以花石为台三层，各植名品，标以象牌，覆以碧幕。后台分植玉绣球数百株，俨如镂玉屏。堂内左右各列三层，雕花彩槛，护以彩色牡丹画衣，间列碾玉水晶金壶及大食玻璃官窑等瓶，各簪奇品，如姚魏、御衣黄、照殿红之类几千朵，别以银箔间贴大斛，分种数千百窠，分列四面。至于梁栋窗户间，亦以湘筒贮花，鳞次簇插，何翅万朵。堂中设牡丹红锦地裀，自殿中妃嫔，以至为官，各赐翠叶牡丹、分枝铺翠牡丹、御书画扇、龙涎、金盒之类有差。下至伶官乐部应奉等人，亦沾恩赐，谓之"随花赏"。至春暮，

则稽古堂、会瀛堂赏琼花，静侣堂、紫笑净香亭采兰挑笋，则春事已在绿阴芳草间矣。

这个迷邓花园，大概相当于钟美堂吧。

在这一片区域，曾有重大考古发现。

根据杭州临安城考古报告，1992年省军区后勤部仓库被服厂前，考古人员清理两座大型夯土建筑基址，两建筑间有水沟相连。台基外侧用砖墙包砌，大部分砖的侧面模印文字，其中有"大苑"字样，显示其与皇宫建筑有关。

1996年对省军区后勤部仓库招待所基建工地进行发掘，发现了一处南宋时期砖砌道路遗迹，揭露长度25米，残宽8.2米，保存较好，全部用相同规格的香糕砖和长方形青砖砌筑而成。

道路中央为宽3.16米的主道，主道外侧用香糕砖两列纵向错缝侧砌，与辅道分隔。辅道单幅宽2.5米，辅道外侧再用规整的石条包边，包边外侧另设有排水沟。

这次发现的南宋砖砌道路保存较好，砌筑十分考究，规格较高。根据道路的走向并结合以往的考古调查，确定这条砖道是南宋时由皇城宫殿区出入南宫门——丽正门的主通道。

这次发掘还确定了考古界寻找了几十年的南城墙位置，即位于今宋城路一线，同时确定了皇城丽正门（正门）的位置，即位于今宋城路与笤帚湾交叉口西侧约40米处，其意义重大。

杭州临安城考古报告认为，皇城的主要宫殿区位于凤凰山脚路西侧的省军区后勤部综合仓库。2004年在综合仓库院内进行的勘探工作中,发现夯土台基若干处,其中较大的夯土台基五处、水池遗迹三处,夯土质量较高,保存较好。

朱光亚教授在《江南丘陵地带遗址布局研究中的方法论介绍》中说,山地建筑最合理的选址,要么平行于等高线,要么垂直于等高线。杭州古建专家陈易先生据此认为考古试勘发现的夯土台轴线,基本与吴衙山、八蟠岭的山脊线平行居中的轴线重合,从一个侧面证实了南宋皇城选址与地形的必然联系。

考古发现的夯土台基指向的是宫内大殿垂拱殿和大庆殿,以及其后的后殿和延和殿。

绍兴十二年(1142)前,皇城中建筑不多,也很简陋。

连皇帝"日所御殿,茅屋才三楹",皇帝的金銮殿,也就是三开间的茅草屋。宫中的射殿也是茅屋,"极卑陋,茆屋裁三楹,侍臣行列,巾裹触栋宇"。

入宫上殿的道路、百官站立的房廊还来不及修建。遇到雨天,百官只得冒着雨,踏着烂泥上前。碰到下雪,情况更加窘迫,宰执大臣们都只好缩在屋檐下听候"圣旨",皇帝坐在殿内,也只能"避风雨"而已。

绍兴十二年(1142)后,《建炎以来朝野杂记》说:"休兵后,始作崇政、垂拱二殿。"皇帝这个草台班子才像点模样。

崇政殿俗称"金銮殿",相当于今天人民大会堂,是国家举行各种大庆典礼的宫殿,《梦粱录》说"正殿正对大门,漆式相同:金柱承之,天花板亦饰以金,墙壁则绘前王事迹"。

崇政殿还是多功能厅。

"……丽正门内衙,即大庆殿,遇明堂大礼、正朔大朝会,俱御之。如六参起居、百官听麻,改殿牌为文德殿。圣节上寿,改名紫宸。进士唱名,易牌集英,明禋为明堂殿……"

每年元旦(正月初一),大庆殿大朝会是规格最高的朝仪,《宋史》记载,北宋神宗元丰元年(1078)宋敏求上《朝会仪》二篇,确定了元旦朝会的礼制,规定朝会地点设在大庆殿,御坐大庆殿,百官、宗室、客使次于朝堂之内外,规定了仪仗、乐队、乐器的规格,朝会的顺序等。南宋迁都临安,朝廷庆祝元旦的大朝会停了十多年,直到绍兴十五年(1145)才又开始,而且相比北宋,由于大庆殿空间局促,排场打了很多折扣。

《梦粱录》记录了一次南宋大朝会:

> 遇大朝会,驾坐大庆殿,有介胄长大武士四人,立于殿陛之角,谓之"镇殿将军"。殿两庑皆列法驾、卤簿、仪仗,龙墀立青凉伞十把,效太宗朝立诸国王班次,如钱武肃、孟蜀王等也。

> 百官皆冠冕朝服,诸州进奏吏各执方物之贡。诸外国正副贺正使随班入贺。百僚执政,俱于殿廊侍班,而阁门催班吏高唤云:"那行!"吏进序班立毕,内侍当殿厉声问:"班齐未?"禁卫人员随班奏:"班齐!"

> 千官耸列朝仪整,已见龙章转御屏,日表才瞻临玉座,连声清跸震班庭。

> 上御正衙,有绿衣吏执仪剑突趋殿前,声诤厉,不可晓,乃大珰走办耳。宰执百僚听召宣,领班蹈舞,皆称寿再拜,声传

折槛边。禁卫人高声嵩呼,声甚震,名为"绕殿雷"。枢密臣候称寿毕,登殿,立折槛侧,百僚俱鞠躬听制。宣制曰:"履兹新庆,与卿等同。"朝贺毕,就殿赐燕宰执、百僚。

看到这一段,我想起《笑傲江湖》中魔教教主任我行在朝阳峰上那场面:

　　但听得"千秋万载,一统江湖! 千秋万载,一统江湖!"之声震动天地,站在峰腰的江湖豪士跟着齐声呐喊,四周群山均有回声。任我行踌躇满志,站起身来。

　　教众见他站起,一齐拜伏在地。霎时之间,朝阳峰上一片寂静,更无半点声息。

　　阳光照射在任我行脸上、身上,这日月神教教主威风凛凛,宛若天神。

　　任我行哈哈大笑,说道:"但愿千秋万载,永如今……"说到那"今"字,突然声音哑了。他一运气,要将下面那个"日"字说了出来,只觉胸口抽搐,那"日"字无论如何说不出口。他右手按胸,要将一股涌上喉头的热血压将下去,只觉头脑晕眩,阳光耀眼。

皇帝比任我行命好。

绍兴十五年(1145)元旦,皇帝第一次在大庆殿举行大朝会。坐在大殿上,看到文武百官外国使臣山呼万岁,皇帝真正体会到了

图49 垂拱殿复原示意图 陈易提供

九五之尊的滋味。大庆殿坐落在凤凰山和馒头山之间的山谷,"禁卫人高声嵩呼,声甚震,名为'绕殿雷'",这样的声势气势,可以给人极大满足,特别是对于一路颠沛流离,无数次和危险甚至死亡擦肩而过的皇帝,他一定会感觉到上天的眷顾。

"领班蹈舞,皆称寿再拜,声传折槛边。"那一天,皇帝饭局做东的张俊肯定在列。绍兴十三年(1143),张俊退休,晋封为清河郡王,为奉朝请。

垂拱殿在大庆殿以西,这是常朝会殿。

《南渡行宫记》记载:"垂拱殿五间,十二架,修六丈,广八丈四尺。檐屋三间,修广各丈五。朵殿四,两廊各二十间,殿门三间。"

清华大学郭黛姮教授依据这段文字推测,垂拱殿实为一廊院式建筑群，前后两进。第一进院落主要殿宇为垂拱殿，殿东西两侧带有朵殿。过二十间东西廊后，转到南廊，两端各九间，中央夹一门。但这里朵殿及两廊，南廊尺寸未给出，现按通常的建筑尺度，推定朵殿两间广28尺，另外再依据大门和南廊长度推算，此处南廊九间理解为大门两侧各九间，即每侧长67.5尺，总长为135尺，则加上大门，院落南面宽181尺。再看东西廊二十间，假定廊子开间为7.5尺，则可得出廊子长度为150尺，院子的尺度控制在宽181尺、深150尺的范围，约合宽58米、深48米。这样的尺度对于中等规模的建筑群是合适的。

第二进院落主要建筑即为拥舍七间了。其右侧有一小门，通后殿。至于"檐屋三间"在何位置，尚不明确，似应设于垂拱殿前檐下，以抱厦形式存在。据此绘出这组建筑的平面复原想象图。大殿也就是25米见方，大概600多平方米，比起其他朝代动辄上千平方米的规模，实在是局促了。前院才宽58米，深48米，比正常皇宫规制小了一半。

古建筑专家陈易认为，宋代《营造法式》规定三间殿、五间厅堂的用材为四等材，与文献记载南宋行宫"如大郡之设厅"是一致的。因此垂拱殿、大庆殿的用材可以考虑为四等材，而其他建筑依次递减。

其垂拱之名，取自《尚书·武成》："惇信明义，崇德报功，垂拱而天下治。"意为垂拱而治，天下太平，称颂帝王"无为而治"。

垂拱殿作为南宋朝廷日常朝会的地方，可谓一部南宋史，半数在"垂拱"。

起码在高宗皇帝执政期间，国家决策尽出此殿，军政要务决断于此，垂拱殿也是权力斗争的角斗场。

杭州文史学者俞长寿曾经撰文写过两则垂拱殿旧事。

绍兴十六年(1146)七月朔日，检校少傅张浚奏请备战抗金，奏章中列举金兵情形，详细陈述边界局势的危险。

主和派秦桧则极力反驳，说两国信守和约，不存在危险时局。

两人在朝堂上当场争执起来，惹得皇帝勃然大怒，竟然手拍御座，吓得上朝的文武百官鸦雀无声，面面相觑，以为张浚将要大祸临头了。张浚毕竟久为朝官，身经百战，面无惧色，反而有其他朝官被吓瘫在地不省人事。

皇帝本意不想引发战事，因此愤恨张浚"多事"，又念其为官忠心，有功于朝廷，于是降职任用。

这时候，绍兴和议都已经过去四年了，岳飞也死了四年了，朝上争议还是那么大。

第二件事，是绍兴十七年(1147)的寒食和清明日，有市民在太学(岳飞故宅)旁用酒菜祭祀岳飞。此事被差役获知，禀报到朝廷。

秦桧向皇帝奏请把参与祭祀岳飞的市民都抓起来问罪。

韩世忠以祭祀神明是市民风俗加以反对，并当殿指责秦桧欺君罔上欺压百姓。秦韩两人争得脸红耳赤，僵持不下。

皇帝见状怒不可遏，大喝一声："纵孽者替朕拿下！"朝会的文武百官都被这一突如其来的皇令吓得目瞪口呆，连秦桧都大吃一惊。

皇帝知道自己是因愠怒冲口而出，赶紧改口说："替朕把表彰韩爱卿的赐敕拿来宣诏。"

于是,尴尬的局面被打消,市民祭祀岳飞的事也就不了了之了。

(六)

岳飞死后第二年,根据"宋金和议",皇帝的母亲韦太后,从金朝南归,回来后住在慈宁宫。

慈宁宫建于绍兴九年(1139),是皇帝为母亲特意建造的,这也是南宋皇城第一个大项目。

《中兴小记》载皇帝为慈宁宫命名时说:"行宫地隘,只依山修筑。"而且慈宁宫位于较高处,《慈宁宫记》中说:"观其巨锁在南,长江在东,前顾后拥,盘错洼窿……"

能看见南边城墙与东面大江的地方,也只有在今天的馒头山顶部。

馒头山在皇城东侧,海拔43.6米,馒头山与西侧的凤凰山之间,就是皇城。

《西湖志》称馒头山为南宋皇城之案山,案山为朝山之延伸,好像贵人办公的书桌,凭案以处理各类事务。有案山则财富无量,如果无案山,则旷荡无拦,生气涣散。

《南渡行宫记》有一个描述:"重檐复屋,昔杨太后垂帘于此,曰慈明殿。前射圃,竟百步。环修廊,右转,雅楼十二间。左转数十步,雕阑花甃,万卉中出秋千。对阳春亭、清霁亭。前芙蓉,后木樨。玉质亭,梅绕之。由绎己堂过锦胭廊,百八十楹,直通御前。"

杭州古建专家陈易先生认为,这段文字说明东宫之后、慈宁宫之前，馒头山前坡的园林，核心是射圃，周边有围廊，射圃是射箭游戏的场所，用地必须较为平坦，而馒头山前坡这样的区域只有一处。

那天，我沿着凤凰山脚路，由北往南，一路上坡，在快到制高点的地方，向一位老者问路，他说，凤凰新村有一条小路通往馒头山，走到尽头就是。

我在凤凰山脚路157号上山，小路的尽头，就是慈宁宫旧址。现在是好地方颐养中心，一家养老院。八百多年前的皇太后养老院，八百年后还是养老院，时光似乎凝固了。

这里是馒头山顶唯一的一块平地，院子里遍植香樟树，遮天蔽日，古意盎然。院子到底，就是馒头山的东崖，也就是中河高架万松岭路上桥口。

当年慈宁宫坐落在馒头山上，如同观景楼，能欣赏不同方向的景色：西南面有嘉会门、包家山上的宋城南墙、梵天寺院和一对伫立的梵天寺经幢；西面是大庆殿、垂拱殿等宫内主要建筑；北面是花团锦簇的皇宫后苑；东面，便是一望无垠的钱塘江风光……

那时候钱塘江应该离馒头山更近，现在我在高处往南看，高楼林立，大江已不在视野范围内了，听到的也不是钱江潮音，而是车辆在高架桥上飞驰而过的呼啸声。

钱江潮水甲天下。南宋帝后于皇宫中观潮，有一处"天开图画"楼台，从高台上俯瞰江面，历历在目，如在指掌。江岸上观潮的京城百姓，回头仰望帝后的黄伞羽扇，如在九霄之上，仿佛天宫楼台、蓬莱仙境一般。

《梦粱录》载："车驾幸禁中观潮，殿庭下视江中，但见军仪于江中整肃部伍,望阙奏喏,声如雷震。"

皇帝于大内观潮,从殿庭俯瞰江中。只见海军舰船整齐,旌旗招展,一起向皇帝所在之处(即"天开图画"),齐声致意,声如雷震。

浙江博物馆魏祝挺先生多次实地探访南宋皇城遗址,他认为馒头山顶,应即是宋宫"天开图画"楼台所在之处。

而我觉得,"天开图画"楼台,很可能也是慈宁宫的附属建筑。皇帝陪母亲看钱江潮,在馒头山上不会舍近求远。

陆游的好友王仲信曾创作《慈宁殿赋》,他在这篇赋中极尽华美辞藻:

> 阙百常兮屋十寻,皆捷爵兮建领。詹詹千栖,闲闲旅楹。岫绮对砌,窗霞翼。彤洋洋,金碧煌煌。神鹅展吻而互呀,文犀·压脯而赫张。宝排象拱,列星间梁。榛桷栾棁,瀚藻铅黄。玫瑰玟瑁,翡翠明玛。方疏圆井,琐连斗扛……夫然,未足以比其制,未足以形其雄。

这是说,慈宁殿的整个宽度约有50米,进深在25米光景,高耸云天,堪称高屋建瓴。层楼屋檐之间是密密匝匝的斗拱,粗粗壮壮的柱子。秀丽青山烘托着卓立高楼,云天霞光映照着两翼窗。大红台阶洋洋大观,雕梁画栋,金碧辉煌。上有屋顶鹅吻大口相对,下有四周围栏纹饰相连,护持着一排排格子门窗,蔚为壮观。走进殿堂里面,但见四处陈列着彩珠和象牙,顶上的椽子斗拱也通体画上了橙黄明亮的彩绘。到处都是红艳玫瑰、莹润玟瑁、鲜亮翡翠、明珠白玉。连环"琐子"图案与层层斗拱，又构筑起一个个华丽的天窗藻井。

八百多年过去了。

现在好地方颐养中心有三层楼，设有全科医疗诊疗和特色中医康复理疗，目前中心床位有二百余张，是集管家式护理服务、养生娱乐等于一体的系统服务管理模式。

在门口，看到一位老人，个子不高，他以为我们是为父母而来，很热情地做了介绍，甚至还带我们去他的房间看看。

老人今年七十岁，原本在杭州解放路百货公司做保安，孤身一人。他在养老院住单间，不需要护理，每月包吃包住三千九百元，而他的退休工资有六千多，所以很满足。

他觉得这里挺好，空气好，服务好。

我告诉他，这里原本是皇太后养老的地方，他一听，哈哈大笑。

皇太后韦氏，是北宋末年靖康之变中，被金人打包带走的皇室成员中，唯一的生还者。

乱世中，女性的命运之悲惨，可想而知。

宋徽宗共有三十四个女儿，在靖康之变中被金人掳走惨遭蹂躏致死的就有二十一个人。

皇太后韦氏被掳时三十八岁，自然也难以独善其身。《宋俘记》记载韦氏也被送入金朝浣衣院。

浣衣院可不是洗衣服的地方，而是金国军妓所。

天会八年(1130)六月，托了皇帝赵构的福，金太宗下令将"宫奴赵(构)母韦氏、妻邢氏、姜氏凡十九人，并抬为良家子(指妓女从良）"。从洗衣院出来后，韦氏成为金国盖天大王完颜宗贤的妾室，据说还生了两个儿子。

《南渡录》曾记载盖天大王说的话："自今以后，赵构须唤我阿爹。"就这样，韦氏在金国生活了十五年。

而后绍兴十二年（1142）宋金"绍兴和议"签订，根据和议，韦氏得以南归。骨肉团聚，也是皇帝面对主战派坚持和议的王炸。绍兴七年（1137），南宋朝廷才知道宋徽宗已经于绍兴五年（1135）去世了，迎还徽宗的梓宫和高宗圣母韦太后成为朝廷的头等大事。当时主战派力主趁机北伐，要求皇帝"挥涕而起，敛发而趋，一怒以安天下之民"，但皇帝本人力主请和，他以孝道自辩："向日讲和，本为梓宫、太后故，虽屈己卑辞，有所不惮。"

绍兴十二年（1142）八月，慈宁宫终于迎来了它的主人。当然，在金人手里受尽屈辱的韦太后未必和皇帝一样的想法，明人郎瑛《七修类稿》记载，韦太后至临安北临平下船，问："何不见大小眼将军耶？"人曰："岳飞死狱矣。"遂怒帝，欲出家，故终身在宫内道服也。

我们由此知道，岳飞两只眼不一般大，故称"大小眼将军"。

那天在场迎接太后的，有枢密使张俊，不知他作何感想。

韦氏入住慈宁宫的第一个夜晚，史录也挺有意思：

太后聪明有远虑，帝因夜侍慈宁，语久，冀以顺太后意。太后令帝早卧，且曰："冬月宜早起，不然，恐妨万几。"帝不欲遽离左右，太后遂示以倦意，上不得已，恭揖而退。太后复坐，凝然不语。虽解衣登榻,交足而坐,三四鼓而后就枕。

按道理,劫后余生,母子相见,彻夜长谈也正常。但韦氏一方面说自己累了,把儿子赵构赶走,另外一方面却盘坐在床,心神不宁,若有所失,直到半夜过后才睡。

不知她是否在思念自己在金国的儿子? 不过皇帝孝顺母亲实是用心。

皇帝谨侍太后,风雨无阻,早晚请安,晚上侍奉直至母亲入睡。

他对宫人说:"皇太后年过六旬,只要心中无忧,起居适意,就能健康长寿;今后碰到不好的事,不要让太后知道,可一一禀告于我。"

韦太后果然长寿。绍兴十九年(1149)韦太后的七十寿辰,十年后的八十寿辰,寿礼都在慈宁宫举行。

绍兴二十九年(1159)八十大寿尤其隆重,太后家族堪称"鸡犬升天":平民为官者、家中有年龄九十岁以上老人的和宗族贡士者、家中有年龄在八十岁以上父母者,都加封官职。

前几年,收藏界出现一枚慈宁万寿银质宫钱,为当时祝寿的纪念币,是身份与地位的象征,非平民百姓所能铸用,体现出皇帝祝福母亲长寿之意。

慈宁万寿银质宫钱估价在人民币5万元到7.5万元之间。

(七)

出了慈宁宫,门口有一条小路,往北,往上,在馒头山顶上,有杭州国家基准气候站。

这里以前是杭州气象台,记得我到中新社,第一次跑新闻就是到这里,一个台风夜,乌漆墨黑、风雨交加,到气象台采访。那么多年过去了,还记得那一次台风名为"云娜"。

在八百多年前的南宋皇城,这里是观堂。观堂是整个皇城的制高点,为皇帝向天祷告之所。

《南渡行宫记》载:"一山崔嵬,作观堂,为上焚香祝天之所。吴知古掌焚修。每三茅观钟鸣,观堂之钟应之,则驾兴。"

"一山崔嵬",按照《南渡行宫记》的叙述路线,应该是馒头山,而非凤凰山。

杭州文史学者姜青青先生认为,南宋皇城所处的凤凰山和馒头山的自然地形,决定了其很多建筑位居高处,由此而成为登高望远、观天拜月的理想场所,也是祈求上苍保佑的祝祷佳地。这种依山高筑的特点在中国古代宫廷建筑中并不多见。

南宋宫廷画家李嵩《焚香祝圣图》(图50),可谓是对馒头山上的观堂有一个比较接近的写照:一座山顶上的园林式庭院,一座高大的重檐双脊歇山顶楼阁建于高台之上。在女眷和侍女的陪侍下,"主人"正祝祷上天,高香弥散,祈福求安。画面左侧远景为仅露尖顶的亭阁,下方近景两排厅堂屋脊,都衬托出这处楼台坐落极高。高台也是观景露台,与楼阁之间设有一藤架,可见闲暇时候在此品茗小坐,也有庇荫之处,却不碍远观四下的山水风景。

美好总是难以持久。南宋灭亡后,恶僧杨琏真加为消除南宋影响,在南宋故宫遗址处建造寺塔。这项工程用了三年左右时间,

图50　南宋李嵩《焚香祝圣图》,台北故宫博物院藏

在南宋遗址处共建起五寺一塔,塔为镇南塔。

　　杨琏真加还对在绍兴的南宋六陵进行毁灭性破坏,盗取珍宝,"至断残支体,攫珠襦玉柙,焚其骴,弃骨草莽间……"。更恶劣的是,还将宋理宗的头颅骨拿来做"酒器"。最后将赵构等帝后遗骨与牛、羊等牲畜的骨头一并在杭州掩埋,而且在埋尸骨处专门建了一座塔加以镇压,这便是镇南塔。元人想借此使宋朝永世不得翻身。

　　皇帝应该想不到,自己死后会以这样的方式重回皇城。

　　镇南塔身为乳白色,民间称白塔,类似今天北京北海公园的白塔。

　　这座白塔,就在馒头山上。高耸的白塔,象征着胜利者的趾高气扬,更是南宋遗民的奇耻大辱。有元一代的杭州凤凰山怀古诗中,几乎没有不提到这座白塔的。"故宫忽见旧冬青,一塔如山塞涕零""劫火不烧杨琏塔,箭锋犹抵伍胥潮"。元末,五座佛寺先后被火焚毁。至顺二年(1331)正月十四日晨,一雷震天霹雳,白塔遭雷击坍塌。

《南宋临安城考古》记载,1993年,考古人员在馒头山上的杭州市气象局基建工地清理出一处南宋遗迹。馒头山地势高,遗迹埋藏浅,距地表深仅0.5米,但出乎考古人员意料的是,遗迹保存相当完好。这次考古清理出大型建筑的砖砌地面、石柱础、花坛等遗迹。这次考古发掘更正了以往学术界认为馒头山是南宋御花园,不存在大型殿宇的观点。但由于发掘面积所限,该遗迹的功用尚不能确定。

可喜的是,在南宋层之上还清理出了一处元代的夯筑遗迹。该遗迹由厚约5厘米的黄土、砖瓦相间层层夯筑而成,残存3至4米高。鉴于发掘地点与吴山遥相呼应,再结合文献记载分析,这次发现的夯筑遗迹应该与元代镇南塔有关。

现在馒头山上的杭州国家基准气候站,最高处有一片草坪,可见不少百叶箱等设备,里面的传感器,分别感应气温和湿度。杭州市气象台对外发布的实时气温,就以这里的数据为基准,现在已经实现每分钟更新。

这里也是南宋宫廷候台原址,南宋临安城的天气预报,外有吴山上太史局崇文台,禁城内建宫廷候台,归翰林天文院掌管,位于馒头山上。

据南宋《梦粱录》记载，每天清晨四更前后，当临安城寺观开始鸣钟之时，寺观中的行者头陀就会沿街报晓兼报告天气。若晴则说"天色晴明"，阴则说"天色阴晦"，雨则说"雨"。

著名气象学家竺可桢曾经研究过中国历代王朝兴衰与气温变化的关系。研究发现，中国历史上商、周、秦、汉、隋、唐均属于气候较为温暖的时期，平均温度要高于现代1℃左右——这些都是令中国人引以为豪的盛世。

在温暖期，中国大多经济繁荣，天下统一、国家昌盛；而寒冷期则往往伴随着异族入侵、农民暴动、国家四分五裂。

其中的奥秘，也很容易理解。

在寒冷期，中原王朝更容易受到北方游牧民族的攻击，他们急需南下觅食。两宋之间，是我国气候变化相对比较激烈的时期。12世纪，我国温暖的气候突然出现剧烈变冷，气候灾害频发，北方大旱，金兵大举南下，北宋王朝覆灭。

皇帝南迁建立南宋王朝，经历了气候由冷变暖，再变冷的变化。进入13世纪气候回暖，浙江已经难以找到大雪严寒的记载，为农业发展等提供了适宜的气候资源。南宋中后期，水田增加，产量提高，同时气候也有利于海外贸易，对外贸易东达日本、朝鲜，西至非洲。但是，当13世纪后期气候再度变冷，开始进入长期变冷阶段（气候学称"小冰期"）。

宝祐五年(1257)十二月戊子，西湖竟然因湖水结冰而被载入历史，《宋史》记载："西湖冰合。"

而这时，蒙古人的铁蹄声也越来越近了。

（八）

现在馒头山下，沿路是凤山新村和凤凰新村，大多是上世纪六七十年代始建的老式单元楼，居民多为附近工厂的老职工，不少单元楼的门已生锈破损，水泥抹灰的外立面也残破不堪，杂乱的管线缠绕在单元楼四周，只有挂在外墙的空调外机，提醒我们已经是21世纪了。

如果说外面新村格局尚规整，那临近馒头山，就有点像重庆一般魔幻，由低往高依山就势，房子的形状逐渐变得随意，不知通往何处的窄路，不按规则出牌的棚屋，见缝插针的菜地，到处晾晒的衣物，肆无忌惮地展示着主人的秘密。还有不知从哪里冒出来的大树，山上的房子长在树根之上，又隐蔽于树冠之下，看起来像是与山林共生，与清风共舞，站在山上，夕阳西下，对面的凤凰山依旧，凝固在时间里的老房子，像琥珀一样发着厚重的光。

馒头山的民居是近百年来杭州老百姓居住史的活化石，当年居住条件困难，居民为了解燃眉之急，利用边缘地带闲散空地私建乱搭了许多小棚屋，逐渐形成了奇异怪状的建筑风格和曲里拐弯的小弄堂，日积月累变成了今天的模样。

我曾向一位长者问路，五十年前，他的朋友在这里有一片菜地，他就在这里建房，先是平房，后来不断改建，后来就一直住在这里。

我查了一下《钱江晚报》的报道，G20杭州峰会之前，2015年6月馒头山社区改造工程启动。经过大半年改造，1000余户社区居

图51　从馒头山顶远眺凤凰山

民的老房子得到了统一整修,并且在部分老房子内增设了厨房、卫生间等功能区。馒头山社区主任汪琳向钱报记者介绍,截至2016年7月,对1000余户住房进行改造,清退群租房1766间,整治乱堆乱放场所1267个,对凤凰新村、梵天寺路的房子进行了拼厨接卫,安装了抽水马桶,有了独立厨房。

困扰馒头山社区多年的水电问题,也已经得到解决。所有电线都已埋入地下,下水管道工程也已改造完毕,实现雨污分流。凹凸不平的石子路也变成了崭新的宽阔马路,可双向车道通车。

这里的部分危房已经拆除,所有老破房的外墙也已重新粉刷。

一夜之间,居民的生活水平大幅提升。这里的房租,也涨了不少。"2014年前后,由于生活环境恶劣,这里的租金水平非常低,一间20—30平方米的房子,租金只有500元/月左右,可以说是杭州主城区的洼地。而现在,同样面积的房子,租金已经超过了 2000 元/月。此外,这里还引进了许多创业的公司,年轻人也多起来了。"一位来阿姨说。

来阿姨还告诉记者,如今的社区邻里中心有食堂、卫生服务站、菜场、老年人托管所,还有老年大学活动中心:"我和一帮退休后的姐妹,每天来这里学二胡、吹葫芦丝、做手工、练排舞,别提有多快活了。"

最后《钱江晚报》说,如今几乎每天都有很多外地游客前来打卡,穿梭在粉墙黛瓦的中式建筑之间,细心寻找纯正的杭州味。当年的破旧社区成了网红景点。

有一位当年参与整治的杭州市政府朋友告诉我,当年整治也是为了推动南宋皇城遗址公园建设,但人居环境的改善,意味着要征迁遗址上的居民,政府又要付出更高的代价。原来居住环境太差,居民们都希望赶紧搬走,现在却有居民坐地起价。这也是目前南宋皇城遗址公园建设推进缓慢的一个原因。

真是两难。

现在住在皇城遗址上的,多为长者。

那天我经过,路边正在办丧事,抑扬顿挫的念经声,夹杂时有时无的木鱼声,为逝去的长者超度送行。

不过更多的是看到长者们在打牌。一般来说,看的往往比打的还投入,与其说是精于计算的牌局,不如说是街坊邻居的日常。路边的牌局,往往也是一个社区老龄化的标志。

我喜欢打牌,也喜欢看牌。他们打的是双抲,这是杭州非常传统的打法,类似"跑得快",打两副牌,四人分对家两人为一队。一队的两人要相互配合尽快将手中的牌先出完。这也是我在武大读书时花了最多时间的一门课程,后来就研究斗地主,现在专攻掼蛋。那时打牌的虽只有四人,旁边狗头军师兼氛围组岂止四个,经常是铁打的营盘流水的兵。有时对宝座的争夺达到白热化,打牌的都不敢上厕所,生怕从厕所回来发现牌桌易主了。当然也有人约着敌方一人同去厕所,还得把牌带在身,防止别人抢夺。有时候旁边人火上浇油,输家恼羞成怒,把牌桌掀了,也是常有的事。那真是挥霍青春,但也令人怀念的日子。

我在一个红衣老哥背后,看他起牌出牌,看得入迷,忘乎所以,竟然支起着来。他回过头白了我一眼,意思大概是:你老三老四,要么你来?

我差点忘了,这不是武大桂园203,赶紧讪讪而退。

宋时已有纸牌,称叶子戏。皇帝打不打牌,不太清楚。但他喜欢下围棋,晚年居住的德寿宫,曾出土过围棋子。

南宋王明清《挥尘余话》记载了皇帝的一则棋事。宋代内廷有棋待诏陪皇帝下棋。当时,一位名叫沈才之的棋待诏,因为棋下得好,深得宠爱。一天,沈才之与另一侍臣在皇宫里下棋,杀得难解难分之际,皇帝踱步过来看棋,见一着对沈不利的险棋,随口对他说:"你可仔细了。"

沈才之引用《尚书》里的一句古文回答说:"念兹在兹。"

皇帝一听,立刻火冒三丈:"竟敢在朕面前卖弄文采!"

皇帝立马叫人拿刑具来打了他二十几棍。沈才之最后被赶出皇宫,贬为庶民。

所以如果我是皇帝,那位红衣老哥估计不妙。

看牌的还有一位大背头,似乎看出我的难堪,善意地和我聊天。

他是杭州橡胶厂的退休职工,说自己在下沙也有新房子,但还是愿意住在馒头山,这里到哪里都方便,离西湖、钱塘江、市中心都是"一刨花儿"的距离,要锻炼就爬爬山,空气也好。

据他说,2016年杭州G20峰会以前,这里有过拆迁的说法,但时过境迁,现在大概不可能了。房价越来越高,而且这里是皇城,拆迁后这里也盖不了高楼,哪个房地产公司愿意来干?

馒头山下和凤凰山下的老居民,似乎也有所区别。特别是住凤凰新村、凤山新村的,他们大多曾经是原来杭州国有企业的职工,带有工人老大哥曾经的优越感;同时对皇城历史也颇有了解,不免有家住皇城根的荣耀感,优越感加上荣耀感,那就是多了一点气定神闲。

现在凤凰山脚路到馒头山这一片,也就是皇城东区,在当时多为后宫后苑。陈随应《南渡行宫记》称:"凌虚楼对瑞庆殿,损斋、缉熙。崇正殿之东为钦先、孝思、复古、紫宸等殿。木围即福宁殿,射殿曰选德。坤宁殿、贵妃、昭仪、婕妤等位宫人直舍蚁聚焉。又东过阁子库、睿思殿、仪鸾、修内、八作、翰林、诸司,是谓东华门。"

当年的后宫布局,一定很紧凑精致,因为从地貌来看,空间不宽余。皇后以下的贵妃、昭仪、婕妤都住集体宿舍"宫人直舍",难怪陈随应说,"蚁聚焉"。

皇帝经常光顾复古殿。该殿约建于绍兴二十八年(1158),是皇帝消遣燕闲的宫室,也是皇帝阅读奏疏或召集大臣个别谈话的地方。复古殿殿名包含着南宋历朝帝王收复中原,复兴赵氏天下的意愿。宋理宗时期重修复古殿,并撰《复古殿记》说"殿内森严,名曰复古,以为省览延访之所",就是皇帝阅读奏书或召集文武大臣咨询治国之策的地方。

现在杭州孔庙,有南宋"大成之殿"榜刻题写(图52),落款为复古殿书,这到底是宋高宗还是宋理宗写的,也还有争议。

图52 "大成之殿"榜刻

复古殿位于后宫区域,临近小西湖,这里风景宜人、空气清新,是皇帝夏天避暑乘凉的地方。每逢元宵灯节,殿内殿外张灯挂彩,也是宫中最热闹的去处。

皇帝常在此殿习书作画,为此还特地从安徽一带延请著名墨工戴彦衡定制御墨。台北故宫博物院藏南宋画家刘松年绘《天保九如图》卷，可见皇帝所题一段行楷跋文，文后有"复古殿书"款、"御书"朱文长方印及皇帝花押。

皇帝还常常在复古殿抚琴。现有"复古殿"古琴存世，这是一把从宋朝历经传世的传奇名琴，最早是宋太祖赵匡胤珍爱之物，琴形态柔美，音泽有力，铁骨铮铮，又如青丝细缕，此琴之腹有御笔亲题"御书之宝"。南宋时，皇帝常在复古殿中抚琴，并亲题"虞廷清韵"与"复古殿"于琴腹。

2006年5月30日，香港佳士得春拍，步长集团总裁赵涛作为赵宋后人，以总价4936000港元拍得宋琴"复古殿"，创下宋官琴拍卖纪录。

古琴家陈雷激曾用"复古殿"古琴演奏名曲，说这是他见过的声音最美的古琴，堪称"奇、古、透、静、润、圆、清、匀、芳"九德齐备。

陈大师出了一张专辑《复古殿》，其中收录《高山流水》《广陵散》《梅花三弄》等曲目，我听了几遍，心潮起伏，因为听到了宋太祖、宋高宗曾经听到的琴声。宋朝，我听见了。

哪一天，杭州南宋皇城复古殿复建，"复古殿"古琴重回复古殿，一曲《高山流水》该是如何震撼。

现在馒头山西麓凤凰新村以南，已不见单元楼，多为自建私房。密密麻麻，高高低低，前前后后，错错落落，就像八百多年前的"蚁聚焉"。一位老哥在家门口洗衣服，天气好，家门口晾满了床单被套。我只能从中穿过。

他说自己家族安家在这里已经有一百多年了，最早是茅草房，然后是砖瓦房,后来几经翻建,成了现在的两层楼,由于是皇城,现在只能修不能拆建,但毕竟拥挤不堪,也不知道啥时候政府能够拆迁。

他问我知道吗?

我当然不知道,但我知道,八百多年前,复古殿、缉熙殿就在这一片,多少"无上神品",如天下第二行书颜真卿《祭侄文稿》、天下第一草书唐人怀素《自叙帖》、现藏北京故宫博物院米芾《多景楼帖》、上海图书馆藏最早法帖《淳化阁帖》等,都曾收藏在此。

当然还有王希孟的《千里江山图》,曾由宋徽宗赐给蔡京。后又归南宋内府,卷前有"缉熙殿宝"印。

《千里江山图》流传到元代,为高僧李溥光收藏,清初辗转为藏书家梁清标所有,后进入乾隆内府,图上有乾隆诗题及印玺多方,并收于《石渠宝笈》。清朝灭亡后,末代皇帝溥仪盗出皇宫,解放后由人民政府收回,现藏于北京故宫博物院。

《千里江山图》现在是网红。蒋勋先生的解读,很打动我:

> 我对《千里江山图》最大的惊讶是色彩,在1191.5厘米长的空间里,群青浓艳富丽的靛蓝和石绿碧玉般透润温柔的光交互辉映,熠耀辉煌,像宝石闪烁。是青金石,是孔雀石,贵重的矿石、次宝石,打碎,磨研成细粉,加了胶,在绢上一层一层敷染。宝石冷艳又内敛的光,华丽璀璨,好像画着千里江山,又像是画着自己短暂又华丽的青春。夕阳的余光,山间明灭,透着赤金,江山里且行且走,洋溢着十八岁青春应该有的自

负,洋溢着十八岁青春应该有的孤独,洋溢着十八岁青春应该有的对美的无限耽溺与眷恋。我想到李白,想到他的"我歌月徘徊,我舞影零乱",盛唐以后在文化里慢慢消逝的对青春的向往,又在王希孟的画里发出亮光。

......

我用这样的方式看王希孟十八岁的《千里江山图》,挥霍青绿,像挥霍自己的青春,时代要毁坏,自己的肉身也即将逝去。十八岁,可以做什么?可以留下什么?用全部生命拼搏一战,一千年后,让历史惊动。

......

《走进宋画》的作者李冬君说,这个王希孟其实是高宗皇帝的父亲宋徽宗伪托。当时北宋哲宗皇帝去世后,继承人空缺,哲宗弟弟之一,十八岁的端王赵佶创作了《千里江山图》,这个政治上无比正确、艺术上恢宏万千的作品,非常符合皇家的理想国模样,此举打动了向太后,端王赵佶因此接位成为宋徽宗。《千里江山图》也是宋徽宗的理想国。

这何尝不是高宗皇帝的理想国。

但现实中的南宋并没有《千里江山图》如此恢宏,也没有一个王朝像南宋一样,宛若蜕变中的蝴蝶,在挣扎中绽放绚烂的羽翼,从一开始就将它的精致与脆弱暴露在夷族的铁蹄之下。即使今天走在馒头山下,在你为它惆怅哀叹的时候,也不禁臣服于它曾经臻于极致的妩媚与嫣然,为它曾经定义的中国美学高度赞叹不已。

馒头山下这种极度的反差,有时候的确让人惆怅。听说杭州市还在谋划南宋皇城遗址公园。但是看过不少的宋城唐城明清一条街后,想想现在这样,起码比那些大而无当、不堪入目的仿品,要好些。

(九)

馒头山的东南部,是东宫。

根据记载,慈宁宫离东宫不远。

皇帝刚到凤凰山的时候,挺穷。东宫原本是慈宁宫的一个偏殿,犹如朵殿,比大殿要低矮,不过仍有独立的庭院。

绍兴十二年(1142),韦太后从金国回宋入居慈宁宫,也许是在北方吃够了苦,觉得慈宁殿过于奢华,所以建议将偏殿改作他用。皇帝遵嘱将偏殿改造为东宫,绍兴三十二年(1162),太子赵昚入住东宫,成为东宫的第一位主人。

在凤凰山脚路与馒头山路交叉口,转角处有一个大同包子店,即凤凰山脚路1号,这是一家网红包子铺,豆腐包子很有名。

凤凰山脚路在包子店拐弯,顺着馒头山麓往东,名为馒头山路。这条路穿过中河高架,一直可以走到中河边。

这一条路上,路南是杭州南星桥火车站,路北则有一个名为御园的楼盘,因为牵涉到东宫,十多年前曾经满城风雨。

我找到了一篇自己和同事于2011年11月写的稿件:

《牵涉南宋皇城遗址杭州绿城豪宅项目已停工半年》

"地处杭州城市中心,原南宋皇宫内,比邻即将列入世界文化遗产名录的西湖,坐倚名胜遍布的凤凰山,是南宋皇城遗址保护区内唯一出让的住宅开发用地……"这是当时绿城西子房地产有限公司对御园项目的介绍。

2009 年,该地块以 24295 元/平方米的楼面地价出让成为杭州当时"地王"。楼盘占地 32 亩仅推出 77 席,有 70 席 330—410 平方米平层官邸、7 席 530—650 平方米法式合院,每平方米售价预计 5 万元至 10 万元,每套身价均在千万以上,堪称豪宅中的豪宅。

然而这个原定今年年底开盘的豪宅在今年 5 月被叫停。当时杭州市政府表示,御园项目存在两方面问题:一是所在地是否南宋皇城遗址学术界存在争议,处在新旧规划交替当中;二是该项目属"无证"施工。

半年后,记者近日再访杭州馒头山下的御园。

11 月 21 日,记者来到御园现场看到,御园地块被 3 米高的围墙围住,只看到数台吊机屹立在地块之中,现场一片寂静,从围墙缺口可以看到工地地基部分初现规模,地表建设尚未动工。而高墙上涂写的"杭州御园"四个字也因时间长久而脱落,看上去破败不堪。

绿城内部人士告诉记者,绿城仍未取得建设工程规划许可证,一直停工至今。

一直关注该项目的浙江大学教授、国家注册城市规划师周复多告诉记者,上个月有关部门牵头,组织包括北京、上海、浙江等专家进行了一次专家咨询会,对该地块进行论证。

"论证的焦点还是御园是否在南宋皇城遗址的核心区",周教授告诉记者,论证会上浙江省以及杭州市考古所方面专家认为绿城御园地块所处位置在南宋皇城外面,可以进行开发;而以周复多为代表等专家坚持认为该地块位于皇城内部,不能进行房产建设;而第三种观点则持中间态度,认为需进一步论证。

在会上,周复多等杭州文史专家成为"保皇党":他们坚持认为绿城御园为南宋皇城遗址核心区以内东宫所在,依据是历史记载以及御园工地出土的各种文物。

而杭州市文物考古所的唐俊杰副所长也参加了这一次专家咨询会,他在电话里告诉记者,最近他们对御园地块又重新做过勘察,结论还是和原来一样:御园地块不在南宋皇城遗址核心区以内。

据唐介绍,2008年,他们也曾开入地块进行了三个月的发掘,但是这一地块在上世纪五六十年代曾作为国家储备粮库,地基挖得很深,对遗址破坏严重,只发现了一小段夯土城墙。所以他们得出结论,这个地块已经没有保护价值。

唐还告诉记者,中国考古学会理事长、故宫博物院原院长张忠培也参加了这一次会议,张的观点是支持2004年中国社会科学院考古研究所对南宋皇城核心部分的认定——东起馒头山东麓,西至凤凰山,南至宋城路一带,北至万松岭路南,御园项目不在这个范围以内,司时张认为杭州市区从考古界而言是历史遗存叠加型城市,各个历史阶段的主城区和现在基本重合,所以建设和保护矛盾特别突出,处理难度也特别大。

而对于中国社科院这个认定,周复多一方认为既有违历史,又没有考虑御园工地最新的考古发现的大量南宋宫廷文物。

周复多一方提出了最有力的证据:最近工地发现大量的已经炭化的粗大松木桩,此前在南宋德寿宫遗址曾经发现类似的格局,这是皇宫水上殿阁的遗存,而以往考古往往以有无夯土台基和砖石结构为皇宫遗址标准;同时出土的铜镏金帽形钉为皇宫宫门上的门钉,以及还有大量带有南宋皇家标志的建筑残件。

由于观点对立,这一次专家咨询会开得火药味颇浓。"我们说不相信他们的考古结论,对方马上站起来说'我抗议'。"周复多透露。

目前周复多所在的杭州古都文化研究会已向杭州市政府递交报告,要求在御园地块建设"南宋东宫苑主题公园",周认为地下虽被破坏,但并非遗址就没有保护的必要。

当时这场风波的最大争议,表面是御园是否在皇城范围,是否就是东宫遗址。背后的核心是对于南宋皇城东宫墙位置,也就是皇城东界的争议。因为在这个区域,发现了两道南宋城墙,到底哪一道是皇城东宫墙?

御园在杭州馒头山以东,中河以西,以前是国家储备粮库。

杭州市文物部门提出的观点是"皇城东至馒头山东麓"。其依据是,在馒头山东麓考古发现一堵长390米、宽8.8—12米的残存墙基(图53)。2004年,临安城考古队予以确认是皇城东墙,故提出了"馒头山东麓说"。

图53 馒头山东麓皇城东墙遗址

根据这个论断,御园在东宫墙以外,不在皇城范围内。

2011年4月《关于南星桥粮食仓库地块考古有关情况的报告》认为,"(该地块)应该位于南宋皇城遗址之外","属于皇城和临安城之间的区域"。

而杭州古都文化研究会的学者陈晖等人认为,根据南宋《咸淳临安志》所附《京城图》,图中显示出皇城东至中河的方位;明杭州府学教授徐一夔《行宫考》曰:"今以地度之,南自圣果入路,北则入城环至德牟天地牌坊,东沿河(即今中河),西至山岗,自平陆至山岗,随其上下以为宫殿。"所以皇城东至中河西岸(甚至东岸,中河穿过皇城),这就是"中河说"。

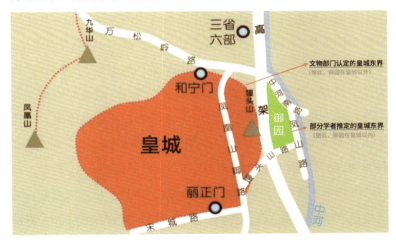

图54　皇城御园关系图

杭州文史学者傅伯星也持"中河说",中河在皇城内,才能解决后苑小西湖的水源问题,他认为皇城东界应该在今天中河东岸江城路一带。

按照"中河说",位于中河以西的御园在皇城遗址范围内。

陈晖同时提出,考古人员在馒头山上发现的那堵城墙,如何证明就是南宋皇城东墙,而不是宫内墙或其他时代的城墙。

杭州古都文化研究会的学者还有一个证据,南宋以来诸多文献明确记载皇城周长九里。如南宋陈随应《南渡行宫纪》:"杭州治,旧钱王宫也,绍兴因以为行宫,皇城九里。"连《马可·波罗游记》

都记为"十英里的地方来建造王宫"。现皇城的南北西三至已基本确定,那么皇城东墙若在馒头山的话,周长就只有五里多,不符合历史文献记载。

根据陈晖提供的资料,杭州市文物考古研究所2009年6月10日对御园地块考古记录:在工地东边发现一堵"残存宽度16.2米,揭露长度为3米"的南北走向南宋城墙,陈晖依据《宋会要辑稿》认为这正是皇城东墙,从南宋皇城的考古资料看,南墙的墙基宽度9—14米,北墙宽约11米,西墙宽10—11米,均不如此墙宽。而馒头山东麓那堵被确定为皇城东墙的墙宽8.8—12米,比此墙窄4—8米,御园工地出土的这堵墙更符合城墙的地基尺寸。

陈晖进一步认为,御园不但在皇城内,而且就是东宫遗址。她的依据是南宋陈随应《南渡行宫记》记载:"东宫,在丽正门内,南宫门外,本宫会议所之侧。入门垂杨夹道,间芙蓉,环朱阑,二里至外宫门。"

"二里至外宫门",则可知东宫之大,其内建筑设施众多,大致布局《南渡行宫记》有详细记述:

> 节堂后为财帛、生料二库,环以官属直舍。转外窬子,入内宫门,廊右为赞导春坊直舍;左讲堂七楹,扁"新益";外为讲官直舍。正殿向明,左圣堂,右祠堂,后凝华殿、瞻箓堂,环以竹;左寝室,右斋,安位内人直舍百二十楹;左彝斋,太子赐号也,接绣香堂,便门通绎已堂。重檐复屋,昔杨太后垂帘于此,曰慈明殿。前射圃,竟百步。环修廊,右转,雅楼十二间。左

转数十步,雕阑花甃,万卉中出秋千。对阳春亭、清霁亭。前
芙蓉,后木樨。玉质亭,梅绕之。由绎己堂过锦胭廊,百八十
楹,直通御前。廊外即后苑。

　　仅从"百二十楹""百八十楹""竟百步"等描述中,就可知东宫
规模不小,以文中记载的数据安排,至少馒头山东面之大半南部为
东宫,其北部为东苑。而今馒头山以东的御园地块,正在皇城东华
门与东便门之间的皇城内,可知正属东宫及东苑遗址。

　　陈晖还以御园出土物件为证:该地块挖掘出带有南宋皇家标
志的建筑残件(图55),如五截已断为二三米长一米多宽的龙凤石
雕方柱(推测原来应有十多米长),一块二米多高、一米七左右宽的
龙纹大石板(按此规格样式有可能是丹陛石),云龙纹石雕门廊方

图55　杭州御园工地出土建筑构件

条柱、双面"卐"字形纹石雕栏杆,龙纹脊兽、鸱吻、宝相花纹方形地砖等,此外还有精美的吴越宫廷秘色瓷碗,北宋汝窑、定窑、越窑,南宋官窑、龙泉窑等的大量器物瓷片,雍容华贵的南宋瓷观音像,以及皇家园林造园遗存——若干粗大的已炭化松木桩等,考之历史文献可知,是皇家建水上楼阁等的遗存。

现在这些建筑残件多为杭州古都文化研究会会长华雨农所收藏。那天,我去他家开了眼。龙凤石雕方柱、云龙纹石雕门廊方条柱、双面"卐"字形纹石雕栏杆、龙纹脊兽、鸱吻堆在地上,真是"雕栏玉砌应犹在,只是朱颜改"。

华雨农说,这些建筑残件来自杭州御园工地,当时已经被拉到了城外的垃圾填埋场,他闻讯赶紧让人淘了回来。

我先看到的是两个门钉,黄铜制,大的有如苹果,小的如橘子,快千年过去了,虽是锈迹斑斑,但当年,用得起这样门钉的,该是怎么样气派的大门? 南宋吴自牧在《梦粱录》里记载,皇宫正大门丽正门"其门有三,皆金钉朱户,画栋雕甍,覆以铜瓦,镌镂龙凤飞骧之状,巍峨壮丽,光耀溢目。左右列阙,待百官侍班阁子"。以此可以想象当时的气魄。

建筑残件材料多为本地石灰岩,但打磨极为细腻,我摸了摸,千百年后,还是那么丝滑。

建筑残件多有云龙纹,有一件很奇特,像个卡通精灵,椭圆形,眼睛如田螺,下面是十一颗串珠组成的大嘴巴,像个卡通精灵。

残件中还有一块残碑(图56),字不全,但可见"损斋"二字。我看到时,眼前犹如有一道闪电划过。

图56 损斋残碑

损斋是皇帝的御书房,建于绍兴二十八年(1158)。皇帝还作《损斋记》:"朕宫中尝辟一室名为损斋,屏去声色玩好,置经史古书其中,朝夕燕坐,亦尝作《记》以自警。"

皇帝学习还是很认真的,他曾经对大臣说:"朕居宫中,自有日课。早阅章疏,午后读《春秋》《史记》,夜读《尚书》,率以二鼓罢。尤好《左氏春秋》,每二十四日而读一过。"

有一次有人买了北方珍玩进献拍皇帝马屁,陆游上奏:"陛下以'损'名'斋',自经籍翰墨外,屏而不御。小臣不体圣意,辄私卖珍玩,亏损圣德,乞严行禁绝。"

陆游和皇帝较真,难怪一直徘徊在司局级。

皇帝退休后移居德寿宫做太上皇,有时候回到大内,还会去损斋喝茶。《武林旧事》卷七记载:"初二日进早膳讫……官家(孝宗)

亲至殿门恭迎,亲扶太上降辇,至损斋进茶,次至清燕殿闲看书画玩器。"

皇帝有一书法作品,《曹娥诔辞》题跋(图57),辽宁省博物馆藏,落款就是损斋书。《曹娥诔辞》纵32.5厘米,横54.3厘米,为绢本小楷,是为表彰东汉烈女曹娥而作的诔辞。此卷的书法形态开始摆脱隶书的束缚,形成了初期的楷书。这是迄今唯一存世的东晋楷书墨迹,也是中国现存最早的楷书墨迹。

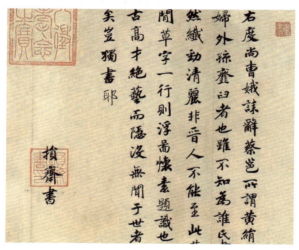

图57 赵构损斋题记书法

损斋的位置,原来根据复原图准测在馒头山之西,凤凰山脚路东侧,复古殿和选德殿之间。但华雨农告诉我,这块残碑来自杭州御园工地,馒头山之东至中河一带。这说明皇帝御书房损斋的位置,也有可能在此。

不过,对于皇城东界,学界也有不同观点。

古建筑专家陈易任浙江省古建筑设计研究院副院长时曾主持皇城的复原研究，他认为考古队发现的馒头山东墙应为皇城东墙。

他在《南宋皇城遗址研究》中说，在中河与馒头山脚之间，目前发现了两段墙，在各家的研究中，不论是傅伯星、朱光亚，还是复旦大学历史地理研究中心的研究，都把这一区域当作东宫、慈宁宫的所在。但是，历史上记载宋高宗自己说慈宁宫"行宫地隘，只依山修筑"，而李心传记载东宫"其地甚隘"。而从中河到现发现的馒头山东侧墙体之间距离约240米，即便皇城只取其一半的用地也有120米，这已经与馒头山和吴衙山之间的大朝会用地接近了，若真有此处用地，断断不会有用地狭隘之语。

其次，现在看到的中河南段，实际上是原来的盐桥运河与龙山河的连接体，是元代以后重新疏浚的结果。南宋盐桥运河南端到皇城附近是一个大水池"碧波亭"，北宋苏轼的《申三省起请开湖六条状》讲："盐桥河，南至州前碧波亭下，东合茆山河。"茆山河即茅山河，志书记载："东自保安水门，向西过榷货务桥转北，过茅山并蒲桥至梅家桥。"大概位置在盐桥运河（中河）和菜市河（东河）之间。直到民国，有了现代测绘地图，我们仍然可以看到盐桥运河至"碧波亭"往东通过保安桥直街与城外相连，保安桥直街已经并入江城路。也就是说城内运河与南宋皇城地块并无直接联系。

那御园工地发现的那道墙，会是皇城东墙吗？陈易认为也不可能。《宋会要辑稿》记载绍兴十三年（1143）的时候，大理寺丞吴镛说："伏自车驾驻跸东吴，城壁仍旧，未暇作改。近日创建前殿，肇亲典礼，每遇朝会，宰执百缘朝在城之外，遂自五鼓后启外城二门之钥,不惟蜜尔皇城,而又迫临江渚,富商大贾风帆海舶往来之冲,岂所谓九重严邃、君门万里之义乎？乞下所属措置,若城外朝路难以移改,柢于朝路之外东量添城壁,免致未旦启钥。"这是说自从定都临安后,临安的城墙仍然沿用北宋城墙,皇城正门在城外,所以官员们上朝要先出城门,天没亮就要开城,造成安全隐患,而群臣上朝的道路靠近商贾通行的水路,有失体统,所以要把城墙外扩。这里的商贾通行水道就是指龙山河。不过吴镛的建议有没有被采纳呢？应该是采纳了一半,并未筑城,而是建了一道隔墙,隔开的就是朝路和龙山河。

所以陈易认为,御园工地东侧,中河与馒头山之间的那道墙,很可能就是绍兴十三年到绍兴二十八年(1143—1158)之间使用的隔墙。

而杭州文物部门则认为这道墙就是临安城东南部城墙的一部分。

杭州市园文局文物保护与考古处处长郎旭峰说,以往在杭州中山南路万松岭路口、铁路南星桥站货运楼等地通过考古发掘发现了东南城墙的遗迹迹象。2009年,杭州市文物考古研究所在凤山路西侧(原南星桥粮食仓库地块,即御园地块)发现夯土残迹。经解剖发现夯土按致密度不同可分为两部分:近凤山路部分较致密,由较纯净的灰黄色土及碎砖石分层夯筑而成;远侧部分相对稀疏,未见明显分层,其内出土有城墙砖。因夯土遗迹紧贴凤山路,无法进一步实施发掘。在凤山路城墙遗迹以西约40米处,考古工作者还发现了北宋时期的夯土墙残迹。

郎旭峰根据江城路上仓桥发现的五代海塘遗址和吴越至南宋的城墙遗址推测,五代北宋时期从东向西分布着海塘、护城河与城墙,形成了完整的防御体系。在江城路的铁路桥下,曾经发现过五代吴越国海塘遗址,由此可见,中河南段的龙山河也是护城河,五代北宋时期的城墙不会越过龙山河,同样绍兴十六年(1146)拓展的南宋皇城东墙也在龙山河以西。根据绍兴十二年(1142)的记载和绍兴三十二年(1162)拓展东南城墙的记载,皇城和临安城城墙之间还有大量的军营与民居,隔墙可能是在五代北宋城墙墙基上建设的,由此在十三丈外扩建新的城墙。考古发现的粮食仓库内北宋墙基基础与凤山路西发现的疑似城墙墙基之间的距离大约四十一米,也符合十三丈的距离。

结合文献、历史地理坐标和考古发现,凤山路西发现的城墙遗址应该是绍兴年间临安城新增筑城墙,再往西侧应该是北宋城墙的遗迹。

也就是说,凤山路西御园所在地应该是在馒头山皇城东墙和临安城东南墙之间,并不在皇城内部。

而且针对出土的建筑残件,陈易认为建筑构件的原有基质并不清楚,相当于用可移动文物去证明不可移动文物,这很难证明御园就是皇城。因为中国历代建筑构件,特别是石构件的反复利用这是常事,这些建筑构件也有可能是南宋覆灭后从皇城中拆迁至这里再利用。而且损斋是皇帝的书房,绝不可能远离馒头山西面的朝堂垂拱殿和寝宫福宁殿,绝不可能出现在大老远的馒头山东侧,"损斋"残碑如果出土于御园工地,也只能说明是被后世移至这里的。

而且《京城图》所示,东南角还有向外突出一部及东便门、水门等等。城墙在此处的曲折,从地形上看完全没有必要,似乎是专为把馒头山前的土地包入皇城而作。《中兴小记》记载,绍兴十六年(1146)临安知府张澄受到褒奖,"除澄庆远军节度使,从官得旄钺",而褒奖的功绩是:"展皇城"、"创修外阙"和亲耕的准备工作。绍兴十五年(1145)、十六年(1146)对于南宋王朝来说是非常重要的,高宗第一次举行了大庆礼会和亲耕礼,标志着一个王朝正式地在临安安定下来,所有的制度基本具备,"创修外阙"是指上述隔开龙山河的隔墙建设,"展皇城"很可能就是为东宫用地做准备。从现状地形图上看,皇城东南部至少包含杭州铁路南星桥站的一部分。所以陈易更倾向于东宫范围应该往南至目前南星桥火车站,而非往东越过馒头山向中河方向石展。

所以他认为,考古队发现的馒头山东墙应为皇城东墙。

虽然有争议,2011年5月26日,杭州古都文化研究会写信给杭州市政府,提出复原建设"南宋东宫苑遗址公园"的建议:吁请政府尽快收回该地块;并根据历史文献记载,御园工地正处东宫连及东苑位置,建议这里修复为"南宋东宫苑遗址公园"。同时还提出其他善后建议:追回重要文物,立即进行补救性考古清理,立即停止皇城等遗址上的所有土地开发。

杭州古都文化研究会还在信中说,除了御园工地外,2011年,市国土局公布的土地拍卖计划《读地手册》中,准备出让德寿宫遗址36.59亩地(标为小营地块),并在新闻中进行了宣传,称这里有

"王气",讨论是否会成为新"地王",这样的讨论是为了烘托气氛卖个好价? 相关宣传显示,这是比御园工地还要庞大的豪宅开发项目,一旦破土开工,必然造成第二个御园事件。因此,必须立即撤销德寿宫遗址的土地拍卖项目,并立即喊停皇城遗址上的一切动工。有关部门应尽快制定《南宋皇城遗址保护条例》,立法保护,遗址范围绝不可搞商业开发。

2011年,杭州市相关部门叫停了御园项目的建设。

四年后,2015年6月4日,杭州市规划局网站突然挂出御园地块的建设项目批前公示规划,沉寂四年后的御园项目又重新进入公众视野。

根据规划公示,虽然地块位置未变动,但御园的容积率、户型及建筑风格都做了一定的调整。其中,容积率从1.4调整为1.01,户型则由70席平层官邸、7席法式合院改为49套排屋,而建筑风格则由法式宫廷变为白墙灰瓦中式建筑。

"退一步讲,即使御园项目被列为'南宋皇城遗址一般建设控制区'和'西湖文化景观缓冲区',此地也不适合搞商品房开发,而应确保与皇城遗址相协调。"浙江大学教授周复多当时在接受采访时说,"御园要是建了,以后可能还会有'皇园''帝园''豪园',会有很坏的示范效应。保护文化遗产,是对历史负责,对城市的可持续发展负责。"

2023年2月,我路过御园,一切已尘埃落定。

罗汉松、叠水、假山,气宇轩昂的门厅,俨然有种高级酒店大堂的既视感。高高的白墙外红枫竹影,墙内亭台楼阁预约可见;只是大门紧闭，我站了许久，也不见有人员车辆进出。

这一片含着金钥匙出让的土地，十多年过去了还是没有开盘。

御园项目原先预计2019年10月左右开盘，均价每平米在18万至20万元左右，若想要购置御园，则保守预算也要在6840万以上，最大的800方则可能突破1.5个亿。

后面，据说是因为这个报价和有关单位能够接受的价格有出入，才迟迟没有申领预售证。

那天我看到御园已经配置了保安，项目建造也基本呈现房状态，应该是万事俱备了。尽管还不能入内参观，但通过流出的航拍图，可以看出院落的雅致美观。绿城对中式合院的把控，体现在方方面面，不仅是整体的园林风格，还有细节的精雕细琢。中式的庭院讲究对称，这一点在御园得到了完美的体现。细看合院布局，坐北朝南、入户东南，够讲究。一进门，轩堂外是镜面水景和环形的风雨连廊，一眼望不到头，正是中式园林的含蓄表达；二进门一道天然障景，遮而不掩，藏不住的是小桥流水、鱼戏池中的意趣；入宅的三进门目前还是紧闭的，看不到内部的具体样貌，估计也不俗。

和我同行的一位女性朋友说，希望她自己，能有幸进去当个保姆。

现在华雨农在考虑把那些建筑残件捐给博物馆，他觉得虽然御园已经建成，但是并不妨碍对皇城东宫以及东界继续开展学术研究。

不过，御园事件倒是救了南宋南大内德寿宫，但那是后话了。

二十二、德寿宫

（一）

在张俊家吃完饭，恭送皇帝后，秦桧穿过河坊街，过了望仙桥，就回到自己的相府了。

秦桧的望仙桥相府，距离张俊清河郡王府，直线距离不超过1000米。

2019年，杭州市文物考古研究所有个新发现。他们发现了秦桧家的厕所。

在杭州中河高架与望江路的东北角，原杭州工具厂地块，在南宋时期，最早是秦桧的宅邸，秦桧死后，成为高宗和孝宗两代皇帝的养老院。

那天，我到考古现场看了看，一口大缸突兀地立在一些方砖之间，方砖之间已长满苔藓，大缸看起来像做腌菜的缸。

杭州市文物考古研究所副所长王征宇先生说，大缸原采的位置其实埋在下面，上面有一部分结构已经被破坏，它被水长时间泡过后，就浮了上来。

因为此前王征宇在杭州考古的时候，发现过这样的大缸，所以他马上可以断定这是南宋的厕所。

南宋的厕所呈长方形,前面是一块空地,后面是蹲坑,底下一口缸。这口缸就是"马桶"。

南宋吴自牧的《梦粱录》记载:"杭城户口繁夥,街巷小民之家多无坑厕,只用马桶,每日自有出粪人瀽去,谓之倾脚头。"

"马桶"南宋就有。

那天看到这一只大缸,马上想到一个成语:遗臭万年。

我在很久以前,就去过秦桧的家。那是在2011年东宫御园事件闹得沸沸扬扬的时候,杭州一块地块挂牌引发了广泛的关注。

找到2011年4月我写的新闻稿,《杭州"帝王"地块即将上市出让赵构秦桧曾住》:

900多年前,这里曾经是南宋秦桧府邸,也是两代皇帝高宗赵构、孝宗赵昚以及皇太后的北大内,史书也明确记载此地有"王气"。杭州近日这样一块"帝王地块"即将上市出让,而在此附近也是近年来杭州多个"地王"的诞生地。"帝王地块"会不会成为新"地王"? 这也在当地业内引起了猜测。

秦桧的相府

近日杭州《2011年读地手册》出炉,位于杭州老城区上城区的小营单元地块出让面积36.59亩。该地块位于河坊街与望江路之间,西邻中河,离杭州西湖、南宋故宫以及火车站都近在咫尺。

"这里在南宋最早曾经是秦桧的官邸",曾经多次在此主持考古发掘的杭州考古所副所长唐俊杰告诉中新网记者。

杭州为南宋故都，秦桧曾任南宋礼部尚书，两任宰相，前后执政十九年，死后封"申王"。

唐俊杰透露历史文献明确记载秦桧府邸在"望仙桥"东，望仙桥至今尚存，东面就是小营单元地块。2006年杭州考古所曾经在此进行考古发掘，在"小西湖"池底，发现了砌成几何图案的香糕砖，这些砖块证实是秦府遗物。

对南宋历史素有研究的唐俊杰告诉记者，南宋官员待遇较好，官邸往往是国家按照编号分配，他记得秦桧官邸编号是"甲区X号"，按照当时制度，官邸是住宅及家庙，秦桧家庙中的祭器也是由中央政府赐予，义士施全刺秦也就在望仙桥秦桧家门口，这些在历史文献中都有记载。

而成语"东窗事发"出典也在于此。根据元《钱塘遗事》记载："秦桧欲杀岳飞，于东窗下谋。其妻王氏曰：'擒虎易；放虎难。'其意遂决。"

据杭州考古所副所长唐俊杰告诉记者，根据历史文献，秦桧死后临安（杭州）老百姓出于对其痛恨把他家门口的中河里的烂泥堆在秦桧家门口，甚至把大门都封住了，所以迫于民愤秦桧后代就迁居南京。

皇帝的"北大内"

杭州考古所副所长唐俊杰根据记载透露，史书记载当年有望气者称这里有"王气"。秦桧死后府第立即被官府收回，改筑新宫"德寿宫"，宋高宗赵构退位后在这里做了25年的太上皇。

唐俊杰觉得南宋是很有意思的一个朝代。德寿宫当时被称为北大内,和凤凰山南大内对应,两个宫廷并存这是中国历史上少有的宫廷格局;而且宋高宗赵构孝宗赵昚两代皇帝都是提前退休"禅让"在这里做太上皇,这也是中国历史上绝无仅有的。

据记载德寿宫面积近11万平方米,规模不亚于南面的皇城。而小营单元出让地块,大部分就在这个范围。

据记载,德寿宫当时占地11万平方米,布局与皇城相近,有德寿殿、后殿、灵芝殿、射厅、寝殿、食殿等十余座殿院,还有大量园林景观,精美程度比南宋皇城有过之无不及。

唐俊杰透露,在2006年二期发掘的是德寿宫遗迹的西部园林部分,面积约1000平方米,出土了水渠、水池、水闸、砖铺路面、柱础基础、墙基、大型夯土台基、水井等等许多园林遗迹,还出土了产自越窑和钧窑的陶瓷碗以及龙泉窑和景德镇的瓷器。而一件用于翻制酒桶泥封的陶模还证明了当时德寿宫有自己的酿酒师。

当时在发掘区东南角发现一个深约1米的凹池,南北长9米,东西宽8米,凹池里有百来根松木桩,就是这些松木桩支撑起了文献记载的德寿宫假山,为使假山牢固,工匠们先在地上打松木桩加固地基,凹池中除松木桩外,还有许多铺成几何图案的青砖,为秦桧府邸的遗迹。从凹池遗迹看,赵构急着造德寿宫,连秦桧府邸的地砖都没清除干净,就直接在上面打桩了。

"当时这里也是南宋的政治中心",唐俊杰告诉记者,高宗退休后,孝宗还是经常要到德寿宫请安并汇报工作。

破败的老城区改造

南宋灭亡后,德寿宫迅速衰败,到清朝初年,旧址渐为官署和民宅所占。"杨乃武和小白菜曾经在这里羁押。"杭州市文物考古所副所长唐俊杰告诉记者,几百年后的今天,目前已经看不到当年德寿宫的任何地表建筑了。据2005年杭州媒体报道:小营地块这一带旧城区的居民建筑,往往都是两三层以下、建筑质量较差的砖木结构房屋,配套设施不齐全,老百姓居住环境较差。根据规划,该地块将保留有价值的历史建筑和五层以上房屋,规划新建住宅区住户379户。由于附近是胡雪岩故居、河坊街等江南传统风格的建筑群落,该地区的改造也将依据这样的风格来设计。未来住宅建设均为多层建筑,建筑层高不超过七层,也将具有白墙黛瓦的外观效果。

非常幸运的是,德寿宫所在的地块,因为御园事件影响和社会的广泛关注,被杭州市政府叫停土地招标、拍卖、挂牌。东宫有争议,德寿宫可没有争议,铁板钉钉。

那以后的11年,反反复复,上上下下,一方面当地政府前期拆迁投入巨大,如果不进行土地出让,那将"血本无归";另外一方面,文物部门认为德寿宫重要性不言而喻,保护应优先。

双方也曾经有过妥协:为保护地下德寿宫遗址,小营地块出让后建筑将不允许深挖打桩，下挖控制在一米以内，采用平板基础不触及地下德寿宫遗址。

其后也有方案，部分区域保护展示，部分出让进行商业开发配套。但是多方利益还是很难平衡。

转折点是2013年出台的《全国重点文物保护单位——临安城遗址保护总体规划》，对于德寿宫遗址地块的规划有明确规定，特别在保护范围上做出规定。

这以后，保护展陈的方案浮出水面，其方向和如今的南宋德寿宫遗址博物馆开始靠拢。

2017年，该方案得到了批复。杭州市文物考古研究所在这一

图58　德寿宫遗址基础露明展示

地块上开始了大规模的考古发掘。

这是南宋临安城考古历年以来发掘最全面的一次。经过考古挖掘，对德寿宫有了比较全面的了解，发现了大型宫殿基址、砖砌道路、假山基础、排水设施等诸多遗迹，出土各时期器物标本等。

就在这一次考古发掘中，发现了秦桧家的厕所。

发掘之后，经过长时间策划和几轮方案的变化，德寿宫遗址保护展示工程暨南宋博物院(一期)项目方案在2020年取得了批复。

2022年11月18日上午，南宋德寿宫遗址博物馆对外开放。德寿宫的红墙，那一抹故宫红是汉服爱好者打卡的最爱。

德寿宫终于等来了最好的结果。

"如果这里没有德寿宫遗址保护展示工程，会怎么样?"开馆那天，卓军问我。

卓军当时是杭州市园林文物局副局长，他的答案是："杭州只不过多了几幢比较贵的商品房而已。"

(二)

2023年春节，电影《满江红》走红，但我很不满的是，张艺谋把秦桧相府硬生生变成了乔家大院。

绍兴十五年(1145)，皇帝将望仙桥东甲第一区赐给秦桧营建府邸。岳飞的孙子岳珂曾写过一本《桯史》，里头就有提到"朝天之东，有桥曰望仙，仰眺吴山，如卓马立顾。绍兴年间，望气者以为有郁葱之符，秦桧颛国，心利之，请以为赐第"。秦桧直到绍兴二十五年(1155)病逝前，一直住在这里。

乔迁之际，皇帝送上了自己的贺礼，清单如下：内侍东头供奉官王晋锡带着皇家乐队去奏乐助兴，赏白银一万两，丝绢一万匹，铜钱一万缗，彩绸一千匹，金银器皿和锦绮帐褥六百零八件，鲜花一千四百枝。

皇帝如此恩宠，百官自然都来进贺送礼。

广东经略使方滋德制作了一种蜡烛，里面调和了各种香料，派遣专人送至相府，还给相府主藏吏送了厚礼，希望能将蜡烛送达到秦桧面前。

有一天秦桧宴请宾客，蜡烛用完了，主藏吏告诉秦桧正好广东方经略送来了一盒，没敢拆封。秦桧让取来使用，不一会儿奇香四溢，大家发现香气是从蜡烛中散发的。秦桧下令好好收藏剩余的蜡烛，查验后一共四十九支，秦桧很纳闷，送礼哪有送四十九这个数目的？他将方滋德派遣来的人叫来询问原因，那人禀报："方经略专门为您定制了蜡烛进献，一共就制作了五十支，做好后怕品质不好，先试了一支，又不敢用其他的蜡烛充数，所以只有四十九支。"秦桧听了非常高兴，这是为自己专门定制的蜡烛，从此厚待方滋德。

四川宣抚使郑仲送给秦桧的礼物，是一铺蜀锦地毯，十分名贵。唐白居易所作的《红线毯》一诗有云："宣城太守知不知，一丈毯，千两丝。地不知寒人要暖，少夺人衣作地衣。"

收到郑仲的礼物之后，秦桧命令将其铺在相府书房一德格天阁内。

相府书房由秦桧赐名并御笔亲书"一德格天之阁"。一候补官员献诗:"多少儒生新及第,高烧银烛照蛾眉。格天阁上三更雨,犹诵《车攻》复古诗。"讴歌秦桧刻苦好学,勤政务实,此人随即被升职。

铺上之后,这锦毯就像是量身定做,分毫不差。

秦桧心生怀疑,郑仲远在四川,也没来过我家,怎么我家中最隐秘的一德格天阁,你连尺寸都清清楚楚?

郑仲马屁拍在马腿上,官也当到头了。

皇帝待秦桧不薄,每年秦桧生日,他都会亲临相府祝贺。他最后一次驾临,是绍兴二十五年(1155)十月二十一,这时候,秦桧已接近生命的终点,"帝幸桧第问疾,桧无一语,惟流涕而已"。

皇帝颇伤感,拿出一条红手帕递给了秦桧。

秦桧养子秦熺上前问皇帝道:"代居宰相者为谁?"皇帝看着他冷冷道:"此事卿不当与!"

秦熺不甘心,"犹遣其子埙与林一飞、郑枏夜见台谏徐喜、张扶谋奏请己为相"。

但皇帝次日即封秦桧为建康郡王、秦熺为少师,并勒令退休。皇帝不是明君,但绝非昏君。

是夜,秦桧死了。

(三)

秦桧死了六年后,绍兴三十二年(1162)六月初十,皇帝下诏禅位,翌日举行禅让仪式,赵昚继皇帝位,是为宋孝宗。太上皇则被尊为"光尧寿圣太上皇帝"。

太上皇退位后移居秦桧旧居,并改为"德寿宫",此后不断扩建,"凿大池(于)宫内,引水注之,叠石为山,象飞来峰,有堂名冷泉,有楼名聚远",遂成"小西湖""飞来峰"景观。时称"北内"或"北宫"。

太上皇在德寿宫度过二十五年幸福的退休生活,周密《武林旧事》记载一则"中秋":

> 淳熙九年八月十五日,(孝宗)驾过德寿宫起居,太上(赵构)留坐至乐堂,进早膳毕,命小内侍进彩竿垂钓。太上曰:"今日中秋,天气甚清,夜间必有好月色,可少留看月了去!"上(孝宗)恭领圣旨。……晚宴香远堂,堂东有万岁桥,长六丈余,并用吴璘进到玉石甃成,四畔雕镂阑槛,莹彻可爱。桥中心作四面亭,用新罗白椤木盖造,极为雅洁。
>
> 大池十余亩,皆是千叶白莲。凡御榻御屏酒器香奁器用,并用水晶。
>
> 南岸列女童五十人奏清乐,北岸芙蓉冈一带并是教坊工,近二百人。待月初上,箫韶齐举,缥缈相应,如在霄汉。既入座,乐少止,太上召小刘贵妃独吹白玉笙《霓裳中序》,上自起执玉杯奉两殿酒,并以垒金嵌宝注椀杯桦等赐贵妃。

太上皇的享受,看文字都美得让人羡慕嫉妒恨,可谓天上人间。又过了五年,淳熙十四年(1187)九月,太上皇于德寿宫去世。

作为一个皇帝活了八十一岁,寿终正寝,这是上天给他多大的福分。